ŒUVRES COMPLÈTES
DE
W. SHAKESPEARE

TOME VIII

LES AMIS

SAINT-DENIS. — TYPOGRAPHIE DE Vve A. MOULIN.

FRANÇOIS-VICTOR HUGO

TRADUCTEUR

ŒUVRES COMPLÈTES

DE

W. SHAKESPEARE

TOME VIII

LES AMIS

LES DEUX GENTILSHOMMES DE VÉRONE. — LE MARCHAND DE VENISE.
COMME IL VOUS PLAIRA.

PARIS

PAGNERRE, LIBRAIRE-ÉDITEUR

RUE DE SEINE, 18

1872

Reproduction et traduction réservées.

ா PAUL DE SAINT-VICTOR

INTRODUCTION

L'homme qui s'est appelé Shakespeare était bon, cordial, affable, tendre, bienveillant et bienfaisant. Tous ceux qui l'approchaient se sentaient entraînés vers lui par une insurmontable sympathie. « Son excessive candeur et sa douce nature devaient nécessairement engager la plus noble partie du monde à l'aimer. » Tous les documents qui nous sont parvenus confirment ce témoignage de Rowe, son premier biographe. La seule lettre à son adresse dont l'authenticité ne soit pas contestée est une demande de secours signée Ryc. Quyney, datée du 1ᵉʳ octobre 1598, et portant cette suscription : *A mon aimable ami et compatriote Mʳ William Shakespeare.* Plus heureux que Molière, il s'était fait aimer de ses camarades de théâtre ; sept ans après sa mort, Héminge et Condell, deux comédiens du *Globe* qui éditèrent l'in-folio biblique de 1623, pleuraient encore « leur Shakespeare, un si digne ami et compagnon, » *so worthy a friend and fellow as was our Shakespeare,* dit l'épître dédicatoire. Ses confrères, je devrais dire ses ennemis littéraires, subissaient le charme comme les autres ; il enchantait jusqu'à ses envieux : « J'aimais l'homme, avoue Ben Jonson, et j'honore sa mémoire ; c'est pour moi une idolâtrie autant que pour quiconque. Il était vraiment honnête, et d'une ouverte et généreuse nature. » Cette nature franche, expansive, affectueuse, si bien appréciée par un écrivain hostile, s'est révélée directement à nous dans une série de poëmes intimes que la postérité ne saurait trop relire. Les sonnets de Shakespeare nous apprennent ce qu'il fut comme amant, ce qu'il fut comme ami. Jamais âme humaine ne fut remuée plus profondément par l'affection. Il en connut toutes les délicatesses et toutes les violences, il en perçut les vibrations infinies, il en épuisa les joies et les douleurs, les extases et les délires. L'affection lui prouva sa toute-puissance par deux miracles : penseur, elle l'agenouilla aux pieds d'une femme galante ; histrion, elle le lia avec un grand seigneur.

L'amitié exerça sur ce tendre caractère une prodigieuse influence. Nous autres, enfants du dix-neuvième siècle, nous ne pouvons lire sans une sorte de stupeur ces poëmes où la tendresse d'un homme pour un homme s'exprime avec une telle exaltation. L'amitié en ces effusions poétiques a tout le lyrisme de l'amour ; elle en parle la langue et en usurpe le nom. « *Lord of my love*, lord de mon amour, » s'écrie William en invoquant son ami. « Accepte, dit-il plus loin, accepte mon amour, humble et sincère offrande, où nul autre que toi n'a de part, don de mon être en échange du tien ! » William s'est en effet donné sans réserve ; c'est pour toujours qu'il a marié son âme à l'âme du bien-aimé. Union indissoluble, conclue en dehors de toutes les vicissitudes terrestres et que la mort elle-même n'interrompra pas :

« Oh ! puissé-je ne jamais apporter d'entraves au mariage de nos âmes fidèles ! Ce n'est pas de l'amitié que l'amitié qui change quand elle voit un changement. Non ! l'amitié est un fanal permanent qui domine les tempêtes sans être ébranlé par elles ; c'est l'étoile brillant pour toute barque errante, dont le service est méconnu de celui même qui en consulte la hauteur ! L'amitié reste immuable jusqu'au jour du jugement. Si ma vie dément jamais ce que je dis là, je n'ai jamais eu d'ami [1]. » A entendre le poëte, l'amitié semble une émotion supérieure à l'amour même ; elle n'est pas, comme l'amour, à moitié plongée dans la matière périssable. Dégagée de toute préoccupation sensuelle, placée au-dessus des séductions de la chair, elle s'élève par le désintéressement aux régions les plus hautes que puisse atteindre l'âme.

Faut-il s'étonner que Shakespeare ait dans son drame fait une si belle part au sentiment qui l'avait lui-même si vivement ému et si éloquemment inspiré ? Quand Shakespeare veut ennoblir une figure et l'achever, l'amitié est le trait auguste qu'il lui ajoute. La sympathie dont il frustre les méchants, il la prodigue aux bons. L'ami qu'il refuse aux Richard III et aux Macbeth, il l'accorde au More de Venise, au fils des Montagues, au prince de Danemark. — Il fait de Cassio le complice discret des amours d'Othello et de Desdémona, et ce dévouement ancien est l'argument suprême que la Vénitienne fait valoir en faveur du disgrâcié avec une insistance fatale. — A Roméo il donne Mercutio pour frère d'armes, et si puissante est cette fraternité, qu'au moment décisif elle impose silence à l'amour même et fait tuer par le mari de Juliette le cousin de Juliette. — A Hamlet il

[1] Sonnet LXXIII dans l'édition publiée par moi, sonnet CXVI dans l'édition anglaise.

désigne Horatio pour confident et rapproche l'étudiant du prince par une inaltérable tendresse. Hamlet, si dur et apparemment si ingrat pour Ophélia, garde jusqu'au bout sa prédilection pour Horatio; sans cesse il le porte « dans le cœur de son cœur; » il le met dans son secret en tiers avec Dieu; et cette camaraderie est tellement durable, tellement obstinée, tellement dédaigneuse des atermoiements terrestres, tellement acharnée à l'éternité, qu'Horatio se tuerait avec Hamlet s'il ne recevait du mourant l'ordre de vivre.

L'amitié, si héroïque chez les hommes, n'est pas moins dévouée chez les femmes, mais, en changeant de sexe, elle change de caractère. Elle perd son stoïcisme viril. Ses rapports deviennent plus gracieux, son expansion plus abandonnée, sa familiarité plus caressante. C'est une incessante réciprocité de tendresses félines et d'exquises câlineries. Dans cette union de deux existences, les compagnes mettent tout en commun, le travail, le repos, le plaisir, la souffrance et jusqu'à l'insaisissable rêverie. Ce délicieux accord est toute l'harmonie possible ici-bas à un duo d'âmes. « Rappelez-vous, dit Héléna à Hermia, rappelez-vous tous nos épanchements mutuels, nos serments d'être sœurs, notre amitié écolière, notre innocence enfantine! Que de fois, vraies déesses d'adresse, nous avons créé toutes deux avec nos aiguilles une même fleur, toutes deux sur le même modèle, assises sur le même coussin, toutes deux fredonnant le même chant, sur le même ton toutes deux, comme si nos mains, nos flancs, nos voix, nos âmes eussent été confondus! Ainsi on nous a vues croître ensemble, comme deux cerises, apparemment séparées, mais réunies par leur séparation même, fruits charmants moulés sur une seule tige. » Par moments cette amitié toute féminine puise dans sa tendresse même une fermeté extraordinaire. Voyez, dans *Beaucoup de bruit pour rien*, avec quelle énergie Béatrice défend contre tous sa chère Héro qu'on diffame! Si elle ne châtie pas le calomniateur, ce n'est pas le courage qui lui manque : « Oh! si j'étais un homme! Mon Dieu! si j'étais un homme, je lui mangerais le cœur sur la place du marché. » Et Pauline! Rappelez-vous avec quelle véhémence elle revendique dans le *Conte d'hiver* l'honneur de sa royale amie : « — Je te ferai brûler, s'écrie Léontes furieux. — Que m'importe, répond-elle, l'hérétique, c'est celui qui fera le feu et non celle qui y brûlera. » Le supplice que Pauline affronte pour Hermione, Émilia le subit pour Desdémona : couchée près d'elle dans le lit funèbre, elle murmure à l'agonie l'innocence de la Vénitienne : « Que présageait ta chanson, maîtresse? Écoute! peux-tu m'entendre? Je vais faire comme le cygne et expirer en musique... Le saule! le saule! le saule!... More, elle était chaste! elle t'aimait, cruel More;... puisse mon âme... n'aller à la béatitude que si je dis vrai! »

Ainsi, chez Shakespeare, l'amitié est une dévotion à la mort. Il n'est pas de sacrifice auquel elle se refuse. Son abnégation va jusqu'au suicide, son désintéressement jusqu'au martyre. — Les exemples que je viens de rappeler ont déjà prouvé quel immense empire elle exerce sur l'âme humaine. La démonstration aurait pu s'arrêter là, mais le poëte ne l'a pas trouvée assez éclatante. Toute large qu'elle est, la part jusqu'ici faite à l'amitié dans son théâtre ne lui a pas paru suffisante. C'était peu qu'une si noble passion eût animé certains épisodes et se fût incarnée dans certaines figures secondaires. Il fallait qu'elle aussi elle eût son drame spécial comme l'amour avait eu le sien. Il fallait qu'à son tour elle fît agir les principaux personnages; il fallait qu'elle devînt un ressort essentiel de l'action, et qu'elle manifestât sa force dans une succession de symboles.

Ces symboles, ce sont les trois pièces que réunit ce volume.

Dans les *Deux Gentilshommes de Vérone*, l'amitié nous apparaît aux prises avec l'amour. Entre deux sentiments si énergiques, la lutte ne peut qu'être acharnée. L'amour semble l'emporter tout d'abord par la félonie de Protée qui trahit son compagnon d'enfance pour lui enlever sa maîtresse. Mais ce triomphe n'est que momentané, et au dénoûment le repentir du coupable restitue à l'amitié la victoire qui lui est due.

Le *Marchand de Venise* nous montre l'amitié, non plus luttant avec l'amour, mais formant avec lui une alliance toute romanesque. Antonio est le héros de l'abnégation. Pour que son cher Bassanio épouse celle qu'il aime, il risque sa fortune, sa liberté, sa vie; il engage à un juif jusqu'à sa chair. Obligé de rembourser l'usurier, Antonio serait victime de son dévouement, si, au moment critique, l'amour, prenant les traits de Portia, n'intervenait pour prononcer la sentence et pour sauver d'un péril imminent l'amitié, sa bienfaitrice.

Dans *Comme il vous plaira*, Célia fait à sa tendresse pour Rosalinde les mêmes sacrifices qu'Antonio à son affection pour Bassanio. Célia est l'héroïne du désintéressement, comme le marchand de Venise en est le héros. Pour suivre sa compagne dans l'exil, elle quitte le palais de son père, renonce à une existence princière et abdique une couronne. A l'opulence sans Rosalinde elle préfère la misère avec Rosalinde. L'amitié qui entraîne les fugitives vers la même destinée les amène aux parages enchantés où règne l'amour. — Dans l'idéale forêt des Ardennes, l'amour et l'amitié, dont les *Deux Gentilshommes de Vérone* nous montraient l'antagonisme, effectuent leur réconciliation définitive par ce double hymen qui, unissant Rosalinde à Orlando et Célia à Olivier, fait des deux frères deux amis et des amies deux sœurs.

I

Sur le théâtre de Shakespeare, les passions ne rencontrent pas cet obstacle moral que leur oppose le point d'honneur sur la scène espagnole ou la grandeur d'âme dans la tragédie de Corneille. Là, si fort, si pur, si vaillant qu'il soit, qu'il s'appelle Roméo, Posthumus, Othello, Timon, Brutus ou Macbeth, l'homme obéit aux passions; il est entraîné par elles, quoi qu'il fasse ; il a beau résister, il faut qu'il succombe. Pas d'inclination qui ne lui donne le vertige. Tout penchant est un précipice.

L'homme, tel que l'a vu Shakespeare, semble être absolument dominé par le système nerveux : il va, vient, se meut, rêve, pense et parle au gré de ses impressions. Chez lui, par un enchaînement en quelque sorte organique, toute impression devient sentiment, tout sentiment devient passion, toute passion devient action, toute action devient drame.

Cette sujétion de l'homme à des émotions variables et contradictoires n'est nulle part plus tristement évidente que dans les *Deux Gentilshommes de Vérone*. Protée est par excellence la marionnette humaine dont la sensation agite le fil. Quand la comédie commence, il professe pour son cher Valentin une amitié à toute épreuve et pour sa chère Julia un éternel amour : « Doux Valentin, dit-il à l'un, souhaite-moi toujours pour compagnon de tes jouissances, chaque fois que t'arrivera quelque bonheur, et dans tes dangers, si jamais les dangers t'environnent, recommande tes angoisses à mes pieuses prières. » —

« Voici ma main pour gage de ma loyale constance, dit-il à l'autre. Si jamais je laisse échapper une heure du jour sans soupirer pour toi, Julia, que dès l'heure suivante quelque affreux malheur châtie ma trahison. » Pur verbiage ! « De même que la flamme refoule la flamme et qu'un clou chasse l'autre, de même le souvenir des premières amours doit s'effacer devant un objet nouveau. » Que Silvia paraisse, et aussitôt Protée violera tous ces beaux serments. Qu'importe que Silvia soit fiancée à Valentin et que lui-même soit fiancé à Julia ! Protée n'hésite pas à immoler ses affections de la veille à sa prédilection du jour, sans souci du double engagement qui le lie et comme amant et comme ami : « En quittant ma Julia, je me parjure ; en aimant la belle Julia, je me parjure ; en trahissant Valentin, je me parjure. Le même pouvoir qui m'a imposé mes premiers serments me provoque à ce triple manque de foi. Amour m'a dit de jurer, et Amour me dit de me parjurer. O doux tentateur Amour, si tu fais mon péché, enseigne-moi du moins à l'excuser ! »

C'est ainsi que Protée plaide et gagne sa cause devant sa propre conscience : il croit n'être qu'un instrument inerte à la merci d'un pouvoir aveugle, et il s'amnistie d'avance en attribuant à ce pouvoir l'initiative de tous ses actes. Fort de cette innocence prétendue, il commet sans sourciller tous les méfaits que sa passion lui commande. Aucune hypocrisie ne lui répugne, aucune coquinerie ne le rebute. Cet homme, « qui a toute la verdeur de l'âge et toute la maturité du jugement, » et qu'on nous présentait naguère comme « doué à l'extérieur et au moral de toutes les qualités qui peuvent qualifier un gentilhomme, » ce lettré, cet érudit, ce sage affronte toute abjection pour atteindre cet abject idéal : souffler à son ami sa maîtresse !

Valentin a formé le projet d'enlever nuitamment Silvia qu'un tyran père noble veut marier, malgré elle, au richissime et grotesque Thurio. Mis dans la confidence du complot, Protée va le dénoncer au duc de Milan. Le duc furieux exile Valentin. Ainsi débarrassé de son ami, Protée essaie de le supplanter auprès de Silvia en le calomniant. Mais Silvia aime trop Valentin pour être dupe de cette ruse odieuse ; elle repousse Protée en lui jetant à la face son double parjure, et s'enfuit au plus vite pour rejoindre son fiancé qu'elle croit réfugié à Mantoue. Malheureusement Protée court sur ses traces. Il la rattrape dans une forêt, au moment où des bandits vont l'enlever, la délivre de ces mécréants, et, pour prix de ce service signalé, implore la complaisance de la belle. Celle-ci repousse avec indignation l'outrageante prière : que n'a-t-elle été saisie par un lion affamé, au lieu d'être délivrée par ce fourbe ! Mais cette résistance ne fait qu'irriter le libertin : « Ah ! puisque la douce influence des plus touchantes paroles ne peut vous attendrir, je veux vous faire ma cour en soudard, à la pointe de l'épée, vous aimer contre la nature de l'amour, vous forcer... oui, je te forcerai à me céder ! »

Et Protée joint le geste à la parole en étreignant Silvia. Déjà commence ce hideux conflit où la victoire ne peut être qu'une souillure. Déjà la pudeur éperdue frémit au contact de la luxure éperdue, quand tout à coup retentit une voix tutélaire : « Ruffian, crie cette voix, lâche cette brutale étreinte... Ami vulgaire, sans foi et sans amour, comme sont les amis d'à présent, tu as menti à mes espérances. Mes yeux seuls ont pu me convaincre de ceci. A présent je n'ose plus dire que j'ai un seul ami vivant : tu me démentirais. A qui donc vous fier désormais quand votre bras droit est parjure envers votre cœur ? Protée, j'en suis navré, en détruisant pour jamais ma confiance en toi, tu me rends étranger à l'humanité. La blessure intime est la plus profonde. Temps maudit où de tous les ennemis un ami est le pire ! »

Sous le coup de cette foudroyante imprécation, Protée s'est arrêté au seuil de son forfait. Dans le personnage farouche qui vient d'apparaître, il a reconnu son ami d'enfance que la proscription a fait capitaine de bandits. Blême, la tête basse, l'œil piteux, il balbutie l'excuse : « Ma honte et mon crime me confondent... Pardonne-moi, Valentin. Si un cordial remords est pour ma faute une rançon suffisante, je te l'offre ici !... » Que va faire Valentin ? Il tient Protée en son pouvoir. Il est à la fois le franc-tenancier et le franc-juge de cette forêt. Il exerce sur tous les forbans qui l'entourent cette fascination souveraine par laquelle l'intelligence dompte la force brutale. Il a musclé tous ces hommes féroces, et d'un geste il peut les déchaîner contre le coupable. Il n'a qu'à sonner la fanfare, et toute une meute de furieux va se ruer sur le misérable aux abois.

Protée attend en tremblant l'arrêt que va prononcer le tout-puissant justicier. Pour rançon de son crime, il vient d'offrir le remords : cela suffira-t-il ? « Oui, répond Valentin. Je t'admets encore une fois à l'honneur. Qui n'est pas satisfait par le repentir n'appartient ni au ciel ni à la terre, car le ciel et la terre se laissent fléchir. La pénitence apaise la colère de l'Éternel. » Et ce disant, il ouvre les bras à Protée.

Nombre de critiques ont réclamé contre cette sentence magnanime qui termine la comédie et en règle le dénoûment. Quoi ! se sont-ils écriés avec une vertueuse indignation, ce félon qui a commis tant de bassesses et de lâchetés, ce fourbe qui a trahi son ami, ce criminel digne de la hart, qui a tenté de violer la fiancée de son ami, n'a qu'à murmurer quelques mots d'excuse, et le voilà pardonné. Et non-seulement il est pardonné, mais il lui est permis de revenir à ses premières amours, et d'épouser cette Julia qu'il a délaissée si cruellement, le jour même où Valentin obtient du vieux duc converti la main de sa chère Silvia! Quelle solution inique et subversive! Quel encouragement au vice! Quel renversement des principes élémentaires de toute société! Les critiques qui poussent ces clameurs sont les mêmes, vous vous en souvenez, qui ont déjà dénoncé à la réprobation publique le dénoûment de *Tout est bien qui finit bien*, le dénoûment du *Cymbeline*, le dénoûment du *Conte d'hiver*, le dénoûment de la *Tempête*, etc. A les en croire, le comte de Roussillon aurait dû faire plus longue pénitence avant d'être amnistié par Hélène; Posthumus n'aurait pas dû tendre la main à Iachimo, en lui disant ces simples et grandes paroles : *Ma vengeance envers toi, c'est de te pardonner*; Léontes n'aurait pas dû attendrir Hermione par seize années de remords; enfin Prospéro n'aurait pas dû ouvrir ses bras au fratricide Antonio. Le pardon accordé ici par Valentin à Protée n'est qu'un exemple de plus de l'immorale indulgence accordée systématiquement aux coupables par la comédie de Shakespeare.

Cette *immorale* indulgence qu'une critique draconienne a signalée à la honte du poëte, signalons-la, nous autres, à sa gloire. Loin de le blâmer, honorons-le d'avoir si souvent proclamé du haut de la scène la prescription de la faute par le repentir et de la rancune par le remords. Remercions-le d'avoir fait du théâtre la vraie chaire et d'avoir prêché la charité, l'oubli des injures, la rémission des offenses dans un siècle où les ministres d'une religion d'amour fulminaient la colère, l'extermination et l'anathème. Admirons-le d'avoir opposé aux prescriptions atroces de l'implacable code social les généreux arrêts d'une jurisprudence idéale.

En faisant de la mansuétude la providence de sa comédie, Shakespeare est resté conséquent avec lui-même. Nul mieux que lui ne connaissait la fragilité de notre nature. Nul n'avait examiné de plus près *cette trame de la vie tissée à la fois de bien et de mal.* « Nos vertus seraient arrogantes, a-t-il dit quelque part, si nos fautes ne les flagellaient pas, et nos vices désespéreraient, s'ils n'étaient pas relevés par nos vertus. » L'homme étant imparfait par nature, doit-on lui demander un compte trop rigoureux des conséquences de cette imperfection ? Si vraiment il est incapable de résister par sa seule volonté à la violence des passions, doit-on lui faire expier sans merci cette incapacité ? Qui n'est pas responsable, n'est pas coupable. Or, l'homme n'est pas responsable de son tempérament. De quel droit l'en puniriez-vous ? Si vous voulez n'être que sévères, accordez-lui au moins le bénéfice des circonstances atténuantes. Le juge ici-bas ne peut être impartial qu'en étant indulgent. La justice stricte n'est due qu'à la stricte perfection. L'équité à la taille de l'homme, c'est la pitié.

Voilà ce que nous dit Shakespeare à la fin de sa comédie. Et quand Shakespeare parle ainsi, il obéit aux plus intimes sollicitations de son cœur en même temps qu'à la logique suprême de son esprit. Le sentiment l'entraîne aux mêmes conclusions que le raisonnement. Ce n'est pas seulement son génie qui lui commande l'indulgence, c'est son tempérament. Placé dans la même situation que Valentin, Shakespeare aurait agi comme Valentin. En doutez-vous ? Écoutez.

Ainsi que Valentin, William avait un ami cher et une maîtresse chère, et pour lui, comme pour Valentin, cette affection était un double culte. Mais William avait été moins heureux que son héros dans le choix de son héroïne. Celle dont il était épris n'avait pas les scrupules de Silvia. Loin de résister à Protée, elle le provoqua ; loin de le repousser, elle s'offrit à lui. William surprit ces avances faites par sa maîtresse à son ami, et l'un de ses sonnets nous peint le trouble où le jeta cette découverte : « Mon démon femelle entraîne loin de moi mon bon ange et tâche de séduire mon saint pour en faire un diable, poursuivant sa pureté de sa ténébreuse ardeur. Mon bon ange est-il devenu démon ? Je puis le soupçonner sans l'affirmer encore [1]... » Hélas ! le démon finit par l'emporter ; le bon ange se laissa enflammer par le mauvais. Combien William souffrit de cette triste certitude, ses poëmes ne le disent qu'imparfaitement. Pas plus que Valentin, le pauvre grand homme ne put comprimer d'abord un mouvement d'indignation. « Ah ! dit-il à l'ami qui l'avait trahi, tu aurais dû respecter mon foyer et empêcher ta beauté et ta jeunesse vagabonde de t'entraîner dans leur débauche là où tu es forcé de violer une double foi : celle qu'elle me doit, par la tentation où ta beauté l'entraîne, celle que tu me dois, par ton infidélité. » Ces reproches attendrirent le coupable : les larmes aux yeux il implora sa grâce, comme Protée, et, comme Protée, il l'obtint. « N'aie plus de chagrin de ce que tu as fait : les roses ont l'épine et les sources d'argent la vase ; les nuages et les éclipses cachent le soleil et la lune, et le ver répugnant vit dans le plus tendre bouton. Tout homme fait des fautes [2]... Ton remords n'est pas un remède à ma douleur ; tes regrets ne réparent pas ma perte. Le chagrin de l'offenseur n'apporte qu'un faible soulagement à la lourde croix de l'offense. Ah ! mais ces larmes sont des perles

---

[1] Sonnet XXIX.
[2] Sonnet XXXII.

que ton cœur répand, et elles sont la riche rançon de tous tes torts [1]... » Surprenante analogie ! A Protée qui lui offre *un cordial remords pour rançon de sa faute*, Valentin répond : « Je suis payé. » William dit à son ami : « Tes larmes sont *la riche rançon de tous tes torts.* » C'est la même pensée répétée presque dans les mêmes termes.

La critique n'a pas remarqué jusqu'ici les intimes et minutieux rapports qui existent entre le drame réel où figura Shakespeare dans sa jeunesse et la comédie fictive que dans sa jeunesse il composa pour la scène. Ces rapports, que j'ai scrupuleusement révélés dans les notes placées à la fin de ce volume, ont d'autant plus d'importance que, jusqu'à présent, les commentateurs ont été de leur propre aveu parfaitement impuissants à découvrir les origines de la fable mise en œuvre par Shakespeare. Les archives de toutes les bibliothèques ont été fouillées ; tous les documents littéraires, antérieurs au dix-septième siècle, romans, chroniques, légendes, ont été compulsés. Inutiles efforts ! La source où l'auteur des *Deux Gentilshommes de Vérone* a puisé ses inspirations s'est dérobée, comme celle du Nil, aux explorations des plus érudits. Cependant une femme savante du siècle dernier a cru un instant être sur la voie : un jour qu'elle lisait la *Diane de Montemayor*, — ce fameux roman pastoral qui a servi de modèle à l'*Astrée* et que l'admiration de Cervantes a épargné dans l'auto-da-fé des livres de don Quichotte, — mistress Lenox fut frappée de certains traits de ressemblance entre l'histoire de Julia et l'épisode de la bergère Félismène [2]. Ainsi que Julia, Félismène reçoit, par l'intermédiaire de sa suivante, une lettre d'un beau sei-

---

[1] Sonnet XXXI.
[2] Voir cet épisode à l'Appendice.

gneur à laquelle elle répond favorablement, après avoir simulé la plus vive colère contre « cette traîtresse de Rosette » qui a laissé choir devant elle l'affreux billet doux. Ainsi que Julia, Félismène s'enamoure du galant et se déguise en page pour le rejoindre en pays étranger. Ainsi que Julia, Félismène, à peine arrivée dans la ville où loge son fiancé, le surprend roucoulant une sérénade sous le balcon d'une beauté nouvelle. Ainsi que Julia, Félismène s'engage au service de l'infidèle qui, ne la reconnaissant pas sous sa livrée d'emprunt, lui fait porter ses lettres à sa rivale. Enfin, toujours comme Julia, Félismène pardonne au coupable et l'épouse. Sur tous ces points, la similitude entre le roman et la comédie est vraiment remarquable, mais elle s'arrête là. Dans le roman, Félismène plaide la cause de son perfide amant avec une abnégation qui manque à Julia, et ne réussit, par toute cette éloquence désintéressée, qu'à inspirer à sa rivale une passion fatale. Malgré cette différence profonde entre les deux épisodes, admettons, avec mistress Lenox, que Shakespeare ait emprunté au roman de Montemayor certains incidents secondaires de sa comédie. Il n'en est pas moins vrai que l'élément fondamental de l'intrigue des *Deux Gentilshommes de Vérone* n'est pas même indiqué par l'écrivain espagnol. La *Diane* ne nous montre nulle part deux camarades, épris de la même femme, que l'amour divise et que l'amitié finit par réconcilier. Or, là est le sujet véritable de la pièce. Qui donc a révélé ce sujet à Shakespeare? Qui donc lui a tracé son scénario? Qui donc a esquissé dans ses linéaments principaux ce dramatique tableau que le poëte a exposé à nos yeux charmés? S'il était permis de répondre par une hypothèse à cette question restée jusqu'ici sans réplique, je n'hésiterais pas à dire : c'est la vie!

Oui, c'est dans la biographie de Shakespeare qu'est l'origine des *Deux Gentilshommes de Vérone*. Toutes ces émotions que le poëte a fait agir et parler sur son théâtre, l'homme les avait vues agir, les avait entendues parler en lui et près de lui. Ce drame que Shakespeare a mis en scène vers 1591, il l'avait répété avec le concours des deux personnages mystérieux qui figurent avec lui dans ses *Sonnets*. Lui-même il avait été le héros de ce drame. Soufflé par son propre cœur, il y avait créé le plus beau rôle; il en avait joué les scènes les plus pathétiques, il en avait déclamé les plus fières douleurs, il en avait pleuré les plus nobles larmes, il en avait soutenu le dénoûment. C'est lui qui, en pardonnant à son ami coupable, avait trouvé le geste sublime de Valentin tendant la main à Protée.

II

Les hilotes à Sparte, les parias dans l'Inde, les giaours en Turquie, les nègres en Amérique ont moins souffert que les juifs dans l'Europe chrétienne. Cette malheureuse nation eut à gémir pendant des siècles du préjugé, si puissant encore aujourd'hui, qui fait les enfants solidaires des actions, bonnes ou mauvaises, commises par les parents. Aux yeux des nations chrétiennes, ce peuple était toujours la même populace qui avait réclamé de Pilate le meurtre du Dieu fait homme. Tout chrétien avait contre tout juif un grief personnel et lui gardait rancune du crime commis par Judas. L'israélite était hors de l'humanité : c'était une œuvre pie de l'injurier, de le molester, de le maltraiter. Loin de contrarier la prévention populaire, les gouvernants l'encourageaient et la consacraient. Dès l'an 615, le concile de Paris avait déclaré les juifs incapables de remplir aucune fonction civile ; d'autres conciles leur avaient défendu de travailler pour les chrétiens ; les édits royaux leur avaient interdit la possession foncière. Ainsi traqué par la législation, chassé des métiers, repoussé de l'industrie, excommunié du travail, le juif s'ingénia pour vivre : il éluda par l'astuce ce code qui prétendait l'affamer ; il convertit tout son avoir en numéraire et fit le trafic des espèces ; il entassa l'or, l'accapara et le vendit au prix qu'il voulut : il devint usurier. Ce commerce avilissant auquel le chrétien l'avait réduit, le juif le tourna contre le chrétien. Il exploita au profit de la vengeance l'épargne du désespoir. Le chrétien lui avait interdit le gain honnête : il fit aux dépens du chrétien un bénéfice infâme. Le chrétien avait voulu le ruiner, il s'enrichit par la ruine du chrétien.

Mais cet enrichissement même fut fatal aux israélites. L'opulence des mécréants excita la cupidité des croyants. Un seigneur catholique, prince ou baron, était-il embarrassé dans ses finances? Sans forme de procès, il empoignait quelque richard de la tribu et lui soutirait de l'argent par la torture. Ce fut ainsi que dans l'année 1210, Jean, roi d'Angleterre, emprunta dix mille marcs à un Hébreu de Bristol en lui arrachant huit dents. Le juif était une ferme princière que le bourreau faisait valoir. Ce même Jean, dans un pressant besoin, loua à son frère Richard tous les juifs de ses États pour plusieurs années, *ut quos rex excoriaverat, comes evisceraret*, afin que le comte vidât ceux qu'avait écorchés le roi, dit Mathieu Paris. C'était chose toute simple. En 1262, les lords révoltés contre Henri III n'obtinrent l'appui du peuple qu'en lui accordant le pillage du quartier juif à Londres. Trois cents maisons furent saccagées, et sept cents personnes, hommes, femmes, enfants, furent assassinées. Le peuple triomphant exerçait cette année-là les droits régaliens. — La France n'était guère plus tendre aux juifs que l'Angleterre. Pour les empêcher d'échapper à l'expropriation par l'abjuration, saint Louis fait confirmer par le synode de Melun l'édit qui confisque au profit du seigneur les biens de tout israélite converti. En même temps, par une atroce contradiction, le pieux roi permet, à Paris et dans les provinces, l'égorgement de tous les israélites qui refusent de se convertir. En Brie, en Touraine, en Anjou, dans le Poitou et dans le Maine, deux mille cinq cents juifs furent massacrés. Cela eut lieu pendant la semaine de Pâques de l'an de grâce 1238, c'est-à-dire, si je ne me trompe, trois cent trente-quatre ans avant la Saint-Barthélemy. On le voit, ce n'est pas seulement par la date que Louis IX doit prendre rang avant Charles IX. Les Valois soumettaient les juifs à un système savant de déprédations périodiques : tour à tour ils les chassaient après les avoir dépouillés et les rappelaient pour les dépouiller encore : c'étaient des coupes réglées. — Les rois catholiques faisaient valoir les réprouvés aussi ingénieusement que les rois très-chrétiens. Ils les spoliaient, puis les laissaient s'enrichir et les spoliaient encore. L'intègre Torquemada mit fin à cette exploitation sanglante : il réclama de Ferdinand l'expulsion à perpétuité de tous les juifs qui n'auraient pas abjuré avant quatre mois. Les juifs avertis offrirent au roi trente mille ducats pour qu'il consentît à les garder. Ferdinand hésitait à signer le décret, quand le moine entra un crucifix à la main, et s'écria : » Judas Iscariote a vendu son Dieu pour trente deniers, vous, vous allez le vendre pour trente mille ! « Le roi signa, et, au calcul de Mariana, huit cent mille Hébreux s'expatrièrent. — Que devinrent-ils ? Demandez-le à la misère, à la détresse, à l'épidémie, à la peste, à la famine, demandez-le aux tempêtes de l'Océan, demandez-le aux lions de l'Atlas, demandez le aux hommes du Portugal.

Décimés à Lisbonne par le massacre, chassés de France par l'édit de Charles VI, d'Angleterre par le statut d'Édouard Ier, d'Allemagne par le rescrit de Maximilien Ier, les circoncis se traînèrent jusqu'au nord de l'Europe, au fond de la Bohême, du Mecklembourg et de la Pologne. Çà et là pourtant quelques villes libres et souveraines les admirent : Metz, Nuremberg, Florence, Venise. La Rome des papes tira pour les laisser entrer l'énorme verrou du Guetto. Mais, même dans ces cités tolérantes, les israélites restèrent voués à l'infamie : ils durent porter la dégradante livrée ordonnée par le concile de Bâle, la rouelle à l'épaule ou sur la poitrine, et ce bonnet jaune qui les désignait partout aux huées des enfants et aux aboiements des chiens. — Un instant les malheureux eurent une lueur d'espoir : ils crurent que la Réforme les relèverait de l'anathème dont les accablait le catholicisme. Ils demandèrent à entrer dans les États germaniques révoltés contre le saint-siége. Luther s'y opposa. L'excommunié excommuniait les maudits. Ils implorèrent de la reine Élisabeth leur rappel en Angleterre. Élisabeth refusa et n'en fut que plus populaire. Loin d'apaiser les préjugés contre les juifs, le protestantisme les fanatisa; il crut prouver son orthodoxie en exagérant l'horreur pour les prétendus meurtriers du Christ. Sa crédulité fervente donnait force aux vieilles fables qui les accusaient d'empoisonner les rivières et les fontaines, de communiquer la lèpre, d'immoler à leur Pâque des enfants volés aux chrétiens. Les poëtes répétaient en vers la calomnie que les prédicateurs ressassaient en prose. Les tréteaux de la scène faisaient écho aux tréteaux de l'église. Dès 1590, un des fondateurs du théâtre anglais, un écrivain qui pourtant avait du cœur et du talent, Christophe Marlowe, faisait jouer par la troupe du *Cockpit* un drame où certain juif de Malte, appelé Barabbas (le nom est bien choisi), empoisonne tout un couvent de religieuses pour être sûr d'empoisonner sa fille Abigaïl, récemment convertie. Voulez-vous avoir une idée du style de cette diatribe ? Écoutez ce petit dialogue entre le juif et son esclave, un More qu'il vient d'acheter sur le marché :

— Dis-moi ton nom, ta naissance, ta condition et ta profession.

— Ma foi, seigneur, ma naissance n'est que basse, mon nom Ithamore, ma profession ce que vous voudrez.

— Tu n'as pas d'état ? Eh bien, fais attention à mes paroles. Je vais t'inculquer une leçon qui devra se cheviller en toi. D'abord débarrasse-toi de tous ces sentiments, compassion, amour, espérance vaine, scrupule pusillanime. Ne t'émeus de rien, n'aie pitié de personne, mais souris-toi à toi-même quand les chrétiens gémissent.

— Oh ! brave maître, je n'en ai que plus de respect pour votre nez ! (Pour faire comprendre ce lazzi d'Ithamore, disons vite entre parenthèses que le juif de comédie portait traditionnellement un énorme faux nez. L'épouvantail n'avait même plus figure humaine.)

— Quant à moi, reprend Barabbas, je passe la nuit à rôder et à tuer les malades agonisant aux pieds des murs. Parfois je vais à l'écart et j'empoisonne les puits. De temps à autre, pour entretenir les voleurs chrétiens, je perds volontiers quelques écus, pourvu toutefois que bientôt je puisse, en me promenant dans ma galerie, les voir passer garrottés devant ma porte. Étant jeune, j'ai étudié la médecine et j'ai commencé par exercer d'abord sur les

Italiens. Alors j'enrichissais les prêtres par les enterrements et sans cesse j'occupais les bras du sacristain à creuser la tombe et à sonner le glas. Puis, j'ai été ingénieur, et, dans les guerres entre la France et l'Allemagne, sous prétexte de servir Charles-Quint, je tuais, par mes stratagèmes, amis et ennemis. Puis, j'ai été usurier, et, à force d'extorsions, d'escroqueries, de confiscations et de ruses de courtage, en un an je remplissais les geôles de banqueroutiers et j'encombrais les hôpitaux de jeunes orphelins. Grâce à moi, il n'était pas de lune qui ne rendît quelqu'un fou; de temps à autre, un homme se pendait de désespoir, portant, attaché sur la poitrine, un long écriteau qui disait combien je l'avais torturé par mon usure. Mais vois quelle bénédiction m'ont value toutes leurs douleurs : j'ai assez d'argent pour pouvoir acheter toute la ville ! Mais dis-moi, toi, à quoi passais-tu le temps?

— Ma foi, maître, à incendier les villages chrétiens, à enchaîner les eunuques, à lier les galériens. A une époque, j'ai été cabaretier dans une hôtellerie, et, pendant la nuit, je me glissais furtivement dans les chambres des voyageurs et je leur coupais la gorge. Un jour, à Jérusalem, j'ai semé de la poudre sur les dalles de marbre où s'agenouillaient les pèlerins, et leurs genoux en furent si bien éclopés que j'éclatais de rire à voir tous ces culs-de-jatte retourner dans leur chrétienté sur des béquilles.

— Allons, ce n'est pas mal. Regarde-moi comme ton camarade. Nous sommes mécréants tous deux, tous deux circoncis, et nous haïssons les chrétiens tous deux. Sois fidèle et discret, et l'or ne te manquera pas.

Telles étaient les monstruosités que le dramaturge huguenot mettait sans scrupule dans la bouche du juif. Ces diffamations impossibles, qui aujourd'hui indignent le bon sens et révoltent l'imagination, étaient alors consacrées par l'assentiment général. Il fallait voir l'enthousiasme du public à la fin de la pièce, quand Barabbas était jeté dans la cuve ardente. Quel plaisir d'écouter les rugissements et d'observer les convulsions du juif bouilli vivant! Toute la bonne ville voulut se donner ce spectacle. Le drame de Marlowe obtint un succès exceptionnel que constatent, recette à recette, les registres du chef de troupe Henslowe. Ne pouvant rôtir le juif en personne, comme avaient fait récemment les bourgeois de Metz, la populace de Londres allait chaque jour le voir brûler en effigie : elle soufflait ses acclamations sur ce feu d'enfer et l'attisait de hourrahs. Oh! cette foule frénétique, l'apercevez-vous à la lueur de ce sabbat sinistre? La voyez-vous, comme moi, trépigner de joie, battre des mains et danser une ronde autour de la chaudière en entonnant le refrain sauvage de la complainte de *Gernutus?*

> Good people, that doe heare this song,
>   For trueth I dare well say
> That many a wretch as ill as hee
>   Doth live now at this day;
> That seeketh nothing but the spoyle
>   Of many a wealthey man,
> And for to trap the innocent
>   Deviseth what they can.
> From whom the Lord deliver me,
>   And every Christian too,
> And send tothem like sentence eke
>   That meaneth so to do [1].

La ballade de *Gernutus* était une chanson populaire,

---

[1] « Bonnes gens qui écoutez cette chanson, j'ose affirmer comme une vérité que bien des misérables aussi méchants que lui existent encore aujourd'hui,

« Qui ne cherchent que la spoliation de maint homme opulent, et qui, pour attraper l'innocent, imaginent tous les moyens.

« De ceux-là puisse le Seigneur me délivrer ainsi que tous les chré-

sortie on ne sait d'où, qui courait les rues de Londres. Elle racontait, sur l'air de *Black and yellow*, comme quoi il y eut jadis à Venise un marchand de bonne renommée qui, ayant besoin d'argent, demanda à un usurier juif, nommé Gernutus, de lui prêter cent écus pour un an et un jour. Le juif consentit à le faire sans réclamer d'intérêt, mais à la condition que le marchand s'engagerait, en cas de non-remboursement, à lui donner une livre de sa chair. Le billet fut signé. Dans l'intervalle, le marchand eut des malheurs ; ses navires naufragèrent et ses coffres ne se remplirent pas : bref, le jour de l'échéance, il ne put payer. Gernutus fit arrêter son débiteur et le traduisit devant le tribunal en réclamant la pénalité stipulée. Les amis du Vénitien s'interposèrent et supplièrent l'usurier de renoncer à ses poursuites : en remboursement des cent écus qui lui étaient dus, ils lui offrirent cinq cents, mille, trois mille et jusqu'à dix mille écus. Le juif repoussa toutes ces offres et réclama le dédit convenu. Autorisé par le tribunal, déjà il tirait son couteau, quand le juge le prévint que, s'il outrepassait son droit d'un scrupule, s'il versait une seule goutte de sang, s'il coupait plus ou moins que la quantité de chair qui lui revenait, il serait pendu haut et court. Sur cette observation du juge, Gernutus frémit : il rengaîna piteusement sa lame et déclara consentir à accepter les dix mille écus proposés par les amis du Vénitien. « Non, dit le magistrat, tu n'auras pas une obole ; prends ton dédit. » Gernutus demanda son principal. « Non, fit le magistrat, prends ta livre de chair ou déchire ton billet. » Sur quoi, Gernutus maudit son juge et s'enfuit.

Cette légende, si propre à propager l'animosité contre la race maudite, avait fait le sujet d'une pièce repré-

tiens! Puisse-t-il frapper d'une sentence pareille quiconque prétend agir ainsi! »

sentée en 1578 sur le théâtre du *Bull*, aux grands applaudissements des puritains de Londres [1]. Cependant, si appréciée qu'elle fût du public anglais, elle n'était pas d'invention britannique : on la retrouvait dans presque toutes les littératures ; elle était connue non-seulement en Angleterre, mais en France, mais en Italie, mais dans toute la chrétienté. Pendant le seizième siècle, un juriste français, Alexandre Sylvain, en avait fait le thème de sa quatre-vingt-quinzième Déclamation dans un manuel d'éloquence, intitulé *L'Orateur*. Au quatorzième siècle, un conteur italien, Giovanni Fiorentino, en avait fait l'incident d'une nouvelle dans un recueil imprimé en 1558, sous ce titre : *Il Pecorone*. Dès le treizième siècle, l'auteur anonyme des *Gesta Romanorum* l'avait conté en bas latin à l'Europe entière. Quelle était l'origine de cette légende ? De quelle sombre région était-elle venue ? On ne savait. Elle était cosmopolite et immémoriale. Il n'y a pas cent ans qu'un officier anglais, l'enseigne Thomas Munroe, la déchiffra sous la poussière dans un vieux manuscrit persan, trouvé à Tanjore, au fond de l'Inde ! Elle était familière, non-seulement à toute la chrétienté, mais à tout l'islam. Le croissant l'avait adoptée comme la croix. Partout, à travers tous les peuples, dans tous les climats et sous tous les cieux, sur les bords de la Tamise, sur les bords de la Seine, au Rialto, sur les rives de l'Euphrate, au delà de l'Indus, au delà du Gange,

---

[1] L'existence de cette pièce, antérieure d'environ vingt ans au *Marchand de Venise*, est prouvée par un pamphlet religieux que publia, en 1579, un fanatique appelé Stephen Gosson. Ce Gosson, fort hostile au théâtre naissant, comme tous les puritains, fait par exception l'éloge d'une tragédie intitulée le *Juif*, « laquelle est jouée au *Bull* et représente l'avidité des *choisisseurs* (chosers) mondains et les sentiments sanguinaires des usuriers. » D'après cette analyse sommaire, il est permis de croire que cette pièce, comme celle de Shakespeare, réunissait dans une composition unique les deux incidents si divers des coffrets et du billet. Elle est malheureusement perdue.

elle suivait le juif, elle lui courait sus et le persécutait de sa huée implacable.

Ce fut vers la fin du seizième siècle, au moment où elle courait les carrefours de Londres dans le chant populaire de *Gernutus*, que Shakespeare arrêta la légende au passage. Qu'allait faire le poëte? Était-ce donc pour la fortifier de son génie et pour en accabler le misérable israélite, qu'il allait évoquer dans son drame cette fable de la haine? Allait-il accroître les douleurs de ce souffre-douleur, en joignant son imprécation au haro universel? Lui, l'apôtre de l'indulgence, entendait-il donc, cédant aux préventions publiques, excepter une créature de Dieu de cette tolérance qu'il réclamait pour tous?

Non, telle n'a pas été la pensée du maître. Il n'a pas sacrifié au préjugé, si impérieux qu'il fût, sa mission civilisatrice. Il n'a pas donné le démenti à son apostolat. De sa charge, le poëte n'a pas rejeté l'âme du juif. Loin d'écraser ce lépreux, il a tenté de le relever. Certes, l'entreprise était ardue et périlleuse. Le fanatisme ne se laissait pas braver impunément à cette furieuse époque. Il n'y avait pas longtemps que Reuchlin, tout favori d'empereur qu'il était, avait failli expier du dernier supplice son équivoque sympathie pour la tribu maudite. S'il ne risquait pas sa vie ou sa liberté dans une lutte déclarée contre l'opinion dominante, le penseur risquait, à coup sûr, son autorité morale. Shakespeare avait donc certains tempéraments à prendre, certains ménagements à garder, pour ne pas exaspérer son public. L'intérêt même de l'opprimé exigeait qu'il ne fût pas trop ouvertement soutenu. C'était risquer le succès que vouloir l'emporter, et le maître eût compromis son plaidoyer en s'aliénant dès le premier mot la confiance du jury. Chose étrange, pour gagner une pareille cause, il fallait la plaider non du banc de la défense, mais du banc de l'accusation! Cette ruse de forme était nécessaire. Et voilà pourquoi Shakespeare a choisi, pour y développer son idée, une légende qui devait à son hostilité contre les juifs son immense popularité. Mais, par un prodige de génie, tout en gardant l'étiquette, il en a modifié le sens. En évoquant la légende, il l'a transfigurée. Elle grimaçait la haine, il lui a imposé l'expression sereine de la mansuétude. Depuis des siècles, elle vociférait l'extermination, il lui a arraché le cri de l'humanité.

Donc, pour bien comprendre la pensée qui ici a inspiré Shakespeare, deux conditions sont indispensables : la première condition, c'est de se reporter au temps où il a composé son drame, époque de fanatisme universel, où le roi catholique Charles IX « tenait que, contre les hérétiques, c'était cruauté d'être humain et humanité d'être cruel [1], » et où le poëte protestant Marlowe s'écriait en plein théâtre : « Détruire un juif est charité et non péché [2]. » La seconde condition, c'est de confronter l'œuvre du maître avec les opuscules qui l'ont précédée. Jamais comparaison n'a été plus instructive, plus probante, plus nécessaire; jamais la critique, pour ne pas s'égarer, n'a eu plus grand besoin d'être éclairée par l'histoire.

De tous les écrivains, romanciers, chroniqueurs ou chansonniers, qui, avant Shakespeare, ont traité le sujet du *Marchand de Venise*, il n'en est pas un qui ait essayé d'expliquer par un motif quelconque le sanglant contrat passé entre le juif et le chrétien. L'auteur italien, dont la nouvelle a servi de cadre au chef-d'œuvre anglais, dit tout simplement : « Comme il lui manquait dix mille ducats, messire Ansaldo alla trouver un juif à Mestre, et les

---

[1] Brantôme.

[2] « *To undo a Jew is charity and not a sin.* » (*Le Juif de Malte.*)

lui emprunta avec cette convention et condition que, s'il ne les avait pas rendus à la Saint-Jean de juin prochain, le juif lui pourrait enlever une livre de chair dans quelque endroit du corps qu'il voudrait [1]. » Puis il parle d'autre chose, sans s'arrêter, même pour s'en indigner, sur cette monstrueuse convention. Le prêteur est juif : cela suffit. Est-ce que les juifs n'ont pas pour habitude de sacrifier à leur Pâque un enfant chrétien et de communier en le dévorant? Il est donc tout simple que celui-ci veuille avoir la chair de messire Ansaldo. A quoi bon chercher des prétextes à un appétit si naturel? Qui dit juif, dit vampire. Ainsi pensait maître Giovanni Fiorentino, conteur du quatorzième siècle. Ainsi n'a pas pensé maître William Shakespeare, le conteur de tous les âges.

Et d'abord, Shakespeare a restitué une âme au juif. Le juif était hors l'humanité, Shakespeare l'y a rappelé d'un trait de plume. Il a voulu que l'action du juif, si inhumaine qu'elle fût, eût une raison humaine. Voilà pourquoi il a créé entre Shylock et Antonio une haine invétérée (*a lodged hate*) qui n'existe pas entre le mécréant de la nouvelle et messire Ansaldo. Voilà pourquoi il a accumulé les griefs dans le cœur de Shylock. Shylock hait Antonio, parce qu'Antonio est chrétien, parce qu'Antonio, qui est royalement riche, prête l'argent gratis ; mais il hait Antonio surtout parce qu'Antonio hait la sainte nation israélite, parce qu'Antonio va partout clabaudant contre Shylock, contre ses operations, contre

---

[1] « E perchè gli mancavano dieci mila ducati, messere Ansaldo andò a un Giudeo a Mestri, e accatogli con questi patti e condizioni, che s'egli non glie l'avesse renduti dal detto di a San Giovanni di giugno prossimo, che'l Giudeo gli potesse levare una libra di carne d'addosso di qualunque luogo e' volesse. » *Il Pecorone. Giornata quarta.* (Voir à l'Appendice la traduction de cette nouvelle.)

ses profits légitimes, parce que, quand lui, Shylock, passe, Antonio l'appelle chien, le chasse du pied et lui crache au visage. Cependant un jour vient où cet Antonio qui a pour habitude « de vider sa bave sur la barbe » de Shylock, a besoin de Shylock et s'adresse à lui. En dépit de son juste ressentiment, Shylock reçoit fort bien le marchand :

— Le bonheur vous garde, bon signor! dit-il, le sourire sur les lèvres.

— Shylock, répond sèchement Antonio, bien que je n'aie pas l'usage de prêter ni d'emprunter à intérêt, pour subvenir aux besoins de mon ami, je romprai une habitude...

L'exorde est singulier. Antonio commence par déclarer contraire à ses principes l'action même qu'il vient implorer de Shylock. Celui-ci aurait bon droit de se choquer, convenez-en. Cependant il ne se formalise pas, il discute poliment avec Antonio, il invoque pour sa défense le livre sacré que révèrent également le juif et le chrétien. « Le profit est béni quand il n'est pas volé. » Et, pour justifier ses bénéfices, Shylock cite l'exemple de Jacob prélevant la dîme sur les troupeaux de Laban par une ruse dont Dieu même est complice.

Sur quoi Antonio, interrompant la conversation, se tourne vers Bassanio et lui dit sans baisser la voix :

— Remarquez ceci, le diable peut citer l'Écriture pour ses fins. Une âme mauvaise produisant de saints témoignages est comme un scélérat à la joue souriante, une belle pomme pourrie au cœur. Oh! que l'imposture a de beaux dehors!

Vous le voyez, Antonio ne discute pas. Aux arguments de son interlocuteur, il répond tout de suite par des invectives : Shylock est un imposteur, un scélérat, un diable! Ce qui n'empêche pas Antonio de lui adresser, un moment après, cette question doucereuse :

— Eh bien, Shylock, serons-nous vos obligés?

On conçoit que tant d'impertinence finisse par agacer Shylock. Cette façon de demander service à un homme en lui jetant de la boue a de quoi lasser la patience du plus patient. Aussi le rouge monte à la face du juif, et c'est avec peine qu'il contient sa colère prête à éclater :

— Signor Antonio, dit-il d'une voix de plus en plus vibrante, mainte et mainte fois sur le Rialto, vous m'avez honni à propos de mon argent et de mon usance. Je l'ai supporté patiemment avec un haussement d'épaules, car la souffrance est l'insigne de toute notre tribu. Vous m'appeliez mécréant, chien, coupe-jarrets, et vous crachiez sur mon gaban juif, et cela parce que j'use de ce qui m'appartient. Eh bien, il paraît qu'aujourd'hui vous avez besoin de mon aide. En avant donc! Vous venez à moi et vous me dites : Shylock, nous voudrions de l'argent! Vous dites cela, vous qui vidiez votre bave sur ma barbe et qui me repoussiez du pied comme on chasse un limier étranger de son seuil! Vous sollicitez de l'argent! Que puis-je vous dire? Ne devrais-je pas vous dire : Est-ce qu'un chien a de l'argent? est-il possible qu'un limier puisse prêter trois mille ducats? Ou bien dois-je m'incliner profondément et d'un ton servile, retenant mon haleine dans un murmure d'humilité, vous dire ceci : Mon beau monsieur, vous avez craché sur moi mercredi dernier, vous m'avez chassé du pied tel jour, une autre fois vous m'avez appelé chien : pour toutes ces courtoisies, je vais vous prêter tant d'argent.

A cette plainte si éloquente et si pathétique du souffre-douleur, que va répliquer Antonio? Va-t-il faire réparation au juif? Va-t-il, comme il le devrait, effacer par un éclatante apologie ses violences passées? Va-t-il, comme il le devrait, demander pardon de tous ses torts? Va-t-il au moins s'engager pour l'avenir à des procédés plus doux? Fi donc!

— Je suis bien capable, répond-il au juif, de t'appeler chien encore, de cracher sur toi encore, de te chasser du pied encore. Si tu prêtes de l'argent, ne le prête pas comme à un ami. L'amitié a-t-elle jamais tiré profit du stérile métal confié par un ami? Non, considère ce prêt comme fait à ton ennemi. S'il manque à l'engagement, tu auras meilleure figure à exiger contre lui la pénalité!

Antonio a commencé par insulter Shylock, il finit par le braver. Tout à l'heure il l'outrageait, maintenant il le provoque. C'en est fait, la mesure est comblée. L'excessive insolence a épuisé l'excessive patience. Ce défi, que le chrétien lui jette, le juif ne peut le repousser. Shylock ne voulait pas la lutte, mais Antonio la veut : soit! Il l'aura. Aussi bien, dans son duel avec Antonio, Shylock accepte les conditions mêmes de son adversaire. Antonio réprouve l'usure, Shylock dédaigne cette arme : il le déclare d'avance, il ne prendra pas un denier d'intérêt, il prêtera son argent pour rien. Seulement, « par manière de plaisanterie, » si Antonio ne rembourse pas la somme dite au jour dit, il perdra une livre pesant de sa belle chair, laquelle sera coupée et prise dans telle partie du corps que désignera Shylock. — Certes, en ce moment, la proposition de Shylock a bien l'air d'une plaisanterie; elle semble bien plutôt imaginée pour faire rire que pour faire frémir. Quelle vraisemblance qu'Antonio ne puisse pas acquitter dans trois mois une misérable dette de trois mille ducats? Antonio a été surnommé le « Marchand royal. » Il a des galions sur toutes les mers, il attend de somptueuses cargaisons de tous les points du globe, d'Angleterre, de Lisbonne, de Tripoli, de Barbarie, du Mexique, des Indes et de je ne sais où. On peut craindre dix naufrages, on n'en prévoit pas cent. Antonio ne pourrait être réduit à la banqueroute que par une coalition inouïe de désastres. A supposer que le juif conspirât du fond de sa haine contre la vie de ce chrétien, il faudrait encore qu'il pût embaucher dans son stratagème toutes les catastrophes du ciel. Ce mécréant aurait-il à ses ordres les foudres de Dieu? Antonio ne peut admettre cette conjecture impie : bien sûr d'être en règle au jour de l'échéance, il regarde le prêt proposé par Shylock comme un prêt gratuit : « Vraiment le juif fait preuve de grande bienveillance : il devient bon. Il se fera chrétien. Et tout en narguant ainsi la religion de Shylock, Antonio se rend vite chez le notaire pour signer le *plaisant* billet.

Avouez-le, tant d'insultes et de provocations suffiraient bien à expliquer dans l'avenir l'animosité de Shylock. Mais le poëte ne s'est pas contenté de cette excuse. Pour justifier l'acharnement du juif, il lui a créé un dernier, un suprême grief. Ce n'était pas assez que Shylock fût souffleté dans sa foi, dans sa race, dans son crédit, dans son honneur, il fallait qu'il fût frappé au cœur dans la plus vénérable et la plus auguste de ses affections.

Écoutez cette histoire qui tout entière a été ajoutée par Shakespeare à la légende.

Shylock a donné à sa fille la sévère éducation que lui prescrit sa croyance religieuse. Il a élevé Jessica dans la solitude du foyer domestique, à l'abri d'un monde corrompu, avec une sorte de puritanisme rabbinique. Il n'a cessé de lui prêcher l'austérité rigide, l'orgueil des ancêtres, le dévouement à la tribu, la dévotion à la foi, la défiance envers « la race d'Agar, » le dédain de la société chrétienne, le mépris du plaisir chrétien, du rire chrétien, de la mascarade chrétienne : « Écoutez-moi,

Jessica, fermez bien mes portes, et si vous entendez le tambour et l'ignoble fausset du fifre au cou tors, n'allez pas grimper aux fenêtres ni allonger votre tête sur la voie publique pour contempler ces fous de chrétiens aux visages vernis. Mais bouchez les oreilles de ma maison, je veux dire mes fenêtres : que le bruit de la vaine extravagance n'entre pas dans mon austère maison. » Jessica n'a que faire de regarder les jeunes païens qui passent enfarinés dans la rue : si elle veut se mettre en ménage avec le consentement de son père, elle ne se mariera qu'à la synagogue. « Plût à Dieu, dit Shylock, qu'elle eût pour mari un descendant de Barabbas plutôt qu'un chrétien ! » Par malheur, Jessica n'a guère mis à profit les leçons paternelles. Le caractère mutin de la belle juive résiste à cette farouche éducation. « Fille de Shylock par le sang, elle ne l'est pas par le caractère. » Jamais la nature ne s'est démentie aussi formellement d'une génération à l'autre. Les goûts de l'enfant sont en contradiction éclatante avec les goûts du père. Autant Shylock est rigide, âpre, frugal, dur à la souffrance, autant Jessica est tendre, molle, friande et indolente. Shylock est fanatique d'austérité ; Jessica, de plaisir. Shylock outre l'économie jusqu'à l'avarice ; Jessica exagérerait la prodigalité jusqu'au gaspillage. Shylock se défierait du chrétien le plus sage ; Jessica s'affolerait du plus écervelé. Vous connaissez Lorenzo, ce jeune merveilleux, vêtu à la dernière mode vénitienne, qui toujours arpente la place Saint-Marc, la moustache en croc et l'épée en civadière ? Eh bien, Jessica abjurerait avec joie le Dieu de ses ancêtres pour pouvoir battre le pavé au bras de ce Philistin. La rieuse enfant ne peut se faire à l'existence claustrale que lui impose son père : elle étouffe dans *cette atmosphère d'ennui*. « Notre maison est un enfer, » pense-t-elle, et elle suit d'un œil d'envie ce « joyeux diable » de Lancelot qui s'en va en chantant chercher fortune ailleurs.

Enfin, l'occasion tant attendue se présente. — Le jour même où Shylock a prêté les trois mille ducats, il est invité par le reconnaissant Bassanio à un souper où Antonio et tous ses amis doivent choquer les verres. Shylock hésite longtemps à accepter l'invitation : il a fait la veille un mauvais rêve, il pressent que « quelque vilenie se brasse contre son repos. » Cependant l'envie de « manger aux dépens du chrétien prodigue » finit par l'emporter : il se rend chez Bassanio. Pendant le souper, les plus gais convives, Gratiano, Salarino et Lorenzo, s'esquivent sous prétexte d'aller chercher leurs masques. Mais les trois jeunes gens se sont donné rendez-vous d'un air mystérieux devant certaine maison. Ils arrivent.

— Holà ! quelqu'un ! exclame Lorenzo en s'avançant sous le balcon.

A ce cri qui semble un signal, une lumière brille, une fenêtre s'ouvre et un page apparaît.

— Qui êtes-vous ? répond le page d'une voix singulièrement douce.

— Lorenzo ! ton amour !

— Lorenzo, c'est certain ! Mon amour, c'est vrai ! Mais qui sais si je suis votre amour ?

— Le ciel m'est témoin que tu l'es.

— Eh bien, tenez ! attrapez cette cassette... Je vais fermer les portes, me dorer encore de quelques ducats, et je suis à vous.

Une minute après, Jessica se présentait sur le seuil de la rigide demeure dans sa livrée de carnaval et s'enfuyait, une torche à la main, au milieu de la bande joyeuse.

Quand Shylock rentra chez lui, il trouva son logis

désert, son coffre-fort pillé, mais il ne trouva plus son enfant. Qu'on imagine sa douleur! Le misérable père fouilla toute la ville pour découvrir Jessica. Il courait dans les rues comme un fou, traqué par une meute d'écoliers qui répétaient en riant ses cris de détresse. Un chrétien qui le vit passer disait n'avoir jamais entendu « fureur aussi trouble, aussi extravagante, aussi incohérente que celle qu'exhalait ce chien de juif. » —Dans sa course effarée, Shylock traverse le Rialto sans même apercevoir Salarino qui cause avec Solanio des nouvelles alarmantes reçues, dit-on, par Antonio. Salarino appelle le juif.

— Holà, Shylock! Quoi de nouveau?

Shylock se détourne et reconnaît dans celui qui l'apostrophe un des convives disparus pendant le souper fatal :

— Vous avez su mieux que personne la fuite de ma fille, dit-il.

— Cela est certain, répond Salarino en ricanant, je sais même le tailleur qui a fait les ailes avec lesquelles elle s'est envolée.

— Et pour sa part, observe Solanio; Shylock savait que l'oiseau avait toutes ses plumes et qu'alors il est dans le tempérament de tous les oiseaux de quitter la maman.

— Elle est damnée pour cela.

— C'est certain, si elle a le diable pour juge.

— Ma chair et mon sang se révolter ainsi!

— Fi, vieille charogne! devraient-ils se révolter à ton âge?

C'est ainsi que ces jeunes gens parlent à ce vieillard! Les insolents! Les imprudents? Et c'est au moment où ils viennent de lui jeter à la face ce dernier outrage ramassé dans le plus sale égout de l'ignominie, qu'ils osent demander au juif d'épargner un chrétien !

— Si Antonio n'est pas en règle, dit Salarino, tu ne prendras pas sa chair. A quoi te serait-elle bonne?

— A amorcer le poisson, s'écrie Shylock qui éclate enfin. Dût-elle ne rassasier que ma vengeance, elle la rassasiera. Il m'a couvert d'opprobre, il m'a fait tort d'un demi-million, il a ri de mes pertes, il s'est moqué de mes gains, il a conspué ma nation... Et quel est son motif? Je suis juif! Un juif n'a-t-il pas des yeux? Un juif n'a-t-il pas des mains, des organes, des proportions, des sens, des affections, des passions? N'est-il pas nourri de la même nourriture, blessé des mêmes armes, sujet aux mêmes maladies, guéri par les mêmes moyens, échauffé et refroidi par le même été et par le même hiver qu'un chrétien? Si vous nous piquez, est-ce que nous ne saignons pas? Si vous nous chatouillez, est-ce que nous ne rions pas? Si vous nous empoisonnez, est-ce que nous ne mourons pas? Et si vous nous outragez, est-ce que nous ne nous vengerons pas? Si nous sommes comme vous du reste, nous vous ressemblons aussi en cela. Qu'un chrétien soit outragé par un juif, où met-il son humilité? A se venger. Qu'un juif soit outragé par un chrétien, où doit-il, d'après l'exemple chrétien, mettre sa patience? Eh bien, à se venger! La perfidie que vous m'enseignez, je la pratiquerai, et j'aurai du malheur si je ne surpasse pas mes maîtres!

Cette imprécation sublime est le plus éloquent plaidoyer que jamais voix humaine ait osé prononcer en face d'une race maudite. Quelque terrible que soit le dénoûment, elle le prépare et le justifie. Certes, si implacable qu'il soit, Shylock aura de la peine à *dépasser ses maîtres.* A supposer qu'il la réclame, une livre de la chair d'Antonio ne fera jamais contre-poids dans la balance des représailles à ces milliers de cadavres entassés sur le charnier chrétien par une tuerie de treize siècles.

En donnant à la conduite de Shylock ce mobile qui suscite les héros, le patriotisme, en lui fournissant pour excuses, non-seulement ses griefs personnels, mais les griefs séculaires de tout un peuple, Shakespeare a d'avance amnistié le juif. — Doutez-vous encore que cette amnistie ait été préméditée par le poète? Hésitez-vous encore à croire qu'il ait voulu nous montrer dans l'acharnement du juif la conséquence fatale d'une légitime rancune? Eh bien, votre incertitude va disparaître. Écoutez la conversation que l'auteur a ménagée entre Shylock et son ami Tubal, et vous reconnaîtrez avec quelle logique profonde il a soudé la ruine d'Antonio à l'enlèvement de Jessica :

— Votre fille a dépensé à Gênes, m'a-t-on dit, quatre-vingts ducats en une nuit.

— Tu m'enfonces un poignard ; je ne reverrai jamais mon or. Quatre-vingts ducats d'un coup! Quatre-vingts ducats !

— Il est venu avec moi de Venise des créanciers d'Antonio, qui jurent qu'il ne peut manquer de faire banqueroute.

— J'en suis ravi. Je le harcèlerai, je le torturerai. J'en suis ravi !

— Un d'entre eux m'a montré une bague qu'il a eue de votre fille pour un singe.

— Malheur à elle! Tu me tortures, Tubal! C'était ma turquoise ! Je l'avais eue de Lia, quand j'étais garçon. Je ne l'aurais pas donnée pour une forêt de singes !

Remarquez ce trait magistral ajouté ici par une brusque inspiration. Maintenant ce n'est plus seulement le père qui souffre dans Shylock, c'est l'amant. Voilà l'ombre de Lia, la chère morte, qui apparaît ici, comme pour exciter le juif à la vengeance.

— Mais, reprend vite Tubal, Antonio est ruiné certainement.

— Oui, c'est vrai, c'est vrai... Va, Tubal, engage-moi un exempt, retiens-le quinze jours d'avance... S'il ne paye pas, je veux avoir son cœur. Va, Tubal, et viens me rejoindre à la synagogue. Va, mon bon Tubal. A notre synagogue, Tubal.

Et de ce pas, l'israélite va invoquer l'Éternel, qui jadis parla à Moïse, disant :

« Quand quelque homme aura fait outrage à son prochain, on lui fera comme il a fait ;

« Fracture pour fracture, œil pour œil, dent pour dent ; on lui fera le même mal qu'il aura fait à un autre homme. »

En se rendant à la synagogue, Shylock a placé sa haine sous la sauvegarde de sa foi. Désormais sa vengeance a pris un caractère sacré. Son acharnement contre le chrétien devient hiératique. Le supplice d'Antonio n'est plus qu'un holocauste offert au Tout-Puissant exterminateur. Shylock s'est engagé par des vœux irrévocables. Et quand il comparaît devant le tribunal, il a l'impassibilité farouche du lévite qui va immoler l'agneau expiatoire au Dieu des armées.

Que lui parle-t-on de faire grâce? Shylock a juré d'être inflexible *par le saint Sabbat*. « Il a un serment au ciel, un serment! un serment! Mettrait-il le parjure sur son âme? Non, pas pour tout Venise. » Le supplier, lui! y songez-vous? « Autant vaudrait aller vous installer sur la plage, et dire à la grande marée d'abaisser sa hauteur habituelle! Autant vaudrait défendre aux pins de la montagne de secouer leurs cimes hautes et de bruire lorsqu'ils sont agités par les rafales ! » D'ailleurs, que réclame-t-il? la stricte justice. Un engagement a été pris, cet engagement doit être tenu. Un billet a été souscrit, ce billet doit être remboursé. Le juif ne sort pas de la légalité. Il invoque à son profit la législation même qui, si souvent, a été invoquée à son détriment. Ce contrat social, sous lequel on l'a accablé de tout temps, voulez-vous donc qu'il hésite, quand il le peut, à le faire retomber sur ses adversaires?

Dans la légende du *Pecorone*, le juif insiste sur son droit sans donner de raison.

— J'entends, dit le juge, que tu prennes ces cent mille ducats et que tu délivres ce brave homme, qui te sera à jamais obligé.

— Je n'en ferai rien, répond laconiquement le juif [1].

Bien différent de son devancier, Shylock consent à donner à ses juges des explications auxquelles il n'est pas obligé. Ce qui l'anime contre Antonio, c'est « une haine réfléchie et une horreur invétérée. » Cette haine, Antonio lui-même l'a provoquée, sollicitée, méritée; il l'a obtenue : qu'avez-vous à dire? Chrétiens du seizième siècle, vous parlez de miséricorde ! mais êtes-vous vraiment bien fondés à parler de miséricorde? Vous-mêmes êtes-vous plus miséricordieux que Shylock? Cette religion de charité que vous prêchez si éloquemment, la pratiquez-vous? Votre constitution civile et politique ne repose-t-elle pas tout entière sur la servitude? Vous plaignez Antonio; eh! commencez donc par plaindre les innombrables serfs dont le labour est votre richesse et le désespoir votre luxe! « Vous avez parmi vous nombre d'esclaves que vous employez comme vos ânes, vos chiens et vos mules, à des travaux abjects et serviles, parce que vous les avez achetés. Irai-je vous dire : faites-les libres!

---

[1] « Disse il giudice : Io voglio che tu ti tolga questi cento mila ducati, e liberi questo buon uomo, il qual anco te ne sarà sempre tenuto. Rispose il Giudeo : Ia non ne farò niente, » *Il Pecorone*, par Ser Giovanni Fiorentino.

mariez-les à vos enfants! pourquoi suent-ils sous des fardeaux? que leurs lits soient aussi moelleux que les vôtres! que des mets comme les vôtres flattent leurs palais! Vous me répondriez : ces esclaves sont à nous! Eh bien, je réponds de même : la livre de chair que j'exige de lui, je l'ai chèrement payée : elle est à moi, et je la veux? Si vous refusez, fi de vos lois ! les décrets de Venise sont sans force. Je demande la justice : l'aurai-je? Répondez ! »

C'est avec une irrésistible logique que Shylock en appelle ici au pacte social. Ce pacte, qui consacre l'esclavage en autorisant l'achat de l'homme par l'homme, sera désormais lettre morte, si le juif n'obtient pas gain de cause. L'engagement qui lui adjuge une livre de la chair d'Antonio est aussi légal que le marché qui concède au négrier toute une cargaison de chair humaine. La magistrature vénitienne n'hésiterait pas à donner raison à tel colon qui poursuivrait une nègre échappé de sa plantation. Elle ne peut donc, sans une contradiction périlleuse, donner tort à Shylock exigeant sa vivante propriété. « Si Shylock persiste, le strict tribunal de Venise n'a plus qu'à prononcer la sentence contre le marchand. » Pour qu'Antonio puisse être sauvé, pour que sa poitrine asservie puisse échapper au couteau qui la réclame, il faut que les magistrats constitués se récusent et qu'un juge nouveau apparaisse.

Arrière, doge sérénissime ! Place à Portia !

Portia est l'interprète d'une jurisprudence inconnue. La loi qu'elle revendique n'est plus la loi du passé, la loi de haine ; c'est la loi de l'avenir, la loi d'amour. Elle exerce le ministère public, non plus au nom de la justice, mais au nom de la clémence. « La clémence est la puissance des puissances ; elle est au-dessus de l'autorité du sceptre; elle est l'attribut de Dieu même, et le pouvoir terrestre qui ressemble le plus à Dieu est celui qui tempère la justice par la clémence. Ainsi, juif, bien que la justice soit ton argument, considère ceci : qu'avec une stricte justice, nul de nous ne verrait le salut. C'est la clémence qu'invoque la prière, et c'est la prière même qui nous enseigne à tous à faire acte de clémence. Tout ce que je viens de dire est pour mitiger la justice de ta cause... Sois donc clément. Prends trois fois ton argent et dis-moi de déchirer ce billet. »

On comprend que Shylock résiste avec toute l'énergie de sa croyance religieuse à ce droit inouï, plaidé brusquement par l'avocat de l'avenir. Le sectateur de Moïse ne peut que protester contre cette jurisprudence étrange qui oblige à pardonner les ennemis. Le texte dont il relève, ce n'est pas celui qui dit : « Ne résite point au mal, et si quelqu'un te frappe à la joue droite, présente-lui aussi l'autre ; » c'est celui qui dit : « Œil pour œil, dent pour dent. » Voilà pourquoi le juif rejette tout accommodement, toute transaction : « Sur mon âme je le jure, il n'est au pouvoir d'aucune langue humaine de m'ébranler : je m'en tiens à mon billet. Le sanglant contrat va-t-il donc être exécuté ? Non, un droit supérieur à la loi s'y oppose. — A bout d'arguments, la Pitié, dont Portia est l'organe, a recours à l'argutie : elle saisit le glaive légal dont Shylock est armé, y découvre une paille et le brise en le ployant.

La Justice aurait livré Antonio, la Pitié le délivre. Cette « puissance des puissances » qui un jour déclarera inviolable l'existence humaine, retire au juif sa propriété palpitante. Shylock est dépossédé, mais, songez-y bien, il n'a pu être condamné que par un tribunal supérieur à tous les tribunaux. En réalité, ce n'est pas Shylock que frappe l'arrêt de Portia ; ce que frappe cet arrêt, c'est la coutume du talion, c'est cette rigoureuse justice qui n'est qu'une injustice rigoureuse, c'est cette législation vengeresse que promulguent tous les édits des princes et qu'appliquent sans merci toutes les magistratures établies, — parlements, commissions prévôtales, chambres ardentes, chambres étoilées, cours d'assises, — c'est cette procédure de représailles qui tourmente, tenaille, roue, écartèle, pend, décapite, assassine l'assassin, qui lave le sang avec du sang et qui punit la faute en commettant le crime.

Le condamné, ce n'est pas le juif, c'est le judaïsme.

Telle est la portée véritable de l'arrêt prononcé. En définitive, Shylock a gagné mieux que sa cause, il a gagné la cause de tout un peuple : il a revendiqué les droits méconnus de sa race et il les a fait prévaloir par la condamnation éclatante du code exterminateur qui pesait sur elle.

En confirmant un pareil jugement, Shakespeare n'a donc pas cédé, comme beaucoup l'ont cru jusqu'ici, à une inspiration fanatique. Loin d'encourager l'animosité séculaire entre le chrétien et l'israélite, le maître a voulu y mettre fin par une sentence qui, pour me servir d'une expression judiciaire toute britannique, *liait à la paix* les deux adversaires. Oui, il a été le juge de paix de ce grand litige ; il a réconcilié les parties par un compromis qui leur imposait des concessions réciproques. En exigeant que Shylock se convertît au christianisme, il n'a pas entendu violer le principe encore inconnu de la liberté de conscience, il a voulu seulement faire pratiquer par tous, chrétiens et juifs, cette religion idéale qui prêche le pardon des injures. « A son baptême, le juif aura deux parrains ; si j'avais été juge, il en aurait eu dix pour le mener, non pas au baptistère, mais à la potence. » Cette exclamation de Bassanio protestant, aux applaudissements du public, contre la permission accordée au juif d'entrer dans l'église chrétienne prouve que, si la sentence du poëte choquait ses contemporains, ce n'était pas par son intolérance.

La réconciliation ordonnée par le verdict du juge est décidément consacrée par la légitime union de Lorenzo et de Jessica. En mariant la fille de Shylock au gentilhomme vénitien, Shakespeare a bravé le sentiment public qui réprouvait comme sacrilége toute mésalliance entre le sang juif et le sang chrétien; en dépit du préjugé furieux, il a proclamé l'égalité des races ennemies et les a pour toujours rapprochées et confondues dans le même amour comme dans la même foi. Grâce à la vaillante inspiration du poëte, le terrible drame se dénoue de lui-même dans une délicieuse comédie. L'immémoriale animosité des aïeux s'évanouit sur les lèvres des enfants en chuchotements de tendresse. Ces serments de haine, ces cris de rage, ces imprécations, ces huées que se renvoyaient depuis des siècles les générations ennemies, expirent, par une nuit splendide, à l'ombre embaumée d'une végétation tropicale, sous les ramures enivrantes des orangers et des lauriers-roses, en un duo de baisers : « Comme ce clair de lune dort doucement sur ce banc!... Assieds-toi, Jessica... Vois comme le parquet du ciel est partout incrusté de disques d'or étincelants! De tous ces globes que tu contemples, il n'en est pas un qui, dans son mouvement, ne chante comme un ange, toujours en chœur avec les chérubins aux jeunes yeux. Il est dans les âmes immortelles une harmonie pareille, mais, tant que cette fange périssable la couvre de son enveloppe grossière, nous ne pouvons l'entendre. »

Ah! comment la haine, si invétérée qu'elle soit, résisterait-elle aux exorcismes de ce ciel enchanteur? Comment, en dépit de l'enveloppe grossière qui la gêne, les âmes ne mettraient-elles pas leur harmonie latente d'accord avec l'harmonie ineffable des astres? Dans ces jardins féeriques, toute rancune doit s'apaiser, toute querelle doit s'éteindre. Portia et Nérissa peuvent bien accuser leurs maris de les avoir trompées, mais cette accusation n'est pas même soutenable. La vérité, un instant travestie, jette bien vite le masque pour justifier les accusés stupéfaits. Bassanio croit avoir remis son anneau nuptial au docteur Balthazar : erreur! il l'a donné à sa femme. Gratiano se figure avoir cédé sa bague de fiançailles au clerc du docteur : illusion! il l'a donnée à sa femme. Quelques paroles suffisent pour expliquer la méprise. L'évidence confond d'un mot l'apparence. Le droit, obscurci par un quiproquo, révèle gaiement son identité à la raison qui l'a tant de fois méconnu, et la chicane humaine, dont le cri implacable retentissait naguère devant le tribunal des doges, finit ici par retirer sa plainte dans un éclat de rire.

III

Losque, la belle saison venue, Shakespeare retournait à Stratford-sur-Avon, après avoir quitté Londres, — ce Londres ténébreux et sinistre où trônait le sanglant despotisme des Tudors, ce Londres qui avait pour monuments l'échafaud de Thomas Morus, le billot de Jane Grey et le bûcher de Latimer; lorsqu'au sortir de la grande ville noire où s'étalaient tant de vices, où se cachaient tant de misères, où tant de désespoirs montraient le poing, il retrouvait le doux pays natal; lorsqu'il revoyait l'humble toit de chaume sous lequel il était né, et sa maisonnette de New-Place, et la ferme dont son frère Richard était le métayer, et le jardin dont l'allée fleurie menait à la berge de la rivière; lorsque, prolongeant de quelques milles sa tournée de reconnaissance, il poussait jusqu'à Wilmecote pour visiter l'héritage de sa mère et qu'il traversait ces riantes prairies, toutes illuminées pour lui de souvenirs et de rayons, alors le poëte comparait dans son âme le spectacle d'aujourd'hui au spectacle de la veille, toutes ces harmonies à toutes ces discordes, ces routes pavées de primevères à ces rues jonchées de boue, ces sources pures à ces ruisseaux infects, cette rivière limpide à ce fleuve immonde, ce ciel lumineux à ce firmament enfumé, cette campagne en fête à cette ville en deuil. Puis il méditait sur ce contraste, il en cherchait les causes et il reconnaissait que l'homme est le principal auteur des maux qui l'accablent; il défaisait par la pensée la société si mal faite par l'homme et il y substituait dans son esprit un monde supérieur exclusivement soumis aux lois de la nature. — Laissez faire la nature, cessez de la gêner par vos prohibitions et par vos entraves. Elle rétablira partout l'ordre, la paix, le bien-être, la tempérance; elle détruira tous les préjugés comme tous les abus; elle abolira les castes et les aristocraties factices; devant elle il n'y aura plus ni grands ni petits; elle dira à tous : Vous êtes égaux, égaux devant le besoin, égaux devant la passion, égaux devant le berceau, égaux devant la tombe, et elle ajoutera comme conclusion nécessaire de cette vérité primordiale : Vous êtes frères. — Ainsi pensait le poëte, tout en cheminant rêveur le long du sentier, bordé de saules, qui côtoie l'Avon. Et, inspiré par la promenade champêtre, le poëte rentrait au logis, prenait une plume et écrivait la première scène de *Comme il vous plaira*.

La capitale du duché de*** nous offre le fidèle tableau de la société civilisée. La force brutale y triomphe; tous les droits y sont opprimés ; le mérite y est disgrâce. « Ici les vertus ne sont que de célestes traîtresses, et la perfection empoisonne qui elle pare. » L'iniquité gouverne l'État comme la famille. Le duc régnant a usurpé la couronne sur son frère aîné qu'il a banni et la garde par la terreur. La contagion du fratricide s'étend de la cour à la cité. Tel suzerain tel vassal. — A l'instar du duc Frédéric, Olivier est un tyran domestique. Jaloux de son cadet Orlando, il lui a confisqué sa part d'héritage, il « a miné par l'éducation sa noblesse native, » il l'a élevé dans une ignorance crasse ; pour école il lui a donné une étable, et n'ayant pas réussi à faire de lui un manant, il a fait de lui son valet. La généreuse nature d'Orlando a résisté à ce traitement dégradant. L'adolescent a grandi et est devenu homme. Alors, si doux et si patient qu'il soit, Orlando ne peut plus supporter l'abjection où son aîné le relègue : il faut qu'Olivier lui restitue le millier d'écus que lui a légués son père, et il ira chercher fortune ailleurs. Olivier feint de consentir à cette réclamation, mais secrètement il complote la mort de son frère. Il stipendie le fameux boxeur Charles, et celui-ci s'engage à assommer le jeune gars dans un pugilat qui doit avoir lieu le lendemain au palais. — En effet, pour se désennuyer, le duc Frédéric a fait défier par son champion tous les jeunes gens de ses États et a convié sa cour à assister à cette lutte intéressante. Ce digne prince que la violence a fait souverain aime le spectacle de la violence ; il renouvellerait volontiers ces combats de gladiateurs qui charmaient les Nérons et les Héliogabales ; pour lui et pour ses pairs, c'est volupté de voir éventrer vivante une créature, de regarder sa cervelle jaillir et sa chair tomber par lambeaux, d'écouter ses gémissements et de savourer son agonie ! Aussi avec quel empressement Lebeau, maître des cérémonies du duc, accourt pour annoncer aux princesses Célia et Rosalinde que la lutte est déjà commencée! Leurs Altesses feront bien de se dépêcher, si elles veulent voir quelque chose ; elles ont déjà perdu beaucoup d'amusement ; il y a déjà trois jeunes gens d'assommés ; ah! il faut entendre comme leur père, un pauvre vieillard, se désole sur leurs cadavres ! « Vous appelez ça de l'amusement, s'écrie Pierre de Touche, le bouffon du duc à qui sa marotte donne droit de paradoxe. C'est la première fois que j'ai ouï dire que voir briser des côtes est un amusement pour des femmes. » Ainsi, dans ce milieu de corruption que l'homme décore du nom de société, tout est vicié, même le plaisir. La moindre distraction est faite de douleur, le vice s'alimente de larmes, la gaieté donne la mort, la curiosité blasée se soûle avec du sang.

Monde monstrueux où des vierges aux visages d'anges assistent sans pâlir à ces jeux homicides ! Pourtant Rosalinde a trop présumé cette fois de son impassibilité nerveuse. En voyant Orlando entrer dans l'arène fatale, elle frémit malgré elle pour ce frêle adolescent qui va se mesurer avec le colossal lutteur. Quoi ! être si beau, si jeune et si las de vivre ! La fille du duc exilé éprouve une indéfinissable pitié pour cet inconnu, opprimé comme elle par un despote domestique : la communauté du malheur établit secrètement entre elle et lui une communauté de sympathie. Rosalinde voudrait sauver Orlando, même au prix d'une lâcheté... « Rendez-vous, jeune sire, votre réputation n'en sera nullement dépréciée : nous implorerons du duc que la lutte n'ait pas lieu. » En vain Célia, qui partage toutes les émotions de Rosalinde, joint ses prières à celles de sa cousine. Orlando résiste, au nom de l'honneur, à ces belles suppliantes : le fils du chevalier Roland ne veut pas devoir la vie à une reculade ; d'ailleurs, « s'il est tué, il ne fera aucun tort à ses amis, car il n'en a aucun pour le pleurer, aucun préjudice au monde, car il n'y possède rien ; il occupe une place qui sera beaucoup mieux remplie, quand il l'aura laissée vide. »

La lutte s'engage. O miracle ! Est-ce le regard de Rosalinde qui inspire à Orlando cette agilité surprenante, cette adresse incomparable, cette vigueur herculéenne? On dirait Alcide étreignant Antée. L'athlète est terrassé et son jeune adversaire n'est pas même en haleine. On emporte le géant qui râle. Orlando est sorti triomphant du guet-apens dressé contre lui, et pour trophée opime il emporte à son cou la chaîne qu'y a posée Rosalinde. Mais, hélas ! un nouveau péril l'attend. Au moment de rentrer chez lui, il rencontre sur le seuil Adam qui lui barre le passage. Le vieux serviteur affirme que ce soir, Olivier mettra le feu au logis où doit dormir Orlando.

— Cette maison n'est qu'une boucherie : abhorrez-la, redoutez-la, n'y entrez pas.

— Mais où veux-tu que j'aille, Adam?

— N'importe où, excepté ici.

Comment faire? Faut-il donc qu'Orlando « mendie désormais sur les routes ou y exige à main armée la ration du vol? » Orlando est sans ressources, mais il a compté sans le dévouement du fidèle valet. Adam a cinq cents écus, « une humble épargne qu'il gardait comme une infirmière pour le temps où sa vieillesse dédaignée serait jetée dans un coin. » Il offre cette épargne à son jeune maître, et il se propose à le suivre dans son aventureuse émigration. Orlando accepte : « O bon vieillard, que tu me fais bien l'effet de ce constant serviteur des anciens jours qui donnait sa sueur par devoir et non par intérêt ! Tu n'es plus à la mode de cette époque où chacun s'évertue uniquement pour un profit et amortit son zèle, ce profit obtenu. Il n'en est pas ainsi de toi. Oui, pauvre vieillard, viens, nous irons ensemble, et, avant d'avoir dépensé les gages de ta jeunesse, nous trouverons quelque humble établissement à notre gré. »

La proscription qui dépayse Orlando expatrie Rosalinde. Tandis que celui-là, n'ayant plus d'autre ami qu'un valet en cheveux blancs, échappe à la haine de son frère, celle-ci s'enfuit devant la persécution de son oncle. Le crime de la jeune fille est celui du jeune homme : « sa douceur, son silence même et sa patience parlent au peuple qui la plaint. » Elle est coupable de bonté dans un monde où le méchant règne, et voilà pourquoi on la chasse. Du reste, elle n'est pas partie seule : elle a trouvé dans Célia le même dévouement qu'Orlando dans Adam. La fille du duc régnant, qui a partagé le bonheur avec sa cousine, a voulu partager avec elle un malheur dont elle était digne. Et voilà les deux Altesses, travesties, l'une, en page, l'autre, en paysanne, qui cheminent bras dessus bras dessous, accompagnées du bouffon Pierre de Touche qui les soutient de sa verve étincelante. La vertu proscrite a pour escorte la joie.

Apercevez-vous au bout de cette clairière cette forêt profonde dont l'automne dore les cimes mélancoliques? C'est la forêt des Ardennes ! Mais ne vous y trompez pas, ce n'est pas la forêt historique à travers laquelle la Meuse conduit à la dérive le touriste charmé. Vous ne trouverez dans ces halliers ni le manoir d'Herbeumont, ni le château-fort de Bouillon, ni la grotte de Saint-Remacle. La forêt où nous transporte le poëte n'a pas d'itinéraire connu ; aucune carte routière n'en fait mention, aucun géographe ne l'a défrichée. — C'est la forêt vierge de la Muse. Elle rassemble dans sa pépinière unique toutes les végétations connues : le sapin du Nord s'y croise avec le pin du Midi, le chêne y coudoie le cèdre, le houx s'y acclimate à l'ombre du palmier. Dans ses taillis antédiluviens l'Arche a vidé toute sa ménagerie : le serpent de l'Inde rampe dans les hautes herbes qu'effleure le daim effaré ; le rugissement de la lionne y fait envoler un essaim de cerfs. — Là la guerre et la vanité humaines n'ont jamais été admises à bâtir leurs demeures : là, ni palais ni forteresses. Tout au plus, sur la lisière du bois, quelque humble toit de chaume. Le prince banni qui vit dans ces lieux, et qui jadis régna sur un duché puissant, y tient ses grands levers dans une grotte : « Eh bien, mes amis, mes frères d'exil, la vieille habitude n'a-t-elle pas rendu cette vie plus douce que celle d'une pompe factice? Cette forêt n'est-elle pas plus exempte de dangers qu'une cour envieuse? Ici nous ne subissons que la pénalité d'Adam, la différence des saisons... Doux sont les procédés de l'adversité : comme le crapaud venimeux, elle porte un précieux joyau dans sa tête. Cette existence à l'abri de la cohue publique révèle des voix dans les arbres, des livres dans les ruisseaux qui coulent, des leçons dans les pierres, le bien en toute chose. »

Quel contraste entre la forêt des Ardennes et les États du duc Frédéric! Là-bas, la violence, le guet-apens, la dispute, la trahison, le meurtre à plaisir, le fratricide couronné. Ici, la douceur, l'urbanité, la causerie affable, l'hospitalité prévenante, la charité souveraine. Qu'un mendiant affamé se présente, et le vieux duc se lèvera pour faire au malheureux les honneurs de son repas frugal. Ici, plus d'étiquette : on est poli sans être obséquieux ; on est courtois, mais non courtisan. Plus de préjugé ni de prévention. L'homme a fait table rase du passé : il a raturé pour jamais cette informe ébauche sociale qui n'a de la civilisation que le nom, et il est revenu en pleine sauvagerie pour refaire sa vie d'après nature. — C'est sur la nature que désormais se modèle la société : pas d'autre loi que la loi de nature; pas d'autres peines que celles que la nature inflige. Ah! combien ce code élémentaire est plus doux que nos codes savants! Combien la rigueur des choses semble légère à côté de la rigueur humaine :

> Souffle, souffle, vent d'hiver!
> Tu n'es pas aussi malfaisant
> Que l'ingratitude de l'homme.
> Ta dent n'est pas si acérée,
> Car tu es invisible,
> Quelque rude que soit ton haleine.
> Hé! ho! Chantons hé! ho! sous le houx vert.
> Trop souvent l'amitié est feinte, l'amour pure folie!
> Donc hé! ho! sous le houx,
> Cette vie est la plus riante.

Ici la nature règle le plaisir comme la peine. Fi de ces distractions monstrueuses qui ont la cruauté pour raffinement! Ici la joie est sans remords. Les seuls divertissements sont les éternels spectacles qu'offre la création. Le ciel s'est chargé de la mise en scène, et, pour varier le décor, sans cesse il refait ses aurores, il redore ses crépuscules, il allume de nouveaux astres à sa rampe étoilée.

C'est dans ces lieux privilégiés que la destinée attire Orlando et Rosalinde. Si vaste est la forêt que les deux amants se cherchent longtemps avant de se retrouver. Orlando inscrit sur tous les arbres le nom de Rosalinde; il sculpte dans l'écorce de tous les bouleaux des sonnets à la gloire de Rosalinde; pas un saule qui ne pleure sous son couteau l'absence de Rosalinde. A force de nommer sa maîtresse, l'amant finit par l'évoquer. Mais il ne la reconnaît pas sous son costume de fantaisie. Comment croire que ce page qui porte si gaillardement le pourpoint et le haut-de-chausses, ce Ganimède si espiègle, si malicieux, si mutin, si mauvais sujet, soit la séraphique créature dont Orlando a vu luire le sourire tutélaire pendant sa lutte avec l'athlète? Rosalinde se plaît à garder l'incognito qui lui va si bien : elle met un adorable égoïsme à prolonger la douce mystification ; elle s'amuse à surprendre les secrets d'Orlando sans lui révéler les siens ; elle savoure avec délices ces confidences et ces épanchements, hommages involontaires qui lui sont rendus. Il faut lire et relire ces scènes exquises qui échappent à l'analyse par leur ineffable grâce. Avec quel art Rosalinde joue l'indifférence devant ces aveux à chacun desquels sa vie est suspendue! Quelle énergie elle déploie pour ne pas répondre : et moi aussi, je t'aime! Avec quelle héroïque coquetterie elle retient son cœur prêt à déborder ! Son masque de raillerie laisse entrevoir son œil humide. On entend dans son éclat de rire comme la saccade lointaine d'un sanglot étouffé. — Un jour cependant, la belle enfant finit par se heurter à ce jeu périlleux. Orlando, ordinairement si exact aux rendez-vous, se fait attendre depuis deux heures. Ganimède ne peut expliquer ce retard étrange. Quel accident a donc pu empêcher l'amoureux de venir? Enfin un messager arrive, il apporte un mouchoir ensanglanté et raconte qu'Orlando a été blessé en luttant avec une lionne qui guettait un homme endormi. Cette fois l'émotion est trop forte pour pouvoir être comprimée. A la vue d'un sang si cher, le prétendu page chancelle : les forces lui manquent. Ganimède s'évanouit et Rosalinde paraît.

Devinez-vous quel est ce nouveau venu pour qui Orlando vient d'exposer ses jours? C'est Olivier, Olivier qui, banni à son tour, a trouvé refuge dans la forêt ! Le misérable, s'étant affaissé sous un chêne, allait être dévoré par une bête féroce, quand Orlando est accouru et s'est vengé de lui — en le sauvant. Du reste, dans celui qui parle, il serait difficile de reconnaître le fils aîné du chevalier Roland, si différent de son langage, si complète est la métamorphose morale qu'il a subie. En foulant le sol du bois sacré, Olivier a ressenti un trouble prodigieux. Ses forfaits passés ont apparu dans toute leur laideur à ses yeux dessillés. Le repentir l'a saisi, et le fratricide s'est jeté, éperdu de remords, aux pieds de son frère attendri. Désormais Olivier n'est plus le même. La nature, souveraine en ces lieux, a repris possession de ce caractère dénaturé, elle l'a débarrassé de tous les vices qu'une société corrompue lui avait inoculés, elle lui a restitué cette santé idéale qui s'appelle la bonté et, pour prévenir toute rechute, elle a fait veiller par l'amour cette âme convalescente. Célia s'empresse d'assurer la cure, en épousant Olivier le jour même où Rosalinde épouse Orlando.

La conversion du duc Frédéric n'est pas moins miraculeuse que la guérison d'Olivier. Le tyran s'était avancé à la tête d'une nombreuse armée pour s'emparer de la forêt des Ardennes et mettre à mort son frère, le duc légitime. Mais à peine a-t-il touché la lisière du bois qu'un vieil ermite s'est avancé vers lui et par une courte harangue l'a décidé à renoncer à son entreprise et au monde. Le duc a abdiqué immédiatement, a restitué le pouvoir à son aîné et s'est lui-même retiré dans la forêt pour y embrasser la vie contemplative. — Sous le froc vénérable du solitaire, c'est la nature elle-même qui s'est révélée à Frédéric. C'est la nature qui l'a arrêté au passage et qui, par cette voix sainte, lui a crié : Tyran, tyran, pourquoi me persécutes-tu? Le duc est entré dans la forêt par la route de Damas. Un rayon d'en haut a percé la nue, et, éclairé par cette clarté divine, le despote a reconnu toute l'horreur de son despotisme. Le bourreau du droit en est devenu l'apôtre. Il s'est prosterné devant les vérités qu'il venait combattre. Usurpateur, il a renié l'usurpation : porte-sceptre, il s'est défait de la couronne; homme de guerre, il a mis bas les armes; porte-glaive, il a rendu son épée à la nature anachorète et il s'est constitué prisonnier du désert.

Tout autre était la conclusion qu'indiquait à Shakespeare la légende de *Rosalinde* d'où le poëte a tiré la fable de sa comédie. Dans le roman pastoral de Lodge [1], une bataille fratricide a lieu entre le roi détrôné Gérismond et l'usurpateur Thorismond. Celui-ci est vaincu et tué, et c'est par cette victoire que le prince légitime reprend possession de ses États. L'auteur de *Comme il vous plaira* a rejeté ce dénoûment qui n'était plus d'accord avec la composition générale de l'œuvre conçue par lui. Le vieux duc qui, dans la pacifique forêt des Ardennes, avait si solennellement répudié toutes les vanités de ce monde, ne pouvait, sans se démentir, suivre l'exemple de Gérismond et recourir aux armes pour revendiquer son duché : plutôt renoncer au sceptre que de le ramasser dans le sang. La restauration du titulaire légitime ne pouvait s'effectuer dignement que par l'abdication volontaire de l'usurpateur, et il était juste que la nature elle-même, toute-puissante dans cette comédie, prouvât son influence jusqu'à la fin en obtenant par la persuasion la démission de Frédéric. — Cette modification de la conclusion légendaire décèle la logique suprême qui règle chez Shakespeare les conceptions en apparence les plus capricieuses de l'art. Tout significatif qu'il est, ce changement n'est pourtant pas le plus important que l'auteur ait fait subir à la pastorale de Lodge. Le cadre de la

---

[1] Voir à l'Appendice la traduction de cette nouvelle, document si important pour l'histoire des lettres, qu'il était temps de révéler à la France.

nouvelle originale a été démesurément agrandi pour faire place à deux figures nouvelles, nées toutes deux d'un génie colossal : Pierre de Touche et Jacques.

L'existence de l'homme, nécessairement imparfaite et mixte, peut être envisagée à deux points de vue diamétralement opposés, — dans ses qualités ou dans ses défauts, dans ses latitudes ou dans ses lacunes, sous son aspect riant ou sous son aspect sombre. Par ses perpétuelles antithèses, l'existence provoque les appréciations les plus contradictoires; elle justifie l'éloge comme le blâme, le dénigrement comme l'enthousiasme. Elle a assez de beautés, assez d'aurores, assez de zéphyrs, assez d'azur, assez de printemps, assez d'espérances, assez de satisfactions pour autoriser une incessante gaieté; elle a assez de laideurs, assez de crépuscules, assez de tempêtes, assez de ténèbres, assez d'hivers, assez de déceptions, assez de souffrances pour justifier une perpétuelle tristesse.

De là la légitimité égale de ces deux types qui représentent dans *Comme il vous plaira* la double critique humaine. Pierre de Touche est l'optimiste par excellence. Aucun contre-temps ne peut troubler sa bonne humeur philosophique : il a dans la forêt des Ardennes autant d'entrain que dans le palais du tyran. Il conserve le même enjouement sous le chaume et sous les lambris, dans l'exil et dans la patrie, dans la prospérité et dans la disgrâce. — Pas de situation à laquelle il ne se fasse. Il rit de tout à travers tout. Il vous démontrera, quand vous voudrez, que la vie du paysan est aussi délicate que celle du courtisan, et que la main encrassée de goudron sent meilleur que la main parfumée de civette : « La civette, pouah! c'est de la fiente de chat. » — S'il est quelque part dans les champs un laideron, dont personne ne veuille, Pierre de Touche lui découvrira des grâces ignorées de tous : il trouvera à ses défauts même je ne sais quelle perfection, je ne sais quel attrait à ses difformités. Pour ce don Quichotte du laid, Maritorne aura toutes les séductions de Dulcinée. — Ne lui parlez pas de Phœbé, cette pastourelle dont la beauté prude fait pâlir le pastoureau Silvius. Pierre de Touche aime bien mieux sa mie Audrey : « Une pauvre pucelle, monsieur, une créature mal fagotée, mais qui est à moi. Un pauvre caprice à moi, monsieur, de prendre ce dont nul autre homme n'a voulu. La riche humilité se loge comme un avare, monsieur, dans une masure, comme votre perle dans votre sale huître. » Pierre de Touche ne regarde pas à l'écaille : il ne voit que la perle. Même avant de se mettre en ménage, il a prévu toutes les conséquences de cet acte solennel, et il s'accommode des plus désastreuses. Il est déjà apprivoisé au sort qui effarouche les autres. L'épouvantail qui terrifie Georges Dandin ne fait que lui sourire : « Eh bien, après ? Le plus noble cerf en porte d'aussi amples que le plus misérable. Le célibataire est-il donc heureux ? De même qu'une ville crénelée est plus importante qu'un village, de même le chef d'un homme marié est plus honorable que le front uni d'un garçon. » Vous le voyez, l'indomptable jovialité du bouffon triomphe de toutes les épreuves, survit à toutes les disgrâces. Le vent de l'adversité aura beau s'acharner contre lui : il ne fera qu'agiter plus gaiement les grelots de sa marotte.

Si Pierre de Touche est l'optimiste achevé, Jacques est le pessimiste parfait. Ce que l'un voit en rose, l'autre le voit en noir. De même que les plus tristes choses ne font qu'égayer celui-ci, de même les choses les plus gaies ne font qu'attrister celui-là. Pour Jacques il n'existe plus de refrain joyeux : cet homme « suce la mélancolie d'une chanson comme la belette le contenu d'un œuf. »

Ne croyez pas cependant, comme on a voulu vous le faire entendre, qu'une hostilité systématique contre l'humanité ait produit ce tempérament atrabilaire. Des critiques ingénieux ont comparé Jacques à Alceste. Mais Jacques n'est pas un misanthrope; il ne hait pas les hommes, il les plaint; s'il les censure, c'est par sollicitude, non par animosité. Ce ne sont pas les considérations mondaines qui le rendent hypocondre. Il n'a « ni la mélancolie de l'écolier, laquelle n'est qu'émulation; ni la mélancolie du courtisan, laquelle n'est que vanité; ni la mélancolie du soldat, laquelle n'est qu'ambition; ni la mélancolie du législateur, laquelle n'est que politique; ni la mélancolie de la femme, laquelle n'est qu'afféterie; ni la mélancolie de l'amant, laquelle est tout cela; mais il a une mélancolie à lui, composée d'une foule de simples et extraite d'un tas d'objets. » La mauvaise humeur d'Alceste tient à des causes accidentelles : il a perdu son procès, il a été dupé par une coquette, il est né au milieu d'une société frivole, hypocrite et corrompue, et de là son antipathie contre l'espèce humaine. Supposez qu'il ait gagné sa cause, qu'il se soit fait aimer de Célimène, et que tous les abus dénoncés par lui aient été réformés, sa misanthropie n'aura plus de raison d'être. Transportez Alceste dans le milieu où Shakespeare a placé Jacques, et il y a tout lieu de croire qu'Alceste sera satisfait. Pourquoi donc Jacques ne l'est-il pas? D'où vient que la république primitive établie à l'ombre de la forêt des Ardennes n'a pas désarmé son opposition? Comment se fait-il que le retour de l'âge d'or n'ait pas apaisé ses murmures? Ah! c'est que le spleen de Jacques est produit par des raisons profondes. Ce n'est pas contre la société qu'il a des griefs, c'est contre l'existence. Ce n'est pas à l'humanité qu'il rompt en visière, c'est à la nature.

Ce qui attriste Jacques, c'est ce drame monotone dont une omnipotence anonyme a fait le scénario et que tous successivement nous jouons sur le théâtre du monde ; c'est cette tragédie lugubre qui commence par des gémissements et qui finit par des gémissements, dont la première scène est une enfance « qui vagit et bave au bras d'une nourrice, » et dont « la scène finale est une seconde enfance, état de pur oubli, sans dents, sans yeux, sans goût, sans rien ! » — Jacques a connu toutes les joies de ce monde, il a épuisé la jouissance, il a bu de la volupté jusqu'à cette lie captieuse, la débauche. Et d'une satiété aussi complète, il n'a gardé qu'une insondable amertume. Toutes nos délices terrestres n'ont réussi qu'à l'écœurer. La plus haute des émotions humaines, l'amour, n'est plus pour lui qu'un malaise moral. *Le pire de vos défauts*, dit-il à Orlando, *c'est d'être amoureux*. Et il se détourne avec une sorte de rage de ce jeune affolé. — Nos appétits révoltent Jacques autant que nos inclinations. Il n'est pas jusqu'au plus frugal repas dont le menu ne lui répugne : il s'indigne de cette voracité sanguinaire que peut seule apaiser une boucherie ; il a horreur de cette cuisine vampire qui ne dépèce que des cadavres. Quand le vieux duc s'en va quérir à la chasse son souper du soir, il faut entendre Jacques s'apitoyer « sur ces pauvres animaux tachetés, bourgeois natifs de cette cité sauvage, que les flèches fourchues atteignent sur leur propre terrain ; » il faut l'entendre dénoncer la cruauté du noble veneur et « jurer que le vieux duc est un plus grand usurpateur que son frère. » Ainsi les exigences mêmes de la faim « navrent le mélancolique Jacques. » Il critique la vie dans ses nécessités élémentaires : il attaque, dans l'ordre physique comme dans l'ordre moral, la constitution même de l'être. C'est au nom de l'âme hautaine qu'il s'insurge contre cette double servitude imposée à l'homme ici-bas : le besoin et la passion. Il est l'incorrigible mécontent qu'aucune réforme ne satisfera, qu'aucune concession ne ralliera. Sa mélancolie superbe est le dédaigneux reproche jeté par l'idée à la matière, par l'esprit au corps, par la créature à la création.

Hauteville-House, 31 décembre 1860.

LES
DEUX GENTILSHOMMES
DE VÉRONE.

PERSONNAGES (1) :

LE DUC DE MILAN, père de Sylvia.
VALENTIN } gentilshommes de Vérone.
PROTÉE
ANTONIO, père de Protée.
THURIO, rival grotesque de Valentin.
ÉGLAMOUR, compagnon de Silvia dans sa fuite.
DILIGENCE, page bouffon de Valentin.
LANCE, page de Protée.
PANTHÉON, intendant d'Antonio.
UN HÔTELIER, chez lequel Julia loge à Milan.
BANDITS.

JULIA, dame de Vérone, amoureuse de Protée.
SILVIA, amoureuse de Valentin.
LUCETTE, suivante de Julia.
VALETS ET MUSICIENS.

La scène est tantôt à Milan, tantôt à Vérone, tantôt dans une forêt sur la route de Mantoue.

SCÈNE I.

[Vérone. Une place.]

Entrent Valentin et Protée.

VALENTIN.

Renonce à me persuader, mon aimable Protée ; — la jeunesse qui se borne au logis a toujours l'esprit borné. — Si l'affection n'enchaînait pas tes tendres jours — aux douces œillades de la belle que tu honores, — je t'engagerais à m'accompagner — pour voir les merveilles du monde, — plutôt que de vivre chez toi en une indolente apathie, — et d'user ta jeunesse dans une frivolité grossière. — Mais, puisque tu aimes, continue d'aimer, et réussis — comme je désire réussir quand je me mettrai à aimer.

PROTÉE.

— Veux-tu donc partir? Mon doux Valentin, adieu! — Pense à ton Protée, quand par hasard tu verras — quelque objet rare et digne de note dans tes voyages ; — souhaite-moi pour compagnon de tes jouissances, — quand il t'arrivera quelque bonne fortune ; et, dans tes dangers, — si jamais les dangers t'environnent, — recommande tes anxiétés à mes pieuses prières ; — car je veux être ton desservant, Valentin.

VALENTIN.

— Oui, et prier pour mon succès dans un livre d'amour !

PROTÉE.

— Je prierai pour toi dans quelque livre aimé de moi !

VALENTIN.

— Dans quelque plate histoire d'amour profond : — Comme quoi le jeune Léandre traversa l'Hellespont !

PROTÉE.

— C'est une histoire fort profonde du plus profond amour : — car Léandre avait de l'amour par-dessus la cheville.

VALENTIN.

— C'est vrai : car tu es dans l'amour jusqu'au cou, — et pourtant tu n'as jamais traversé l'Hellespont à la nage.

PROTÉE.

— Jusqu'au cou ! Ne me mets pas au carcan, mon cher.

VALENTIN.

— Non. Ça ne te sert pas ! au contraire !

PROTÉE.

Quoi donc ?

VALENTIN.

D'être — amoureux ! Aimer, c'est acheter le dédain par les pleurs, de prudes regards — par des soupirs déchirants, la joie éphémère d'un moment — par vingt nuits de veille, de fatigue et d'ennui. — En cas de conquête, votre gain peut être un malheur ; — en cas d'échec, une pénible souffrance est votre conquête.— A coup sûr, c'est la folie achetée au prix de la raison, — ou c'est la raison vaincue par la folie.

PROTÉE.

— Ainsi, vous concluez en m'appelant fou.

VALENTIN.

— Ainsi, vous conclurez, j'en ai peur, en le devenant.

PROTÉE.

— C'est l'amour que vous critiquez. Je ne suis pas l'amour.

VALENTIN.

— L'amour est votre maître, car il vous maîtrise ; — et celui qui se laisse ainsi subjuguer par un fou — ne doit pas, ce me semble, être réputé sage.

PROTÉE.

— Les auteurs disent pourtant que, comme le ver dévorant — se loge dans le plus suave bouton, ainsi l'amour dévorant — habite dans les plus beaux esprits (2).

VALENTIN.

— Au dire des auteurs aussi, de même que le bouton le plus précoce — est dévoré par le ver avant de s'épanouir, — de même aussi l'esprit jeune et tendre — est changé par l'amour en folie ; il se flétrit en bouton ; — dès la primeur il perd sa verdure — et toute sa belle floraison d'espérances à venir. — Mais pourquoi vais-je perdre le temps à te conseiller, — toi qui es voué à une ardente passion ? — Encore une fois, adieu ! Mon père m'attend sur le port — pour me voir embarquer.

PROTÉE.

— Et je veux t'y conduire, Valentin.

VALENTIN.

— Non, mon doux Protée ; faisons-nous ici nos adieux. — Quand je serai à Milan, écris-moi — tes succès en amour et tout — ce qui t'arrivera de nouveau ici, en l'absence de ton ami ; — et moi, de mon côté, je te visiterai de mes lettres.

PROTÉE.

— Que tous les bonheurs t'arrivent à Milan !

VALENTIN.

— Comme à toi, ici ! Et sur ce, adieu.

Valentin sort.

PROTÉE.

— Il est en chasse d'honneur, moi en chasse d'amour. — Il abandonne ses amis pour les enorgueillir davantage ; — moi j'abandonne tout, mes amis et moi-même, pour l'amour. — Ah ! Julia, c'est toi qui m'as métamorphosé, — qui m'as fait négliger mes études, perdre mon temps, — combattre les meilleurs conseils, mettre le monde à néant ; — c'est ta faute si mon esprit est épuisé de rêverie et mon cœur malade d'anxiété.

Entre DILIGENCE.

DILIGENCE.

— Seigneur Protée, salut ! Avez-vous vu mon maître ?

PROTÉE.

— Il vient justement de partir afin de s'embarquer pour Milan.

DILIGENCE.

— Vingt contre un qu'il est déjà à bord ! — Et moi qui ne fais que bêler après lui depuis que je l'ai perdu !

PROTÉE.

— Le bélier s'égare fort souvent — quand le berger n'est plus là. —

DILIGENCE.

Vous concluez donc que mon maître est un berger, et moi un bélier ?

PROTÉE.

Oui.

DILIGENCE.

Alors, mes cornes sont ses cornes, que je dorme ou que je veille.

PROTÉE.

Niaise réponse, et bien digne d'un bélier!

DILIGENCE.

Et qui prouverait que je suis un bélier?

PROTÉE.

Oui, et ton maître un berger.

DILIGENCE.

Eh bien, je prouverai que non par un raisonnement.

PROTÉE.

Ou je me trompe fort, ou je prouverai que si par un autre.

DILIGENCE.

Le berger court après le bélier, et non le bélier après le berger. Or, je cours après mon maître, et mon maître ne court pas après moi : donc, je ne suis pas un bélier.

PROTÉE.

Le bélier pour du fourrage suit le berger, le berger ne suit pas le bélier pour sa pitance : or, tu suis ton maître pour des gages, et ton maître ne te suit pas pour des gages. Donc tu es un bélier.

DILIGENCE.

Encore une preuve pareille, et vous me faites crier : bêh!

PROTÉE.

Mais écoute-moi : as-tu donné ma lettre à Julia?

DILIGENCE.

Oui, seigneur. Moi, pauvre mouton perdu, je lui ai donné votre lettre, à cette brebis égarée : et elle, cette brebis égarée, ne m'a rien donné à moi, pauvre mouton perdu.

PROTÉE.

C'est que la pâture n'est pas suffisante pour tout ce troupeau-là.

DILIGENCE.

Si votre brebis n'a pas assez, augmentez le fourrage.

PROTÉE.

Foin de toi ! Je vais t'envoyer paître !

DILIGENCE.

Pour porter une lettre, on me paye au moins cent deniers comptant.

PROTÉE.

On te doit moins d'argent, sans dénier qu'on t'en doive. Voyons ! que t'a-t-elle dit ?

Diligence fait un signe de dénégation.

A-t-elle secoué la tête ?

DILIGENCE.

Hé ! hé !

PROTÉE.

Elle a secoué la tête ?

DILIGENCE.

Sans doute, monsieur, elle a son cou et sa tête.

PROTÉE.

Butor !

DILIGENCE.

Décidément, vous me prenez pour une bête de somme !

PROTÉE.

Comment ça, messire ?

DILIGENCE.

Eh bien, vous me faites porter vos lettres, et vous me payez de ce pauvre compliment : butor ! Convenez que je vous sers pour une bête de somme.

PROTÉE.

Malepeste ! tu as l'esprit vif.

DILIGENCE.

Pas assez cependant pour attraper une bourse inerte comme la vôtre.

PROTÉE.

Allons, allons, ouvre-toi à moi en peu de mots : qu'a-t-elle dit?

DILIGENCE.

Ouvrez votre bourse, et je m'ouvrirai à vous immédiatement.

PROTÉE, lui remettant une pièce de monnaie.

Eh bien, messire, voici pour votre peine. Qu'a-t-elle dit?

DILIGENCE.

Vraiment, monsieur, je crois que vous aurez de la peine à la gagner.

PROTÉE.

Comment? T'a-t-elle laissé percevoir cela?

DILIGENCE.

Monsieur, je n'ai rien pu percevoir d'elle, non, pas même un ducat pour le port de votre lettre; j'ai peur qu'ayant été si dure pour moi, quand je lui faisais part de vos sentiments, elle ne soit aussi dure pour vous, quand elle vous dira les siens. Si vous voulez la séduire, ne soyez pas trop mou, car elle est dure comme fer.

PROTÉE.

Comment! elle n'a rien dit!

DILIGENCE.

Non, pas même un *voilà pour ta peine!* Pour me témoigner votre générosité, vous m'avez donné six deniers, je vous en remercie. En récompense, vous pouvez désormais porter vous-même vos lettres. Et sur ce, monsieur, je vous reccommanderai à mon maître.

PROTÉE.

— Va, va, cours assurer contre le naufrage le navire en partance : — il ne saurait périr, t'ayant à bord, — destiné que tu es à une mort plus sèche en terre ferme.

— Il faut que j'envoie un courrier plus convenable ; — je craindrais que ma Julia ne dédaignât mes vers, — les recevant d'un aussi indigne messager.

Ils sortent.

SCÈNE II.

[Vérone. Un jardin chez Julia.]

Entrent JULIA et LUCETTE.

JULIA.

— Dis donc, Lucette, maintenant que nous sommes seules, — me conseillerais-tu de tomber amoureuse ?

LUCETTE.

— Oui, madame, pourvu que vous ne trébuchiez pas étourdiment.

JULIA.

— De tout le beau monde des gentilshommes — qui chaque jour m'abordent en causant, — lequel est, dans ton opinion, l'amoureux le plus accompli ?

LUCETTE.

— Veuillez me répéter leurs noms, et je vous révélerai ma pensée, — selon mon simple bon sens.

JULIA.

— Que penses-tu du beau sire Églamour ?

LUCETTE.

— C'est un chevalier beau parleur, élégant et raffiné, — mais, si j'étais de vous, il ne serait jamais mon homme.

JULIA.

— Que penses-tu du riche Mercutio ?

LUCETTE.

— De sa fortune, beaucoup de bien ; mais de lui-même, peuh !

SCÈNE II.

JULIA.

— Que penses-tu du gentil Protée ?

LUCETTE.

— Seigneur ! Seigneur ! voir ainsi comme la sottise règne en nous !

JULIA.

— Eh bien ! que signifie cette émotion à ce nom ?

LUCETTE.

— Pardon, chère madame ! Il est par trop honteux — que moi, indigne créature, — je prononce un jugement sur de si aimables gentilshommes !

JULIA.

— Pourquoi pas sur Protée, comme sur tous les autres ?

LUCETTE.

— Tout simplement parce que, de tous les bons, je le crois le meilleur.

JULIA.

— Et votre raison de le croire ?

LUCETTE.

— Je n'en ai pas d'autre qu'une raison de femme : — je le crois, parce que je le crois.

JULIA.

— Et tu voudrais me voir jeter mon amour sur lui ?

LUCETTE.

— Oui, si vous ne croyez pas votre amour ainsi jeté au vent.

JULIA.

— Eh bien, il est de tous celui qui m'a le moins pressée.

LUCETTE.

— C'est qu'il est de tous, à mon avis, celui qui vous aime le plus.

JULIA.

— Son peu de parole montre son peu d'amour.

LUCETTE.

— Le feu le plus concentré est le plus brûlant de tous.

JULIA.

— Ils n'aiment point, ceux qui ne montrent pas leur amour.

LUCETTE.

— Oh ! ceux-là aiment le moins qui font connaître aux gens leur amour.

JULIA.

— Que je voudrais connaître sa pensée !

LUCETTE, lui remettant un pli.

Lisez cette lettre, madame.

JULIA, lisant.

— *A Julia !* De quelle part, dis ?

LUCETTE.

Le contenu vous l'apprendra.

JULIA.

— Dis, dis, qui te l'a donnée ?

LUCETTE.

— Le page de sire Valentin, envoyé, je crois, par Protée. — Il voulait vous la remettre ; mais, étant sur le chemin, — je l'ai reçue en votre nom ; pardonnez la faute, je vous prie.

JULIA.

— Voilà, par ma pudeur, une entremetteuse émérite ! — Vous osez prendre sur vous de recueillir ces lignes galantes, — et conspirer à la sourdine contre ma jeunesse ! — Croyez-moi, c'est là une fonction de grand profit, — et vous feriez pour l'emploi un excellent fonctionnaire. — Tenez, prenez cette lettre, veillez à ce qu'elle soit renvoyée ; — sinon, je vous renvoie à jamais de ma présence.

SCÈNE II.

LUCETTE.

— Un plaidoyer pour l'amour mérite d'autres honoraires que la haine.

JULIA.

— Voulez-vous vous en aller ?

LUCETTE.

Oui, pour vous laisser réfléchir.

Elle sort.

JULIA.

— N'importe ! j'aurais voulu jeter un coup d'œil sur cette lettre. — Ce serait une honte de la rappeler — et de la prier à une faute pour laquelle je viens de la gronder. — Sotte qu'elle est, sachant que je suis fille, — de ne pas m'avoir mis la lettre de force sous les yeux ! — A certaines offres les filles, par modestie, disent un *non* — qu'elles voudraient qu'on prît pour un *oui*. — Fi ! fi ! Quel capricieux que ce fol amour — qui, comme un marmot têtu, égratigne sa nourrice — et aussitôt baise la verge, humblement ! — Comme j'ai chassé brutalement Lucette, — quand je l'aurais si volontiers gardée ici ! — Quelle moue furieuse je m'étudiais à faire, — quand la joie intérieure forçait mon cœur à sourire ! — Pour pénitence, je vais appeler Lucette — et lui demander la rémission de ma sottise passée. — Holà ! Lucette !

LUCETTE *revient.*

LUCETTE.

Que désire Votre Grâce ?

JULIA.

— Est-il bientôt l'heure de dîner ?

LUCETTE, *se baissant comme pour ramasser quelque chose.*

Je le voudrais — pour que vous pussiez assouvir vos fureurs sur votre repas, — et non sur votre servante !

JULIA.

Qu'est-ce donc que vous avez ramassé — si délicatement.

LUCETTE.

Rien.

JULIA.

Pourquoi donc vous êtes-vous baissée ?

LUCETTE.

— Pour ramasser un papier que j'avais laissé tomber.

JULIA.

— Et ce papier n'est donc rien ?

LUCETTE.

Rien qui me concerne.

JULIA.

— Laissez-le à terre pour ceux qu'il concerne.

LUCETTE.

— Madame, il n'a rien à taire pour ceux qu'il concerne.

JULIA.

— Quelque amoureux à vous qui vous aura écrit en bouts-rimés !

LUCETTE.

— Pour que je puisse les chanter, madame ! Donnez-moi un air : Votre Grâce sait mettre en musique.

JULIA.

— Aussi mal que possible, de pareilles sornettes ! Chantez-les sur l'air de : *Léger amour* (3).

LUCETTE.

— Ces vers sont trop graves pour un air si léger.

JULIA.

— Trop graves ! La note doit être en bourdon.

LUCETTE.

— Elle doit être la mélodie même, si c'est vous qui la chantez.

JULIA.

— Et pourquoi pas vous?

LUCETTE.

Je ne puis pas atteindre cette note-là.

JULIA.

— Voyons votre chanson.

Elle prend le papier et fredonne.

Qu'en dites-vous mignonne?

LUCETTE.

— Continuez sur ce ton, jusqu'à la fin; — et pourtant, à vrai dire, votre ton ne me plaît guère.

JULIA.

— Il ne vous plaît guère?

LUCETTE.

— Non, madame : il est trop haut.

JULIA.

Vous, mignonne, vous êtes trop impertinente!

LUCETTE.

— Maintenant, il est trop bas. — Vous gâtez l'accord par un changement si brusque. — Il faut garder la mesure pour chanter juste.

JULIA.

— Comment le puis-je, quand tu le prends toi-même si haut?

LUCETTE.

— Je ne prends si haut que votre parti, ô Protée!

JULIA.

— Je ne veux plus être importunée de ce verbiage. — Voici le cas que je fais de la déclaration.

Elle déchire la lettre.

— Partez, allez-vous-en, et laissez voler tous ces petits papiers; — pour peu que vous les touchiez, je me fâche.

LUCETTE.

— Elle fait la dégoûtée ; mais elle serait charmée — d'avoir à se fâcher d'une autre lettre.

Elle sort.

JULIA.

— Plût à Dieu que je fusse même fâchée de celle-ci ! — Oh ! odieuses mains, qui avez déchiré de si tendres paroles ! — Perfides guêpes, c'est donc pour butiner ce doux miel, — que vous avez lacéré de vos dards l'abeille qui le produit !

Elle ramasse quelques-uns des morceaux de papier.

— Pour réparation, je veux baiser tous ces fragments ! — Voyez, ici est écrit : *Bonne Julia !*... Méchante Julia ! — Pour te punir de ton ingratitude, — je vais broyer ton nom contre ces pierres, — et mettre tes mépris sous mes pieds dédaigneux !

Elle jette à terre le fragment.

— Voyez, ici est écrit : *Protée blessé d'amour !* pauvre nom blessé ! — je veux te donner un lit — dans mon sein, jusqu'à ce que ta plaie soit complétement guérie : — tiens, je la panse avec ce baiser souverain.

Elle baise le fragment et le met dans sa gorgerette.

— Mais voici *Protée* écrit deux ou trois fois : — reste calme, bon vent, ne fais pas envoler un seul mot, — laisse-moi retrouver toutes les lettres de cette lettre, — excepté celles de mon nom ! Celles-là, qu'un tourbillon les emporte — sur un roc hérissé, terrible, à pic, — et les précipite dans la mer en rage ! — Là ! voici en une seule ligne son nom écrit deux fois : — *Le pauvre Protée délaissé, le passionné Protée...* — *à la charmante Julia :* ce mot-là, je vais le déchirer, — et pourtant non, il l'a si gentiment — accouplé à son nom plaintif ! — Je vais les plier l'un sur l'autre, comme ceci. — Maintenant baisez-vous, embrassez-vous, étreignez-vous, faites ce que vous voudrez !

Lucette revient.

LUCETTE.

— Madame, le dîner est prêt, et votre père vous attend.

JULIA.

— Eh bien, allons !

LUCETTE.

— Quoi ! vous laisserez traîner ces papiers indiscrets ?

JULIA.

— Si vous en faites cas, reprenez-les.

LUCETTE.

— J'ai été reprise pour les avoir ramassés : — pourtant il ne faut pas qu'ils restent là à attraper froid.

JULIA.

— Je vois qu'ils vous sont à cœur.

LUCETTE.

— Oui, madame, vous pouvez dire ce que vous voyez, — je vois bien des choses, moi aussi, — quand vous me croyez les yeux fermés.

JULIA.

— Allons, allons, vous plaira-t-il de venir ?

Elles sortent.

SCÈNE III.

[Vérone. Chez Antonio.]

Entrent ANTONIO et PANTHÉON.

ANTONIO.

— Dites-moi, Panthéon, quel grave discours — vous tenait donc mon frère dans le cloître ?

PANTHÉON.

— C'était à propos de son neveu Protée, votre fils.

ANTONIO.

— Eh bien! que disait-il de lui?

PANTHÉON.

— Il s'étonnait que Votre Seigneurie — le laissât passer ici sa jeunesse, — quand tant d'autres gens de mince crédit — envoient leurs fils chercher carrière, — les uns, à la guerre, pour y tenter fortune, — les autres à la découverte d'îles lointaines, — d'autres, aux cours des universités. — Il disait que votre fils Protée était propre — à chacune de ces occupations, voire même à toutes : — et il m'engageait à vous presser — de ne pas le laisser davantage perdre son temps ici, — car ce serait plus tard un grand inconvénient pour lui — de n'avoir pas fait de voyage dans sa jeunesse.

ANTONIO.

— Tu n'as pas besoin de me presser à ce sujet; — cette idée me met martel en tête depuis un mois. — Je me suis bien dit qu'il perd son temps — et qu'il ne peut être un homme accompli, — sans avoir été éprouvé à l'école du monde. — L'expérience est acquise par la pratique, — et perfectionnée par le cours rapide du temps. — Ainsi, dis-moi où je ferais bien de l'envoyer.

PANTHÉON.

— Votre Seigneurie n'ignore pas, je pense, — que son camarade, le jeune Valentin, — est attaché à la cour de l'empereur.

ANTONIO.

— Je le sais parfaitement.

PANTHÉON.

— Il serait bon, je pense, que Votre Seigneurie l'envoyât, lui aussi, là-bas : — il s'y formerait aux carrousels et aux tournois, — il entendrait un langage exquis, converserait avec de grands seigneurs, — et aurait à sa portée toutes sortes d'exercices, — dignes de sa jeunesse et de sa noble naissance.

ANTONIO.

— J'aime ton conseil : tu as fort bien raisonné : — et pour que tu juges combien je l'aime, — je veux le mettre à exécution, et au plus vite — dépêcher Protée à la cour de l'empereur.

PANTHÉON.

— Demain, si cela vous plaît. Don Alphonso, — ainsi que d'autres gentilhommes de bonne renommée, — partent pour saluer l'empereur et mettre leurs services à ses ordres.

ANTONIO.

— Bonne compagnie! Protée ira avec eux! — Justement, le voici. Nous allons nous en ouvrir à lui.

Protée entre, lisant une lettre, et sans voir Antonio ni Panthéon.

PROTÉE.

— Doux amour! douces lignes! douce vie! — Voici bien sa main, l'agent de son cœur! — Et voici son serment d'amour, son engagement d'honneur. — Ah! si nos pères pouvaient applaudir à nos amours — et sceller notre bonheur de leur consentement! — O céleste Julia!

ANTONIO, brusquement à Protée.
Eh bien? Quelle lettre lisez-vous donc là?

PROTÉE, avec embarras.

— N'en déplaise à Votre Seigneurie... c'est un mot ou deux — de souvenir... que m'envoie Valentin — et que m'a remis un ami venu de sa part.

ANTONIO.

— Prêtez-moi cette lettre, que je voie les nouvelles.

PROTÉE.

— Il n'y a pas de nouvelles, monseigneur, il m'écrit simplement — comme quoi il vit heureux, adoré, — et chaque jour comblé par l'empereur ; — il me souhaiterait auprès de lui pour partenaire de sa fortune.

ANTONIO.

— Et comment accueillez-vous ce souhait?

PROTÉE.

— Comme quelqu'un qui se soumet à la volonté de Votre Seigneurie, — et qui ne dépend pas de son désir ami.

ANTONIO.

— Ma volonté n'est point en désaccord avec son désir, — pourtant ne te figure pas qu'il me décide brusquement. — Ce que je veux, c'est moi qui le veux, et cela suffit. — J'ai résolu que tu passerais quelque temps — avec Valentin à la cour de l'empereur : — la pension qu'il reçoit de sa famille, — je te la ferai pour ton entretien. — Demain sois prêt à partir. — Pas d'excuse : mon ordre est péremptoire.

PROTÉE.

— Monseigneur, je ne puis pas être si tôt en mesure : — de grâce, accordez-moi un jour ou deux.

ANTONIO.

— Écoute, ce qu'il te faut sera expédié après toi. — Plus de retard. Demain, tu dois partir. — Allons, Panthéon ; vous allez vous occuper — de hâter ses préparatifs.

Antonio et Panthéon sortent.

PROTÉE.

— Ainsi, j'ai évité le feu par crainte de me brûler, — et je me suis plongé dans la mer où je me noie. — Je n'ai pas voulu montrer à mon père la lettre de Julia, — de peur qu'il n'objectât à mes amours : — et du prétexte donné par moi — il a fait la plus puissante objection à mes amours. — Oh! comme ce printemps d'amour ressemble, — par son incertaine splendeur, à la journée d'avril, — qui tout à l'heure montrait toute la beauté du soleil — et qui maintenant la laisse dérober par un nuage !

Panthéon revient.

PANTHÉON.

— Sire Protée, votre père vous appelle : — il est pressé : ainsi partez, je vous prie.

PROTÉE.

— Oui, il le faut. Mon cœur y consent, — et pourtant il dit mille fois non !

Ils sortent.

SCÈNE IV.

(Milan. Dans le palais du duc.)

Entrent VALENTIN et DILIGENCE.

DILIGENCE.

— Monsieur, un gant à vous !

VALENTIN.

Pas à moi : mes gants sont déjà mis.

DILIGENCE.

— Celui-ci est à vous, alors, car c'est un gant déjà mis.

VALENTIN, prenant le gant.

— Ah ! fais-moi voir. Oui, je le garde, il m'appartient. — Douce parure qui orne un objet divin ! — Ah ! Silvia ! Silvia !

DILIGENCE, criant.

— Madame Silvia ! madame Silvia !

VALENTIN.

Qu'est-ce à dire, drôle ?

DILIGENCE.

— Elle n'est pas à portée de voix, monsieur !

VALENTIN.

— Eh bien ! monsieur, qui vous a dit de l'appeler ?

DILIGENCE.

— Votre Révérence, seigneur; ou bien c'est que je me suis trompé.

VALENTIN.

— Allons! vous serez toujours trop pétulant.

DILIGENCE.

— Et pourtant je viens d'être grondé pour avoir été trop lent.

VALENTIN.

— Ah çà, monsieur, dites-moi, est-ce que vous connaissez madame Silvia? —

DILIGENCE.

Celle que votre Révérence aime?

VALENTIN.

Eh! comment savez-vous que je suis amoureux?

DILIGENCE.

Parbleu, à ces signes spéciaux : d'abord vous avez appris, comme messire Protée, à croiser votre bras comme un mécontent, puis à ressasser un chant d'amour, comme un rouge-gorge, à vous promener seul comme un pestiféré, à soupirer comme un écolier qui a perdu son A B C, à pleurer comme une jeune donzelle qui a enterré sa mère-grand, à jeûner comme quelqu'un qui est à la diète, à veiller comme quelqu'un qui a peur d'être volé, enfin à geindre comme un mendiant à la Toussaint. Auparavant, quand vous riiez, vous éclatiez comme un coq; quand vous marchiez, vous marchiez comme un lion; quand vous jeûniez, c'était immédiatement après dîner; quand vous aviez l'air triste, c'était faute d'argent; et maintenant vous êtes à ce point métamorphosé par une maîtresse que, quand je vous regarde, j'ai peine à croire que vous soyez mon maître.

VALENTIN.

Est-ce que toutes ces choses se remarquent en moi?

SCÈNE IV.

DILIGENCE.

Elles se remarquent toutes au dehors de monsieur.

VALENTIN.

Hors de moi? c'est impossible.

DILIGENCE.

Si fait, dans tous vos dehors. Il est certain qu'en dehors de vous, on ne trouverait chez personne tant de simplicité. Ces folies ne se voient si bien au dehors de monsieur, que parce qu'elles sont au dedans de monsieur. Elles brillent à travers sa personne comme l'eau dans un urinoir, si bien que pas un œil ne peut le voir sans deviner, comme un médecin, sa maladie.

VALENTIN.

Mais dis-moi, connais-tu madame Silvia?

DILIGENCE.

Celle que vous regardez si fixement à souper?

VALENTIN.

Tu as observé çà? c'est celle-là même.

DILIGENCE.

Eh bien, monsieur, je ne la connais pas.

VALENTIN.

Comment! tu m'as vu la regarder et tu ne la connais pas!

DILIGENCE.

N'est-ce pas elle qui est si disgracieuse, monsieur?

VALENTIN.

Imbécile! elle est encore plus gracieuse que belle.

DILIGENCE.

Monsieur, je sais cela.

VALENTIN.

Que sais-tu?

DILIGENCE.

Que vous lui accordez des grâces bien supérieures à sa beauté.

VALENTIN.

Je veux dire que sa beauté est éclatante, mais que sa grâce est sans prix.

DILIGENCE.

Parce que l'une est peinte et que l'autre n'est d'aucun prix.

VALENTIN.

Comment, peinte? comment, d'aucun prix?

DILIGENCE.

Je veux dire qu'elle se peint tant, pour paraître jolie, que pas un homme n'attache de prix à sa beauté.

VALENTIN.

Pour qui donc me prends-tu? j'attache grand prix à sa beauté.

DILIGENCE.

Vous ne l'avez pas vue depuis qu'elle est défigurée.

VALENTIN.

Et depuis quand est-elle défigurée?

DILIGENCE.

Depuis que vous l'aimez.

VALENTIN.

Je l'ai aimée du jour où je l'ai vue, et je la vois toujours belle.

DILIGENCE.

Si vous l'aimez, vous ne pouvez pas la voir.

VALENTIN.

Pourquoi?

DILIGENCE.

Parce que l'amour est aveugle (4). Ah! si vous aviez mes yeux! ou si vos yeux avaient les mêmes lumières que quand vous reprochiez à messire Protée d'aller sans jarretières!

VALENTIN.

Que verrais-je alors?

SCÈNE IV.

DILIGENCE.

Votre folie à vous et son extrême laideur à elle. Quand messire Protée était amoureux, il n'y voyait pas à attacher son haut-de-chausses ; vous, depuis que vous êtes amoureux, vous n'y voyez même pas à mettre le vôtre.

VALENTIN.

M'est avis, mon gars, que vous êtes amoureux, alors ; car hier matin vous n'y voyiez pas à brosser mes souliers.

DILIGENCE.

C'est vrai, monsieur, j'étais amoureux de mon lit ; je vous remercie de m'avoir secoué sur mes amours, car ça me rend plus hardi à vous tancer sur les vôtres.

VALENTIN.

En somme, je me sens de l'affection pour elle.

DILIGENCE.

Que ne vous en guérissez-vous ! Votre affection cesserait.

VALENTIN.

Hier soir, elle m'a enjoint d'écrire quelques vers pour quelqu'un qu'elle aime.

DILIGENCE.

Et vous l'avez fait !

VALENTIN.

Oui.

DILIGENCE.

Vous avez écrit en brouillon !

VALENTIN.

Non, de mon mieux. Mais silence ! la voici qui vient !

Entre Silvia.

DILIGENCE, à part.

O la bonne farce ! ô l'excellente marionnette ! va-t-il pas maintenant lui servir d'interprète !

VALENTIN.

Madame et maîtresse, mille bonjours!

DILIGENCE, à part.

Oh! donnez-vous donc un simple bonsoir! Pourquoi faire un million de façons?

SILVIA.

Sire Valentin, mon serviteur, à vous deux mille!

DILIGENCE, à part.

Ce serait à lui de payer l'intérêt, et c'est elle qui le paye.

VALENTIN, remettant un papier à Silvia.

— Comme vous me l'avez enjoint, j'ai écrit votre lettre — à cet ami secret que vous ne nommez pas : — j'aurais eu grande répugnance à le faire, — n'était ma soumission à Votre Grâce.

SILVIA, examinant le papier.

— Je vous remercie, gentil serviteur : c'est fait comme par un clerc.

VALENTIN.

— Croyez-moi, madame, cela venait mal. — Ignorant pour qui était la chose, — j'ai écrit au hasard et sans assurance.

SILVIA.

— Peut-être trouvez-vous que c'est trop de peine?

VALENTIN.

— Non, madame, si cela vous rend service. — Vous n'avez qu'à ordonner, j'en veux écrire mille fois autant; — et pourtant...

SILVIA.

— La jolie phrase! Oui, j'en devine la suite : — et pourtant... je n'ose pas le dire; et pourtant... je ne m'en soucie pas; et pourtant... reprenez ceci.

Elle lui tend la lettre.

Et pourtant... je vous remercie, — décidée que je suis désormais à ne plus vous donner tant de trouble.

SCÈNE IV.

DILIGENCE, à part.

— Et pourtant si ! et pourtant, encore un pourtant !

VALENTIN, voyant le mouvement de Silvia.

— Que veux dire Votre Grâce? n'êtes-vous pas satisfaite?

SYLVIA,

— Si fait ! les vers sont très-jolis ; — mais, puisque vous les avez écrits avec répugnance, reprenez-les, — oui, prenez-les.

VALENTIN, acceptant le papier.

Madame, ils sont pour vous.

SILVIA.

— Oui, oui, vous les avez écrits, monsieur, à ma requête, — mais je n'en veux pas; ils sont pour vous : — Je les aurais voulus d'un style plus pathétique.

VALENTIN.

— Si vous le désirez, madame, je vous écrirai une autre épître.

SILVIA.

— Et quand elle sera écrite, lisez-la en mon nom. — Si elle vous plaît, soit! si elle vous déplaît, soit encore !

VALENTIN.

— Si elle me plaît, madame, quoi alors ?

SILVIA.

— Eh bien, si elle vous plaît, gardez-la pour votre peine. — Et sur ce, bonjour, serviteur !

Elle se sauve.

DILIGENCE, à part.

— O rouerie imperceptible, inscrutable, invisible, — comme un nez au milieu d'un visage d'homme ou comme une girouette au haut d'un clocher ! — Mon maître soupire pour elle; et elle enseigne au soupirant, — en se faisant son écolier, à devenir son maître. — O l'excellent tour !

Ouït-on jamais parler d'un meilleur?— Mon maître, pris pour secrétaire, s'écrivant à lui-même !

VALENTIN, au valet.

Eh bien, monsieur? Sur quoi donc raisonnez-vous tout seul?

DILIGENCE.

Moi? Je n'étais occupé que de rime. Vous, vous avez raison.

VALENTIN.

De faire quoi?

DILIGENCE.

D'être l'interprète de madame Silvia.

VALENTIN.

Près de qui?

DILIGENCE.

Près de vous-même. Sa déclaration est parfaitement tournée.

VALENTIN.

Quelle déclaration?

DILIGENCE.

Eh bien! la lettre!

VALENTIN.

Comment! elle ne m'a pas écrit.

DILIGENCE.

Quel besoin en avait-elle, puisqu'elle vous a fait écrire à vous-même! Quoi! est-ce que vous n'apercevez pas la rouerie?

VALENTIN.

Non, crois-moi.

DILIGENCE.

Impossible vraiment de vous en croire, monsieur. N'avez-vous pas vu tout ce qu'elle a montré d'art?

SCÈNE IV.

VALENTIN.

En fait d'arrhes, elle ne m'a donné que paroles de reproche.

DILIGENCE.

Comment! elle vous a donné une lettre.

VALENTIN.

C'est la lettre que j'ai écrite à son ami.

DILIGENCE.

Eh bien! cette lettre, elle l'a remise, et c'est fini.

VALENTIN.

Je voudrais qu'il n'y eût rien de pire là-dessous.

DILIGENCE.

Je vous le garantis, c'est comme je vous dis.

Déclamant.

Car vous lui aviez souvent écrit, et elle n'avait pu répondre,
Par modestie ou par manque de loisir,
Ou par crainte qu'un messager ne découvrit son secret :
C'est pourquoi elle a fait écrire à son amoureux par son amant lui-même.

Tout ce que je dis là est à la lettre, car je l'ai deviné à la lettre. Mais à quoi songez-vous, monsieur? Il est l'heure de dîner.

VALENTIN.

J'ai dîné.

DILIGENCE.

Soit, mais écoutez, monsieur : quoique le caméléon amour puisse vivre d'air, je suis de ceux qui se nourrissent de victuailles, et je mangerais volontiers. Oh! ne soyez pas comme votre maîtresse : ne résistez pas! ne résistez pas!

Ils sortent.

SCÈNE V.

[Vérone. Chez Julia.]

Entrent Protée et Julia.

PROTÉE.
— Ayez patience, gentille Julia.

JULIA.
Il le faut bien puisqu'il n'y a pas de remède.

PROTÉE.
— Aussitôt que je pourrai, je serai de retour.

JULIA.
— Si rien ne vous détourne, vous serez plus tôt de retour. — Garde ce souvenir pour l'amour de ta Julia.

Elle lui donne un anneau.

PROTÉE, *prenant l'anneau et en remettant un autre à Julia.*
— Eh bien, nous ferons un échange. Tenez, prenez celui-ci :

JULIA.
— Et scellons le marché par un saint baiser.

Ils s'embrassent.

PROTÉE.
— Voici ma main pour gage de ma royale constance. — Si je laisse échapper une heure du jour — sans soupirer pour toi, Julia, — puisse, dès l'heure suivante, quelque affreux accident — me faire expier cet oubli de mes amours! — Mon père m'attend; ne réponds pas. — C'est l'heure pour la marée, mais non pour la marée des larmes. — Cette marée-là me retiendrait plus de temps qu'il ne faut. — Julia, adieu!

Julia sort précipitamment.

Quoi! partir sans un mot? — Oui, voilà bien l'amour

vrai; il ne peut rien dire. — Sa sincérité se distingue par les actes bien mieux que par les paroles.

Entre Panthéon.

PANTHÉON.

— Sire Protée, vous êtes attendu.

PROTÉE.

Allons! je viens, je viens. — Hélas! la séparation frappe de mutismes les pauvres amants.

Ils sortent.

SCÈNE VI.

[Vérone. Une place.]

Entre Lance, menant un chien en laisse.

LANCE.

Oui, il se passera une heure encore avant que j'aie fini de pleurer. Toute l'espèce des Lance a ce défaut-là. J'ai reçu ma ration, comme l'enfant prodigue, et je pars avec messire Protée pour la cour impériale. Je crois que Crâbe, mon chien, est bien le chien le plus insensible qui existe : ma mère pleurait, mon père sanglotait, ma sœur criait, notre servante hurlait, notre chatte se tordait les bras, toute la maison était en grande perplexité, et ce méchant mâtin n'a pas versé une larme! C'est une pierre, un vrai caillou, et il n'y a pas plus de pitié en lui que dans un chien. Un juif aurait pleuré d'avoir vu notre séparation. Et même, ma grand'maman qui n'a plus d'yeux, voyez-vous, pleurait de mon départ à s'aveugler. Tenez, je vais vous montrer la chose. Ce soulier-ci est mon père..... non, c'est le soulier gauche qui est mon père.... non, non, le soulier gauche est ma mère... non, ça ne se peut pas non plus... Si! c'est ça, c'est ça : il a la semelle percée. Ce soulier troué est ma mère, et celui-ci est mon père. Dieu me damne, si ce n'est pas ça!... Maintenant, monsieur, ce bâton est ma sœur : car, voyez-vous, elle est aussi blanche qu'un lis et aussi mince qu'une badine. Ce chapeau est Nanette, notre servante. Je suis le chien... Non, le chien est lui-même, et je suis le chien... Oh! le chien, c'est moi et je suis moi-même... Oui, c'est ça, c'est ça... Alors j'arrive à mon père. *Père votre bénédiction!* alors, le soulier ne doit pas dire un mot à force de pleurer; alors je dois embrasser mon père; bon, il pleure encore plus... Alors j'arrive à ma mère... Ah! si elle pouvait parler!... mais elle est comme abrutie... bon, je l'embrasse... Oui, c'est ça... voici exactement le soupir haletant de ma mère... Alors j'arrive à ma sœur; écoutez le gémissement qu'elle fait... Alors le chien ne répand pas une larme et ne dit pas un mot pendant tout ce temps-là; mais moi, voyez comme j'arrose la poussière de mes larmes!

Il geint.

Entre PANTHÉON.

PANTHÉON.

Lance, en avant, en avant! à bord! Ton maître est embarqué, et il faut que tu le rattrapes à force de rames. Qu'y a-t-il? qu'as-tu à pleurer, l'homme! En avant, âne! Tu perdras la marée si tu tardes plus longtemps.

LANCE.

Peu importe si la marée est perdue : l'amarré que voici est si désagréable qu'on n'en a jamais vu de pire à l'amarre.

PANTHÉON.

Que veux-tu dire? la marée est désagréable!

LANCE.

Oui, parbleu, celui que je tiens ici amarré : Crâbe, mon chien!

SCÈNE VI.

PANTHÉON.

Bah! je te dis, l'ami, que tu vas perdre l'heure du flot, et, en perdant l'heure du flot, perdre ton voyage, et, en perdant ton voyage, perdre ton maître, et, en perdant ton maître, perdre ton service, et en perdant ton service... pourquoi me fermes-tu la bouche?

LANCE.

Pour que tu ne perdes pas tes paroles.

PANTHÉON.

Et en quoi perdrais-je mes paroles?

LANCE.

En ce récit futile.

PANTHÉON.

Je ne connais pas de récif utile.

LANCE.

Moi, perdre la marée, et mon voyage, et mon maître, et mon service, et l'amarré que voici! Tu ne sais donc pas, l'ami, que, si la rivière était à sec, je serais homme à la remplir de mes larmes, et que, si le vent était tombé, je pourrais pousser le bateau avec mes soupirs!

PANTHÉON.

Allons! partons, l'ami; je suis envoyé pour t'appeler.

LANCE.

Monsieur, appelez-moi comme vous voudrez.

PANTHÉON.

Veux-tu partir?

LANCE.

C'est bon. On y va.

Ils sortent.

SCÈNE VII.

[Milan. Dans le palais ducal.]

Entrent VALENTIN, SILVIA, THURIO et DILIGENCE.

SILVIA.

Serviteur!

VALENTIN.

Maîtresse!

DILIGENCE, bas à Valentin.

Maître, messire Thurio vous regarde de travers.

VALENTIN, bas à Diligence.

Bah! mon garçon, c'est de l'amour.

DILIGENCE, bas à Valentin.

Pas pour vous.

VALENTIN, bas à Diligence.

Pour ma maîtresse alors!

DILIGENCE, bas à Valentin.

Vous feriez bien de l'assommer.

SILVIA, à Valentin.

Serviteur, vous êtes mélancolique.

VALENTIN.

Vraiment, madame, je le parais.

THURIO.

Paraîtriez-vous ce que vous n'êtes pas?

VALENTIN.

Peut-être.

THURIO.

Ainsi, vous auriez une mine contrefaite.

VALENTIN.

Comme vous.

SCÈNE VII.

THURIO.

Que parais-je être, que je ne sois pas?

VALENTIN.

Sensé.

THURIO.

Quelle preuve avez-vous que je ne le suis pas?

VALENTIN.

Votre folie.

THURIO.

Et où découvrez-vous ma folie?

VALENTIN.

A la recherche de votre jaquette.

THURIO.

Ma jaquette est un pourpoint à crevés!

VALENTIN.

Votre folie aussi est à crever... les yeux.

THURIO, furieux.

Comment?

SILVIA.

Ah çà, de la colère, sire Thurio? vous changez de couleur?

VALENTIN.

Laissez-le faire, madame, c'est une espèce de caméléon.

THURIO, à part.

Qui a plus envie de se repaître de votre sang que de dévorer votre air.

VALENTIN.

Vous avez dit, monsieur?

THURIO.

Oui, monsieur, et j'ai fini aussi, pour cette fois.

VALENTIN.

Je le sais, monsieur : vous finissez toujours avant de commencer..

SILVIA.

Voilà, messieurs, une belle volée de mots et vivement tirée.

VALENTIN.

C'est vrai, madame : nous remercions le fournisseur.

SILVIA.

Qui est-il, mon cavalier?

VALENTIN.

C'est vous-même, madame ; car c'est vous qui avez fourni le feu. Messire Thurio emprunte son esprit aux regards de Votre Grâce, et dépense ce qu'il emprunte, généreusement, en votre présence.

THURIO.

— Monsieur, si vous dépensiez avec moi mot pour mot, j'aurais bientôt fait faire banqueroute à votre esprit.

VALENTIN.

Je le sais bien, monsieur : vous avez un trésor de paroles, et, je crois, pas d'autre monnaie à donner à vos gens : on peut voir à la nudité de leurs livrées que vous ne les payez que de mots tout nus.

SILVIA.

Assez, messieurs, assez! voici mon père.

Entre le DUC.

LE DUC.

— Eh bien, Silvia, ma fille, vous voilà rudement assiégée. — Sire Valentin, votre père est en bonne santé. — Quel accueil feriez-vous à la lettre d'un ami, — vous apportant d'excellentes nouvelles?

VALENTIN.

Monseigneur, je serais reconnaissant — à l'heureux messager venu de si bonne part.

LE DUC.

— Connaissez-vous don Antonio, votre compatriote?

SCÈNE VII.

VALENTIN.

— Oui, mon bon seigneur, je le connais pour un gentilhomme — de qualité, fort estimé — et n'ayant pas sans mérite cette belle réputation.

LE DUC.

N'a-t-il pas un fils?

VALENTIN.

— Oui, mon bon seigneur : un fils qui ne déroge pas — à l'honneur et au renom d'un tel père.

LE DUC.

Vous le connaissez bien?

VALENTIN.

— Je le connais comme moi-même ; car, dès notre enfance, — nous avons vécu et passé toutes nos heures ensemble. — Je n'étais, moi, qu'un paresseux vaurien, — perdant les moments précieux — où je pouvais parer ma jeunesse d'une perfection angélique, — tandis que Protée, c'est ainsi qu'il se nomme, — faisait un utile et noble emploi de ses journées. — Jeune encore par les années, mais déjà vieux d'expérience, — il a toute la verdeur de l'âge, mais toute la maturité du jugement; — en un mot (car son mérite est bien au-dessus des éloges que je lui accorde ici), — il est doué, à l'intérieur comme au moral, — de toutes les bonnes qualités qui peuvent qualifier un gentilhomme.

LE DUC.

— Peste, monsieur! S'il justifie ce que vous dites, — il est aussi digne d'être aimé d'une impératrice — que d'être le conseiller d'un empereur. — Eh bien, monsieur, ce gentilhomme s'est présenté à moi, — avec la recommandation de puissants seigneurs, — et il se propose de passer ici quelque temps. — Je pense que cette nouvelle n'est pas la malvenue près de vous.

VALENTIN.

— Si j'avais désiré un être ici, c'eût été lui.

LE DUC.

— Faites-lui donc l'accueil conforme à son mérite. — Silvia, c'est à vous que je parle, et à vous, sire Thurio. — Pour Valentin, je n'ai pas besoin de l'y exhorter. — Je vais vous l'envoyer ici sur-le-champ.

Le duc sort.

VALENTIN, à Silvia.

— C'est là ce gentilhomme, je l'ai dit à Votre Grâce, — qui serait venu avec moi, si sa maîtresse n'avait tenu — ses yeux captifs dans ses regards de cristal.

SILVIA.

— Elle les a sans doute mis en liberté, — sous la caution de quelque autre gage.

VALENTIN.

— Non, je suis sûr qu'elle les tient toujours prisonniers.

SILVIA.

— Non, car il serait aveugle; et, étant aveugle, — comment pourrait-il voir son chemin pour vous retrouver?

VALENTIN.

— Madame, c'est que l'amour a vingt façons d'y voir.

THURIO.

— On dit que l'amour est sans yeux...

VALENTIN.

— Pour voir des amoureux comme vous, Thurio. — L'amour ferme les yeux sur un objet fâcheux.

SILVIA.

— Finissez! finissez! voici venir le gentilhomme.

Entre PROTÉE.

VALENTIN.

— Bienvenu, cher Protée! Maîtresse, je vous en supplie, — prouvez-lui qu'il est le bienvenu par quelque grâce spéciale.

SILVIA.

— Son mérite est garant de sa bienvenue ici, — s'il est bien celui dont vous avez si souvent souhaité des nouvelles.

VALENTIN.

— Maîtresse, c'est lui-même. Charmante dame, permettez-lui — d'être mon collègue au service de Votre Grâce.

SILVIA.

— Maîtresse trop vulgaire pour un serviteur si rare !

PROTÉE.

— Non, charmante dame : serviteur trop vil — pour mériter même un regard d'une si noble maîtresse !

VALENTIN.

— Laissez-là ces protestations d'indignité. — Charmante dame, agréez-le pour votre serviteur.

PROTÉE.

— Je mettrai toute ma fierté à accomplir mon devoir.

SILVIA.

— Et le devoir accompli est sûr de la récompense. — Serviteur, vous êtes le bienvenu près d'une maîtresse indigne.

PROTÉE.

— Je jouerai ma vie contre quiconque, hormis vous, dira cela.

SILVIA.

— Que vous êtes le bienvenu?

PROTÉE.

Non, que vous êtes indigne.

THURIO.

— Madame, mon seigneur votre père voudrait vous parler.

SILVIA.

— Je me rends à ses ordres. Allons, sire Thurio, — venez avec moi.

A Protée.

Encore une fois, mon nouveau serviteur, soyez le bienvenu, — Je vous laisse causer de vos affaires intimes. — Quand vous aurez fini, nous espérons avoir de vos nouvelles.

Silvia, Thurio et Diligence sortent.

VALENTIN.

— Maintenant, dites-moi comment sont tous ceux que vous avez laissés là-bas.

PROTÉE.

— Vos parents sont bien et vous envoient force compliments.

VALENTIN.

— Et les vôtres?

PROTÉE.

Je les ai quittés tous en bonne santé.

VALENTIN.

— Comment va votre dame? Vos amours prospèrent-elles?

PROTÉE.

— Mes histoires d'amour avaient l'habitude de vous ennuyer; — je sais que vous ne vous plaisez guère à parler amour.

VALENTIN.

— Ah! Protée, ma vie est tout à fait changée depuis lors. — J'ai été bien mortifié pour avoir méprisé l'amour. — Son impérieuse autorité m'en a puni — par des jeûnes amers, par des gémissements de pénitence, — par des larmes, toutes les nuits, et, tous les jours, par de déchirants soupirs. — Oui, pour se venger de mes mépris, — l'amour a chassé le sommeil de mes yeux asservis — et fait d'eux les gardes-malades de mon cœur. — O gentil Protée! l'amour est un seigneur puissant, — et il m'a humilié, à ce point que, je le confesse, — il n'est pas sur terre de souffrance égale à ses rigueurs, — ni de joie comparable à ses faveurs! — Désormais, plus de causerie, si ce n'est sur l'amour! — Désormais, pour avoir déjeuné, dîné, soupé et dormi, — il me suffit de ce mot tout sec : Amour!

PROTÉE.

— Assez; je lis votre aventure dans vos regards. — Est-ce là l'idole que vous adorez ainsi?

VALENTIN.

— Elle-même. N'est-ce pas une sainte céleste?

PROTÉE.

— Non, mais c'est une perfection terrestre.

VALENTIN.

— Appelez-la divine.

PROTÉE.

Je ne veux pas la flatter.

VALENTIN.

— Oh! flattez-moi! l'amour se complaît aux louanges.

PROTÉE.

— Quand j'étais malade, vous me donniez des pilules amères; — il faut que je vous en administre de pareilles.

VALENTIN.

— Eh bien! dis la vérité sur elle : sinon pour divine, — reconnais-la du moins pour une beauté séraphique — qui domine toutes les créatures de la terre.

PROTÉE.

— Excepté ma maîtresse.

VALENTIN.

Ah! cher, n'excepte personne, — si tu ne veux pas faire à mes amours une injure exceptionnelle.

PROTÉE.

— N'ai-je pas raison d'exalter mon amour avant tout?

VALENTIN.

— Et je veux contribuer à l'exalter. — Ta bien-aimée sera élevée à l'honneur suprême — de porter la queue de ma reine, pour empêcher que la terre vile — ne parvienne à dérober un baiser à son vêtement, — et, enorgueillie d'une si grande faveur, — ne dédaigne d'enraciner la fleur parfumée d'été, — et ne rende le rude hiver perpétuel !

PROTÉE.

— Comment, Valentin, qu'est-ce que tout ce phébus?

VALENTIN.

— Pardonne-moi, Protée : tout ce que je puis dire n'est rien — à côté de celle dont le mérite réduit tout autre mérite à néant. — Il n'y a qu'elle seule.

PROTÉE.

Eh bien ! laissez-la seule.

VALENTIN.

— Non pas pour le monde entier. Sais-tu, mon cher, qu'elle est à moi? — Et je suis aussi riche en possédant un tel joyau — que vingt mers dont tous les grains de sable seraient des perles, — l'eau du nectar, et les rochers de l'or pur. — Pardonne-moi de ne pas songer à toi, — quand tu me vois radoter de mes amours. — Mon niais de rival que le père aime uniquement — à cause de son immense fortune, — vient de partir avec elle; et il faut que je les suive, — car l'amour, tu le sais, est plein de jalousie.

PROTÉE.

— Mais vous, vous aime-t-elle?

VALENTIN.

Oui, et nous sommes fiancés. — Il y a plus, l'heure de notre mariage — et tout le plan mystérieux de notre évasion — sont arrêtés ; je dois escalader sa fenêtre — à l'aide d'une échelle de corde; tous les moyens — ont été concertés et combinés pour mon bonheur. — Bon Protée, viens avec moi dans ma chambre, — pour m'aider de tes conseils dans cette affaire.

PROTÉE.

— Allez devant; je vous retrouverai : — il faut que j'aille au port pour faire débarquer — des effets dont j'ai grand besoin, — et alors, j'irai immédiatement vous rejoindre.

VALENTIN.

— Vous vous dépêcherez ?

PROTÉE.

Sans doute.

Valentin sort.

— De même que la flamme refoule la flamme, — et qu'un clou chasse l'autre, — ainsi le souvenir de mon premier amour — est tout à fait effacé par un objet plus nouveau. — Est-ce ma propre admiration ou l'enthousiasme de Valentin, — est-ce sa perfection véritable ou ma coupable illusion — qui font ainsi déraisonner ma raison ? — Cette femme est belle : mais elle est belle aussi, la Julia que j'aime, — que j'ai aimée, dois-je dire, car mon amour s'est fondu — comme une figure de cire devant le feu, — et ne garde plus vestige de ce qu'il était. — Il me semble que mon dévouement pour Valentin s'est refroidi, — et que je ne l'aime plus comme par le passé. — Ah ! mais j'aime trop, bien trop sa maîtresse : — voilà pourquoi je l'aime si peu, lui. — Combien je vais raffoler d'elle en la connaissant mieux, — moi qui déjà l'aime sans la connaître ! — je n'ai encore vu que son image, — et elle a ébloui les yeux de ma raison ; — mais quand je considérerai ses perfections, — il n'y a pas de raison pour que je n'en sois pas aveuglé. — J'arrêterai, si je puis, mon amour égaré ; — sinon, j'userai de tout mon pouvoir pour la séduire !

Il sort.

SCÈNE VIII.

(Milan. Une rue.)

Entrent DILIGENCE et LANCE.

DILIGENCE.
Lance ! sur mon honneur, tu es le bienvenu à Milan.

LANCE.
Ne te parjure pas, doux jouvenceau, je ne suis pas le bienvenu. Je calcule toujours qu'on n'est jamais perdu tant qu'on n'est pas pendu, ni bienvenu quelque part tant que certain écot n'a pas été payé et que l'hôtesse n'a pas dit : bienvenu !

DILIGENCE.
Allons ! cervelle folle, je vais te mener immédiatement à une taverne où, pour un écot de dix sous, tu seras dix mille fois le bienvenu... Mais dis-moi, drôle, comment ton maître s'est-il séparé de madame Julia ?

LANCE.
Ma foi, après s'être embrassés tout de bon, ils se sont séparés évidemment pour rire.

DILIGENCE.
Mais l'épousera-t-elle ?

LANCE.
Non.

DILIGENCE.
Comment ! alors il l'épousera, lui ?

LANCE.
Non plus.

SCÈNE VIII.

DILIGENCE

Quoi! est-ce qu'ils ont rompu?

LANCE.

Non, ils ne font qu'un.

DILIGENCE.

Eh bien! alors, comment l'affaire s'arrange-t-elle entre eux?

LANCE.

Morbleu, comme ceci : quand elle s'arrange bien pour lui, elle s'arrange bien pour elle.

DILIGENCE.

Quel âne tu es de soutenir un pareil non-sens!

LANCE, s'appuyant sur sa canne.

Quelle bûche tu es de contester ça, quand mon bâton même me soutient!

DILIGENCE.

Que dis-tu?

LANCE.

Oui, et je te le prouve. Vois, je n'ai qu'à m'appuyer sur mon bâton, et mon bâton me soutient.

DILIGENCE.

Tu veux dire qu'il se tient sous toi.

LANCE.

Eh bien, se tenir sous moi et me soutenir, c'est tout un.

DILIGENCE.

Voyons, dis-moi la vérité, le mariage se fera-t-il?

LANCE.

Demande à mon chien : s'il dit oui, il se fera; s'il dit non, il se fera; s'il remue la queue et ne dit rien, il se fera.

DILIGENCE.

En conclusion donc, le mariage se fera.

LANCE.

Tu n'obtiendras jamais de moi un pareil secret, si ce n'est par parabole.

DILIGENCE.

Ça m'est égal, si je l'obtiens ainsi. Mais que dis-tu de ceci, Lance? mon maître est fou éperdu.

LANCE.

Je ne l'ai jamais connu autrement.

DILIGENCE.

Que quoi?

LANCE.

Que fou et que perdu, comme tu le dis fort bien.

DILIGENCE.

Ah çà, fils de putain, âne que tu es, tu ne m'entends pas!

LANCE.

Ah çà, imbécile, ce n'est pas toi que j'entends, c'est ton maître.

DILIGENCE.

Je te dis que mon maître est amoureux éperdu.

LANCE.

Eh bien! je te dis que ça m'est égal qu'il se perde par amour. Allons, viens avec moi prendre la bière au cabaret; si tu refuses, tu es un hébreu, un juif, et tu n'es pas digne d'une terre chrétienne.

DILIGENCE.

Pourquoi?

LANCE.

Parce que tu n'auras pas été assez charitable pour avoir la bière en compagnie d'un chrétien. Veux-tu venir?

DILIGENCE.

A ton service!

Ils sortent.

SCÈNE IX.

[Milan. Dans le palais ducal.]

Entre Protée.

PROTÉE.

— En quittant ma Julia, je me parjure ; — en aimant la belle Silvia, je me parjure ; — en trahissant mon ami, je me parjure hautement. — Le pouvoir qui m'a imposé mon premier serment — est le même qui me provoque à ce triple manque de foi ! — Amour m'a dit de jurer et amour me dit de me parjurer. — O doux tentateur amour, si tu as fait mon péché, — enseigne-moi, à moi ton sujet séduit, à l'excuser... — D'abord j'idolâtrais une équivoque étoile, — mais maintenant j'adore un céleste soleil. — Des vœux irréfléchis peuvent être rompus par la réflexion : — et celui-là n'a pas d'esprit qui n'a pas la résolution — d'obliger son esprit à échanger le mal pour le mieux. — Fi ! fi ! langue irrévérente ! peux-tu dénigrer ainsi — celle dont tu as si souvent consacré la souveraineté — par vingt mille serments du cœur ? — Je ne dois pas cesser d'aimer, et je cesse pourtant : — mais si je cesse d'aimer, c'est toujours pour aimer. — Je perds Julia, et je perds Valentin. — Si je les garde, il faut que je me perde. — Si je les perds, je recouvre, grâce à cette perte, — au lieu de Valentin, Protée, au lieu de Julia, Silvia (5). — Je me suis plus cher à moi-même qu'un ami, — car l'amour de soi passe avant tout autre. — Près de Silvia, j'en atteste le ciel qui l'a créée si belle, — Julia n'est qu'une Éthiopienne hâlée. — Je veux oublier que Julia est vivante — et me rappeler seulement que mon amour pour elle est mort. — Quant à Valentin, je le traiterai en ennemi — pour chercher auprès de Silvia une amitié plus douce. — Je ne puis plus être constant envers moi-même, sans user de trahison envers Valentin. — Cette nuit, il compte par une échelle de cordes — escalader la fenêtre de la céleste Silvia : — moi, son rival, je suis confident. — Eh bien ! je vais sur-le-champ révéler au père — leur déguisement et leur projet de fuite : — il sera furieux, et il exilera Valentin, — car il entend que Thurio épouse sa fille. — Mais, Valentin une fois parti, j'arrêterai vite, — par quelque adroite manœuvre, les lents progrès de ce stupide Thurio. — Amour, donne-moi tes ailes pour hâter mon projet, — comme tu m'as prêté ton génie pour le comploter.

Il sort.

SCÈNE X.

[Vérone. Chez Julia.]

Entrent JULIA et LUCETTE.

JULIA.

— Un conseil, Lucette ! assiste-moi, mignonne ! — Par ton affectueux dévouement, je te conjure, toi, — vivante tablette où toutes mes pensées — sont visiblement inscrites et gravées (6), — instruis-moi, dis-moi par quel moyen — je puis avec honneur rejoindre — mon bien-aimé Protée.

LUCETTE.
— Hélas ! la voie est fatigante et longue.

JULIA.
— Un pèlerin vraiment dévot ne se fatigue pas — de mesurer des royaumes de ses faibles pas : — encore moins celle qui vole sur les ailes de l'amour, — quand

son vol est dirigé vers un être aussi cher, — aussi parfait, aussi divin que sire Protée.

LUCETTE.

— Mieux vaut attendre qu'il revienne.

JULIA.

— Oh ! tu ne sais donc pas que sa vue est l'aliment de mon âme ? — Plains-moi de la disette où je languis, — affamée de lui depuis si longtemps. — Si tu connaissais seulement l'impression profonde de l'amour, — tu songerais autant à allumer du feu avec de la neige — qu'à éteindre le feu de l'amour avec des paroles.

LUCETTE.

— Je ne songe pas à éteindre le feu ardent de votre amour, — mais à en tempérer l'extrême fureur, — pour qu'il ne brûle pas au delà des bornes de la raison.

JULIA.

— Plus tu veux le contenir, plus il brûle. — Le courant qui glisse avec un doux murmure, — tu le sais, pour peu qu'on l'arrête, s'impatiente et s'irrite. — Mais, quand son cours naturel n'est pas empêché, — il fait une suave musique sur les cailloux émaillés, en donnant un doux baiser à chaque roseau — qu'il dépasse dans son pèlerinage : — et ainsi par mille sinueux méandres, il va s'évanouir, — avec une folâtre complaisance, dans le farouche Océan. — Laisse-moi donc aller et n'empêche pas ma course ; — je serai aussi patiente qu'un doux ruisseau, et je me ferai un passe-temps de fatiguer mes pas, pourvu que le dernier m'amène à mes amours ! — là, je me reposerai, comme après de longs tourments, — une âme élue, dans l'Élysée !

LUCETTE.

— Mais sous quel costume voulez vous partir ?

JULIA.

— Pas sous celui d'une femme : car je veux me mettre

en garde — contre les abords impertinents des libertins. — Gente Lucette, prépare-moi un accoutrement — qui irait à un page de bonne maison.

LUCETTE.

— Eh bien donc, madame doit couper ses cheveux !

JULIA.

— Non, la fille ! je les tresserai avec des lacets de soie — en vingt boucles amoureuses et originales. — Un peu de fantaisie ne messied pas à une jeunesse — plus grave même que ne paraîtra la mienne.

LUCETTE.

— De quelle façon, madame, ferai je vos culottes ?

JULIA.

— C'est comme si tu disais : « Dites-moi, mon bon monsieur, — de quelle ampleur voulez-vous votre vertugadin ? » — Eh bien ! de la façon qui te plaira le plus, Lucette.

LUCETTE.

— Il faut absolument que vous la portiez avec la braguette, madame.

JULIA.

— Fi ! fi ! Lucette, ce serait indécent.

LUCETTE.

— Un haut-de-chausses, madame, ne vaut pas une épingle — si vous n'avez pas une braguette où attacher vos épingles.

JULIA.

— Si tu m'aimes, Lucette, donne-moi — ce que tu croiras le plus convenable et le plus élégant. — Mais dis-moi, fillette, qu'est-ce que le monde pensera de moi — pour avoir entrepris un si aventureux voyage ? — Je crains de faire scandale.

SCÈNE XI.

LUCETTE.

— Si vous le croyez, eh bien, restez chez vous et ne partez pas.

JULIA.

Ah! pour ça, non.

LUCETTE.

— Alors, partez sans songer à l'esclandre. — Si Protée approuve votre voyage quand vous arriverez, — peu importe qui le blâme quand vous serez partie : — j'ai peur qu'il n'en soit guère charmé.

JULIA.

— C'est la moindre de mes peurs, Lucette. — Mille serments, un océan de larmes — et des preuves infinies de son amour — me garantissent le bon accueil de Protée.

LUCETTE.

— Toutes ces choses servent les hommes trompeurs.

JULIA.

— Bien vils ceux qui en font usage pour ce vil objet ! — mais des étoiles plus fixes ont présidé à la naissance de Protée ; — ses paroles sont des engagements, ses serments des oracles ; — son amour est sincère, ses pensées sont immaculées ; — ses larmes, les pures messagères de son cœur ; — son cœur est aussi éloigné de la fraude que le ciel de la terre.

LUCETTE.

— Fasse le ciel que vous le retrouviez le même à votre arrivée!

JULIA.

— Ah! si tu m'aimes, ne lui fais pas l'injure — d'avoir mauvaise opinion de sa loyauté : — tu ne mériteras mon amour qu'en l'aimant. — Viens tout de suite avec moi dans ma chambre, nous prendrons note de ce qui est nécessaire — à mon équipement pour ce voyage tant souhaité. — Je laisse à ta disposition tout ce qui m'appartient, — mes biens, mes terres, ma réputation. — Je ne te demande, en retour, que de m'expédier d'ici. — Allons, ne réponds pas, et vite à l'œuvre! — Je suis impatiente de tant de retard.

Elles sortent.

SCÈNE XI.

[Milan. Dans le palais ducal].

Entrent le DUC, THURIO et PROTÉE.

LE DUC.

— Sire Thurio, veuillez, je vous prie, nous laisser un moment, — nous avons à causer d'affaires secrètes.

Sort Thurio.

— Maintenant, Protée, parlez, que me voulez-vous?

PROTÉE.

— Mon gracieux seigneur, ce que je veux vous découvrir, — la loi de l'amitié m'ordonne de le cacher; mais, quand je reporte ma pensée sur les faveurs — dont vous m'avez comblé, moi indigne, — je me sens stimulé par le devoir à révéler — ce que tous les biens de ce monde ne m'arracheraient pas. — Sachez, digne prince, que sire Valentin, mon ami, — a l'intention d'enlever votre fille cette nuit; — c'est à moi-même qu'il a fait la confidence du complot. — Je sais que vous avez décidé de la donner — à ce Thurio que hait votre charmante fille : — si elle vous avait été ainsi enlevée, — c'eût été une grande vexation pour votre vieillesse. — Aussi, par déférence pour mon devoir, ai-je mieux aimé — traverser les plans de mon ami — que de laisser, en les cachant, s'entasser sur votre tête — un monceau de chagrins qui vous précipiteraient — à l'improviste dans une tombe prématurée.

LE DUC.

— Protée, je te remercie de ton honnête sollicitude : — en retour, dispose de moi tant que je vivrai. — Je m'étais souvent moi-même aperçu de leurs amours, — alors même qu'ils me croyaient profondément endormi : — et souvent je m'étais proposé d'interdire — à sire Valentin la compagnie de ma fille et ma cour; — mais craignant de me tromper dans mes soupçons jaloux — et de disgracier injustement un homme, — tort que j'ai jusqu'ici toujours évité, — je lui ai fait bon visage afin de m'assurer — de ce que toi-même me dénonces en ce moment. — Juge combien j'étais inquiet, — sachant la tendre jeunesse si facile à séduire : — je la loge toutes les nuits dans une haute tourelle — dont je garde toujours la clef sur moi : — il est donc impossible de l'enlever.

PROTÉE.

— Sachez donc, noble seigneur, que, d'après le moyen qu'ils ont imaginé, il pourra monter à la fenêtre de sa chambre — et la faire descendre par une échelle de corde. — Cette échelle, le jeune amant est déjà parti la chercher, — et, comme il va tout à l'heure la rapporter par ici, — vous pourrez, s'il vous plaît, lui barrer le passage. — Mais, mon bon seigneur, prenez-vous-y assez adroitement — pour qu'il ne se doute pas de ma dénonciation. — Car c'est par amour pour vous, et non par haine pour mon ami, — que je me suis fait le révélateur de ce projet.

LE DUC.

— Sur mon honneur, il ne saura jamais — que j'ai eu de toi aucune lumière sur ceci.

PROTÉE.

— Adieu, monseigneur, voici messire Valentin qui vient.

Il sort.

Valentin entre, enveloppé dans un long manteau, et traverse rapidement la scène.

LE DUC.

— Sire Valentin, où allez-vous si vite?

VALENTIN, s'arrêtant.

— Votre Grâce m'excusera, il y a un courrier — qui attend pour emporter mes lettres à ma famille, — et je vais les lui remettre.

LE DUC.

Sont-elles de grande importance?

VALENTIN.

— Elles ne parlent, c'est là leur teneur, — que de ma santé et de mon bonheur à la cour.

LE DUC.

— Eh bien! alors, peu importe.

D'un air aimable et mystérieux.

Reste un moment avec moi. — J'ai à m'ouvrir à toi sur certaines affaires — qui me touchent de près et pour lesquelles tu dois être discret. — Tu n'es pas sans savoir que j'ai songé à unir mon ami, messire Thurio, à ma fille.

VALENTIN.

— Je le sais fort bien, monseigneur; et, à coup sûr, se serait un parti — riche et honorable; en outre, le gentilhomme — est plein de vertu, de générosité, de mérite et de toutes les qualités — qui peuvent convenir à une femme comme votre charmante fille. — Est-ce que Votre Grâce ne peut pas la décider à le prendre en goût?

SCÈNE XI.

LE DUC.

— Non, je t'assure. C'est une fille maussade, morose, revêche, — altière, désobéissante, entêtée, insensible au devoir, — qui ne se regarde pas plus comme mon enfant — qu'elle ne me redoute comme son père. — Bref, je puis le dire, son orgueil, réflexion faite, — m'a ôté tout amour pour elle ; — et, renonçant à attendre — le bonheur de mes vieux jours de sa piété filiale, — je suis désormais pleinement résolu à prendre femme — et à l'abandonner à qui voudra la recueillir. — Qu'elle ait donc sa beauté pour toute dot, — puisqu'elle fait si peu de cas de moi et de mes biens.

VALENTIN.

— Que puis-je pour Votre Grâce dans tout ceci ?

LE DUC.

— Mon cher, il y a ici à Milan une grande dame — dont je suis épris ; mais elle garde une froide réserve, — et ne fait aucun cas de ma vieille éloquence. — Eh bien, je te voudrais maintenant pour mon précepteur, — car il y a longtemps que j'ai désappris à faire la cour, — et d'ailleurs la mode du jour est changée. — Dis-moi donc comment je dois m'y prendre — pour attirer sur moi son plus radieux regard.

VALENTIN.

— Gagnez-la par des cadeaux, si elle ne tient pas compte de vos paroles. — Souvent les bijoux muets, avec leur genre silencieux, — émeuvent plus une âme de femme que de vives paroles.

LE DUC.

— Mais elle a repoussé un présent que je lui ai envoyé.

VALENTIN.

— Une femme repousse parfois ce qui la charme le plus. — Envoyez-lui-en un autre ; ne renoncez jamais

— Car les dédains dans le passé augmentent l'amour dans l'avenir. — Si elle fait la moue, ce n'est pas en haine de vous, — mais au contraire pour vous rendre plus amoureux. — Si elle vous gronde, ce n'est pas pour vous congédier ; — car ces folles-là sont furieuses si on les laisse seules. — Ne vous rebutez pas, quoi qu'elle vous dise. — Par *retirez-vous*, elle n'entend pas *partez!* — Flattez, louez, vantez, exaltez ses grâces : — si noire qu'elle soit, dites-lui qu'elle a une figure d'ange. — L'homme qui a une langue, je le dis, n'est pas un homme — si, avec sa langue, il ne sait pas gagner une femme.

LE DUC.

— Mais celle dont je parle est promise par ses parents — à un jeune homme de qualité ; — et elle est si sévèrement tenue à l'écart des hommes — que, pendant le jour, nul n'a accès près d'elle.

VALENTIN.

— Eh bien, j'essaierais de l'aborder la nuit.

LE DUC.

— Oui, mais les portes sont si bien fermées, et les clefs si bien serrées — que pas un homme ne peut l'approcher la nuit.

VALENTIN.

— Qui empêche d'entrer par sa fenêtre ?

LE DUC.

— La chambre est à une telle hauteur, et la muraille en est si escarpée, qu'on ne peut pas y grimper — sans risque évident de la vie.

VALENTIN.

— Eh bien, une échelle, artistement faite de cordes — et pendue à deux crochets bien ancrés, — suffirait, pour escalader la tour de la nouvelle Héro, — au Léandre hardi qui tenterait l'aventure.

SCÈNE XI.

LE DUC.

— Maintenant, si tu es un gentilhomme de race, — enseigne-moi où je puis avoir une échelle pareille.

VALENTIN.

— Quand vous en serviriez-vous? Voyons, seigneur, dites-moi?

LE DUC.

— Ce soir même : car l'amour est comme un enfant — à qui il tarde d'avoir tout ce qu'il peut atteindre.

VALENTIN.

— Vers les sept heures, je vous procurerai l'échelle.

LE DUC.

— Mais écoute bien : je veux y aller seul. — Comment pourrai-je transférer l'échelle là-bas ?

VALENTIN.

— Elle sera assez légère, monseigneur, pour que vous puissiez la porter — sous un manteau quelque peu long.

LE DUC.

— Un manteau long comme le tien fera-t-il l'affaire ?

VALENTIN.

— Oui, mon bon seigneur.

LE DUC.

— Eh bien, laisse-moi voir ton manteau. — Je m'en procurerai un de la même longueur.

VALENTIN.

— Oh ! le premier manteau venu fera l'affaire, monseigneur.

LE DUC.

— Comment m'y prendrai-je pour porter un manteau?... — Voyons, laisse-moi essayer le tien sur moi.

Il arrache le manteau qui enveloppe Valentin, le met vite sur ses épaules et le fouille.

— Quelle est cette lettre ?

Lisant l'adresse.

Qu'y a-t-il ici ? A SILVIA !

Il fouille une autre poche et en tire l'échelle de corde.

— Et voici un engin propre à mes opérations !... — Je prendrai pour cette fois la liberté de briser le cachet.

Il ouvre la lettre et lit les vers suivants :

Mes pensers se réfugient nuitamment près de ma Silvia,
Et ce ne sont que mes esclaves, à moi qui leur donne essor.
Oh ! si leur maître pouvait aller et venir aussi prestement,
Il s'irait lui-même loger où se nichent ces insensibles.

Les pensers, mes hérauts, reposent sur ton sein pur (7),
Et moi, leur roi, moi qui les dépêche là-bas,
Je maudis la grâce qui leur accorde cette céleste grâce,
Parce que je voudrais pour moi-même la bonne fortune de mes sujets.

Je me maudis moi-même de les avoir envoyés,
Puisqu'ils occupent l'asile où devrait être leur maître.

Qu'y a-t-il ici ?

Silvia, cette nuit je te délivrerai. — Oui, vraiment, et voici tout exprès l'échelle. — Eh quoi ! toi qui n'es que le fils d'un Mérops, — tu aspires, comme Phaéton, à guider le char divin, — au risque d'embraser le monde par ton audacieuse folie ! — Veux-tu donc atteindre les étoiles, parce qu'elles brillent au-dessus de toi ? — Va, vil intrus ! faquin outrecuidant ! — réserve tes sourires flagorneurs pour tes égales ! — Crois-le, c'est à ma clémence, et non à la stricte justice — que tu dois le privilége de partir d'ici. — Remercie-moi de cette faveur-là, plus que de toutes celles — dont, trop généreux, je t'ai jusqu'ici comblé. — Mais si tu restes sur mon territoire au delà du délai — que la vitesse la plus expéditive — te donne pour quitter notre cour, — par le ciel, ma colère dépassera de beaucoup l'affection — que j'aie jamais eu pour ma fille, ou pour toi ! — Va-t'en ; je ne

SCÈNE XI.

veux pas entendre tes vaines excuses : — si tu aimes ta vie, hâte-toi.

Le duc sort.

VALENTIN.

— Et pourquoi pas la mort plutôt qu'une vivante torture ? — Mourir, c'est être banni de moi-même, — et Silvia est moi-même ; être banni d'elle, — c'est encore l'être de moi : bannissement meurtrier ! Quelle lumière est lumière, si Silvia n'est plus visible ? — Quelle joie est joie, si Silvia n'est plus là ? — Suffit-il de me figurer qu'elle est là ? — L'ombre de la perfection peut-elle me rassasier ? — La nuit, si je ne suis pas près de Silvia, — le rossignol est sans musique (8). — Le jour, si je n'aperçois pas Silvia, — je n'aperçois pas le jour. — Elle est mon essence ; et je cesse d'être, — si, par sa radieuse influence, je ne suis — plus réchauffé, illuminé, caressé, vivifié ! — Je ne fuis pas la mort en fuyant l'arrêt de mort. — En restant ici, j'attends la mort, — mais, en fuyant d'ici, je fuis de la vie.

La nuit tombe.

Entrent PROTÉE et LANCE.

PROTÉE, à Lance.

Cours, page, cours, cours, et découvre-le.

LANCE, appelant.

Taïaut ! Taïaut !

PROTÉE.

Que vois-tu ?

LANCE.

Le lièvre que nous cherchons. Il n'a pas un poil sur la tête qui ne soit à Valentin.

PROTÉE.

Est-ce toi, Valentin ?

VALENTIN.

Non.

PROTÉE.

Qui donc alors ? son ombre ?

VALENTIN.

Non plus.

PROTÉE.

Quoi alors ?

VALENTIN.

Rien.

LANCE.

Est-ce que rien peut s'exprimer ? Maître, si je frappais ?

PROTÉE.

Qui veux-tu frapper ?

LANCE.

Rien.

PROTÉE, le retenant.

Drôle, je te le défends.

LANCE.

— Mais, monsieur, si je frappe, c'est sur rien : je vous en prie...

PROTÉE.

— Je te dis, coquin, que je te le défends... Ami Valentin, un mot.

VALENTIN.

— J'ai les oreilles bouchées : elles ne pourraient pas entendre — de bonnes nouvelles, tant elles sont déjà pleines des mauvaises.

PROTÉE.

— Eh bien, j'ensevelirai les miennes dans un profond silence, — car elles sont âpres, malsonnantes et tristes.

VALENTIN.

— Est-ce que Silvia est morte ?

PROTÉE.

Non, Valentin.

SCÈNE XI.

VALENTIN.

— Non, Valentin n'existe plus pour l'adorable Silvia. — Est-ce qu'elle m'a renié?

PROTÉE.

Non, Valentin.

VALENTIN.

— Non, Valentin ne serait plus si Silvia l'avait renié.

LANCE, vivement.

— Monsieur, il y a une proclamation qui vous avanit.

PROTÉE.

— Qui t'a banni! Oh! voilà la nouvelle. — Banni d'ici! banni de Silvia! banni de moi, ton ami!

VALENTIN.

— Ah! j'ai déjà dévoré cette douleur, — et j'en sens l'excès qui m'étouffe. — Silvia sait-elle que je suis banni?

PROTÉE.

— Oui! oui! et elle a opposé à cet arrêt, — qui, encore irrévoqué, reste dans toute sa force, — une mer de ces perles liquides que quelques-uns appellent des larmes: — elle les a jetées aux pieds rudes de son père, — en s'agenouillant humblement elle-même — et en tordant ses bras qui, admirables de blancheur, — semblaient tout exprès pâlis pour la douleur. — Mais ni ses genoux pliés, ni ses mains pures tendues, — ni ses tristes soupirs, ni ses profonds gémissements, ni ses larmes argentines — n'ont pu émouvoir l'inflexible vieillard : — si tu es pris, Valentin, il faut que tu meures! — D'ailleurs, il a été tellement irrité par cette intercession de sa fille — qui implorait ta grâce, — qu'il l'a consignée dans une étroite prison, — avec la cruelle menace de l'y laisser toujours.

VALENTIN.

— Tais-toi, à moins que le mot qui te reste à dire — n'ait quelque action funeste sur ma vie! — Si cela est, murmure-le à mon oreille – comme l'antienne finale de mon infinie douleur !

PROTÉE

— Cesse de t'affliger de l'irremédiable, — et cherche le remède à ton affliction. — Le temps est le nourricier et le père de tout bien. — Si tu restes ici, tu ne peux plus voir ta bien-aimée, — et songe que rester, c'est abréger ta vie. — L'espoir est le bâton de l'amoureux : pars en l'emportant, — et emploie-le contre les pensées décourageantes. — Tes lettres peuvent être ici, si tu n'y es plus : — adressées à moi, elles seront déposées — dans le sein lacté de ta bien-aimée. — Le temps n'est pas aux récriminations. — Viens, je vais te mener hors des portes de la cité, — et, avant de nous séparer, nous causerons à fond — de tout ce qui peut intéresser tes affaires d'amour. — Par amour pour Silvia, sinon pour toi-même, — mets-toi en garde contre le danger et viens avec moi.

VALENTIN.

— Je te prie, Lance, si tu vois mon page, — dis-lui de se dépêcher et de me rejoindre à la porte du Nord.

PROTÉE.

— Va, drôle, cherche-le... Viens, Valentin.

VALENTIN.

— Oh ! ma chère Silvia ! malheureux Valentin ! —

Protée et Valentin sortent.

LANCE.

Je ne suis qu'un nigaud, voyez-vous ; et pourtant j'ai assez d'esprit pour croire que mon maître est une espèce de coquin : mais s'il n'est qu'un coquin ordinaire, peu importe... Nul être vivant ne sait encore que je suis amoureux, et pourtant je suis amoureux... Mais un attelage de chevaux n'arracherait pas de moi ce secret-là, ni un seul aveu sur l'objet de mon amour, et pourtant c'est une femme. Mais je ne dirai jamais ce qu'est cette femme.

Et pourtant, c'est une fille de ferme... Pourtant, elle n'est plus fille, car elle a fait beaucoup jaser ; pourtant si! elle est fille, car elle est fille de ferme chez son maître, et elle sert pour des gages... Elle a plus de qualités qu'un épagneul, ce qui est beaucoup pour une simple chrétienne. Voici le raisiné de ses qualités :

Il tire un papier de sa poche.

Imprimis : elle peut chercher et rapporter. Eh bien, un cheval ne peut pas faire plus ; et même, un cheval ne peut pas chercher, il ne peut que rapporter : ainsi elle vaut mieux qu'une rosse... *Item. Elle sait traire* : voilà une vertu suave, voyez-vous, chez une fille qui a les mains propres.

Entre DILIGENCE.

DILIGENCE.

Eh bien, signor Lance, quelles nouvelles Votre Seigneurie ?...

LANCE, l'interrompant.

Mon seigneur ne rit pas.

DILIGENCE.

Bon. Toujours votre vieux défaut : jouer sur les mots ! Voyons, quelles nouvelles avez-vous sur ce papier ?

LANCE.

Les nouvelles les plus noires que tu aies jamais ouïes.

DILIGENCE.

Comment, mon cher, noires ?

LANCE.

Oui, noires comme de l'encre.

DILIGENCE.

Laise-moi les lire.

LANCE.

Foin ! bourrique ! Tu ne sais pas lire.

DILIGENCE.

Tu mens, je sais.

LANCE.

Je vais t'examiner. Dis-moi : qui t'a mis au monde ?

DILIGENCE.

Morbleu, c'est le fils de mon grand-père.

LANCE.

Oh ! l'illettré benêt ! c'est le fils de ta grand'mère : ceci prouve que tu ne sais pas lire (9).

DILIGENCE.

Allons, imbécile, allons ; examine-moi sur ton papier.

LANCE.

Tiens ! Saint Nicolas te soit en aide !

Il lui tend le papier.

DILIGENCE, lisant.

Imprimis,... elle sait traire.

LANCE.

Oui, ça, elle le sait.

DILIGENCE.

Item, elle brasse d'excellente bierre.

LANCE.

De là vient le proverbe : Bénis soient ceux qui brassent d'excellente bierre !

DILIGENCE.

Item, elle sait faire un point.

LANCE.

C'est un point capital.

DILIGENCE.

Item, elle sait tricoter.

LANCE.

Une fille qui sait tricoter chausse parfaitement son homme.

DILIGENCE.

Item, elle lave et ramone elle-même.

LANCE.

Une vertu toute spéciale : elle n'a pas besoin qu'on la lave ni qu'on la ramone.

DILIGENCE.

Item, elle peut filer.

LANCE.

Je serai heureux comme un rouet, si elle file assez pour gagner sa vie.

DILIGENCE.

Item, elle a une foule de vertus innommées.

LANCE.

Autant dire des vertus bâtardes, lesquelles ne connaissent point leurs parents et par conséquent n'ont pas de noms.

DILIGENCE.

Ici suivent ses défauts.

LANCE.

Sur les talons de ses vertus.

DILIGENCE.

Item, il ne faut pas l'embrasser à jeun, en raison de son haleine.

LANCE.

Soit ! ce défaut-là peut se corriger avec un déjeuner. Continue.

DILIGENCE.

Item, elle a le palais trop délicat.

LANCE.

Ça fait compensation pour l'haleine trop forte.

DILIGENCE.

Item, elle parle en dormant.

LANCE.

Peu importe, si elle ne dort pas quand elle parle.

DILIGENCE.

Item, elle a la parole lente.

LANCE.

Oh! le butor qui met ça parmi ses défauts! Avoir la parole lente, pour une femme, ce n'est qu'une vertu. Je t'en prie, efface-ça et mets-le en tête de ses qualités.

DILIGENCE.

Item, elle est coquette.

LANCE.

Efface-ça aussi : c'est un legs d'Ève à ses filles, on ne peut pas le leur retirer.

DILIGENCE.

Item, elle n'a pas de dents.

LANCE.

Ça ne me fait rien non plus, car j'aime la croûte.

DILIGENCE.

Item, elle est hargneuse.

LANCE.

Qu'importe, puisqu'elle n'a pas de dents pour mordre!

DILIGENCE.

Item, elle goûte fort la liqueur.

LANCE.

Si la liqueur est bonne, elle doit la goûter; elle ne le ferait pas, que je le ferais, moi! Il faut goûter les bonnes choses.

DILIGENCE.

Item, elle est trop libérale.

LANCE.

De sa parole, ça ne se peut pas, car il est écrit plus haut qu'elle l'a fort lente; de sa bourse, ça ne sera pas, car j'en tiendrai les cordons; d'autre chose, ça se peut, car je n'en puis mais. Allons, poursuis!

SCÈNE XI.

DILIGENCE.

Item, elle a plus de cheveux que d'esprit, plus de défauts que de cheveux, et plus d'écus que de défauts.

LANCE.

Halte-là ! Je la prends. Elle a été à moi et pas à moi, deux ou trois fois, dans cet article. Répète la phrase encore une fois.

DILIGENCE.

Item, elle a plus de cheveux que de cervelle.

LANCE.

Plus de cheveux que de cervelle... Ça se peut. Je vais le démontrer. Le couvercle de la salière cache le sel, il est donc plus volumineux que le sel ; de même, les cheveux, couvrant la cervelle, sont plus volumineux que la cervelle : le contenu est moindre que le contenant. Après ?

DILIGENCE.

Plus de défauts que de cheveux.

LANCE.

Ça, c'est monstrueux. Plût au ciel que ça n'y fût pas !

DILIGENCE.

Et plus d'écus que de défauts.

LANCE.

Eh bien, ce mot-là rend les défauts charmants. Allons, je la prends : et s'il y a mariage, comme rien n'est impossible...

DILIGENCE.

Alors ?

LANCE.

Eh bien, alors, je te dirai que ton maître t'attend à la porte du Nord.

DILIGENCE.

Moi ?

LANCE.

Oui, toi ! Qui es-tu donc ? Il en a attendu de meilleurs que toi.

DILIGENCE.

Et faut-il que j'aille à lui ?

LANCE.

Il faut que tu coures à lui, car tu est resté ici si longtemps qu'il ne suffirait pas d'y aller.

DILIGENCE.

Pourquoi ne me le disais-tu pas plus tôt ? Peste soit de tes lettres d'amour !

Il sort.

LANCE.

Va-t-il être secoué pour avoir lu ma lettre ? Le drôle malappris qui veut se fourrer dans des secrets ! Suivons-le. Ça me réjouira de voir corriger ce garnement-là !

Il sort.

SCÈNE XII.

[Milan. Dans le palais ducal.]

Entrent le DUC et THURIO, puis PROTÉE, qui se tient quelque temps au fond du théâtre.

LE DUC.

— Sire Thurio, rassurez-vous : elle vous aimera, maintenant que Valentin est banni de sa vue.

THURIO.

— Depuis qu'il est exilé, elle me méprise encore davantage ; — elle a maudit ma société et m'a tellement insulté — que j'ai désespéré de l'obtenir.

LE DUC.

— Cette faible impression d'amour est — comme une

figure taillée dans la glace qu'une heure de chaleur — dissout et déforme. — Un peu de temps fondra la glace de ses pensées, — et l'indigne Valentin sera oublié.

Il aperçoit Protée.

— Eh bien, sire Protée? Votre compatriote — est-il parti conformément à notre édit?

PROTÉE, s'avançant.

— Il est parti, mon bon seigneur.

LE DUC.

Ma fille prend son départ avec douleur.

PROTÉE.

— Un peu de temps, monseigneur, tuera ce chagrin-là.

LE DUC.

— Je le crois, mais Thurio ne le pense pas. — Protée, la bonne opinion que j'ai de toi, — après les preuves de dévouement que tu m'as données, — m'encourage encore à me confier à toi.

PROTÉE.

— Du jour où je ne serai plus loyal envers Votre Grâce, — que je cesse de vivre en possession de vos grâces!

LE DUC.

— Tu sais combien je désirerais conclure — l'alliance entre sire Thurio et ma fille?

PROTÉE.

— Oui, monseigneur.

LE DUC.

— Et tu n'ignores pas non plus, je pense, — combien elle est opposée à mes désirs?

PROTÉE.

— Elle l'était, monseigneur, quand Valentin était ici.

LE DUC.

— Oui, mais elle persévère dans sa perversité. — Que

pourrions-nous faire pour amener la donzelle à oublier — l'amour de Valentin et à aimer sire Thurio ?

PROTÉE.

— Le meilleur moyen est de taxer Valentin — de fausseté, de couardise et de roture : — trois choses que les femmes haïssent profondément.

LE DUC.

— Oui, mais elle croira que c'est la haine qui parle.

PROTÉE.

— Oui, si c'est un ennemi de Valentin qui affirme la chose. — Aussi faut-il qu'elle soit dite, avec des détails probants, — par quelqu'un qu'elle regarde comme son ami.

LE DUC.

— Eh bien, vous-même, chargez-vous de le calomnier.

PROTÉE.

— Ah! c'est à quoi je répugne, monseigneur. — C'est un vilain rôle pour un gentilhomme ; — spécialement contre un ami intime !

LE DUC.

— Puisque vos éloges ne sauraient le servir, — vos calomnies ne sauraient lui faire tort. — Prenez donc ce rôle sans scrupule, à la prière de votre ami.

PROTÉE.

— Vous m'avez décidé, monseigneur. Si je puis y réussir — par une médisance quelconque, — elle cessera bientôt de l'aimer. — Mais, en admettant que je déracine son amour pour Valentin, — il ne s'ensuit pas qu'elle aimera sire Thurio.

THURIO.

— Aussi, quand vous déviderez son amour, — de peur qu'il ne s'embrouille et ne soit plus bon à rien, — vous devez avoir soin de le peletonner sur moi : — ce qui doit être fait en m'exaltant autant — que vous ravalerez sire Valentin.

LE DUC.

— Protée, nous nous confions à vous dans cette affaire, — sachant par Valentin — que vous avez déjà fixé ailleurs le culte de votre amour, — et que vous êtes incapable d'apostasier si vite en changeant d'inclination. — Sur cette garantie, je veux que vous soyez admis — à conférer avec Silvia en toute liberté. — Elle est morose, triste, mélancolique, — mais, en souvenir de votre ami, elle sera contente de vous voir. — Alors, vous pourrez la disposer par la persuasion — à haïr le jeune Valentin et à s'éprendre de mon ami.

PROTÉE.

— Je ferai tout ce que je pourrai. — Mais vous, sire Thurio, vous n'êtes pas assez insinuant. — Vous devriez engluer ses sympathies — dans des sonnets plaintifs dont les rimes savantes — ne devraient offrir que vœux de dévouement.

LE DUC.

— Oui, grande est la force de la poésie, fille du ciel.

PROTÉE.

— Dites à Silvia que, sur l'autel de sa beauté, — vous sacrifiez vos larmes, vos soupirs, votre cœur ! — Écrivez jusqu'à ce que votre encrier soit sec, et remplissez-le — alors de vos pleurs ; puis, composez quelques vers touchants — qui lui révèlent un si parfait amour. — Pour cordes à sa lyre il avait des nerfs de poëte, cet Orphée — dont la touche d'or pouvait attendrir l'acier et les pierres, — apprivoiser les tigres et forcer les léviathans énormes — à quitter les abîmes insondés pour danser sur la plage ! — Après ces élégies affreusement lamentables, — rendez-vous la nuit sous la fenêtre de votre belle — avec quelque suave sérénade : chantez sur les instruments – une mélodie éplorée. Le silence funèbre de la nuit – accompagnera bien votre douleur doucement gémissante. — Ce n'est que comme cela que vous l'obtiendrez.

LE DUC.

— Cette tactique montre que tu as été amoureux.

THURIO.

— Et je veux ce soir même mettre ton avis en pratique. – Ainsi, suave Protée, mon directeur, — allons de ce pas dans la cité – choisir quelques musiciens habiles. — J'ai un sonnet qui fera parfaitement l'affaire, — comme prélude à ton beau programme.

LE DUC.

— A l'œuvre, messieurs!

PROTÉE.

— Nous resterons auprès de Votre Grâce jusqu'après souper : — et ensuite nous arrêterons nos plans.

LE DUC.

— Non! tout de suite à l'œuvre! je vous excuserai.

Ils sortent.

SCÈNE XIII.

[Une forêt, près de Mantoue.]

Entrent plusieurs BANDITS.

PREMIER BANDIT.

— Camarades, rangez-vous. Je vois un passant.

DEUXIÈME BANDIT.

— Quand il y en aurait dix, ne reculons pas, tombons dessus.

SCÈNE XII.

Entrent VALENTIN et DILIGENCE.

TROISIÈME BANDIT, se mettant devant Valentin

— Halte-là, monsieur ! jetez-nous ce que vous avez sur vous ; — sinon, nous allons vous asseoir et vous dévaliser.

DILIGENCE, à Valentin.

— Nous sommes perdus, monsieur ! Ce sont les bandits - dont tous les voyageurs ont si grand'peur.

VALENTIN.

— Mes amis...

PREMIER BANDIT.

Ce n'est pas ça, monsieur : nous sommes vos ennemis.

DEUXIÈME BANDIT.

— Paix ! nous devons l'écouter.

TROISIÈME BANDIT.

— Oui, par ma barbe, nous le devons ; — car c'est un homme convenable.

VALENTIN.

— Sachez donc que j'ai peu de biens à perdre. — Je suis un homme traqué par l'adversité. — J'ai pour toute richesse ces pauvres habillements : — si vous m'en dépouillez, — vous prendrez en substance tout ce que je possède.

DEUXIÈME BANDIT.

— Où vous rendez-vous ?

VALENTIN.

A Vérone.

PREMIER BANDIT.

— D'où êtes-vous venu ?

VALENTIN.

De Milan.

TROISIÈME BANDIT.

— Y avez-vous séjourné longtemps ?

VALENTIN.

— Quelque seize mois. J'aurais pu y rester plus longtemps, — si la fortune tortueuse ne m'en avait chassé.

PREMIER BANDIT.

— Quoi! auriez-vous été banni de Milan?

VALENTIN.

Je l'ai été.

DEUXIÈME BANDIT.

Pour quel méfait?

VALENTIN.

— Pour un acte que je ne puis raconter maintenant sans tourment. — J'ai tué un homme dont je regrette beaucoup la mort, — mais pourtant je l'ai égorgé vaillamment dans un combat, — sans avantage déloyal ni basse trahison.

PREMIER BANDIT.

— Eh bien, ne regrettez rien, s'il en est ainsi. — Comment! vous avez été banni pour une pareille peccadille!

VALENTIN.

— Je l'ai été, et je me tiens pour heureux de cette condamnation.

PREMIER BANDIT.

— Possédez-vous les langues?

VALENTIN.

— Une jeunesse voyageuse m'a valu ce privilége, — sans lequel j'aurais été souvent bien embarrassé.

TROISIÈME BANDIT.

— Par la tonsure du gras chapelain de Robin-Hood (10), — ce compagnon serait un bon roi pour notre bande farouche.

PREMIER BANDIT.

— Prenons-le... Messieurs, un mot!

Les brigands se retirent à l'écart et se consultent à voix basse.

DILIGENCE.

Maître, soyez l'un d'eux. — C'est une honorable espèce de voleurs.

SCÈNE XIII.

VALENTIN.

— Assez, coquin !

DEUXIÈME BANDIT, s'avançant, à Valentin.

— Dites-nous, avez-vous encore quelque ressource ?

VALENTIN.

— Aucune autre que ma fortune.

TROISIÈME BANDIT.

— Sachez donc que quelques-uns de nous sont des gentilshommes — que la furie d'une jeunesse indisciplinée — a chassés de la société légale. — Moi-même j'ai été banni de Vérone — pour avoir tenté d'enlever une dame, — une héritière, alliée de près au duc.

DEUXIÈME BANDIT.

— Et moi, de Mantoue, pour un gentilhomme — que, dans une boutade, j'ai poignardé au cœur.

PREMIER BANDIT.

— Et moi, pour quelque menu crime comme ceux-là. — Mais venons au fait... Nous vous avons dit nos fautes — pour excuser à vos yeux notre existence irrégulière. — Sur ce, considérant que vous êtes orné — d'une belle prestance, que d'après votre propre dire, — vous êtes linguiste, que vous êtes l'homme par excellence — dont nous avons besoin dans notre profession...

DEUXIÈME BANDIT.

— Qu'enfin et surtout, vous êtes un banni, — nous traitons avec vous : — consentez-vous à être notre général, — et, faisant de nécessité vertu, — à vivre, comme nous, dans cette solitude ?

TROISIÈME BANDIT.

— Que dis-tu ? Veux-tu être de notre clique ? — Dis oui, et tu seras notre capitaine à tous ; — nous te ferons hommage et, gouvernés par toi, — nous t'aimerons comme notre chef et notre roi.

PREMIER BANDIT.

— Mais si tu dédaignes nos politesses, tu es mort.

DEUXIÈME BANDIT.

— Tu ne vivras pas pour te targuer de nos avances.

VALENTIN.

— J'accepte votre offre, et je veux vivre avec vous, — pourvu que vous ne commettiez pas d'outrages — sur de simples femmes ou de pauvres passants.

TROISIÈME BANDIT.

— Non, nous avons horreur de ces viles et lâches pratiques. — Allons, viens avec nous, nous allons t'introduire dans nos bandes, — et te montrer tous nos trésors, — lesquels sont, comme nous-mêmes, à ta disposition.

Ils sortent.

SCÈNE XIV.

[Milan. Sous les fenêtres de Sylvia. Clair de lune.]

Entre Protée.

PROTÉE.

— Déjà j'ai trahi Valentin, — et maintenant il faut que je trompe Thurio. — Sous prétexte de parler pour lui, — j'ai la liberté d'avancer mon propre amour; — mais Silvia est trop honnête, trop sincère, trop sainte — pour se laisser corrompre par mes offres indignes. — Quand je lui proteste de ma loyauté vraie, — elle me retorque ma fausseté envers mon ami. — Quand je consacre mes vœux à sa beauté, — elle me rappelle que je me suis parjuré — en manquant de foi à Julia que j'aimais. — Nonobstant toutes ces vives railleries — dont la moindre devrait amortir l'espoir d'un amant, — mon amour est comme un épagneul : plus elle le rebute, —

plus il est tendre et caressant pour elle. — Mais voici Thurio : nous allons maintenant sous la fenêtre de Silvia, — pour lui donner une sérénade.

Thurio arrive avec des musiciens.

THURIO.

— Eh bien, messire Protée, vous vous êtes donc glissé ici avant nous?

PROTÉE.

— Oui, gentil Thurio : vous le savez, l'amour — a le talent de se glisser là où il ne peut aller.

THURIO.

— Hé ! mais j'espère, monsieur, que vous n'aimez pas ici.

PROTÉE.

— Si fait, monsieur : autrement je n'y serais pas.

THURIO.

— Qui donc ? Silvia.

PROTÉE.

Oui, Silvia. Pour votre compte.

THURIO.

— Prenez mes remercîments pour le vôtre.

Aux musiciens.

Eh bien, messieurs, — accordons-nous, et exécutons vigoureusement !

Les musiciens, précédés par Protée et par Thurio, vont se placer sous les fenêtres de Silvia. Un HOTELIER entre, accompagné de JULIA, déguisée en page. Tous deux se tiennent à distance.

L'HOTELIER.

Eh bien ! mon jeune hôte, vous avez l'air tout à la colique, pourquoi ça, je vous prie?

JULIA.

Ma foi, mon hôte, parce que je ne peux pas être gai.

L'HOTELIER.

Eh bien ! nous allons vous rendre gai : je vous mène

à un endroit où vous entendrez de la musique, et où vous verrez le gentilhomme que vous demandâtes.

JULIA.

Mais est-ce que je l'entendrai parler ?

L'HOTELIER.

Oui, certainement.

JULIA.

Quelle musique pour moi !

L'orchestre commence.

L'HOTELIER.

Attention ! attention !

JULIA.

Est-il donc parmi ces gens-là ?

L'HOTELIER.

Oui : mais silence, écoutons-les.

CHANSON.

Quelle est cette Sylvia? qu'est-elle,
Que tous nos pâtres la vantent?
Sainte, belle et sage elle est !
Le ciel lui prêta toutes les grâces
Qui pouvaient la faire admirer.

Est-elle aussi bonne que belle?
Oui, car la beauté vit de bonté.
L'amour cherche dans ses yeux
Le remède à son aveuglement,
Et, l'y trouvant, il s'y installe.

Chantons donc à Silvia
Que Silvia est parfaite;
Elle surpasse tout être mortel
Habitant cette triste terre.
Apportons-lui nos couronnes.

L'HOTELIER, à Julia.

Eh bien ! vous êtes plus triste encore que tout à

l'heure? Qu'avez-vous donc, l'ami? La musique ne vous plaît pas?

JULIA.

Vous faites erreur. C'est le musicien qui ne me plaît pas.

L'HOTELIER.

Pourquoi donc, mon joli damoiseau?

JULIA.

Il joue faux, bon père.

L'HOTELIER.

Comment? les cordes sont-elles hors de ton?

JULIA.

Nullement, pourtant il joue si faux qu'il froisse les cordes même de mon cœur.

L'HOTELIER.

Vous avez l'oreille bien sensible.

JULIA.

Oui, je voudrais être sourde! C'est pour mon cœur une souffrance.

L'HOTELIER.

Je m'aperçois que vous n'aimez pas la musique.

JULIA.

Pas du tout, quand elle détonne ainsi.

L'HOTELIER.

Écoutez, la belle variation!

JULIA.

C'est la variation qui est tout le mal.

L'HOTELIER.

Vous voudriez qu'ils jouassent toujours la même chose.

JULIA.

Je voudrais qu'on ne jouât qu'un seul air... Mais, dites-moi, mon hôte, est-ce que ce seigneur Protée, de qui nous parlons, va souvent chez cette dame?

L'HOTELIER.

Je vous dirai ce que Lance, son homme, m'a dit : il l'aime outre mesure.

JULIA.

Où est Lance ?

L'HOTELIER.

Il est allé chercher son chien : et demain, par ordre de son maître, il doit le porter en présent à cette dame.

La musique cesse.

JULIA.

Silence ! rangez-vous ! Voici la compagnie qui se sépare.

L'hôtelier s'étend au fond de la scène, comme un homme qui se dispose à dormir.

PROTÉE.

— Messire Thurio, ne craignez rien ! je plaiderai si bien — que vous déclarerez parfaite ma manœuvre.

THURIO.

— Où nous retrouverons-nous ?

PROTÉE.

Au puits de Saint-Grégoire.

THURIO.

Au revoir.

Thurio et les musiciens sortent.

Silvia paraît au balcon de sa fenêtre.

PROTÉE.

— Madame, bonsoir à Votre Grâce !

SILVIA.

— Je vous remercie de votre musique, messieurs. — Qui donc vient de parler ?

PROTÉE.

— Un homme que vous sauriez vite reconnaître à sa voix, — si vous reconnaissiez, madame, la pure sincérité de son cœur.

SCÈNE XIV.

SILVIA.

— Sire Protée, ce me semble ?

PROTÉE.

Oui, gentille dame, sire Protée, votre serviteur.

SILVIA.

— Quel est votre désir ?

PROTÉE.

D'accomplir le vôtre.

SILVIA.

— Soyez satisfait, je désire justement ceci — que vous rentriez vite vous mettre au lit. — Ah ! homme subtil, parjure, fourbe, déloyal ! — Me crois-tu donc assez frivole, assez étourdie, — pour me laisser séduire par tes flatteries, — toi dont les promesses ont fait tant de dupes ? — Retourne, retourne faire réparation à ton amoureuse. — Pour moi, par cette pâle reine de la nuit ! je le jure, — je suis si éloignée d'accéder à ta requête, — que je te méprise pour ta coupable demande, — et que tout à l'heure je veux me reprocher — ce moment même que je perds à te parler.

PROTÉE.

— Je reconnais, doux amour, que j'ai aimé une dame ; — mais elle est morte.

JULIA à part.

Pour te démentir, je n'aurais qu'à parler ; — car je suis sûre qu'elle n'est pas enterrée encore.

SILVIA.

— Admettons qu'elle le soit. Mais Valentin, ton ami, — est vivant, et c'est à lui, tu en es témoin toi-même, — que je suis fiancée. N'as-tu pas honte — de l'outrager ainsi par tes importunités ?

PROTÉE.

— J'ai appris également que Valentin est mort.

SYLVIA.

— Eh bien! suppose-moi morte aussi; car dans sa tombe, — sois-en sûr, est enseveli mon amour.

PROTÉE.

— Charmante dame, laissez-moi l'exhumer.

SILVIA.

— Va au tombeau de ta maîtresse, et évoque-la; — ou, au moins, enterre ton amour avec le sien.

JULIA à part.

Il n'entend pas cela.

PROTÉE.

— Madame, puisque votre cœur est si endurci, — accordez du moins à mon amour votre portrait, — le portrait qui est pendu dans votre chambre. — A lui je parlerai, à lui j'adresserai mes soupirs et mes larmes. — Car, puisque la substance de vos perfections — est consacrée à un autre, je ne suis plus qu'une ombre, — et c'est à votre ombre que je veux reporter mon amour vrai!

JULIA à part.

— Si vous la possédiez en substance, pour sûr, vous la tromperiez, — et bientôt vous n'en auriez fait qu'une ombre, comme moi.

SILVIA.

— J'ai grande répugnance à être votre idole, monsieur; — mais, puisque le mensonge vous dispose si bien — à encenser des ombres et à adorer des formes menteuses, — envoyez chez moi demain matin, et je vous l'enverrai. — Sur ce, dormez bien.

PROTÉE.

Aussi bien que les misérables — qui attendent leur exécution pour la matinée. —

Silvia se retire du balcon. Protée sort.

SCÈNE XIV.

JULIA, secouant l'hôtelier.

L'hôtelier, voulez-vous partir?

L'HOTELIER, se réveillant.

Foi de crétin, j'étais profondément endormi.

JULIA.

Dites-moi, où loge messire Protée ?

L'HOTELIER.

Chez moi, parbleu ! Je crois vraiment qu'il est presque jour.

JULIA.

— Pas encore ; mais c'est bien la plus longue nuit — que j'aie jamais passée et la plus accablante.

Ils sortent.

Le jour se lève. Entre EGLAMOUR en habit de deuil.

EGLAMOUR.

— Voici l'heure où madame Silvia — m'a prié de venir, pour connaître ses intentions. — Il y a quelque importante affaire à laquelle elle veut m'employer. — Madame ! madame !

SILVIA, paraissant à son balcon.

— Qui appelle ?

EGLAMOUR.

Votre serviteur, votre ami — qui attend les ordres de Votre Grâce.

SILVIA.

— Sire Eglamour, mille bonjours.

EGLAMOUR.

— Autant, noble dame, à vous-même ! — Conformément aux injonctions de Votre Grâce, — je suis venu ainsi de bonne heure, pour savoir quel service — vous voulez bien exiger de moi.

SILVIA.

— O Eglamour ! tu es un gentilhomme — (ne crois pas que je te flatte, car je jure que non) — vaillant, sage, compatissant, accompli. — Tu n'es pas sans savoir quelle tendre inclination — j'ai pour le proscrit Valentin, — et comment mon père voudrait me forcer à épouser — ce fat de Thurio que j'abhorre du fond de l'âme. — Toi-même, tu as aimé ; et je t'ai entendu dire — qu'aucun malheur ne t'a navré le cœur — autant que la mort de ta dame, de ta bien-aimée, — et que, sur sa tombe, tu as fait vœu de chasteté éternelle ! — Eglamour, je voudrais rejoindre Valentin — à Mantoue où j'apprends qu'il s'est fixé ; — et, comme les routes sont dangereuses à traverser, — je te demande ta digne compagnie, — à toi dont la foi et l'honneur m'inspirent toute confiance. — N'objecte pas la colère de mon père, Eglamour, — mais pense à ma douleur, la douleur d'une femme ! — et à la légitimité de cette évasion — qui me préserve d'une union sacrilége, — que le ciel et la fortune récompenseraient par d'éternelles misères. — Je te le demande, c'est le vœu d'un cœur — aussi plein de chagrins que l'Océan de sables, — accompagne-moi, viens avec moi. — Sinon, tiens caché ce que je t'ai dit, — et je me risquerai à partir seule.

EGLAMOUR.

— Madame, je compatis à des douleurs — qui procèdent, je le sais, d'une vertueuse affection, — et je consens à partir avec vous, — aussi insouciant de ce qui peut m'arriver — que désireux de vous voir heureuse. — Quand voulez-vous partir ?

SILVIA.

Ce soir même.

EGLAMOUR.

— Où vous rejoindrai-je ?

SILVIA.

A la cellule de frère Patrick, — où je veux porter une pieuse confession.

ÉGLAMOUR.

— Je ne ferai pas attendre Votre Grâce. — Bonjour, gentille dame.

SILVIA.

Bonjour, cher sire Eglamour.

Silvia se retire du balcon. Eglamour s'en va.

Entre LANCE, *conduisant son chien.*

LANCE.

Quand on a un serviteur qui se conduit comme un mâtin, voyez-vous, ça va mal. Un être que j'ai soigné tout petit! Un être que j'ai sauvé de la noyade, quand trois ou quatre de ses frères et sœurs aveugles y allaient, que j'ai élevé de façon à faire dire précisément au monde : *Voilà comme je voudrais élever un chien!* Eh bien, je suis chargé de le remettre en présent à madame Silvia, de la part de mon maître, et à peine suis-je entré dans la salle à manger qu'il me saute sur son assiette et lui vole sa cuisse de chapon. Oh! c'est une chose affreuse, quand un mâtin ne sait pas se tenir dans toutes les sociétés! Je voudrais en avoir un, pour ainsi parler, qui prendrait son parti d'être un véritable chien, d'être en quelque sorte un chien pour tout faire. Si je n'avais pas eu plus d'esprit que lui, et pris sur moi la faute qu'il venait de commettre, je crois positivement qu'il aurait été pendu pour ça; aussi vrai que j'existe, il aurait souffert pour ça. Vous allez en juger : monsieur va se fourrer dans la compagnie de trois ou quatre chiens gentillâtres, sous la table du duc : il n'avait pas été là (passez-moi le mot) le temps de pisser que toute l'assistance le sentait. *A la porte le chien*, dit l'un! *Quel est ce mâtin-là*, dit un autre? *Chassez-le dehors*, dit un troisième. *Pendez-le*, dit le duc. Moi, qui avais reconnu l'odeur depuis longtemps, je savais que c'était Crâbe; vite je m'en vais au garçon qui fouette les chiens : *Ami, dis-je, avez-vous l'intention de fouetter le chien ?... Oui, morbleu,* répond-il... *Vous seriez d'autant plus injuste envers lui,* réponds-je, *que c'est moi qui ai fait la chose que vous savez.* Et lui, sans plus de cérémonie, me chasse de la chambre. Combien de maîtres en feraient autant pour leur serviteur ? Pardieu, je puis le jurer, je me suis laissé mettre aux ceps pour des poudings qu'il avait volés, sans quoi il aurait été exécuté : j'ai été attaché au pilori pour des oies qu'il avait tuées, sans quoi il aurait été torturé !

Se retournant vers le chien.

Tu n'y penses plus maintenant ! Mais moi, monsieur, je me rappelle la farce que vous m'avez faite, quand j'ai pris mon congé de madame Silvia : est-ce que je ne t'avais pas recommandé d'avoir toujours l'œil sur moi et de faire comme je fais ? Eh bien, quand m'as-tu vu lever la patte et arroser le vertugadin d'une dame ? M'as-tu jamais vu faire une pareille fredaine ?

Entrent PROTÉE et JULIA, toujours vêtue en page.

PROTÉE.

— Sébastien est ton nom ? Tu me plais, — et je vais t'employer tout à l'heure.

JULIA.

— A tout ce qui vous plaira. Je ferai ce que je pourrai.

PROTÉE.

— J'y compte.

A Lance.

Eh bien, maraud, fils de putain que vous êtes, — où donc avez-vous flâné ces deux jour-ci ! —

LANCE.

Pardine, monsieur, j'ai porté à madame Silvia le chien que vous m'avez dit.

SCÈNE XIV.

PROTÉE.

Et que dit-elle de mon petit bijou ?

LANCE.

Pardon, elle dit que votre chien est un mâtin, et elle ajoute qu'un grognement est tout le remercîment que mérite un pareil cadeau.

PROTÉE.

Mais elle a accepté mon chien ?

LANCE.

Non vraiment. Je le ramène ici avec moi.

PROTÉE.

Comment ! tu lui as offert celui-ci de ma part ?

LANCE.

Oui, monsieur. L'autre écureuil m'avait été volé sur la place du marché par les valets du bourreau ; et alors je lui ai offert le mien propre, qui est un chien dix fois gros comme le vôtre, et ainsi le cadeau n'en était que plus considérable.

PROTÉE.

— Allons, va-t'en d'ici, et retrouve mon chien, — sinon ne reviens jamais en ma présence. — Hors d'ici, te dis-je ! restes-tu là pour m'irriter ?

Lance se sauve.

— Un maraud qui me met continuellement en affront ! — Sébastien, je t'ai pris à mon service, — en partie parce que j'ai besoin d'un jeune homme — qui fasse mes affaires avec quelque discrétion, — car il n'y a pas à se fier à ce rustre-là, — mais surtout pour ta mine et pour ta tenue — qui, si je suis bon augure, — annoncent une excellente éducation, une heureuse et honnête nature. — Voilà, sache-le bien, pourquoi je t'accepte. — Pars immédiatement, emporte cet anneau, — et remets-le à madame Silvia... — Elle m'aimait bien celle qui me le donna.

JULIA.

— Il paraît que vous ne l'aimiez pas, puisque vous vous défaites de ce gage : — elle est morte, sans doute ?

PROTÉE.

Non pas, je crois qu'elle vit.

JULIA.

— Hélas!

PROTÉE.

Pourquoi cries-tu : hélas ?

JULIA.

— Je ne puis m'empêcher de la plaindre.

PROTÉE.

Pourquoi la plains-tu ?

JULIA.

— Parce qu'elle vous aimait, je crois, autant — que vous aimez votre madame Silvia. — Elle songe à celui qui a oublié son amour, — et vous raffolez de celle qui ne se soucie pas du vôtre. — C'est dommage de voir tant d'amour contrarié; — et y penser me fait crier : hélas!

PROTÉE.

— Allons! donne-lui cet anneau, et en même temps — cette lettre.

Il lui montre la fenêtre de Silvia.

Voilà sa chambre. Dis à madame — que je réclame son divin portrait promis par elle. — Ton message terminé, reviens vite à ma chambre — où tu me retrouveras, triste et solitaire.

Protée sort.

JULIA.

— Combien de femmes se chargeraient d'un pareil message? — Hélas, pauvre Protée! tu as pris — un renard pour berger de tes brebis. — Hélas, pauvre folle!

SCÈNE XIV.

pourquoi plains-tu celui — qui te dédaigne de tout son cœur ? Lui, — c'est parce qu'il en aime une autre qu'il me dédaigne : — moi, c'est parce que je l'aime que je ne puis m'empêcher de le plaindre. — Cet anneau, je le lui donnai, quand il me quitta, — pour l'obliger à se souvenir de ma tendresse ; — et maintenant me voilà tenue, malheureuse messagère, — d'implorer ce que je ne voudrais pas obtenir, — d'offrir ce que je voudrais voir refuser, — et de vanter un dévouement que je voudrais entendre blâmer. — Je suis l'amante scrupuleusement loyale de mon maître, — mais je ne puis être sa servante loyale, — sans me trahir déloyalement moi-même. — Pourtant je plaiderai pour lui, — mais pourtant avec autant de froideur — que j'ai, le ciel le sait, de répugnance pour son succès.

Entre SILVIA, avec sa suite.

JULIA.

— Bonjour, noble dame ! Veuillez, je vous prie, — me servir d'introductrice auprès de madame Silvia.

SILVIA.

— Qu'auriez-vous à lui dire, si j'étais elle ?

JULIA.

— Si vous l'êtes, je vous demande la patience — d'écouter le message dont je suis chargé.

SILVIA.

— Par qui ?

JULIA.

Par mon maître, sire Protée, madame.

SILVIA.

— Oh ! il vous envoie pour un portrait !

JULIA.

Oui, madame.

SILVIA.

— Ursule, apportez mon portrait.

Ursule apporte le portrait.

A Julia.

— Allez, donnez ceci à votre maître : dites-lui, de ma part, — qu'une certaine Julia, qu'oublient ses inconstantes pensées, — parerait sa chambre beaucoup mieux que cette ombre.

JULIA, *lui remettant un papier.*

— Madame, daignez lire cette lettre... — Pardon, madame : je vous ai étourdiment — remis un papier qui n'est pas à votre adresse. — Voici la lettre pour Votre Grâce.

Elle lui donne un second papier.

SILVIA.

Je t'en prie, laisse-moi voir encore celle-là.

JULIA.

— Impossible ! Pardonnez-moi, bonne madame.

SILVIA, *lui rendant le premier papier.*

Eh bien, prends.

Elle reconnaît l'écriture du second papier.

— Je ne veux pas même regarder les vers de votre maître : — je sais qu'ils sont bourrés de protestations, — et remplis de serments improvisés qu'il romprait, — aussi aisément que je déchire son billet.

Elle déchire la lettre.

JULIA, *lui remettant un anneau.*

— Madame, il envoie cette bague à Votre Grâce.

SILVIA.

— C'est un surcroît d'opprobre pour lui qu'un pareil envoi ; — car je lui ai entendu dire mille fois — que sa Julia la lui avait donnée à son départ. — Quoique son doigt traître ait profané cet anneau, — le mien ne fera pas une si noire injure à sa Julia.

Elle rend l'anneau à Julia.

SCÈNE XIV.

JULIA.

— Elle vous en remercie.

SILVIA.

Que dis-tu?

JULIA.

— Je vous remercie, madame, de vous intéresser à elle. — Pauvre gentille femme! Mon maître l'a bien fait souffrir.

SILVIA.

— Est-ce que tu la connais?

JULIA.

Presque autant que je me connais moi-même. — Rien qu'en pensant à ses malheurs, je vous jure — que j'ai pleuré cent fois.

SILVIA.

— Elle pense sans doute que Protée l'a abandonnée.

JULIA.

— Je crois que oui, et c'est là la cause de son chagrin.

SILVIA.

— N'est-elle pas éclatante de beauté?

JULIA.

— Elle l'a été, madame, plus qu'elle ne l'est. — Quand elle se croyait aimée de mon maître, — elle avait, à mon jugement, autant d'éclat que vous; mais depuis qu'elle a négligé son miroir — et jeté le masque qui l'abritait du soleil, — l'air a flétri les roses de ses joues — et meurtri son teint de lis, — tellement qu'elle est aujourd'hui aussi hâlée que moi.

SILVIA.

— De quelle taille est-elle?

JULIA.

— A peu près de ma hauteur: car, à la Pentecôte, — quand se jouaient nos parades joyeuses, — nos jeunes camarades me faisaient jouer un rôle de femme, — je m'habillais d'une robe de madame Julia, — et ce vêtement m'allait aussi bien, de l'avis de tous les hommes, — que s'il avait été fait pour moi. — Je sais ainsi qu'elle est à peu près de ma grandeur. — Ce jour-là, je la faisais pleurer tout de bon, — car je remplissais un rôle lamentable : — madame, c'était Ariane, se lamentant — sur le parjure et la fuite indigne de Thésée. — Je jouais avec des larmes si vraies, — que ma pauvre maîtresse, tout émue, — en pleurait amèrement. Ah ! je veux être morte, — si je ne ressentais pas par la pensée toute sa douleur.

SILVIA.

— Elle doit t'en être reconnaissante, gentil jouvenceau ! — Hélas, pauvre fille, esseulée, abandonnée ! — Je pleure moi-même en pensant à ce que tu viens de dire. — Tiens, jouvenceau, voici ma bourse ; je te la donne, — pour l'amour de ta chère maîtresse, puisque tu lui es si dévoué. — Au revoir.

Silvia sort avec ses femmes.

JULIA.

— Et elle vous en remerciera, si jamais vous la connaissez. — Noble femme, vertueuse, douce et belle ! — J'espère que mon maître ne sera qu'un amoureux transi, — puisqu'elle s'intéresse tant à l'amour de ma maîtresse. — Hélas ! que l'amour a d'enfantillage ! — Voici son portrait. Voyons. Je crois — qu'avec cette coiffure-là, mon visage — serait tout aussi charmant que le sien : — et pourtant le peintre l'a un peu flattée, — si je ne me flatte moi-même d'une illusion. — Ses cheveux sont d'un châtin foncé, les miens d'un blond parfait. Si c'est à cette seule différence que tient l'amour de Protée, — je me procurerai une perruque de cette couleur-là. — Ses yeux sont glauques comme le verre, et les miens aussi. — Oui, mais son front est aussi bas que le mien est haut ! —

Qu'est-ce donc qu'il admire en elle, — que je ne pourrais lui faire admirer en moi, — si ce fol amour n'était pas un dieu aveuglé ? — Allons, pauvre ombre, allons, emporte cette ombre, — ta rivale.

Elle regarde le portrait.

O insensible forme ! tu vas être encensée, baisée, aimée, adorée ; et si son fétichisme avait du sens, — c'est ma personne qui devrait être idole à ta place. — Je veux te traiter bien par égard pour ta maîtresse — qui m'a bien traitée : n'était cela, je le jure par Jupiter, — j'aurais déjà crevé tes yeux inertes, — afin d'arracher à mon maître son amour pour toi !

Elle sort.

SCÈNE XV.

[Milan. Une abbaye.]

Entre ÉGLAMOUR.

ÉGLAMOUR.

— Le soleil commence à dorer le ciel à l'occident; — et voici bientôt l'heure — où Silvia doit me rejoindre à la cellule de frère Patrick. — Elle sera exacte ; car les amants ne manquent pas l'heure, — à moins que ce ne soit pour la devancer, — tant ils éperonnent leur empressement !

Entre SILVIA.

— Voyez, la voici : heureux soir, madame !

SILVIA.

— Amen ! amen ! Allons, bon Églamour, — sortons par la poterne des murs de l'abbaye ; — je crains d'être suivie par des espions.

ÉGLAMOUR.

— Ne craignez rien ; la forêt n'est pas à trois lieues d'ici : — si nous pouvons l'atteindre, nous sommes en sûreté.

Ils sortent.

SCÈNE XVI.

[Dans le palais ducal.]

Entrent THURIO, PROTÉE et JULIA.

THURIO.
— Sire Protée, que répond Silvia à mes instances ?

PROTÉE.
— Oh ! messire, je la trouve plus douce qu'elle n'était ; — et néanmoins elle fait des objections contre votre personne.

THURIO.
— Que dit-elle ? que j'ai la jambe trop longue ?

PROTÉE.
Non, que vous l'avez trop menue.

THURIO.
— Je porterai des bottes pour la rendre un peu plus ronde.

JULIA, à part.
— Il n'est pas d'éperon qui mène l'amour à ce qu'il déteste.

THURIO.
— Que dit-elle de ma face ?

PROTÉE.
— Qu'elle est blanche.

THURIO.
— Non, elle ment, la coquette. Ma face est brune.

SCÈNE XVI.

PROTÉE.

— Mais les perles sont blanches; et le proverbe dit — que les hommes bruns sont des perles aux yeux des belles dames.

JULIA, à part.

— De pareilles perles offusquent les regards des femmes; — pour moi, je ferme les yeux pour ne pas les voir.

THURIO.

— Comment trouve-t-elle que je cause?

PROTÉE.

Mal, quand vous parlez de guerre.

THURIO.

— Mais bien, sans doute, quand je cause d'amour et de paix?

JULIA, à part.

— Mais mieux encore, quand il reste en paix.

THURIO.

— Que dit-elle de ma valeur?

PROTÉE.

Oh! messire, elle n'a pas de doute sur ce point.

JULIA, à part.

— Elle n'en doit pas avoir, connaissant sa couardise.

THURIO.

— Que dit-elle de ma naissance?

PROTÉE.

Que vous êtes descendu d'une bonne famille.

JULIA, à part.

— C'est vrai; d'une race de gentilshommes au rang d'imbécile!

THURIO.

— Pense-t-elle à mes propriétés?

PROTÉE.

Oh! oui; et avec regret.

THURIO.

—Pourquoi donc?

JULIA, à part.

— Parce qu'elles sont à un âne pareil.

PROTÉE.

Parce qu'elles sont aliénées.

JULIA.

Voici venir le duc.

Entre le DUC.

LE DUC.

— Eh bien, sire Protée? Eh bien, Thurio? — Qui de vous a vu sire Églamour!

THURIO.

— Ce n'est pas moi.

PROTÉE.

Ni moi.

LE DUC.

Avez-vous vu ma fille?

PROTÉE.

Non plus.

LE DUC.

— Il est donc vrai qu'elle a fui pour rejoindre ce manant de Valentin, — et qu'Églamour l'accompagne. — Cela est certain, car le frère Laurence les a rencontrés tous deux — dans la forêt où il errait par pénitence; — il l'a parfaitement reconnu, lui, et il a cru deviner que c'était elle; — mais comme elle était masquée, il n'a pu s'en assurer. — Au surplus, elle a prétendu qu'elle allait se confesser — ce soir à la cellule de Patrick, et on ne l'y a pas trouvée. — Ces présomptions confirment sa fuite. — Aussi, je vous en prie, ne restez pas à discourir, — mais montez à cheval immédiatement et venez me retrouver — au pied de la côte — qui mène à Mantoue. C'est par là qu'ils se sont sauvés. — Dépêchez-vous, chers messieurs, et suivez-moi.

Il sort.

THURIO.

— Oui-dà! voilà une fille bien difficile! — Fuir ainsi le bonheur, quand le bonheur la poursuit! — Je pars, mais plutôt pour châtier Églamour — que par amour pour l'extravagante Silvia.

Il sort.

PROTÉE.

— Je pars aussi, mais plutôt par amour pour Silvia, — que par haine pour Églamour qui fuit avec elle.

Il sort.

SILVIA, à part.

— Je pars aussi, mais plutôt pour traverser cet amour-là, — que par haine pour Silvia qui s'est enfuie par amour!

Elle sort.

SCÈNE XVII.

[Une forêt sur la route de Mantoue.]

Des BANDITS entrent, emmenant SILVIA.

PREMIER BANDIT.

Allons, allons! — Patience! il faut que nous vous menions à notre capitaine.

SILVIA.

— Mille malheurs plus grands m'ont appris — à supporter celui-ci patiemment.

DEUXIÈME BANDIT.

— Allons! emmenons-la.

PREMIER BANDIT.

— Où est le gentilhomme qui était avec elle?

TROISIÈME BANDIT.

— Étant de pied léger, il nous a échappé, — mais Moïse et Valérius le poursuivent.

Au premier bandit.

— Conduis-la, toi, à l'extrémité occidentale de la forêt. — C'est là qu'est notre capitaine. Nous autres, nous poursuivrons le fuyard ; — le taillis est cerné, il ne peut pas s'évader.

PREMIER BANDIT, à Silvia.

— Allons ! il faut que je vous mène à la caverne de notre capitaine. — N'ayez pas peur ; il porte un cœur noble, — et il n'est pas homme à traiter une femme irrévérencieusement.

SILVIA.

— O Valentin ! c'est pour toi que j'endure ceci !

Ils sortent.

SCÈNE XVIII.

(Une autre partie de la forêt.)

Entre Valentin.

VALENTIN.

Comme l'usage crée vite une habitude chez l'homme ! — Cette solitude ombreuse, ces bois infréquentés, — je m'en arrange mieux que des villes peuplées et florissantes. — Ici je puis m'asseoir seul, inaperçu de tous, — et sur les airs plaintifs du rossignol — chanter mes détresses, et soupirer mes malheurs. — O toi qui as pour foyer mon cœur, — ne laisse pas ta demeure si longtemps inoccupée, — de peur que, tombant en ruines, l'édifice ne s'écroule, — sans laisser même le souvenir

SCÈNE XVIII.

de ce qu'il était ! — Restaure-moi par ta présence, Silvia !
— Ah ! douce nymphe, soutiens ton berger désolé !

On entend un cliquetis d'épées mêlé de cris.

— Quel vacarme, quel tumulte aujourd'hui ! — Ce sont mes camarades qui font de leur volonté leur loi ; — ils donnent la chasse à quelque malheureux passant. — Ils m'aiment bien ; pourtant j'ai beaucoup à faire — pour les empêcher de commettre de sauvages excès. — Retire-toi, Valentin. Voyons, qui vient là ?

Il se met à l'écart.

Entrent Protée, l'épée à la main, Silvia et Julia.

PROTÉE.

— Oui, madame, je vous ai rendu ce service, — quelque indifférente que vous soyez à ce que fait votre serviteur ; — j'ai hasardé ma vie pour vous délivrer d'un homme — qui voulait faire violence à votre honneur et à votre amour. — En récompense, accordez-moi au moins un tendre regard. — Je ne puis demander et vous ne pouvez, j'en suis sûr, — me concéder une faveur moindre.

VALENTIN, à part.

Comme ce que je vois et entends ressemble à un rêve ! — Amour, prête-moi la patience de me contenir un moment.

SILVIA.

— O misérable ! malheureuse que je suis !

PROTÉE.

— Malheureuse, vous l'étiez, madame, avant que je vinsse ; — mais, par ma venue, je vous ai rendue heureuse.

SILVIA.

— Ton approche fait le comble de mon malheur.

JULIA, à part.

— Et du mien, quand c'est de vous qu'il s'approche.

SILVIA.

— Si j'avais été saisie par un lion affamé, — j'aurais mieux aimé être le déjeuner de la bête — que de me voir délivrée par le fourbe Protée. — Oh! le ciel sait quel est mon amour pour Valentin, — dont la vie m'est aussi chère que mon âme ! — Eh bien, aussi grande (car plus grande, c'est impossible) est — ma haine pour le parjure Protée ! — Ainsi va-t'en, ne me sollicite plus.

PROTÉE.

— Quel danger, si proche qu'il fût de la mort, — n'affronterais-je pas pour un seul regard affectueux ? — O éternel malheur de l'amour ! — Ne pouvoir être aimé de la femme qu'on aime !

SILVIA.

— Ou, comme Protée, ne pouvoir aimer celle dont on est aimé ! — Relis donc, dans le cœur de Julia, l'histoire de ton premier amour ! — Pour lui plaire, tu déchiras ton honneur en mille serments ; — et tous ces serments se sont envolés en parjure pour l'amour de moi ! — Tu n'as plus de parole maintenant, à moins que tu n'en aies deux, — ce qui est bien pire que de ne pas en avoir ! Oui, plutôt ne pas en avoir, — que d'avoir deux paroles dont une est de trop. — Tu as été traître à ton meilleur ami !

PROTÉE.

En amour, — qui donc respecte l'amitié ?

SILVIA.

Tous les hommes, hormis Protée.

PROTÉE.

— Eh bien, si la douce éloquence des plus touchantes paroles — ne peut pas vous attendrir, — je vais vous faire ma cour en soudart, à la pointe de l'épée, — vous aimer en dépit de l'amour, — vous forcer !

SILVIA.

— O ciel !

PROTÉE, la prenant dans ses bras.

Je te forcerai de céder à mes désirs.

VALENTIN, s'élançant.

— Ruffian, lâche cette rude et brutale étreinte ! — Ami de mauvais aloi !

PROTÉE.

Valentin !

VALENTIN.

— Ami vulgaire, sans foi ni amour, — comme sont les amis d'à présent, homme de trahison ! — tu as menti à mes espérances. Mes yeux seuls — pouvaient me convaincre de ceci. A présent je n'ose plus dire — que j'ai un seul ami vivant : tu me démentirais. — A qui pouvez-vous vous fier quand votre bras droit — est parjure à votre cœur ? Protée, — j'en suis navré, en détruisant pour jamais ma confiance en toi, — tu me rends étranger à l'humanité. — La blessure intime est la plus profonde. — O temps maudit, — où de tous les ennemis un ami est le pire (11) !

PROTÉE.

— Ma honte et mon crime me confondent. — Pardonne-moi, Valentin : si un cordial remords — est pour ma faute une rançon suffisante, — je te l'offre ici. Ma souffrance est aussi grande — que mon forfait.

VALENTIN.

Eh bien ! je suis payé (12) ! — Je t'admets encore une fois à l'honneur. — Celui qui n'est pas satisfait par le repentir, — n'appartient ni au ciel, ni à la terre : car le ciel et la terre se laissent fléchir. — La pénitence apaise la colère de l'Éternel. — Et, pour qu'on voie combien mon amitié est franche et généreuse, — je te rends, autant que j'en puis disposer, toutes les bonnes grâces de Silvia.

JULIA.

— Malheur à moi !

Elle chancelle.

PROTÉE, *montrant Julia.*

Qu'a donc le page?

VALENTIN, *s'approchant de Julia.*

Eh bien, page? — Eh bien, espiègle ! allons ! Qu'y a-t-il? Lève les yeux, parle.

JULIA.

— Ah ! cher monsieur, mon maître m'avait chargé de remettre un anneau à madame Silvia, et j'ai négligé de le faire.

PROTÉE.

— Où est cet anneau, page?

JULIA.

Le voici : tenez.

Elle lui remet une bague.

PROTÉE.

Comment ! voyons donc ! — Mais c'est l'anneau que j'ai donné à Julia.

JULIA.

— Oh ! j'implore votre pardon, monsieur, je me suis méprise. — Voici l'anneau que vous envoyiez à Silvia.

Elle lui montre une autre bague.

PROTÉE, *considérant toujours la première bague.*

— Mais d'où t'est venu cet anneau-ci? A mon départ, — je l'ai donné à Julia.

JULIA.

— Et c'est Julia elle-même qui me l'a donné. — Et c'est Julia elle-même qui l'a apporté ici.

SCÈNE XVIII.

PROTÉE.

— Comment ! Julia !

JULIA.

— Regarde celle qui s'offrit en butte à tous tes serments, — et qui les reçut en plein dans son cœur ! — Que de fois depuis tu l'as criblée de parjures ! — O Protée, que ce vêtement te fasse rougir ! — Sois honteux de ce qu'il m'a fallu prendre — un si immodeste accoutrement. S'il y a de la honte — dans ce déguisement d'amour, — aux yeux de la pudeur, la flétrissure est moindre — pour la femme à changer de costume, que pour l'homme à changer d'âme !

PROTÉE.

— Que pour l'homme à changer d'âme ! c'est vrai. O ciel ! si l'homme — était constant, il serait parfait : cette unique erreur — le remplit de défauts et l'entraîne à toutes les vilenies. — L'inconstance est une déchéance, avant même d'avoir commencé. — Qu'y a-t-il dans les traits de Silvia, que je ne puisse, — par de constants regards, retrouver plus suave dans ceux de Julia ?

VALENTIN.

— Allons ! allons ! La main tous deux ! — Que j'aie la joie de faire cet heureux rapprochement ! — Ce serait pitié que deux amis comme vous fussent longtemps ennemis !

PROTÉE.

— Ciel ! sois en témoin, mon désir est à jamais comblé.

JULIA.

Et le mien aussi.

Des bandits arrivent, menant le duc et Thurio.

UN BANDIT.

Une prise ! une prise ! une prise !

VALENTIN.

— Arrêtez ! arrêtez, vous dis-je ! c'est monseigneur le duc... — Votre Grâce est la bienvenue auprès d'un homme disgracié, — le proscrit Valentin.

LE DUC.

Sire Valentin !

THURIO.

— Voilà Silvia, et Silvia est à moi.

VALENTIN, l'épée à la main.

— Thurio, recule, ou tu te jettes dans les bras de la mort. — Ne te mets pas à la portée de ma colère. — Ne dis pas que Silvia est à toi ; si tu le répètes, Milan ne te reverra plus. La voici devant toi ! — Ose donc prendre possession d'elle par un seul attouchement ! — Je te défie d'effleurer ma bien-aimée d'un souffle.

THURIO.

— Sire Valentin, je ne me soucie pas d'elle, moi. — Bien fou est celui qui risquera — sa personne pour une fille qui ne l'aime pas. — Je ne la réclame pas, et ainsi elle est à toi !

LE DUC, à Thurio.

— Tu n'en es que plus dégénéré et que plus vil, — après tous les moyens que tu as employés pour l'avoir, — de l'abandonner à de si faciles conditions. — Ah ! par l'honneur de mes aïeux, — j'applaudis à ton ardeur, Valentin, — et je te tiens pour digne de l'amour d'une impératrice. — Sache-le donc, j'oublie ici tous mes anciens griefs, — j'efface toute rancune et je te rappelle dans nos foyers. — Réclame une grandeur nouvelle pour ton mérite incomparable, — et j'y souscris en te disant : Sire Valentin, tu es gentilhomme, et bien né : — prends ta Silvia, car tu l'as méritée.

VALENTIN.

— Je remercie Votre Grâce. Ce don me rend heureux.

— Maintenant, je vous en supplie, au nom de votre fille, — accordez la faveur que je vais vous demander.

LE DUC.

— Je l'accorde, à ta requête, quelle qu'elle soit.

VALENTIN.

— Ces proscrits, avec qui j'ai vécu, — sont des hommes doués de nobles qualités ; — pardonnez-leur ce qu'ils ont commis, — et qu'ils soient rappelés de leur exil. — Ils sont réformés, civils, pleins de bons sentiments, et peuvent rendre de grands services, digne seigneur.

LE DUC.

— Tu as prévalu. Je leur pardonne ainsi qu'à toi. — Dispose d'eux, selon les mérites que tu leur connais. — Allons, partons : nous conclurons toutes nos querelles — par des galas, des réjouissances et de rares solennités.

VALENTIN.

— Tout en marchant, je prendrai la liberté — de faire sourire Votre Grâce par mes récits.

Montrant Julia.

— Que pensez-vous de ce page, monseigneur ?

LE DUC.

— Je pense que ce garçon-là a la grâce en lui : il rougit.

VALENTIN.

— Je vous garantis, monseigneur, qu'il a plus de grâce qu'un garçon.

LE DUC.

— Que voulez-vous dire par là ?

VALENTIN.

— Si cela vous plaît, je vous raconterai, chemin faisant, — des événements qui vous émerveilleront. — En avant, Protée! Il faudra pour pénitence que vous entendiez — la révélation de vos amours. — Cela fait, le jour de nos noces sera le jour des vôtres : — n'ayons qu'une même fête, qu'une même maison, qu'un même bonheur.

Ils sortent.

FIN DES DEUX GENTILSHOMMES DE VÉRONE.

La très excellente

Histoire du *Marchand de Venise.*

Avec l'extresme cruauté que monstra *Shylock* le Juif envers ledit Marchand, lui voulant couper une juste livre de sa chair : et la conqueste de *Portia* par le choix des trois coffrets.

Comme elle a été diverses fois représentée par les serviteurs du Lord Chambellan.

Ecrite par William Shakespeare

A LONDRES,

Imprimé par I. R. pour Thomas Heyes, et mise en vente au cimetière de Paul, au signe du Vert Dragon.

1600.

PERSONNAGES (13) :

LE DOGE DE VENISE.
LE PRINCE DE MAROC.
LE PRINCE D'ARAGON.
ANTONIO, le marchand de Venise.
BASSANIO, son ami.
SOLANIO,
SALARINO, } amis d'Antonio et de Bassanio.
GRATIANO,
LORENZO, amoureux de Jessica.
SHYLOCK, juif (14).
TUBAL, autre juif, ami de Shylock.
LANCELOT GOBBO, le clown, son valet.
LE VIEUX GOBBO, père de Lancelot.
SALERIO, messager de Venise.
LÉONARDO, valet de Bassanio.
BALTHAZAR,
STEPHANO, } valets de Portia.

PORTIA, riche héritière.
NÉRISSA, sa suivante.
JESSICA, fille de Shylock.
MAGNIFIQUES SÉNATEURS DE VENISE, OFFICIERS DE LA COUR DE JUSTICE, GEÔLIER, VALETS, GENS DE SERVICE.

La scène est tantôt à Venise, tantôt à Belmont, château de Portia, en terre ferme.

SCÈNE I.

[Venise. Le comptoir d'Antonio.]

Entrent ANTONIO, SALARINO, et SOLANIO.

ANTONIO.

— Ma foi, je ne sais pourquoi j'ai cette tristesse. — Elle m'obsède ; vous dites qu'elle vous obsède aussi ! — Mais comment je l'ai gagnée, trouvée ou rencontrée, — de quelle étoffe elle est faite, d'où elle est née, — je suis encore à l'apprendre. — Elle me rend si stupide — que j'ai grand'peine à me reconnaître.

SALARINO.

— Votre pensée roule sur l'Océan, partout où vos galions à la voile majestueuse, — seigneurs et riches bourgeois des flots, — ou, si vous voulez, décors mouvants de la mer, — planent sur les petits navires marchands — qui leur font courtoisement la révérence, alors qu'ils volent près d'eux avec leurs ailes de toile.

SOLANIO.

— Croyez-moi, monsieur, si je courais de pareils risques, — la meilleure partie de mes émotions — voyagerait avec mes espérances. Je serais sans cesse — à arracher des brins d'herbe pour savoir d'où le vent souffle, — à observer sur les cartes les ports, les môles et les rades ; — et tout ce qui pourrait me faire craindre, — par conjectures, un accident à mes cargaisons, — me rendrait triste.

SALARINO.

Mon souffle, refroidissant mon bouillon, — me ferait frissonner, à la pensée — de tout le mal qu'un trop grand vent peut faire en mer. — Je ne pourrais pas voir couler le sablier, — sans penser aux bas-fonds et aux bancs de sable, — sans voir mon riche Saint-André, engravé, — inclinant son grand mât plus bas que ses sabords, — pour baiser son sépulcre. Pourrais-je aller à l'église — et voir le saint édifice de pierre, — sans songer immédiatement aux rocs dangereux — qui, rien qu'en touchant le flanc de mon doux navire, — disperseraient toutes mes épices sur la vague — et habilleraient les lames rugissantes de mes soieries ; — bref, sans songer que cette opulence, si grande naguère, — peut être à cette heure réduite à néant ? Puis-je arrêter ma pensée — sur cette pensée, sans avoir la pensée — qu'une pareille inquiétude me rendrait fort triste ! — Allez, inutile de le dire ! Je sais qu'Antonio — est triste parce qu'il pense à ses marchandises.

ANTONIO.

— Non, croyez-moi : j'en remercie ma fortune, mes pacotilles — ne sont pas aventurées dans une seule cale, ni sur un seul point : mes biens ne sont pas tous à la merci — des hasards de cette année. — Ce ne sont donc pas mes spéculations qui me rendent triste.

SOLANIO.

— Alors vous êtes amoureux.

ANTONIO.

Fi, fi !

SOLANIO.

— Pas amoureux non plus? Disons alors que vous êtes triste, — parce que vous n'êtes pas gai : il vous serait aussi facile — de rire, de sauter et de dire que vous êtes gai — parce que vous n'êtes pas triste. Par Janus au double visage, — la nature forme à ses heures d'étranges gaillards : — ceux-ci cligneront de l'œil perpétuellement — et riront, comme des perroquets, au son d'une cornemuse, — ceux-là ont l'aspect si vinaigré — qu'ils ne montreraient pas les dents en manière de sourire, — quand Nestor jurerait que la plaisanterie est risible.

Entrent BASSANIO, LORENZO et GRATIANO.

SOLANIO.

— Voici venir Bassanio, votre très-noble parent, — avec Gratiano et Lorenzo. Adieu. — Nous vous laissons en meilleure compagnie.

SALARINO.

— Je serais resté jusqu'à ce que je vous eusse rendu gai, si de plus dignes amis ne m'avaient prévenu.

ANTONIO.

— Vos bontés me sont bien précieuses. — Je pense que vos propres affaires vous réclament, — et que vous saisissez cette occasion pour me quitter.

SALARINO.

— Bonjour, mes bons messieurs.

BASSANIO.

— Mes bons seigneurs, quand rirons-nous? Dites, quand? — Vous devenez excessivement rares. En sera-t-il toujours ainsi?

SALARINO.

— Nous mettons nos loisirs aux ordres des vôtres.

Sortent Salarino et Solanio.

LORENZO.

— Mon seigneur Bassanio, puisque vous avez trouvé Antonio, — nous deux, nous vous laissons. Mais, à l'heure du dîner, — rappelez-vous, je vous prie, notre rendez-vous.

BASSANIO.

— Je ne vous manquerai pas.

GRATIANO.

Vous ne paraissez pas bien, signor Antonio. — Vous avez trop de préoccupations dans cette vie ; — c'est la perdre que l'acheter par trop de soucis. — Croyez-moi, vous êtes merveilleusement changé.

ANTONIO.

— Je tiens ce monde pour ce qu'il est, Gratiano : — un théâtre où chacun doit jouer son rôle, — et où le mien est d'être triste.

GRATIANO.

A moi donc le rôle de fou ! — Que les rides de l'âge me viennent à force de gaieté et de rire ! — Puissé-je avoir le foie échauffé par le vin plutôt que — le cœur glacé par des soupirs mortifiants ! — Pourquoi un homme qui a du sang ardent dans les veines — serait-il, comme son grand-papa, taillé dans l'albâtre ? — Pourquoi dormir tout éveillé et gagner la jaunisse — à force d'être grognon ? Écoute, Antonio, — je t'aime et c'est mon amitié qui parle : — il y a une sorte d'hommes dont le visage de crème — croupit comme un marais stagnant, — qui gardent une immobilité volontaire — exprès pour se draper dans une réputation — de sagesse, de gravité et de profondeur, — et qui semblent dire : « *Je suis messire l'Oracle ; — quand j'ouvre les lèvres, qu'aucun chien n'aboie !* » — O mon Antonio ! J'en connais — qui passent pour des sages uniquement — parce qu'ils ne disent rien, et qui, j'en suis bien sûr, — s'ils parlaient, compromettraient le salut de leurs auditeurs, — en les forçant à traiter le prochain d'imbécile! — Je t'en dirai plus long une autre fois. — Crois-moi, ne pêche pas, avec l'amorce de la mélancolie, — la réputation, ce goujon des sots!... — Viens, bon Lorenzo... Au revoir, — je finirai mon sermon après dîner.

LORENZO.

— Allons! Nous vous laissons jusqu'au dîner. — Il faut bien que je sois un de ces sages muets, — car Gratiano ne me laisse jamais parler.

GRATIANO.

— Bon! Tiens-moi compagnie encore deux ans, — et tu ne reconnaîtras plus le son de ta propre voix.

ANTONIO.

— Adieu! Je deviendrais bavard à cette école-là.

GRATIANO.

— Tant mieux, ma foi! car le silence n'est recommandable — que dans une langue fumée ou dans une vierge non vénale. —

Gratiano et Lorenzo sortent.

ANTONIO.

Y a-t-il quelque chose dans tout cela?

BASSANIO.

Gratiano est l'homme de Venise qui sait dire indéfiniment le plus de riens. Ses raisonnements sont comme deux grains de blé perdus dans deux boisseaux de menue paille ; vous les chercherez tout un jour avant de les trouver, et, quand vous les aurez, ils ne vaudront pas vos recherches.

ANTONIO.

— Çà, dites-moi maintenant, quelle est cette dame —

à qui vous avez fait vœu d'un secret pèlerinage — et dont vous m'avez promis de me parler aujourd'hui ?

BASSANIO.

— Vous n'ignorez pas, Antonio, — dans quel délabrement j'ai mis ma fortune, — en étalant quelque temps un faste excessif — que mes faibles ressources ne m'ont pas permis de soutenir. — Je ne gémis pas de ne pouvoir continuer — ce noble train ; mais mon plus grand souci — est de sortir honnêtement des dettes considérables — où ma jeunesse, un peu trop prodigue, — m'a laissé engagé. C'est à vous, Antonio, — que je dois le plus, en argent et en affection ; — et c'est sur la foi de votre affection, que je me décide — à vous faire part de tous les plans et projets que j'ai formés — pour me débarrasser de toutes mes dettes.

ANTONIO.

— Je vous en prie, bon Bassanio, faites-les-moi connaître ; — et, s'ils ne s'écartent pas plus que vous ne le faites vous-même — des voies de l'honneur, soyez sûr — que ma bourse, ma personne, mes ressources dernières — sont toutes ouvertes à votre service.

BASSANIO.

— Étant écolier, lorsque j'avais perdu une flèche, — j'en lançais une autre de la même portée — dans la même direction, en la suivant d'un regard plus attentif, — pour retrouver la première ; et, en risquant les deux, — je retrouvais souvent les deux. Si je vous cite cet exemple de l'enfance, — c'est que ma conclusion est de la plus pure candeur. — Je vous dois beaucoup ; et par mon étourderie de jeune homme — ce que je vous dois est perdu ; mais si vous consentez — à lancer une seconde flèche dans la même direction — que la première, je ne doute pas, — comme j'en surveillerai le vol, ou de les retrouver toutes deux — ou de vous rapporter la seconde — en restant pour la première votre débiteur reconnaissant.

ANTONIO.

— Vous me connaissez bien ; et vous perdez votre temps — à circonvenir mon amitié par tant d'ambages. — Et vous me faites plus de tort, par vos doutes, — en mettant en question mon dévouement absolu, — que si vous aviez dissipé tout ce que j'ai. — Dites-moi seulement ce que je dois faire — d'après votre connaissance de ce que je puis, — et je suis tout prêt. Ainsi, parlez.

BASSANIO.

— Il est à Belmont une riche héritière, — d'une beauté qu'embellissent — les plus merveilleuses vertus : j'ai déjà de ses yeux — reçu de doux messages muets. — Elle se nomme Portia et n'est inférieure en rien — à la fille de Caton, la Portia de Brutus. — L'univers n'ignore pas son prix, — car les quatre vents lui soufflent de toutes les côtes — d'illustres galants : sa chevelure radieuse — pend à ses tempes comme une toison d'or, — et fait de sa résidence de Belmont une plage de Colchos — où bien des Jasons viennent pour la conquérir. — O mon Antonio ! Si j'avais seulement les moyens — de soutenir ma rivalité avec eux, — mon esprit me présage un tel succès — que je ne pourrais manquer de réussir.

ANTONIO.

— Tu sais que toute ma fortune est sur mer ; — je n'ai pas d'argent, ni de moyen — de réunir sur-le-champ une somme. Ainsi, va, — essaie ce que peut mon crédit dans Venise ; — je suis prêt à le tordre jusqu'au dernier écu — pour t'envoyer, bien équipé, à Belmont près de la belle Portia. — Va, cherche, je chercherai de mon côté — à trouver de l'argent ; et, à coup sûr, — j'en obtiendrai de la confiance ou de la sympathie que j'inspire.

Ils sortent.

SCÈNE II.

[Belmont chez Portia.]

Entrent PORTIA et NÉRISSA.

PORTIA.

Sur ma foi, Nérissa, mon petit corps est bien las de ce grand monde.

NÉRISSA.

Ce serait tout simple, chère madame, si vous aviez autant de misères que vous avez de prospérités. Et pourtant, d'après ce que je vois, l'indigestion rend malade autant que la faim. Ce n'est donc pas un mince bonheur qu'une condition médiocre : le superflu grisonne plus vite, le simple nécessaire vit plus longtemps.

PORTIA.

Bonnes maximes, et bien débitées.

NÉRISSA.

Elles seraient meilleures, si elles étaient bien suivies.

PORTIA.

Si faire était aussi aisé que savoir ce qu'il est bon de faire, les chapelles seraient des églises, et les chaumières des pauvres gens des palais de princes. Le bon prédicateur est celui qui suit ses propres instructions. Il m'est plus aisé d'apprendre à vingt personnes ce qu'il est bon de faire, que d'être l'une des vingt à suivre mes propres leçons. Le cerveau peut inventer des lois pour la passion; mais un tempérament ardent saute par-dessus la froide règle : la jeunesse folle se fait lièvre pour bondir par-dessus les filets que tend le cul-de-jatte bon conseil. Mais ce raisonnement n'est pas de mise au moment de me choisir un mari... Que dis-je, hélas ! choisir ! Je ne puis ni choisir qui je voudrais ni refuser qui me déplaît : ainsi la volonté de la fille vivante doit se courber sous la volonté du père mort... N'est-il pas bien dur, Nérissa, de ne pouvoir ni choisir, ni refuser personne?

NÉRISSA.

Votre père fut toujours vertueux, et les saints personnages n'ont à leur mort que de bonnes inspirations. Voilà pourquoi cette loterie, imaginée par lui, en vertu de laquelle vous appartenez à celui qui choisit, suivant son intention, entre ces trois coffrets, d'or, d'argent et de plomb, ne favorisera, soyez-en sûre, qu'un homme digne de votre amour. Voyons, avez-vous quelque ardente affection pour un de ces prétendants princiers qui sont déjà venus?

PORTIA.

Redis-moi leurs noms, je t'en prie ; à mesure que tu les nommeras, je les décrirai, et, par ma description, tu devineras mon affection.

NÉRISSA.

D'abord, il y a le prince napolitain.

PORTIA.

Ah! celui-là, il est né à l'écurie ; car il ne fait que parler de son cheval : il se vante, comme d'un grand mérite, de pouvoir le ferrer lui-même! J'ai bien peur que madame sa mère n'ait triché avec un forgeron.

NÉRISSA.

Ensuite, il y a le comte palatin.

PORTIA.

Il ne fait que froncer le sourcil, comme s'il voulait dire : *Si vous ne voulez pas de moi, décidez-vous*. Il écoute les plus joyeux récits sans sourire. Je crains qu'il ne devienne le philosophe larmoyeur quand il se fera vieux, puisqu'il est dans sa jeunesse d'une tristesse si immodérée. J'aimerais mieux me marier à une tête de mort ayant un os entre les dents qu'à un de ces deux-là. Dieu me garde de ces deux hommes !

NÉRISSA.

Que dites-vous du seigneur français, monsieur Lebon?

PORTIA.

Dieu l'a fait : qu'il passe donc pour un homme ! En vérité, je sais que c'est un péché de se moquer : mais lui, comment donc ! Il a un meilleur cheval que celui du Napolitain : la mauvaise habitude de froncer le sourcil, il l'a plus parfaite que le comte palatin. Il est tous les hommes sans être un homme. Qu'un merle chante, vite il fait la cabriole ; il dégainerait contre son ombre. Si je l'épousais, j'épouserais vingt maris. Il me dédaignerait, que je lui pardonnerais ; car, m'aimât-il à la folie, je ne le payerais jamais de retour.

NÉRISSA.

Que direz-vous donc à Fauconbridge, le jeune baron d'Angleterre ?

PORTIA.

Tu sais que je ne lui dis rien, car nous ne nous comprenons ni l'un ni l'autre : il ne possède ni le latin, ni le français, ni l'italien, et vous pouvez jurer en cour de justice que je ne possède pas une pauvre obole d'anglais. Il est le portrait d'un homme distingué. Mais, hélas ! qui peut causer avec un mannequin? Qu'il est drôlement affublé ! Je pense qu'il a acheté son pourpoint en Italie, son haut-de-chausses en France, sa toque en Allemagne et ses manières partout.

NÉRISSA.

Que pensez-vous du lord écossais, son proche voisin (15) ?

PORTIA.

Qu'il fait preuve de charité envers son prochain, car il a emprunté un soufflet à l'Anglais et a juré de le lui rendre, quand il en serait capable. Je crois que le Français lui a donné sa garantie et s'est engagé à restituer le double.

NÉRISSA.

Comment trouvez-vous le jeune Allemand, le neveu du duc de Saxe?

PORTIA.

Répugnant le matin, lorsqu'il est à jeun, et plus répugnant dans l'après-midi, lorsqu'il est ivre. Dans ses meilleurs moments, il vaut un peu moins qu'un homme; dans ses plus mauvais, un peu plus qu'une bête. Quelque malheur qui m'arrive, j'espère trouver moyen de lui échapper.

NÉRISSA.

S'il offre de tenter l'épreuve et qu'il choisisse le coffret gagnant, vous refuseriez d'accomplir la volonté de votre père, en refusant de l'épouser?

PORTIA.

Aussi, de crainte de malheur, mets, je t'en prie, un grand verre de vin du Rhin sur le coffret opposé : car, quand le diable serait dedans, si cette tentation est dessus, je sais bien qu'il le choisira. Je ferai tout au monde, Nérissa, plutôt que d'épouser une éponge.

NÉRISSA.

Vous n'avez rien à craindre, madame, vous n'aurez aucun de ces seigneurs; ils m'ont fait connaître leur résolution de s'en retourner chez eux et de ne plus vous troubler de leurs hommages, à moins que, pour vous obtenir, il n'y ait un autre moyen que le choix des coffrets imposé par votre père.

PORTIA.

Dussé-je vivre aussi vieille que la Sibylle, je mourrai chaste comme Diane, à moins que je ne sois obtenue selon la dernière volonté de mon père. Je suis charmée de voir si raisonnables ce tas de soupirants : car il n'en est pas un pour l'absence duquel je ne brûle, et je prie Dieu de leur accorder un bon voyage (16).

NÉRISSA.

Vous rappelez-vous, madame, un Vénitien, un savant, un brave, qui vint ici, du vivant de votre père, en compagnie du marquis de Montferrat?

PORTIA.

Oui, oui : Bassanio ! C'est ainsi, je crois, qu'on l'appelait.

NÉRISSA.

Justement, madame ; de tous les hommes que mes faibles yeux aient jamais regardés, c'est lui qui est le plus digne d'une jolie femme.

PORTIA.

Je me le rappelle bien ; et, tel que je me le rappelle, il mérite tes éloges.

Entre un VALET.

PORTIA.

Eh bien ! quoi de nouveau?

LE VALET.

Les quatre étrangers vous cherchent, madame, pour prendre congé de vous. Il est arrivé un courrier dépêché par un cinquième, le prince de Maroc. Il porte la nouvelle que le prince, son maître, sera ici ce soir.

PORTIA.

Si je pouvais souhaiter la bienvenue au cinquième aussi volontiers que je souhaite un bon voyage aux quatre autres, je serais charmée de son approche : eût-il les qualités d'un saint, s'il a le teint d'un diable, je l'aimerais mieux pour confesseur que pour mari. Viens, Nérissa.

Au valet.

Maraud, marche devant. Au moment où nous fermons la grille sur un soupirant, un autre frappe à la porte.

Ils sortent.

SCÈNE III.

[Venise. Devant la maison de Shylock.]

Entrent Bassanio *et* Shylock.

SHYLOCK.

Trois mille ducats ! Bien.

BASSANIO.

Oui, monsieur, pour trois mois.

SHYLOCK.

Pour trois mois ? Bien.

BASSANIO.

Pour laquelle somme, comme je vous l'ai dit, Antonio s'engagera.

SHYLOCK.

Antonio s'engagera... Bien.

BASSANIO.

Pouvez-vous me rendre ce service ? Voulez-vous me faire ce plaisir ? Connaîtrai-je votre réponse ?

SHYLOCK.

Trois mille ducats, pour trois mois, et Antonio engagé.

BASSANIO.

Votre réponse à cela ?

SHYLOCK.

Antonio est bon.

BASSANIO.

Avez-vous jamais entendu contester cela ?

SHYLOCK.

Oh ! non, non, non, non. Quand je dis qu'il est bon, je veux dire qu'il est solvable. Mais ses ressources sont exposées ; il a un galion en route pour Tripoli, un autre pour les Indes. De plus, j'apprends sur le Rialto qu'il en a un troisième pour Mexico, un quatrième pour l'Angleterre, et d'autres encore aventurés dans de lointaines spéculations. Mais les navires ne sont que des planches, les matelots que des hommes. Il y a des rats de terre et des rats d'eau, des voleurs de terre et des voleurs d'eau, je veux dire des pirates ; et puis il y a le danger des eaux, des vents, et des rocs. L'homme est néanmoins solvable. Trois mille ducats ?... Je crois que je peux prendre son billet.

BASSANIO.

Soyez assuré que vous le pouvez.

SHYLOCK.

Je veux en être assuré ; et c'est pour m'en assurer que je veux réfléchir... Puis-je parler à Antonio ?

BASSANIO.

Si vous voulez dîner avec nous.

SHYLOCK.

Oui, pour sentir le porc, pour manger de la demeure où votre prophète, le Nazaréen, a évoqué le diable ! Je veux bien acheter avec vous, vendre avec vous, causer avec vous, cheminer avec vous, et ce qui s'ensuit ; mais je ne veux pas manger avec vous, boire avec vous, ni prier avec vous... Quelles nouvelles au Rialto ?... Qui vient ici ?

SCÈNE III.

Entre Antonio.

BASSANIO.

— C'est le signor Antonio.

SHYLOCK, à part.

Comme il a l'air d'un publicain flagorneur ! — Je le hais parce qu'il est chrétien, — mais surtout parce que, dans sa simplicité vile, — il prête de l'argent gratis et fait baisser — le taux de l'usance ici, parmi nous, à Venise. — Si jamais je le tiens dans ma poigne, — j'assouvirai la vieille rancune que je lui garde. — Il hait notre sainte nation ; et il clabaude, — dans l'endroit même où se réunissent les marchands, — contre moi, contre mes opérations, contre mes légitimes profits — qu'il appelle intérêts ! Maudite soit ma tribu, — si je lui pardonne !

BASSANIO, parlant haut à Shylock qui paraît absorbé.

Shyloc ! entendez-vous ?

SHYLOCK.

— Je calcule ce que j'ai en réserve, — et, d'après une évaluation faite de mémoire, — je ne puis immédiatement réunir le capital — entier de ces trois mille ducats. N'importe ! — Tubal, un riche Hébreu de ma tribu, — me fournira ce qu'il faut... Mais doucement ; combien de mois — demandez-vous ?

A Antonio.

Le bonheur vous garde, bon signor ! — Le nom de Votre Honneur était justement sur nos lèvres.

ANTONIO.

— Shylock, bien que je n'aie pas l'usage de prêter ni d'emprunter — à intérêt, — cependant, pour subvenir aux besoins urgents de mon ami, — je romprai une habitude.

A Bassanio.

Sait-il déjà — combien vous voudriez ?

SHYLOCK.

Oui, oui, trois mille ducats.

ANTONIO.

— Et pour trois mois.

SHYLOCK.

— J'avais oublié... Trois mois, m'avez-vous dit? — Et puis, votre billet... Ah çà, voyons... mais... écoutez! — Vous avez dit, ce me semble, que vous ne prêtiez, ni n'empruntiez — à intérêt.

ANTONIO.

Je ne le fais jamais.

SHYLOCK.

— Quand Jacob menait paître les moutons de son oncle Laban, — grâce à ce que fit pour lui sa prudente mère, — ce Jacob était le troisième patriarche — après notre saint Abraham ; oui, il était le troisième.

ANTONIO.

— Et bien, après ? Prêtait-il à intérêt ?

SHYLOCK.

— Non, il ne prêtait pas à intérêt ; pas, comme vous diriez, — positivement à intérêt. Écoutez bien ce que faisait Jacob. — Laban et lui étaient convenus — que tous les agneaux qui étaient rayés et tachetés — seraient le salaire de Jacob. Les brebis, étant en rut, — cherchèrent les béliers à la fin de l'automne ; — tandis que le travail de la génération — s'accomplissait entre ces bêtes à laine, — le malin berger se mit à me peler certaines baguettes, — et, au moment de l'œuvre de nature, — les planta devant les brebis lascives, — lesquelles, concevant alors, mirent bas, au moment venu, — des agneaux bariolés, et ceux-ci furent pour Jacob. — C'était là un moyen de profit, et Jacob était béni, — et le profit est bénédiction quand il n'est pas volé.

SCÈNE III.

ANTONIO.

— Jacob, monsieur, servait là en vue d'un bénéfice aventureux — qu'il n'était pas en son pouvoir de produire, — mais qui était réglé et créé par la main de Dieu. — Est-ce là un argument pour justifier l'intérêt? — Votre or et votre argent sont-ils des brebis et des béliers?

SHYLOCK.

— Je ne saurais dire; je les fais produire aussi vite. — Mais suivez-moi bien, signor...

ANTONIO.

Remarquez ceci, Bassanio, — le diable peut citer l'Écriture pour ses fins. — Une âme mauvaise produisant de saints témoignages — est comme un scélérat à la joue souriante, — une belle pomme pourrie au cœur. — Oh! que la fausseté a de beaux dehors!

SHYLOCK.

— Trois mille ducats! c'est une somme bien ronde! — Trois mois de douze... Voyons quel sera le taux?

ANTONIO.

— Eh bien, Shylock, serons-nous vos obligés?

SHYLOCK.

— Signor Antonio, mainte et mainte fois, — sur le Rialto, vous m'avez honni — à propos de mon argent et de mes usances. — Je l'ai supporté patiemment en haussant les épaules, — car la souffrance est l'insigne de toute notre tribu. — Vous m'appelez mécréant, chien, coupe-jarrets, — et vous crachez sur mon gaban juif, — et cela parce que j'use de ce qui m'appartient. — Eh bien, il paraît qu'aujourd'hui vous avez besoin de mon aide. — En avant donc! vous venez à moi et vous me dites : — *Shylock, nous voudrions de l'argent!...* Vous dites cela, — vous qui vidiez votre bave sur ma barbe —

et qui me repoussiez du pied comme vous chassez un limier étranger — de votre seuil ! Vous sollicitez de l'argent ! — Que devrais-je vous dire ? Ne devrais-je pas vous dire : — *Est-ce qu'un chien a de l'argent ? Est-il possible — qu'un limier puisse prêter trois mille ducats ?* Ou bien, — dois-je m'incliner profondément et, d'un ton servile, — retenant mon haleine dans un murmure d'humilité, — vous dire ceci : — *Mon beau monsieur, vous avez craché sur moi mercredi dernier, — vous m'avez chassé du pied tel jour ; une autre fois, — vous m'avez appelé chien ; pour toutes ces courtoisies — je vais vous prêter tant d'argent ?*

ANTONIO, vivement.

— Je suis bien capable de t'appeler encore de même, — de cracher sur toi encore, de te chasser du pied encore. — Si tu prêtes cet argent, ne le prête pas — comme à un ami ; l'amitié a-t-elle jamais tiré — profit du stérile métal confié à un ami ? — Non, considère plutôt ce prêt comme fait à ton ennemi. S'il manque à l'engagement tu auras meilleure figure — à exiger contre lui la pénalité.

SHYLOCK.

Ah ! voyez comme vous vous emportez ! — Je voudrais me réconcilier avec vous, avoir votre affection, — oublier les affronts dont vous m'avez souillé, — subvenir à vos besoins présents, sans prendre un denier — d'intérêt pour mon argent, et vous ne voulez pas m'entendre ! — Mon offre est bienveillante pourtant !

ANTONIO.

Ce serait la bienveillance même.

SHYLOCK.

— Cette bienveillance, je veux vous la montrer. — Venez avec moi chez un notaire, signez-moi là — un simple billet. Et, par manière de plaisanterie, — si vous ne me remboursez pas tel jour, — en tel endroit, la somme ou les sommes — énoncées dans l'acte, qu'il soit stipulé — que vous perdrez une livre pesant — de votre belle chair, laquelle sera coupée et prise — dans telle partie de votre corps qui me plaira.

ANTONIO.

— Ma foi, j'y consens ; je signerai ce billet — et je dirai que le juif fait preuve de grande bienveillance.

BASSANIO.

— Vous ne signerez pas un pareil billet pour moi ; — j'aime mieux rester dans ma nécessité.

ANTONIO.

— Allons ! ne crains rien, l'ami, je n'encours pas cette perte. — Dans deux mois, c'est-à-dire un mois avant — l'échéance, je compte qu'il me rentrera — neuf fois la valeur de ce billet.

SHYLOCK.

— O père Abraham ! ce sont bien là les chrétiens ! — La dureté de leurs propres procédés leur apprend à suspecter les intentions des autres.

A Bassanio.

Répondez-moi, je vous en prie : — s'il manque à l'échéance, que gagnerai-je — à exiger le dédit ? — Une livre de chair, ôtée d'un homme, — n'est pas aussi estimable ni aussi profitable qu'une livre — de chair de mouton, de bœuf ou de chèvre. Je le répète, — c'est pour acheter ses bonnes grâces que je lui offre ce service. — S'il l'accepte, soit ! si non, adieu ! — Mais, de grâce, ne m'outragez pas jusque dans ma bonté.

ANTONIO.

— Oui, Shylock, je signerai ton billet.

SHYLOCK.

— Allez donc sur-le-champ m'attendre chez le notaire; — faites-lui rédiger ce plaisant billet. — Moi, je vais tout droit chercher les ducats, — donner un coup d'œil à mon logis, laissé à la garde périlleuse — d'un valet négligent ; et aussitôt — je suis à vous.

Il sort.

ANTONIO.

Cours, aimable juif. — Cet Hébreu se fera chrétien, il devient bon.

BASSANIO.

— Je n'aime pas les plus beaux termes à la pensée d'un coquin.

ANTONIO.

— Marchons. Il n'y a ici rien à redouter : — mes navires arrivent un mois avant l'échéance.

Ils sortent.

SCÈNE IV.

[Belmont. Chez Portia.]

Fanfare de cor. Entre LE PRINCE DE MAROC, more basané, vêtu de blanc, et trois ou quatre courtisans costumés de même : Puis PORTIA, NÉRISSA et d'autres suivantes.

MAROC.

— Ne me prenez point en aversion à cause de mon teint, — sombre livrée du soleil de bronze — dont je suis le voisin et près de qui j'ai été nourri ! — Amenez-moi l'être le plus blanc qui soit né vers le Nord, — là où le feu de Phébus fait à peine fondre les glaçons ; — et pour l'amour de vous, faisons-nous une incision — afin de voir qui des deux a le sang le plus rouge. — Je te le dis, belle dame, ce visage — a terrifié les vaillants, et, je le jure par mon amour, — les vierges les plus admirées de nos climats — ne l'en ont que plus aimé. Je ne voudrais pas changer de couleur, — à moins que ce ne fût pour ravir vos pensées, ma douce reine.

PORTIA.

— Dans mon choix je ne suis pas uniquement guidée — par l'impression superficielle d'un regard de jeune fille ; — d'ailleurs la loterie de ma destinée — m'ôte la faculté d'un choix volontaire. — Mais si mon père ne m'avait pas astreinte, — par sa sagesse tutélaire, à me donner pour femme — à celui qui m'obtiendra par le moyen que je vous ai dit, — vous, prince renommé, vous auriez autant de titres — que tous ceux que j'ai vus venir ici, — à mon affection.

MAROC.

C'est assez pour que je vous rende grâce. — Veuillez donc, je vous prie, me conduire à ces coffrets, — que je tente ma fortune. Par ce cimeterre — qui a égorgé le Sophi et un prince persan, — qui a gagné trois batailles sur le sultan Soliman, — je suis prêt à foudroyer de mon regard les regards les plus insolents, — et de ma bravoure le plus audacieux courage ; — à arracher les oursins de la mamelle de l'ourse, — et même à insulter le lion rugissant après sa proie, — pour te conquérir, ma dame ! Mais, hélas ! — si Hercule et Lychas jouent aux dés — à qui l'emportera, le plus beau coup — peut tomber par hasard de la main la plus faible, — et Alcide sera battu par son page. — Ainsi pourrais-je, guidé par l'aveugle fortune, manquer ce que peut atteindre un moins digne, — et en mourir de douleur !

PORTIA.

Il faut accepter votre chance ; — renoncez tout à fait à choisir, — ou jurez, avant de choisir, que, si vous faites un mauvais choix, — jamais, à l'avenir, vous ne parlerez de mariage — à aucune femme... Ainsi, réfléchissez.

MAROC.

— J'y consens, allons ! conduisez-moi à ma chance.

PORTIA.

— Au temple, d'abord ! Après dîner, — vous tenterez votre hasard.

MAROC.

Alors que la fortune me soit bonne ! — Elle peut me faire une existence ou bénie ou maudite !

(Ils sortent. Fanfares de cor.

SCÈNE V.

[Venise. Une rue.]

Entre LANCELOT GOBBO (17.)

LANCELOT.

Il faudra bien que ma conscience m'autorise à décamper de chez le juif, mon maître. Le démon me touche le coude et me tente, en me disant : *Gobbo, Lancelot Gobbo, ou bon Lancelot, ou bon Gobbo, ou bon Lancelot Gobbo, joue des jambes, prends ton élan et décampe.* Ma conscience dit : *Non, prends garde, honnête Lancelot, prends garde, honnête Gobbo,* ou, comme je disais, *honnête Lancelot Gobbo, ne fuis pas, mets ce projet de fuite sous tes talons.* Alors le démon imperturbable me presse de faire mes paquets : *en route !* dit le démon, *va-t'en !* dit le démon, *au nom du ciel, prends un brave parti,* dit le démon, *et décampe.* Alors, ma conscience, se pendant au cou de mon cœur, me dit très-sagement : — *Mon honnête ami Lancelot, toi qui es le fils d'un honnête homme* (ou plutôt d'une honnête femme ; car mon père a eu quelque petite tache, il s'est parfois laissé aller, il avait certain goût...) Alors ma conscience me dit : *Lancelot, ne bouge pas. Bouge*, dit le démon. *Ne bouge pas*, dit ma conscience. *Conscience*, dis-je, *vous me conseillez bien; démon*, dis-je, *vous me conseillez bien*. Pour obéir à ma conscience, je dois rester avec le juif mon maître qui, Dieu me pardonne, est une espèce de diable ; et, pour décamper de chez le juif, je dois obéir au démon qui, sauf votre respect, est le diable en personne. Mais, pour sûr, le juif est le diable incarné ; et, en conscience, ma conscience est une bien dure conscience de me donner le conseil de rester chez le juif. C'est le démon qui me donne le conseil le plus amical. Je vas décamper, démon; mes talons sont à vos ordres ; je vas décamper !

Entre le vieux GOBBO, portant un panier.

GOBBO.

Monsieur ! Jeune homme ! c'est à vous que je m'adresse ! Quel est le chemin pour aller chez le maître juif?

LANCELOT, à part.

O ciel ! c'est mon père légitime ! Comme il est presque aveugle et qu'il a la gravelle dans l'œil, il ne me reconnaît pas. Je vais tenter sur lui des expériences.

GOBBO.

Mon jeune maître, mon gentilhomme, quel est le chemin, je vous prie, pour aller chez le maître juif?

LANCELOT.

Tournez à main droite, au premier détour, puis, au détour suivant, à main gauche, puis, morbleu! au prochain détour, ne tournez ni à main droite, ni à main gauche, mais descendez indirectement chez le juif.

GOBBO.

Par les sentiers de Dieu ! ce sera un chemin difficile à trouver. Pourriez-vous me dire si un certain Lancelot qui demeure avec lui, demeure avec lui ou non ?

LANCELOT.

Parlez-vous du jeune sieur Lancelot ?

A part.

Remarquez-moi bien, je vais faire jouer les grandes eaux.

Haut.

Parlez-vous du jeune sieur Lancelot ?

GOBBO.

Ce n'est pas un sieur, monsieur, mais le fils d'un pauvre homme. Son père, quoique ce soit moi qui le dise, est un honnête homme, excessivement pauvre, mais, Dieu merci, en état de vivre.

LANCELOT.

Soit ! que son père soit ce qu'il voudra, nous parlons du jeune sieur Lancelot.

GOBBO.

De Lancelot, pour vous servir, seigneur !

LANCELOT.

Mais, dites-moi, je vous prie, vieillard, *ergò*, je vous supplie, parlez-vous du jeune sieur Lancelot ?

GOBBO.

De Lancelot, n'en déplaise à Votre Honneur.

LANCELOT.

Ergò, du sieur Lancelot ! ne parlez pas du sieur Lancelot, père, car le jeune gentilhomme (grâce à la fatalité et à la destinée et autres locutions hétéroclites, grâce aux trois Sœurs et autres branches de la science), est effectivement décédé ; ou, pour parler en termes nets, il est allé au ciel.

GOBBO.

Morbleu, Dieu m'en préserve ! Ce garçon était mon unique bâton de vieillesse, mon unique soutien.

LANCELOT.

Est-ce que j'ai l'air d'un gourdin, d'un poteau, d'un bâton, d'un étai ? Me reconnaissez-vous, père ?

GOBBO.

Hélas ! non, je ne vous reconnais pas, mon jeune gentilhomme ; mais, je vous en prie, dites-moi, mon garçon (Dieu fasse paix à son âme !) est-il vivant ou mort ?

LANCELOT.

Est-ce que vous ne me reconnaissez pas, père ?

GOBBO.

Hélas ! monsieur, j'ai la vue trouble, je ne vous reconnais pas.

LANCELOT.

Ah ! ma foi, vous auriez vos yeux que vous risqueriez aussi bien de ne pas me reconnaître ; bien habile est le père qui reconnaît son propre enfant ! Eh bien, vieux, je vais vous donner des nouvelles de votre fils ; donnez-moi votre bénédiction. La vérité doit se faire jour ; un meurtre ne peut rester longtemps caché, le fils d'un homme le peut, mais, à la fin, la vérité se découvre.

GOBBO.

Je vous en prie, monsieur, mettez-vous debout ; je suis sûr que vous n'êtes pas Lancelot, mon garçon.

LANCELOT.

Je vous en prie, cessons de batifoler, donnez-moi votre bénédiction. Je suis Lancelot, celui qui était votre garçon, qui est votre fils, qui sera votre enfant.

GOBBO.

Je ne puis croire que vous soyez mon fils.

LANCELOT.

Je ne sais ce que j'en dois croire; mais je suis Lancelot, l'homme du juif ; et ce dont je suis sûr, c'est que Marguerite, votre femme, est ma mère.

GOBBO.

Son nom est Marguerite, en effet. Je puis jurer, si tu es Lancelot, que tu es ma chair et mon sang. Dieu soit béni ! Quelle barbe tu as ! Tu as plus de poils à ton menton que Dobbin, mon limonnier, à sa queue.

LANCELOT.

Il faut croire alors que la queue de Dobbin pousse à rebours ; je suis sûr qu'il avait plus de poils à la queue que je n'en ai sur la face, la dernière fois que je l'ai vu.

GOBBO.

Seigneur ! que tu es changé !... Comment vous accordez-vous, ton maître et toi ? Je lui apporte un présent. Comment vous accordez-vous maintenant ?

LANCELOT.

Bien, bien. Mais quant à moi, comme j'ai pris la résolution de décamper de chez lui, je ne m'arrêterai pas que je n'ai couru un bon bout de chemin. Mon maître est un vrai juif. Lui donner un présent, à lui ? Donnez-lui une hart. Je meurs de faim à son service ; vous pourriez compter toutes les phalanges de mes côtes. Père, je suis bien aise que vous soyez venu ; donnez-moi ce présent-là à un certain monsieur Bassanio. En voilà un qui donne de magnifiques livrées neuves ! Si je n'entre pas à son service, je veux courir aussi loin que Dieu a de la terre... O rare bonheur ! Le voici en personne. Abordez-le, père : car je veux être juif, si je sers le juif plus longtemps.

SCÈNE V.

Entre BASSANIO, *suivi de* LÉONARDO *et d'autres domestiques.*

BASSANIO, à un valet.

Vous le pouvez, mais hâtez-vous, pour que le souper soit prêt au plus tard à cinq heures. Faites porter ces lettres à leur adresse, faites faire les livrées, et priez Gratiano de venir chez moi incontinent.

Sort un valet.

LANCELOT, bas à Gobbo.

Abordez-le, père !

GOBBO.

Dieu bénisse votre Excellence !

BASSANIO.

Grand merci ! Me veux-tu quelque chose ?

GOBBO.

Voici mon fils, monsieur, un pauvre garçon...

LANCELOT.

Non pas un pauvre garçon, monsieur, mais bien le serviteur du riche juif, lequel voudrait, monsieur, comme mon père vous le spécifiera...

GOBBO.

Il a, comme on dirait, une grande démangeaison de servir...

LANCELOT.

Effectivement, le résumé et l'exposé de mon affaire, c'est que je sers le juif et que je désire, comme mon père vous le spécifiera...

GOBBO.

Son maître et lui, sauf le respect dû à votre Excellence, ne sont pas tendres cousins...

LANCELOT.

Pour être bref, la vérité vraie est que le juif, m'ayant

mal traité, m'oblige, comme mon père, en sa qualité de vieillard, vous l'expliquera, j'espère, avec féconde...
GOBBO.
J'ai ici un plat de pigeons que je voudrais offrir à votre Excellence, et ma requête est...
LANCELOT.
Bref, la requête est pour moi de grande impertinence, ainsi que votre Excellence l'apprendra par cet honnête vieillard, qui, quoique ce soit moi qui le dise, est pauvre, quoique vieux, et de plus est mon père...
BASSANIO.
Qu'un de vous parle pour tous deux... Que voulez-vous?
LANCELOT.
Vous servir, monsieur.
GOBBO.
Voilà l'unique méfait de notre demande, monsieur.
BASSANIO, à Lancelot.
— Je te connais bien; tu as obtenu ta requête. — Shylock, ton maître, m'a parlé aujourd'hui même — et a consenti à ton avancement, si c'est un avancement — que de quitter le service d'un riche juif pour te mettre — à la suite d'un pauvre gentilhomme comme moi. —
LANCELOT.
Le vieux proverbe se partage très-bien entre mon maître Shylock et vous, monsieur : vous avez la grâce de Dieu, monsieur, et lui, il a de quoi.
BASSANIO.
— Bien dit... Va, père, avec ton fils. — Va prendre congé de ton vieux maître, et fais-toi indiquer — ma demeure.
A ses gens.
Qu'on lui donne une livrée — plus galonnée qu'à ses camarades. N'y manquez pas. —
Il s'entretient à voix basse avec Léonardo.

SCÈNE V.

LANCELOT.

Enlevé, mon père!... Ah! je ne suis pas capable de trouver une place! Ah! je n'ai jamais eu de langue dans ma tête!.. Bien.

Regardant la paume de sa main.

Est-il un homme en Italie qui puisse, en jurant sur la Bible, étendre une plus belle paume?.. J'aurai du bonheur : tenez, rien que cette simple ligne de vie (18)! Voici une menue ribambelle d'épouses! Hélas! quinze épouses, ce n'est rien. Onze veuves, et neuf vierges, c'est une simple mise en train pour un seul homme; et puis, cette échappée à trois noyades! et ce péril qui menace ma vie au bord d'un lit de plume!.. Ce sont de simples chances!.. Allons, si la fortune est ma femme, à ce compte-là c'est une bonne fille... Venez, mon père; je vas prendre congé du juif en un clin d'œil.

Sortent Lancelot et le vieux Gobbo.

BASSANIO.

— Je t'en prie, bon Léonardo, pense à cela. — Quand tu auras tout acheté et tout mis en place, — reviens vite, car je festoie ce soir — mes connaissances les plus estimées. Dépêche-toi, va.

LÉONARDO.

— J'y mettrai tout mon zèle.

Entre Gratiano.

GRATIANO.

— Où est votre maître?

LÉONARDO.

Là-bas, monsieur, il se promène.

Sort Léonardo.

GRATIANO.

— Signor Bassanio...

BASSANIO.

Gratiano!

GRATIANO.

— J'ai une chose à vous demander.

BASSANIO.

Vous l'avez obtenue.

GRATIANO.

— Vous ne pouvez plus me refuser : il faut que j'aille avec vous à Belmont.

BASSANIO.

— S'il le faut, soit !.. Mais écoute, Gratiano, — tu es trop pétulant, trop brusque, trop tranchant en paroles. — Ces façons-là te vont assez heureusement, — et ne sont pas des défauts pour des yeux comme les nôtres : — mais pour ceux qui ne te connaisssent pas, eh bien, elles ont — quelque chose de trop libre. Je t'en prie, prends la peine — de calmer par quelques froides gouttes de modestie — l'effervescence de ton esprit ; sans quoi ta folle conduite — me ferait mal juger aux lieux où je vais, — et ruinerait mes espérances.

GRATIANO.

Signor Bassanio, écoutez-moi : — si vous ne me voyez pas adopter un maintien grave, — parler avec réserve, jurer modérément, — porter dans ma poche des livres de prière, prendre un air de componction, — et, qui plus est, quand on dira les grâces, cacher mes yeux, — comme ceci, avec mon chapeau, et soupirer, et de dire : Amen ! — enfin observer tous les usages de la civilité, — comme un être qui s'est étudié à avoir la mine solennelle — pour plaire à sa grand'mère, ne vous fiez plus à moi !

BASSANIO.

— C'est bien, nous verrons comment vous vous comporterez.

GRATIANO.

—Ah! mais je fais exception pour ce soir. Vous ne prendrez pas pour arrhes — ce que nous ferons ce soir.

BASSANIO.

Non, ce serait dommage. — Je vous engagerais plutôt à revêtir — votre plus audacieux assortiment de gaieté, car nous avons — des amis qui se proposent de rire... Sur ce, au revoir! — J'ai quelques affaires.

GRATIANO.

—Et moi, il faut que j'aille trouver Lorenzo et les autres; mais nous vous rendrons visite à l'heure du souper.

Ils sortent.

SCÈNE VI.

[Venise. Une chambre chez Shylock].

Entrent JESSICA *et* LANCELOT.

JESSICA.

— Je suis fâchée que tu quittes ainsi mon père ; — notre maison est un enfer, et toi, joyeux diable, — tu lui dérobais un peu de son odeur d'ennui ; — mais adieu. Voici un ducat pour toi. — Ah! Lancelot, tout à l'heure au souper tu verras — Lorenzo, un des convives de ton nouveau maître : — donne-lui cette lettre... secrètement! — Sur ce, adieu! Je ne voudrais pas que mon père — me vît causer avec toi.

LANCELOT, *larmoyant.*

Adieu!..Les pleurs sont mon seul langage... O ravissante païenne, délicieuse juive! Si un chrétien ne fait pas quelque coquinerie pour te posséder, je serai bien trompé. Mais, adieu! Ces sottes larmes ont presque noyé mon viril courage. Adieu!

Il sort.

JESSICA.

— Porte-toi bien, bon Lancelot. Hélas! quel affreux péché c'est en moi — que de rougir d'être l'enfant de mon père! — Mais quoique je sois sa fille par le sang, — je ne la suis pas par le caractère. O Lorenzo, — si tu tiens ta promesse, je terminerai toutes ces luttes : — je me ferai chrétienne pour être ta femme bien-aimée.

Elle sort.

SCÈNE VII.

[Toujours à Venise. Une rue].

Entrent GRATIANO, LORENZO, SALARINO et SOLANIO.

LORENZO.

— Oui, nous nous esquiverons pendant le souper ; — nous nous déguiserons chez moi, et nous serons de retour — tous en moins d'une heure.

GRATIANO.
Nous n'avons pas fait des préparatifs suffisants.

SALARINO.
— Nous n'avons pas encore retenu de porte-torche.

SOLANIO.
— C'est bien vulgaire, quand ce n'est pas élégamment arrangé; — il vaut mieux, selon moi, nous en passer.

LORENZO.
— Il n'est que quatre heures; nous avons encore deux heures — pour nous équiper.

SCÈNE VII.

Entre LANCELOT, portant une lettre.

LORENZO.

Ami Lancelot, quelle nouvelle ?

LANCELOT.

— S'il vous plaît rompre ce cachet, vous le saurez probablement.

LORENZO.

— Je reconnais la main ; ma foi, c'est une jolie main : — elle est plus blanche que le papier sur lequel elle a écrit, — cette jolie main-là !

GRATIANO.

Nouvelle d'amour, sans doute. —

LANCELOT, se retirant.

Avec votre permission, monsieur...

LORENZO.

Où vas-tu ?

LANCELOT.

Pardieu, monsieur, inviter mon vieux maître le juif à souper ce soir chez mon nouveau maître le chrétien.

LORENZO, bas à Lancelot, en lui remettant de l'argent.

— Arrête ; prends ceci... Dis à la gentille Jessica — que je ne lui manquerai pas... Parle-lui en secret ; va.

Sort Lancelot.

— Messieurs, — voulez-vous vous préparer pour la mascarade de ce soir ? Je suis pourvu d'un porte-torche.

SALARINO.

— Oui, pardieu ! j'y vais à l'instant.

SOLANIO.

— Et moi aussi.

LORENZO.

Venez nous rejoindre, Gratiano et moi, - dans une heure d'ici, au logis de Gratiano.

SALARINO.

— Oui, c'est bon.

Sortent Salarino et Solanio.

GRATIANO.

— Cette lettre n'était-elle pas de la belle Jessica?

LORENZO.

—Il faut que je te dise tout! Elle me mande — le moyen par lequel je dois l'enlever de chez mon père, — l'or et les bijoux dont elle s'est munie, — le costume de page qu'elle tient tout prêt. — Si jamais le juif son père va au ciel, — — ce sera grâce à sa charmante fille; — quant à elle, jamais le malheur n'oserait lui barrer le passage, — si ce n'est sous le prétexte — qu'elle est la fille d'un juif mécréant. — Allons, viens avec moi; lis ceci, chemin faisant : — la belle Jessica sera mon porte-torche !

Ils sortent.

SCÈNE VIII.

[Toujours à Venise. Devant la maison de Shylock.]

Entrent Shylock et Lancelot.

SHYLOCK.

—Soit! tu en jugeras par tes yeux, tu verras — la différence entre le vieux Shylock et Bassanio. — Holà, Jessica!.. Tu ne pourras plus t'empiffrer — comme tu faisais chez moi... Holà, Jessica!... — ni dormir, ni ronfler, ni mettre en lambeaux ta livrée. — Eh bien! Jessica, allons !

LANCELOT, criant.

Eh bien ! Jessica !

SHYLOCK.

— Qui te dit d'appeler? Je ne te dis pas d'appeler. —

LANCELOT.

Votre Honneur m'a si souvent répété que je ne savais rien faire sans qu'on me le dise !

Entre JESSICA.

JESSICA, à Shylock.

— Appelez-vous? quelle est votre volonté?

SHYLOCK.

— Je suis invité à souper dehors, Jessica : — voici mes clefs... Mais pourquoi irais-je ? — Ce n'est pas par amitié qu'ils m'invitent : ils me flattent ! — J'irai pourtant, mais par haine, pour manger — aux dépens du chrétien prodigue... Jessica, ma fille, — veille sur ma maison... J'ai une vraie répugnance à sortir : il se brasse quelque vilenie contre mon repos, — car j'ai rêvé cette nuit de sacs d'argent. —

LANCELOT.

Je vous en supplie, monsieur, partez! mon jeune maître est impatienté de votre présence.

SHYLOCK.

Et moi, de la sienne.

LANCELOT.

Ils ont fait ensemble une conspiration... Je ne dis pas que vous verrez une mascarade ; mais si vous en voyez une, cela m'expliquera pourquoi mon nez s'est mis à saigner le dernier lundi noir (19), à six heures du matin, après avoir saigné, il y a quatre ans, le mercredi des Cendres, dans l'après-midi.

SHYLOCK.

— Quoi! il y aura des masques? Écoutez-moi, Jessica; — fermez bien mes portes ; et quand vous entendrez le tambour — et l'ignoble fausset du fifre au cou tors, — n'allez pas grimper aux croisées, — ni allonger votre tête sur la voie publique — pour contempler ces fous de chrétiens aux visages vernis. — Mais bouchez les oreilles de ma maison, je veux dire mes fenêtres. — Que le bruit de la vaine extravagance n'entre pas — dans mon austère maison... Par le bâton de Jacob, je jure — que je n'ai nulle envie de souper dehors ce soir ; — mais j'irai... Pars devant moi, drôle, — et dis que je vais venir.

LANCELOT.

Je pars en avant, monsieur.

Bas, à Jessica.

Maîtresse, n'importe, regardez par la fenêtre.

Vous verrez passer un chrétien,
Bien digne de l'œillade d'une juive.

Sort Lancelot.

SHYLOCK.

— Que dit ce niais de la race d'Agar, hein ?

JESSICA.

— Il me disait : adieu, madame ; voilà tout.

SHYLOCK.

— C'est un assez bon drille, mais un énorme mangeur, — lent à la besogne comme un limaçon, et puis dormant le jour — plus qu'un chat sauvage ! Les frêlons ne sont pas de ma ruche. — Aussi je me sépare de lui, et je le cède — à certain personnage pour qu'il l'aide à gaspiller — de l'argent emprunté... Allons, Jessica, rentrez ; — peut-être reviendrai-je immédiatement ; — faites comme je vous dis, — fermez les portes sur vous. *Bien serré, bien retrouvé ;* — c'est un proverbe qui ne rancit pas dans un esprit économe.

Il sort.

JESSICA, regardant s'éloigner Shylock.

— Adieu ; si la fortune ne m'est pas contraire, — nous avons perdu, moi, un père, et vous, une fille.

Elle sort.

SCÈNE IX.

[Toujours à Venise.]

Entrent GRATIANO et SALARINO, masqués.

GRATIANO.

Voici l'auvent sous lequel Lorenzo — nous a priés d'attendre.

SALARINO.

L'heure est presque passée.

GRATIANO.

— C'est merveille qu'il n'arrive pas à l'heure, — car les amants courent toujours en avant de l'horloge.

SALARINO.

— Oh ! les pigeons de Vénus volent dix fois plus vite — pour sceller de nouveaux liens d'amour — que pour garder intacte la foi jurée.

GRATIANO.

— C'est toujours ainsi. Qui donc, en se levant d'un festin, — a l'appétit aussi vif qu'en s'y asseyant ? — Où est le cheval qui revient — sur sa route fastidieuse avec la fougue indomptée — du premier élan ? En toute chose — on est plus ardent à la poursuite qu'à la jouissance. — Qu'il ressemble à l'enfant prodigue, — le navire pavoisé, quand il sort de sa baie natale, — pressé et embrassé par la brise courtisane ! — Qu'il ressemble à l'enfant prodigue, quand il revient, — les flancs avariés, les voiles en lambeaux, — exténué, ruiné, épuisé par la brise courtisane !

SALARINO.

— Voici Lorenzo... Nous reprendrons cela plus tard.

Entre LORENZO.

LORENZO.

— Chers amis, pardon de ce long retard : — ce n'est pas moi, ce sont mes affaires qui vous ont fait attendre. — Quand vous voudrez vous faire voleurs d'épouses, — je ferai pour vous une aussi longue faction... Approchez : — ici loge mon père le juif... Holà ! quelqu'un !

Jessica paraît à la fenêtre, vêtue en page.

JESSICA.

— Qui êtes-vous ? dites-le-moi, pour plus de certitude, — bien que je puisse jurer que je reconnais votre voix.

LORENZO.

— Lorenzo, ton amour !

JESSICA.

— Lorenzo, c'est certain ; mon amour, c'est vrai. — Car qui aimé-je autant ? Mais maintenant, qui sait, — hormis vous, Lorenzo, si je suis votre amour ?

LORENZO.

— Le ciel et tes pensées sont témoins que tu l'es.

JESSICA, jetant un coffret.

— Tenez, attrapez cette cassette ; elle en vaut la peine. — Je suis bien aise qu'il soit nuit et que vous ne me voyiez pas, — car je suis toute honteuse de mon déguisement ; — mais l'amour est aveugle, et les amants ne peuvent voir — les charmantes folies qu'eux-mêmes commettent : — car, s'ils le pouvaient, Cupido lui-même rougirait — de me voir ainsi transformée en garçon.

LORENZO.

— Descendez, car il faut que vous portiez ma torche.

JESSICA.

— Quoi ! faut-il que je tienne la chandelle à ma honte? — Celle-ci est déjà d'elle-même trop, bien trop visible. — Quoi ! mon amour, vous me donnez les fonctions d'éclaireur — quand je devrais me cacher !

LORENZO.

N'êtes-vous pas cachée, ma charmante, — sous ce gracieux costume de page? — Mais venez tout de suite : — car la nuit close est fugitive, — et nous sommes attendus à souper chez Bassanio.

JESSICA.

— Je vais fermer les portes, me dorer — encore de quelques ducats, et je suis à vous.

Elle quitte la fenêtre.

GRATIANO.

— Par mon capuchon, c'est une gentille et non une juive.

LORENZO.

— Que je sois maudit, si je ne l'aime pas de tout mon cœur ! — Car elle est spirituelle, autant que j'en puis juger ; — elle est jolie, si mes yeux ne me trompent pas ; — elle est fidèle, comme elle me l'a prouvé. — Aussi, comme une fille spirituelle, jolie et fidèle, règnera-t-elle constamment sur mon cœur.

Entre JESSICA.

LORENZO.

— Ah ! te voilà venue?... En avant, messieurs, partons ; — nos camarades nous attendent déjà sous leurs masques.

Il sort avec Jessica et Salarino.

Entre ANTONIO.

ANTONIO.

— Qui est là?

GRATIANO.

Le signor Antonio?

ANTONIO.

— Fi! fi! Gratiano! où sont tous les autres? — Il est neuf heures, tous nos amis vous attendent : — pas de mascarade ce soir. Le vent s'est levé; — Bassanio va s'embarquer immédiatement. — J'ai envoyé vingt personnes vous chercher.

GRATIANO.

— Je suis bien aise de cela; mon plus cher désir — est d'être sous voile et parti ce soir.

Ils sortent.

SCÈNE X.

[Belmont. Dans le palais de Portia.]

Fanfares de cors. Entrent PORTIA et le prince de MAROC, l'une et l'autre avec leur suite.

PORTIA.

— Allons! qu'on tire les rideaux et qu'on fasse voir — les divers coffrets à ce noble prince!

Au prince de Maroc.

— Maintenant, faites votre choix.

MAROC.

— Le premier est d'or et porte cette inscription :

Qui me choisit gagnera ce que beaucoup d'hommes désirent.

— Le second, tout d'argent, est chargé de cette promesse :

Qui me choisit, obtiendra tout ce qu'il mérite.

— Le troisième, de plomb grossier, a une devise brute comme son métal.

Qui me choisit, doit donner et hasarder tout ce qu'il a.

— Comment saurai-je si je choisis le bon ?

PORTIA.

— L'un d'eux contient mon portrait, prince ; — si vous le prenez, moi aussi, je suis à vous !

MAROC.

— Qu'un Dieu dirige mon jugement ! Voyons. — Je vais relire les inscriptions. — Que dit ce coffret de plomb ?

Qui me choisit, doit donner et hasarder tout ce qu'il a.

— Tout donner... Pour quoi ? Pour du plomb ! tout hasarder pour du plomb ! — Ce coffret menace. Les hommes qui hasardent tout — ne le font que dans l'espoir d'avantages suffisants. — Une âme d'or ne se laisse pas éblouir par un métal de rebut ; — je ne veux donc rien donner, rien hasarder pour du plomb. — Que dit l'argent avec sa couleur virginale ?

Qui me chérit, obtiendra ce qu'il mérite.

— *Ce qu'il mérite ?...* Arrête un peu, Maroc, — et pèse ta valeur d'une main impartiale ; — si tu es estimé d'après ta propre appréciation, — tu es assez méritant, mais être assez méritant — cela suffit-il pour prétendre à cette beauté ? — Et pourtant douter de mon mérite, — ce serait, de ma part, un désistement pusillanime. — *Ce que je mérite ?* Mais c'est elle ! — Je la mérite par ma naissance, par ma fortune, — par mes grâces, par les qualités de l'éducation — et surtout par mon amour !...

— Voyons ; si, sans m'aventurer plus loin, je fixais ici mon choix ?... — Lisons encore une fois la sentence gravée dans l'or :

Qui me choisit, gagnera ce que beaucoup d'hommes désirent.

— Eh! c'est cette noble dame! Tout le monde la désire : — des quatre coins du monde, on vient — baiser la châsse de la sainte mortelle qui respire ici. — Les déserts de l'Hyrcanie, les vastes solitudes — de l'immense Arabie, sont maintenant autant de grandes routes — frayées par les princes qui visitent la belle Portia! — L'empire liquide, dont la crête ambitieuse — crache à la face du ciel, n'est pas une barrière — qui arrête les soupirants lointains : tous la franchissent, — comme un ruisseau, pour voir la belle Portia. — Un de ces trois coffrets contient sa céleste image. — Est-il probable que ce soit celui de plomb ? Ce serait un sacrilége — d'avoir une si basse pensée : ce serait trop brutal — de tendre pour elle un suaire dans cet obscur tombeau !... Croirai-je qu'elle est murée dans cet argent, — dix fois moins précieux que l'or pur ? — O coupable pensée ! Il faut à une perle si riche — au moins une monture d'or. Il est en Angleterre — une monnaie d'or sur laquelle la figure d'un ange — est gravée (20), mais c'est à la surface qu'elle est sculptée, — tandis qu'ici c'est intérieurement, dans un lit d'or, — qu'un ange est couché. Remettez-moi la clef. — Je choisis celui-ci, advienne que pourra.

PORTIA.

— Voici la clef, prenez-la, prince, et, si mon image est là, — je suis à vous.

Il ouvre le coffret d'or.

MAROC.

O enfer ! qu'avons-nous là ? — Un squelette, dans l'œil duquel — est roulé un grimoire. Lisons-le :

> Tout ce qui luit n'est pas or,
> Vous l'avez souvent entendu dire ;
> Bien des hommes ont vendu leur vie,
> Rien que pour me contempler :

Les tombes dorées renferment des vers.
Si vous aviez été aussi sage que hardi,
Jeune de corps et vieux de jugement,
Votre réponse n'aurait pas été sur ce parchemin.
Adieu : recevez ce froid congé.

— Bien froid, en vérité. Peines perdues ! — Adieu donc, brûlante flamme ! Salut, désespoir glacé. — Portia, adieu, j'ai le cœur trop affligé — pour prolonger un pénible arrachement. Ainsi partent les perdants.

Il sort.

PORTIA.

— Charmant débarras !... Fermez les rideaux, allons ! — Puissent tous ceux de sa couleur me choisir de même !

Tous sortent.

SCÈNE XI.

[Venise. Une rue.]

Entrent SALARINO et SOLANIO.

SALARINO.

— Oui, mon brave, j'ai vu Bassanio mettre à la voile ; — Gratiano est parti avec lui. — Et je suis sûr que Lorenzo n'est pas sur leur navire.

SOLANIO.

— Ce coquin de juif a par ses cris éveillé le doge, — qui est sorti avec lui pour fouiller le navire de Bassanio.

SALARINO.

— Il est arrivé trop tard ; le navire était à la voile. — Mais on a donné à entendre au doge — que Lorenzo et son amoureuse Jessica — ont été vus ensemble dans une gondole ; — en outre, Antonio a certifié au duc — qu'ils n'étaient pas sur le navire de Bassanio.

SOLANIO.

— Je n'ai jamais entendu fureur aussi désordonnée, aussi étrange, aussi extravagante, aussi incohérente — que celle que ce chien de juif exhalait dans les rues : — *Ma fille !... ô mes ducats !... ô ma fille ! — Enfuie avec un chrétien !... oh ! mes ducats chrétiens ! — Justice ! La loi !... mes ducats et ma fille ! — Un sac plein, deux sacs pleins de ducats, — de doubles ducats, à moi volés par ma fille !... — Et des bijoux !... deux bourses, pleines des plus précieux bijoux, — volées par ma fille !... Justice ! qu'on retrouve la fille ! — Elle a sur elle les bourses et les ducats !*

SALARINO.

— Aussi, tous les enfants de Venise le suivent — en criant : *Ohé ! sa fille, sa bourse et ses ducats !*

SOLANIO.

— Que le bon Antonio soit exact à l'échéance ; — sinon, il payera pour tout cela.

SALARINO.

Pardieu ! vous m'y faites songer : — un Français avec qui je causais hier — me disait que, dans les mers étroites qui séparent — la France et l'Angleterre, il avait péri — un navire de notre pays, richement chargé. — J'ai pensé à Antonio quand il m'a dit ça, — et j'ai souhaité en silence que ce ne fût pas un des siens.

SOLANIO.

— Vous ferez très-bien de dire à Antonio ce que vous savez ; — mais pas trop brusquement, de peur de l'affliger.

SALARINO.

— Il n'est pas sur la terre de meilleur homme. — J'ai vu Bassanio et Antonio se quitter. — Bassanio lui disait qu'il hâterait autant que possible — son retour. Il a répondu : *N'en faites rien, — Bassanio, ne brusquez pas les choses à cause de moi, — mais attendez que le temps les ait mûries. — Et quant au billet que le juif a de moi, — qu'il ne préoccupe pas votre cervelle d'amoureux. — Soyez gai ; consacrez toutes vos pensées — à faire votre cour et à prouver votre amour — par les démonstrations que vous croirez les plus décisives.* — Et alors, les yeux gros de larmes, — il a détourné la tête, tendu la main derrière lui, — et, avec une prodigieuse tendresse, — il a serré la main de Bassanio. Sur ce, ils se sont séparés.

SOLANIO.

Je crois qu'il n'aime cette vie que pour Bassanio. — Je t'en prie, allons le trouver, — et secouons la mélancolie qu'il couve — par quelque distraction.

SALARINO.

Oui, allons.

Ils sortent.

SCÈNE XII.

[Belmont. Dans le palais de Portia.]

Entre NÉRISSA, suivie d'un valet.

NÉRISSA.

— Vite ! vite ! tire les rideaux sur-le-champ, je te prie; — le prince d'Aragon a prêté serment — et vient faire son choix à l'instant même.

Fanfares de cors. Entrent le prince d'ARAGON, PORTIA et leur suite.

PORTIA.

— Regardez, ici sont les coffrets, noble prince ; — si

vous choisissez celui où je suis renfermée, — notre fête nuptiale sera célébrée sur-le-champ, — mais si vous échouez, il faudra, sans plus de discours, — que vous partiez d'ici immédiatement.

ARAGON.

— Mon serment m'enjoint trois choses : — d'abord, de ne jamais révéler à personne — quel coffret j'ai choisi; puis, si je manque — le bon coffret, de ne jamais — courtiser une fille en vue du mariage ; enfin, — si j'échoue dans mon choix, — de vous quitter immédiatement et de partir.

PORTIA.

— Ce sont les injonctions auxquelles jure d'obéir — quiconque court le hasard d'avoir mon indigne personne.

ARAGON.

— J'y suis préparé. Que la fortune réponde — aux espérances de mon cœur !... Or, argent et plomb vil.

Qui me choisit doit donner et hasarder tout ce qu'il a.

— Tu auras plus belle mine, avant que je donne ou hasarde rien pour toi ! — Que dit la cassette d'or ? Ha ! voyons !

Qui me choisit gagnera ce que beaucoup d'hommes désirent.

— Ce que beaucoup d'hommes désirent... Ce *beaucoup* peut désigner — la folle multitude qui choisit d'après l'apparence, — ne connaissant que ce que lui dit son œil ébloui, — qui ne regarde pas à l'intérieur, mais, comme le martinet, — bâtit au grand air, sur le mur extérieur, — à la portée et sur le chemin même du danger. — Je ne veux pas choisir ce que beaucoup d'hommes désirent, — parce que je ne veux pas frayer avec les esprits vulgaires — et me ranger parmi les multitudes barbares. — A toi donc, maintenant, écrin d'argent! — Dis-moi une fois de plus quelle devise tu portes :

> Qui me choisit, obtiendra ce qu'il mérite.

— Bien dit. Qui en effet voudrait — duper la fortune en obtenant des honneurs — auxquels manquerait le sceau du mérite? que nul n'ait la présomption — de revêtir une dignité dont il est indigne! — Ah! si les empires, les grades, les places — ne s'obtenaient pas par la corruption, si les honneurs purs — n'étaient achetés qu'au prix du mérite, — que de gens qui sont nus seraient couverts, — que de gens qui commandent seraient commandés! Quelle ivraie de bassesse on séparerait — du bon grain de l'honneur! Et que de germes d'honneur, — glanés dans le fumier et dans le rebut du temps, — seraient mis en lumière!... Mais faisons notre choix.

> Qui me choisit, obtiendra ce qu'il mérite.

— Je prends ce que je mérite. Donnez-moi la clef de ce coffret, — que j'ouvre ici la porte à ma fortune!

Il ouvre le coffret d'argent.

PORTIA.

— Ce que vous y trouvez ne valait pas cette longue pause.

ARAGON.

— Que vois-je? Le portrait d'un idiot grimaçant — qui me présente une cédule! je vais la lire. — Que tu ressembles peu à Portia! — Que tu ressembles peu à ce que j'espérais, à ce que je méritais!

> Qui me choisit, aura ce qu'il mérite.

— Ne méritais-je rien de plus qu'une tête de niais? — Est-ce là le juste prix de mes mérites?

PORTIA.

— La place du coupable n'est pas celle du juge : — ces deux rôles sont de nature opposée.

ARAGON.

— Qu'y a-t-il là?

> Le feu m'a éprouvé sept fois ;
> Sept fois éprouvé doit être le jugement
> Qui n'a jamais mal choisi.
> Il est des gens qui n'embrassent que des ombres ;
> Ceux-là n'ont que l'ombre du bonheur.
> Il est ici-bas, je le sais, des sots
> Qui ont, comme moi, le dehors argenté.
> Menez au lit l'épouse que vous voudrez,
> Je serai toujours la tête qui vous convient.
> Sur ce, partez : vous êtes expédié.

— Plus je tarderai ici, plus j'y ferai sotte figure. — J'étais venu faire ma cour avec une tête de niais, — mais je m'en vais avec deux. — Adieu, charmante! Je tiendrai mon serment, — et supporterai patiemment mon malheur.

Sort le prince d'Aragon avec sa suite

PORTIA.

— Ainsi, le phalène s'est brûlé à la chandelle. — Oh! les sots raisonneurs! Quand ils se décident, — ils ont l'esprit de tout perdre par leur sagesse.

NÉRISSA.

— Ce n'est point une hérésie que le vieux proverbe : pendaison et mariage, questions de destinée!

PORTIA.

— Allons! ferme le rideau, Nérissa.

Entre un MESSAGER.

LE MESSAGER.

— Où est madame?

PORTIA.

— Ici; que veut monseigneur?

LE MESSAGER.

Madame, il vient de descendre à votre porte — un

jeune Vénitien qui arrive en avant — pour signifier l'approche de son maître. — Il apporte de sa part des hommages substantiels, — consistant, outre les compliments et les murmures les plus courtois, — en présents de riche valeur. Je n'ai pas encore vu — un ambassadeur d'amour aussi avenant : — jamais jour d'avril n'a annoncé aussi délicieusement — l'approche du fastueux été — que ce piqueur la venue de son maître.

PORTIA.

— Assez, je te prie. J'ai à moitié peur — que tu ne dises bientôt qu'il est de tes parents, — quand je te vois dépenser à le louer ton esprit des grands jours. — Viens, viens, Nérissa ; car il me tarde de voir — ce rapide courrier de Cupido, qui arrive si congrûment.

NÉRISSA.

— Veuille, seigneur Amour, que ce soit Bassanio !

Tous sortent.

SCÈNE XIII.

[Une rue de Venise.]

Entrent SOLANIO et SALARINO.

SOLANIO.

Maintenant quelles nouvelles sur le Rialto ?

SALARINO.

Et bien, le bruit court toujours, sans être démenti, qu'un navire richement chargé, appartenant à Antonio, a fait naufrage dans le détroit, aux *Goodwins* : c'est ainsi, je crois, que l'endroit s'appelle. C'est un bas-fond dangereux et fatal où gisent enterrées les carcasses de bien des navires de haut bord. Voilà la nouvelle, si toutefois la rumeur que je répète est une créature véridique.

SOLANIO.

Je voudrais qu'elle fût aussi menteuse que la plus fourbe commère qui ait jamais grignoté pain d'épices ou fait croire à ses voisins qu'elle pleurait la mort d'un troisième mari. Mais, pour ne pas glisser dans le prolixe et ne pas obstruer le grand chemin de la simple causerie, il est trop vrai que le bon Antonio, l'honnête Antonio... Oh! que ne trouvé-je une épithète digne d'accompagner son nom!...

SALARINO.

Allons! achève ta phrase.

SOLANIO.

Hein? que dis-tu?... Eh bien, pour finir, il a perdu un navire.

SALARINO.

Dieu veuille que ce soit là la fin de ses pertes!

SOLANIO.

Que je dise vite *Amen*! de peur que le diable ne vienne à la traverse de ma prière : car le voici qui arrive sous la figure d'un juif...

Entre Shylock

SOLANIO.

Eh bien, Shylock? Quelles nouvelles parmi les marchands?

SHYLOCK.

Vous avez su, mieux que personne, la fuite de ma fille?

SALARINO.

Cela est certain. Pour ma part, je sais le tailleur qui a fait les ailes avec lesquelles elle s'est envolée.

SOLANIO.

Et, pour sa part, Shylock savait que l'oiseau avait

toutes ses plumes, et qu'alors il est dans le tempérament de tous les oiseaux de quitter la maman.

SHYLOCK.

Elle est damnée pour cela.

SALARINO.

C'est certain, si elle a le diable pour juge.

SHYLOCK.

Ma chair et mon sang se révolter ainsi !

SALARINO.

Fi, vieille charogne ! le devraient-ils à ton âge?

SHYLOCK.

Je parle de ma fille qui est ma chair et mon sang.

SALARINO.

Il y a plus de différence entre ta chair et la sienne qu'entre le jais et l'ivoire; entre ton sang et le sien qu'entre le vin rouge et le vin du Rhin... Mais, dites-nous, savez-vous si Antonio a fait, ou non, des pertes sur mer?

SHYLOCK.

Encore un mauvais marché pour moi! Un banqueroutier, un prodigue, qui ose à peine montrer sa tête sur le Rialto! Un mendiant qui d'habitude venait se prélasser sur la place !... Gare à son billet! Il avait coutume de m'appeler usurier. Gare à son billet! Il avait coutume de prêter de l'argent par courtoisie chrétienne. Gare à son billet!

SALARINO.

Bah! je suis sûr que, s'il n'est pas en règle, tu ne prendras pas sa chair. A quoi serait-elle bonne?

SHYLOCK.

A amorcer le poisson! dût-elle ne rassasier que ma vengeance, elle la rassasiera. Il m'a couvert d'opprobre, il m'a fait tort d'un demi-million, il a ri de mes pertes, il s'est moqué de mes gains, il a conspué ma nation, traversé mes marchés, refroidi mes amis, échauffé mes ennemis ; et quelle est sa raison ?... Je suis un juif ! Un juif n'a-t-il pas des yeux ? Un juif n'a-t-il pas des mains, des organes, des proportions, des sens, des affections, des passions? N'est-il pas nourri de la même nourriture, blessé des mêmes armes, sujet aux mêmes maladies, guéri par les mêmes moyens, échauffé et refroidi par le même été et par le même hiver qu'un chrétien? Si vous nous piquez, est-ce que nous ne saignons pas? Si vous nous chatouillez, est-ce que nous ne rions pas? Si vous nous empoisonnez, est-ce que nous ne mourons pas? Et si vous nous outragez, est-ce que nous ne nous vengerons pas? Si nous sommes comme vous du reste, nous vous ressemblerons aussi en cela. Quand un chrétien est outragé par un juif, où met-il son humilité? à se venger ! Quand un juif est outragé par un chrétien, où doit-il, d'après l'exemple chrétien, mettre sa patience? Eh bien, à se venger ! La perfidie que vous m'enseignez, je la pratiquerai, et j'aurai du malheur, si je ne surpasse pas mes maîtres !

Entre un VALET.

LE VALET.

Messieurs, mon maître Antonio est chez lui et désire vous parler à tous deux.

SALARINO.

Nous l'avons cherché de tous côtés.

SOLANIO.

En voici un autre de la tribu ! On n'en trouverait pas un troisième de leur trempe, à moins que le diable lui-même ne se fît juif.

Sortent Solanio, Salarino et le valet.

SCÈNE XIII.

Entre Tubal.

SHYLOCK.

Eh bien, Tubal, quelles nouvelles de Gênes? As-tu trouvé ma fille?

TUBAL.

J'ai entendu parler d'elle en maint endroit, mais je n'ai pas pu la trouver.

SHYLOCK.

Allons, allons, allons, allons! Un diamant qui m'avait coûté à Francfort deux mille ducats, perdu! Jusqu'à présent la malédiction n'était pas tombée sur notre nation; je ne l'ai jamais sentie qu'à présent... Deux mille ducats que je perds là, sans compter d'autres bijoux précieux, bien précieux! Je voudrais ma fille là, à mes pieds, morte, avec les bijoux à ses oreilles! Je la voudrais là ensevelie, à mes pieds, avec les ducats dans son cercueil!... Aucune nouvelle des fugitifs! Non, aucune!... Et je ne sais pas ce qu'ont coûté toutes les recherches. Oui, perte sur perte! Le voleur parti avec tant; tant pour trouver le voleur! Et pas de satisfaction, pas de vengeance! Ah! il n'y a de malheurs accablants que sur mes épaules, de sanglots que dans ma poitrine, de larmes que sur mes joues!

Il pleure.

TUBAL.

Si fait, d'autres hommes ont du malheur aussi. Antonio, à ce que j'ai appris à Gênes...

SHYLOCK.

Quoi! quoi! quoi! un malheur? un malheur?

TUBAL.

A perdu un galion, venant de Tripoli.

SHYLOCK.

Je remercie Dieu, je remercie Dieu! Est-ce bien vrai? Est-ce bien vrai?

TUBAL.

J'ai parlé à des matelots échappés au naufrage.

SHYLOCK.

Je te remercie, bon Tubal!.. Bonne nouvelle; bonne nouvelle. Ha! ha! Où ça? à Gênes?

TUBAL.

Votre fille a dépensé à Gênes, m'a-t-on dit, quatre-vingts ducats en une nuit!

SHYLOCK.

Tu m'enfonces un poignard... Je ne reverrai jamais mon or. Quatre-vingts ducats d'un coup! quatre-vingts ducats!

TUBAL.

Il est venu avec moi à Venise des créanciers d'Antonio qui jurent qu'il ne peut manquer de faire banqueroute.

SHYLOCK.

J'en suis ravi. Je le harcèlerai, je le torturerai ; j'en suis ravi.

TUBAL.

Un d'eux m'a montré une bague qu'il a eue de votre fille pour un singe.

SHYLOCK.

Malheur à elle! Tu me tortures, Tubal : c'était ma turquoise! Je l'avais eue de Lia, quand j'étais garçon : je ne l'aurais pas donnée pour une forêt de singes.

TUBAL.

Mais Antonio est ruiné, certainement.

SHYLOCK.

Oui, c'est vrai, c'est vrai. Va, Tubal, engage-moi un exempt, retiens-le quinze jours d'avance... S'il ne paye pas, je veux avoir son cœur : car, une fois qu'il sera hors

de Venise, je puis faire tous les marchés que je voudrai.
Va, Tubal, et viens me rejoindre à notre synagogue ; va,
bon Tubal. A notre synagogue, Tubal !

Ils sortent.

SCÈNE XIV.

[Le palais de Portia à Belmont.]

Entrent Bassanio, Portia, Gratiano, Nérissa et d'autres suivantes. Les coffrets sont découverts.

PORTIA.

— Différez, je vous prie. Attendez un jour ou deux —
avant de vous hasarder ; car, si vous choisissez mal, — je
perds votre compagnie. Ainsi, tardez un peu. — Quelque
chose me dit (mais ce n'est pas l'amour,) — que je ne voudrais pas vous perdre : et vous savez vous-même — qu'une
pareille suggestion ne peut venir de la haine. — Mais pour
que vous me compreniez mieux — (et pourtant une vierge
n'a pas de langage autre que sa pensée), — je voudrais vous
retenir ici un mois ou deux, — avant que vous vous aventuriez pour moi. Je pourrais vous apprendre — comment bien
choisir ; mais alors je serais parjure, — et je ne le serai
jamais. Vous pouvez donc échouer ; — mais si vous
échouez, vous me donnerez le regret coupable — de
n'avoir pas été parjure. Maudits soient vos yeux ! — Ils
m'ont enchantée et partagée en deux moitiés : — l'une
est à vous, l'autre est à vous... — à moi, voulais-je dire ;
mais, si elle est à moi, elle est à vous, — et ainsi le tout
est à vous. O cruelle destinée — qui met une barrière
entre le propriétaire et la propriété, — et fait qu'étant
à vous, je ne suis pas à vous !.. Si tel est l'événement, —

que ce soit la fortune, et non moi, qui aille en enfer ! — J'en dis trop long, mais c'est pour suspendre le temps, — l'étendre, le traîner en longueur, — et retarder votre choix.

BASSANIO.

Laissez-moi choisir, — car, dans cet état, je suis à la torture.

PORTIA.

— A la torture, Bassanio ? Alors avouez — quelle trahison est mêlée à votre amour.

BASSANIO.

— Aucune, si ce n'est cette affreuse trahison de la défiance — qui me fait craindre pour la possession de ce que j'aime. — Il y a autant d'affinité et de rapport — entre la neige et la flamme qu'entre la trahison et mon amour.

PORTIA.

— Oui, mais je crains que vous ne parliez comme un homme que la torture force à parler.

BASSANIO.

— Promettez-moi la vie, et je confesserai la vérité.

PORTIA.

— Eh bien alors, confessez et vivez.

BASSANIO.

En me disant : confessez et aimez, — vous auriez résumé toute ma confession. — O délicieux tourment où ma tourmenteuse — me suggère des réponses pour la délivrance ! — Allons ! menez-moi aux coffrets et à ma fortune.

PORTIA.

— En avant donc ! Je suis enfermée dans l'un d'eux ; — si vous m'aimez, vous m'y découvrirez. — Nérissa, et vous tous, tenez-vous à l'écart... — Que la musique résonne pendant qu'il fera son choix ! Alors, s'il perd, il finira comme le cygne, — qui s'évanouit en musique ; et, pour que la comparaison — soit plus juste, mes yeux seront le ruisseau — qu'il aura pour humide lit de mort. Il peut gagner : — alors, que sera la musique ? Eh bien, la musique sera — la fanfare qui retentit quand des sujets loyaux saluent — un roi nouvellement couronné : ce sera — le doux son de l'aubade — qui se glisse dans l'oreille du fiancé rêvant — et l'appelle au mariage... Voyez ! il s'avance — avec non moins de majesté, mais avec bien plus d'amour, — que le jeune Alcide, alors qu'il racheta — le virginal tribut payé par Troie gémissante — au monstre de la mer. Moi, je me tiens prête pour le sacrifice ; — ces femmes, à l'écart, ce sont des Dardaniennes — qui, le visage effaré, viennent voir — l'issue de l'entreprise... Va, Hercule ! — Vis et je vivrai... J'ai bien plus d'anxiété, — moi qui assiste au combat que toi qui l'engages.

La musique commence. Tandis que Bassanio considère les coffrets, on chante la chanson suivante :

Dis-moi où siége l'amour :
Dans le cœur ou dans la tête ?
Comment naît-il et se nourrit-il ?
Réponds, réponds.

Il est engendré dans les yeux,
Se nourrit de regards, et meurt
Dans le berceau où il repose.
Sonnons tous le glas de l'amour.
J'entonne. Ding, dong, vole !

TOUS.

Ding, dong, vole !

BASSANIO.

— Donc les plus brillants dehors peuvent être les moins sincères. — Le monde est sans cesse déçu par l'ornement. — En justice, quelle est la cause malade et impure — dont les tempéraments d'une voix gracieuse — ne dissimulent pas l'odieux? En religion, — quelle erreur si damnable qui ne puisse, sanctifiée — par un front austère et s'autorisant d'un texte, — cacher sa grossièreté sous de beaux ornements? — Il n'est pas de vice si simple qui n'affiche — des dehors de vertu. — Combien de poltrons, au cœur traître — comme un escalier de sable, qui portent au menton — la barbe d'un Hercule et d'un Mars farouche ! — Sondez-les intérieurement : ils ont le foie blanc comme du lait ! — Ils n'assument l'excrément de la virilité — que pour se rendre redoutables... Regardez la beauté, — et vous verrez qu'elle s'acquiert au poids de la parure : — de là ce miracle, nouveau dans la nature, — que les femmes les plus chargées sont aussi les plus légères. — Ainsi, ces tresses d'or aux boucles serpentines — qui jouent si coquettement avec le vent — sur une prétendue beauté, sont souvent connues — pour être le douaire d'une seconde tête, — le crâne qui les a produites étant dans le sépulcre ! — Ainsi l'ornement n'est que la plage trompeuse — de la plus dangereuse mer, c'est la splendide écharpe — qui voile une beauté indienne! C'est, en un mot, — l'apparence de vérité que revêt un siècle perfide — pour duper les plus sages. Voilà pourquoi, or éclatant, — âpre aliment de Midas, je ne veux pas de toi.

Montrant le coffret d'argent.

— Ni de toi, non plus, pâle et vulgaire agent — entre l'homme et l'homme... Mais toi ! toi, maigre plomb, — qui fais une menace plutôt qu'une promesse, — ta simplicité m'émeut plus que l'éloquence, — et je te choisis, moi ! Que mon bonheur en soit la conséquence !

PORTIA.

— Comme s'évanouissent dans les airs toutes les autres émotions, — inquiétudes morales, désespoir éperdu, — frissonnante frayeur, jalousie à l'œil vert ! — O amour, modère-toi, calme ton extase, — contiens ta pluie de joie, affaiblis-en l'excès ; — je sens trop la béatitude, atténue-la, — de peur qu'elle ne m'étouffe.

   BASSANIO, ouvrant le coffret de plomb.

Que vois-je ici ? — le portrait de la belle Portia ! Quel demi-dieu — a approché à ce point de la création ? Ces yeux remuent-ils — ou est-ce parce qu'ils agitent mes prunelles — qu'ils me semblent en mouvement ? Voici des lèvres entr'ouvertes — que traverse une haleine de miel ; jamais barrière si suave — ne sépara si suaves amis. Ici, dans ces cheveux, — le peintre, imitant Arachné, a tissé — un réseau d'or où les cœurs d'hommes se prennent plus vite — qu'aux toiles d'araignée les cousins ! Mais ces yeux !... — Comment a-t-il pu voir pour les faire ? Un seul achevé — suffisait, ce me semble, pour ravir ces deux yeux, à lui, — et l'empêcher de finir. Mais voyez, autant — la réalité de mon enthousiasme calomnie cette ombre — par ses éloges insuffisants, autant cette ombre — se traîne péniblement loin de la réalité... Voici l'écriteau qui contient et résume ma fortune :

  A vous qui ne choisissez pas sur l'apparence,
  Bonne chance ainsi qu'heureux choix !
  Puisque ce bonheur vous arrive,
  Soyez content, n'en cherchez pas d'autre ;
  Si vous en êtes satisfait
  Et si votre sort fait votre bonheur,
  Tournez-vous vers votre dame
  Et réclamez-la par un tendre baiser.

— Charmant écriteau ! Belle dame, avec votre permission...

         Il l'embrasse.

— Je viens, cette note à la main, donner et recevoir. — Un jouteur, luttant avec un autre pour le prix, — croit avoir réussi aux yeux du public, — lorsqu'il entend les applaudissements et les acclamations universelles ; — il s'arrête l'esprit étourdi, l'œil fixe, ne sachant — si ce tonnerre de louanges est, oui ou non, pour lui. — De même, je reste devant vous, trois fois belle dame — doutant de la vérité de ce que je vois, — jusqu'à ce qu'elle ait été confirmée, signée, ratifiée par vous.

PORTIA.

— Vous me voyez ici, seigneur Bassanio, — telle que je suis. Pour moi seule, — je n'aurais pas l'ambitieux désir — d'être beaucoup mieux que je ne suis. Mais pour vous, — je voudrais tripler vingt fois ce que je vaux, — être mille fois plus belle, dix mille fois — plus riche — et, rien que pour grandir dans votre estime, — avoir, en vertus, en beautés, en fortune, en amis, — un trésor incalculable. Mais la somme de ce que je suis — est une médiocre somme : à l'évaluer en gros, — vous voyez une fille sans savoir, sans acquis, sans expérience — heureuse d'être encore d'âge à apprendre, plus heureuse — d'être née avec assez d'intelligence pour apprendre, — heureuse surtout de confier — son docile esprit à votre direction, — ô mon seigneur, mon gouverneur, mon roi ! — Moi et ce qui est mien, tout — est vôtre désormais. Naguère, j'étais le seigneur — de cette belle résidence, le maître de mes gens, — la reine de moi-même : et maintenant, au moment où je parle, — cette maison, ces gens et moi-même, — vous avez tout, mon seigneur. Je vous donne tout avec cette bague. — Gardez-la bien ! Si vous la perdiez ou si vous la donniez, — cela présagerait la ruine de votre amour — et me donnerait motif de récriminer contre vous.

BASSANIO, mettant à son doigt la bague que lui offre Portia.

— Madame, vous m'avez fait perdre la parole ; — mon sang seul vous répond dans mes veines, — et il y a dans toutes les puissances de mon être cette confusion — qui, après la harangue gracieuse — d'un prince bien-aimé, se manifeste — dans les murmures de la multitude charmée :

— chaos où tous les sentiments, mêlés ensemble, — se confondent en une joie suprême — qui s'exprime sans s'exprimer. Quand cette bague — aura quitté ce doigt, alors ma vie m'aura quitté ; — oh ! alors, dites hardiment : Bassanio est mort.

NÉRISSA.

— Mon seigneur et madame, voici le moment pour nous — spectateurs qui avons vu nos vœux s'accomplir, — de crier : Bonheur ! Bonheur à vous, mon seigneur et madame !

GRATIANO.

— Mon seigneur Bassanio et vous, ma gentille dame, — je vous souhaite tout le bonheur que vous pouvez souhaiter, — car je suis sûr que vos souhaits ne s'opposent pas à mon bonheur. — Le jour où Vos Excellences comptent solenniser — l'échange de leur foi, je les en conjure, — qu'elles me permettent de me marier aussi.

BASSANIO.

— De tout mon cœur, si tu peux trouver une femme.

GRATIANO.

— Je remercie Votre Seigneurie ; vous m'en avez trouvé une. — Mes yeux sont aussi prompts que les vôtres, mon seigneur. — Vous voyiez la maîtresse, j'ai regardé la suivante. — Vous aimiez, j'ai aimé ; car les délais — ne sont pas plus de mon goût, seigneur, que du vôtre. — Votre fortune était dans ces coffrets que voilà, — la mienne aussi, comme l'événement le prouve. — J'ai sué sang et eau pour plaire, — je me suis desséché le palais à prodiguer — les serments d'amour, et enfin, si cette promesse est une fin, — j'ai obtenu de cette belle la promesse — qu'elle m'accorderait son amour, si vous aviez la chance — de conquérir sa maîtresse.

PORTIA.

Est-ce vrai, Nérissa ?

NÉRISSA.

— Oui, madame, si vous y consentez.

BASSANIO.

— Et vous, Gratiano, êtes-vous de bonne foi?

GRATIANO.

— Oui, ma foi, seigneur.

BASSANIO.

— Nos noces seront fort honorées de votre mariage. —

GRATIANO, à Nérissa.

Nous jouerons avec eux mille ducats à qui fera le premier garçon.

NÉRISSA.

Bourse déliée.

GRATIANO.

— Oui; on ne peut gagner à ce jeu-là que bourse déliée. — Mais qui vient ici! Lorenzo et son infidèle? — Quoi! mon vieil ami de Venise, Solanio!

Entrent LORENZO, JESSICA *et* SOLANIO.

BASSANIO.

— Lorenzo et Solanio, soyez les bienvenus ici; — si toutefois la jeunesse de mes droits céans — m'autorise à vous souhaiter la bienvenue... Avec votre permission, — douce Portia, je dis à mes amis et à mes compatriotes — qu'ils sont les bienvenus.

PORTIA.

Je le dis aussi, mon seigneur. — Ils sont tout à fait les bienvenus.

LORENZO.

— Je remercie Votre Grâce... Pour ma part, mon seigneur, — mon dessein n'était pas de venir vous voir ici; — mais Solanio, que j'ai rencontré en route, — m'a tellement supplié de venir avec lui — que je n'ai pu dire non.

SCÈNE XIV.

SOLANIO.

C'est vrai, mon seigneur, — et j'avais des raisons pour cela. Le signor Antonio — se recommande à vous.

Il remet une lettre à Bassanio.

BASSANIO.

Avant que j'ouvre cette lettre, — dites-moi, je vous prie, comment va mon excellent ami.

SOLANIO.

— S'il est malade, seigneur, ce n'est que moralement; — s'il est bien, ce n'est que moralement. Sa lettre — vous indiquera son état.

GRATIANO, montrant Jessica.

— Nérissa, choyez cette étrangère; souhaitez-lui la bienvenue. — Votre main, Solanio. Quelles nouvelles de Venise? — Comment va le royal marchand, le bon Antonio? Je sais qu'il sera content de notre succès : — nous sommes des Jasons, nous avons conquis la Toison.

SOLANIO.

— Que n'avez-vous conquis la toison qu'il a perdue!

PORTIA.

— Il y a dans cette lettre de sinistres nouvelles — qui ravissent leur couleur aux joues de Bassanio : — sans doute la mort d'un ami cher! Car rien au monde — ne pourrait changer à ce point les traits — d'un homme résolu. — Quoi! de pire en pire! — Permettez, Bassanio, je suis une moitié de vous-même, — et je dois avoir ma large moitié — de ce que ce papier vous apporte.

BASSANIO.

O douce Portia! — Il y a ici plusieurs des mots les plus désolants — qui aient jamais noirci le papier. Charmante dame, — quand je vous ai pour la première fois fait part de mon amour, — je vous ai dit franchement que toute ma richesse — circulait dans mes veines, que j'étais gentilhomme. — Alors je vous disais vrai, et pourtant, chère dame, — en m'évaluant à néant, vous allez voir — combien je me vantais encore. Quand j'estimais — ma fortune à rien, j'aurais dû vous dire — qu'elle était moins que rien : car — je me suis fait le débiteur d'un ami cher, — et j'ai fait de cet ami le débiteur de son pire ennemi, — pour me créer des ressources. Voici une lettre, madame, — dont le papier est comme le corps de mon ami, — et dont chaque mot est une plaie béante — par où saigne sa vie... Mais est-ce bien vrai, Solanio? — Toutes ses expéditions ont manqué? pas une n'a réussi? — De Tripoli, du Mexique, d'Angleterre, — de Lisbonne, de Barbarie, des Indes, — pas un vaisseau qui ait échappé au contact terrible — des rochers funestes aux marchands?

SOLANIO.

Pas un, mon seigneur. — Il paraît en outre que, quand même il aurait — l'argent nécessaire pour s'acquitter, le juif — refuserait de le prendre. Je n'ai jamais vu — d'être ayant forme humaine — s'acharner si avidement à la ruine d'un homme. — Il importune le doge du matin au soir, — et met en question les libertés de l'État — si on lui refuse justice. Vingt marchands, — le doge lui-même et les Magnifiques — du plus haut rang ont tous tenté de le persuader, — mais nul ne peut le faire sortir de ces arguments haineux : — manque de parole, justice, engagement pris.

JESSICA.

— Quand j'étais avec lui, je l'ai entendu jurer — devant Tubal et Chus, ses compatriotes, qu'il aimerait mieux avoir la chair d'Antonio — que vingt fois la valeur de la somme — qui lui est due : et je sais, mon seigneur, — que, si la loi, l'autorité et le pouvoir ne s'y opposent, — cela ira mal pour le pauvre Antonio.

SCÈNE XIV.

PORTIA, à Bassanio.

— Et c'est votre ami cher qui est dans cet embarras?

BASSANIO.

— Mon ami le plus cher, l'homme le meilleur, — le cœur le plus disposé, le plus infatigable — à rendre service, un homme en qui — brille l'antique honneur romain plus — que chez quiconque respire en Italie.

PORTIA.

Quelle somme doit-il au juif?

BASSANIO.

— Il doit pour moi trois mille ducats.

PORTIA.

Quoi! pas davantage! — Payez-lui-en six mille et déchirez le billet; — doublez les six mille, triplez-les, — plutôt qu'un tel ami — perde un cheveu par la faute de Bassanio! — D'abord, venez à l'église avec moi, appelez-moi votre femme, — et ensuite allez à Venise retrouver votre ami; — car vous ne reposerez jamais aux côtés de Portia — avec une âme inquiète. Vous aurez de l'or — assez pour payer vingt fois cette petite dette; — quand elle sera payée, amenez ici votre fidèle ami. — Pendant ce temps, Nérissa, ma suivante, et moi, nous vivrons en un virginal veuvage. Allons, venez, — car il vous faut partir le jour de vos noces. — Faites fête à vos amis, montrez-leur une mine joyeuse : — puisque vous avez coûté si cher, je vous aimerai chèrement. — Mais lisez-moi la lettre de votre ami.

BASSANIO, lisant.

« Doux Bassanio, mes vaisseaux se sont tous perdus; mes créan-
» ciers deviennent cruels; ma situation est très-précaire, mon billet
» au juif est en souffrance; et, puisqu'en le payant, il est impossible
» que je vive, toutes dettes entre vous et moi sont éteintes, pourvu
» que je vous voie avant de mourir; néanmoins, suivez votre fantaisie;
» si ce n'est pas votre amitié qui vous décide à venir, que ce ne soit
» pas ma lettre! »

PORTIA.

— O mon amour, terminez vite vos affaires et partez.

BASSANIO.

— Puisque vous me donnez la permission de partir, — je vais me hâter : mais d'ici à mon retour, aucun lit ne sera coupable de mon retard, — aucun repos ne s'interposera entre vous et moi.

Tous sortent.

SCÈNE XV.

[Venise. Une rue.]

Entrent SHYLOCK, SALARINO, ANTONIO et un GEOLIER.

SHYLOCK.

— Geôlier, ayez l'œil sur lui... Ne me parlez pas de pitié... — Voilà l'imbécile qui prêtait de l'argent gratis ! — Geôlier, ayez l'œil sur lui.

ANTONIO.

Pourtant écoute-moi, bon Shylock.

SHYLOCK.

— Je réclame mon billet : ne me parle pas contre mon billet, j'ai juré que mon billet serait acquitté. — Tu m'as appelé chien sans motif ; — eh bien ! puisque je suis chien, prends garde à mes crocs. — Le doge me fera justice. Je m'étonne, — mauvais geôlier, que tu sois assez faible — pour sortir avec lui sur sa demande.

ANTONIO.

— Je t'en prie, écoute-moi.

SHYLOCK.

— Je réclame mon billet, je ne veux pas t'entendre ;

SCÈNE XV.

— je réclame mon billet : ainsi, ne me parle plus. — On ne fera pas de moi un de ces débonnaires, à l'œil contrit, — qui secouent la tête, s'attendrissent, soupirent et cèdent — aux instances des chrétiens. Ne me suis pas : — je ne veux pas de paroles, je ne veux que mon billet.

Sort Shylock.

SALARINO.

— C'est le mâtin le plus inexorable — qui ait jamais frayé avec des hommes.

ANTONIO.

Laissons-le ; — je ne le poursuivrai plus d'inutiles prières. — Il en veut à ma vie ; je sais sa raison : — j'ai souvent sauvé de ses poursuites — bien des gens qui m'ont imploré ; — voilà pourquoi il me hait.

SALARINO.

Je suis sûr que le doge — ne tiendra pas cet engagement pour valable.

ANTONIO.

— Le doge ne peut arrêter le cours de la loi. — Les garanties que les étrangers trouvent — chez nous à Venise ne sauraient être suspendues — sans que la justice de l'État soit compromise — aux yeux des marchands de toutes nations dont le commerce — fait la richesse de la cité. Ainsi, advienne que pourra ! Ces chagrins et ces pertes m'ont tellement exténué — que c'est à peine si j'aurai une livre de chair — à livrer, demain, à mon sanglant créancier. — Allons, geôlier, en avant !... Dieu veuille que Bassanio vienne — me voir payer sa dette, et le reste m'importe peu.

Ils sortent.

SCÈNE XVI.

[Belmont. Dans le palais de Portia.]

Entrent PORTIA, NÉRISSA, LORENZO, JESSICA et BALTHAZAR.

LORENZO.

— Je n'hésite pas, madame, à le dire en votre présence, — vous avez une idée noble et vraie — de la divine amitié : vous en donnez la plus forte preuve, — en supportant de cette façon l'absence de votre seigneur. — Mais, si vous saviez qui vous honorez ainsi, — à quel vrai gentilhomme vous portez secours, — à quel ami dévoué de mon seigneur votre mari, — je suis sûr que vous seriez plus fière de votre œuvre — que vous ne pourriez l'être d'un bienfait ordinaire.

PORTIA.

— Je n'ai jamais regretté d'avoir fait le bien, — et je ne commencerai pas aujourd'hui. Entre camarades — qui vivent et passent le temps ensemble, — et dont les âmes portent également le joug de l'affection, — il doit y avoir une véritable harmonie — de traits, de manières et de goûts : — c'est ce qui me fait penser que cet Antonio, — étant l'ami de cœur de mon seigneur, — doit ressembler à mon seigneur. S'il en est ainsi, — combien peu il m'en a coûté — pour soustraire cette image de mon âme — à l'empire d'une infernale cruauté ! — Mais j'ai trop l'air de me louer moi-même ; — aussi, laissons cela et parlons d'autre chose. — Lorenzo, je remets en vos mains — la direction et le ménagement de ma maison — jusqu'au retour de mon seigneur. Pour ma part, — j'ai adressé au ciel le vœu secret — de vivre dans la prière et dans la contemplation, — sans autre compagnie que

Nérissa, — jusqu'au retour de son mari et de mon seigneur. — Il y a un monastère à deux milles d'ici ; — c'est là que nous résiderons. Je vous prie — de ne pas refuser la charge — que mon amitié et la nécessité — vous imposent en ce moment.

LORENZO.

Madame, c'est de tout mon cœur — que j'obéirai à tous vos justes commandements.

PORTIA.

— Mes gens connaissent déjà mes intentions : ils vous obéiront à vous et à Jessica — comme au seigneur Bassanio et à moi-même. — Ainsi, portez-vous bien ; au revoir !

LORENZO.

— Que de suaves pensées et d'heureux moments vous fassent cortége !

JESSICA.

— Je souhaite à Votre Grâce toutes les satisfactions du cœur !

PORTIA.

— Merci de votre souhait ; j'ai plaisir — à vous le renvoyer. Adieu, Jessica.

Sortent Jessica et Lorenzo.

— Maintenant à toi, Balthazar. — Je t'ai toujours trouvé honnête et fidèle : — que je te trouve encore de même ! Prends cette lettre — et fais tous les efforts humains — pour être vite à Padoue ; remets-la — en main propre au docteur Bellario, mon cousin — Puis prends soigneusement les papiers et les vêtements qu'il te donnera, — et rapporte-les, je te prie, avec toute la vitesse imaginable, à l'embarcadère du bac public — qui mène à Venise. Ne perds pas le temps en paroles, — pars ; je serai là avant toi.

BALTHAZAR.

— Madame, je pars avec toute la diligence possible.

Il sort.

PORTIA.

— Avance, Nérissa. J'ai en main une entreprise — que tu ne connais pas. Nous verrons nos maris — plus tôt qu'ils ne le pensent.

NÉRISSA.

Est-ce qu'ils nous verront?

PORTIA.

— Oui, Nérissa, mais sous un costume tel — qu'ils nous croiront pourvues — de ce qui nous manque. Je gage ce que tu voudras — que, quand nous serons l'une et l'autre accoutrées comme des jeunes hommes, — je serai le plus joli cavalier des deux, — et que je porterai la dague de la meilleure grâce. — Tu verras comme je prendrai la voix flûtée qui marque — la transition de l'adolescent à l'homme ; comme je donnerai à notre pas menu — une allure virile ; comme je parlerai querelles — en vraie jeunesse fanfaronne, et quels jolis mensonges je dirai! — Que d'honorables dames, ayant recherché mon amour, — seront tombées malades et seront mortes de mes rigueurs!... — Pouvais-je suffire à toutes? Puis je me repentirai, — et je regretterai, au bout du compte, de les avoir tuées. — Et je dirai si bien vingt de ces mensonges mignons — qu'il y aura des gens pour jurer que j'ai quitté l'école — depuis plus d'un an!... J'ai dans l'esprit — mille gentillesses, à l'usage de ces fats, que je veux faire servir.

NÉRISSA,

On nous prendra donc pour des hommes?

PORTIA.

— Fi! quelle question, — si tu la faisais devant un

interprète égrillard! — Allons! je te dirai tout mon plan, — quand je serai dans mon coche qui nous attend — à la porte du parc. Dépêchons-nous, — car nous avons vingt milles à faire aujourd'hui.

Ils sortent.

SCÈNE XVII.

[Les jardins de Portia à Belmont.]

Entrent LANCELOT et JESSICA.

LANCELOT.

Oui, vraiment : car, voyez-vous, les péchés du père doivent retomber sur les enfants ; aussi, je vous promets que j'ai peur pour vous. J'ai toujours été franc avec vous, et voilà pourquoi j'agite devant vous la matière. Armez-vous donc de courage ; car, vraiment, je vous crois damnée. Il ne reste qu'une espérance en votre faveur, et encore c'est une sorte d'espérance bâtarde.

JESSICA.

Et quelle est cette espérance, je te prie ?

LANCELOT.

Ma foi, vous pouvez espérer à la rigueur que votre père ne vous a pas engendrée, que vous n'êtes pas la fille du juif.

JESSICA.

C'est là, en effet, une sorte d'espérance bâtarde. En ce cas, ce seraient les péchés de ma mère qui seraient visités en moi.

LANCELOT.

Vraiment, donc, j'ai peur que vous ne soyez damnée et de père et de mère : ainsi, quand j'évite Scylla, votre père, je tombe en Charybde, votre mère. Allons, vous êtes perdue des deux côtés.

JESSICA.

Je serai sauvée par mon mari; il m'a faite chrétienne.

LANCELOT.

Vraiment, il n'en est que plus blâmable : nous étions déjà bien assez de chrétiens, juste assez pour pouvoir bien vivre les uns à côté des autres. Cette confection de chrétiens va hausser le prix du cochon : si nous devenons tous mangeurs de porc, on ne pourra plus à aucun prix avoir une couenne sur le gril.

Entre LORENZO.

JESSICA.

Je vais conter à mon mari ce que vous dites, Lancelot; justement le voici.

LORENZO.

Je deviendrai bientôt jaloux de vous, Lancelot, si vous attirez ainsi ma femme dans des coins.

JESSICA.

Ah! vous n'avez pas besoin de vous inquiéter de nous, Lorenzo. Lancelot et moi, nous sommes mal ensemble. Il me dit nettement qu'il n'y a point de merci pour moi dans le ciel, parce que je suis fille d'un juif, et il prétend que vous êtes un méchant membre de la république, parce qu'en convertissant les juifs en chrétiens, vous haussez le prix du porc.

LORENZO, à Lancelot.

J'aurais moins de peine à me justifier de cela devant la république que vous de la rotondité de la négresse. La fille maure est grosse de vous, Lancelot.

LANCELOT.

Tant mieux, si elle regagne en embonpoint ce qu'elle

SCÈNE XVII.

perd en vertu. Cela prouve que je n'ai pas peur de la maure.

LORENZO.

Comme le premier sot venu peut jouer sur les mots ! Je crois que bientôt la meilleure grâce de l'esprit sera le silence, et qu'il n'y aura plus de mérite à parler que pour les perroquets. Allons, maraud, rentrez leur dire de se préparer pour le dîner.

LANCELOT.

C'est fait, monsieur, ils ont tous appétit.

LORENZO.

Bon Dieu ! quel tailleur d'esprit vous êtes ! Dites-leur alors de préparer le dîner.

LANCELOT.

Le dîner est prêt aussi : c'est le couvert que vous devriez dire.

LORENZO.

Alors, monsieur, voulez-vous mettre le couvert ?

LANCELOT, s'inclinant, le chapeau à la main.

— Non pas ; ici, je me garde découvert ; je sais ce que je vous dois.

LORENZO.

Encore une querelle de mots ! Veux-tu montrer en un instant toutes les richesses de ton esprit ? Comprends donc simplement un langage simple. Va dire à tes camarades qu'ils mettent le couvert sur la table, qu'ils servent les plats et que nous arrivons pour dîner.

LANCELOT.

Oui, on va servir la table, monsieur, et mettre le couvert sur les plats, monsieur ; quant à votre arrivée pour dîner, monsieur, qu'il en soit selon votre humeur et votre fantaisie !

Sort Lancelot.

LORENZO.

— Vive la raison ! quelle suite dans ses paroles ! — L'imbécile a campé dans sa mémoire — une armée de bons mots; et je connais — bien des imbéciles, plus haut placés que lui, — qui en sont comme lui tout cuirassés et qui pour un mot drôle — rompent en visière au sens commun. Comment va ta bonne humeur, Jessica? — Et maintenant, chère bien-aimée, dis ton opinion : — comment trouves-tu la femme du seigneur Bassanio?

JESSICA.

— Au-dessus de toute expression. Il est bien nécessaire — que le seigneur Bassanio vive d'une vie exemplaire, — car, ayant dans sa femme une telle félicité, — il trouvera sur cette terre les joies du ciel; — et, s'il ne les apprécie pas sur terre, il est — bien juste qu'il n'aille pas les recueillir au ciel. — Ah! si deux dieux, faisant quelque céleste gageure, — mettaient pour enjeu deux femmes de la terre, — et que Portia fût l'une d'elles, il faudrait nécessairement — ajouter quelque chose à l'autre, car ce pauvre monde grossier — n'a pas son égale.

LORENZO.

Tu as en moi, — comme mari, ce qu'elle est comme femme.

JESSICA.

— Oui-dà ! demandez-moi donc aussi mon opinion là-dessus.

LORENZO.

— Je le ferai tout à l'heure; d'abord allons dîner.

JESSICA.

— Nenni, laissez-moi vous louer, tandis que je suis en appétit.

LORENZO.

— Non, je t'en prie, réservons cela pour propos de

table; — alors, quoi que tu dises, je le digérerai — avec tout le reste.

JESSICA.

C'est bien, je vais vous démasquer.

Ils sortent.

SCÈNE XVIII.

[Venise. Une cour de justice.]

Entrent le Doge, les Magnifiques, Antonio, Bassanio, Gratiano, Solarino, Solanio et autres.

LE DOGE.

— Eh bien, Antonio est-il ici ?

ANTONIO.

Aux ordres de Votre Grâce.

LE DOGE.

— J'en suis navré pour toi : tu as à répondre — à un adversaire de pierre, à un misérable inhumain, — incapable de pitié, dont le cœur sec ne contient pas — une goutte de sensibilité.

ANTONIO.

J'ai appris — que Votre Grâce s'était donné beaucoup de peine pour modérer — la rigueur de ses poursuites ; mais puisqu'il reste endurci, — et que nul moyen légal ne peut me soustraire — aux atteintes de sa rancune, j'oppose — ma patience à sa furie ; et je m'arme — de toute la quiétude de mon âme pour subir — la tyrannie et la rage de la sienne.

LE DOGE.

— Qu'on mande le juif devant la cour !

SOLANIO.

— Il attend à la porte ; le voici, monseigneur.

Entre SHYLOCK.

LE DOGE.

— Faites place, qu'il se tienne en face de nous. — Shylock, je crois, comme tout le monde, — que tu n'as voulu soutenir ce rôle de pervers — que jusqu'à l'heure du dénoûment ; et qu'alors — tu montreras une pitié et une indulgence plus étranges — que n'est étrange ton apparente cruauté. — Alors, croit-on, au lieu de réclamer la pénalité, — c'est-à-dire une livre de la chair de ce pauvre marchand, — non-seulement tu renonceras à ce dédit, — mais encore, touché par la tendresse et par l'affection humaines, — tu le tiendras quitte de la moitié du principal ; — tu considéreras d'un œil de pitié les désastres — qui viennent de fondre sur son dos, — et qui suffiraient pour accabler un marchand royal, — pour arracher la commisération — à des poitrines de bronze, à des cœurs de marbre, — à des Turcs inflexibles, à des Tartares n'ayant jamais pratiqué — les devoirs d'une affectueuse courtoisie. — Nous attendons tous une bonne réponse, juif.

SHYLOCK.

— J'ai informé Votre Grâce de mes intentions. — J'ai juré par notre saint Sabbath — d'exiger le dédit stipulé dans mon billet. — Si vous me refusez, que ce soit au péril — de votre charte et des libertés de votre cité ! — Vous me demanderez pourquoi j'aime mieux — prendre une livre de charogne que recevoir — trois mille ducats. A cela je n'ai point à répondre, — sinon que tel est mon goût. Est-ce répondre ? — Supposez que ma maison soit troublée par un rat, — et qu'il me plaise de donner dix mille ducats — pour le faire empoisonner !... Cette réponse vous suffit-elle ? — Il y a des gens qui n'aiment pas voir bâiller un porc, — d'autres qui deviennent fous à regarder un chat, — d'autres qui, quand la cornemuse leur chante au nez, — ne peuvent retenir leur urine : car la sensation, — souveraine de la passion, la gouverne au gré — de ses désirs ou de ses dégoûts. Or, voici ma réponse : — De même qu'on ne peut expliquer par aucune raison solide — pourquoi celui-ci a horreur d'un cochon qui bâille, — celui-là, d'un chat familier et inoffensif, — cet autre, d'une cornemuse gonflée, et pourquoi tous, — cédant forcément à une inévitable faiblesse, — font pâtir à leur tour ce qui les a fait pâtir, — de même je ne puis et ne veux donner d'autre raison — qu'une haine réfléchie et une horreur invétérée — pour Antonio, afin d'expliquer pourquoi je soutiens, — contre lui ce procès ruineux... Cette réponse vous suffit-elle?

BASSANIO.

— Ce n'est pas une réponse, homme insensible, — qui excuse l'acharnement de ta cruauté.

SHYLOCK.

— Je ne suis pas obligé à te plaire par ma réponse.

BASSANIO.

— Est-ce que tous les hommes tuent les êtres qu'ils n'aiment pas ?

SHYLOCK.

— Est-ce qu'on hait un être qu'on ne veut pas tuer ?

BASSANIO.

— Tout grief n'est pas nécessairement de la haine.

SHYLOCK.

— Quoi ! voudrais-tu qu'un serpent te piquât deux fois?

ANTONIO.

— Songez, je vous prie, que vous discutez avec le juif. — Autant vaudrait aller vous installer sur la plage — et dire à la grande marée d'abaisser sa hauteur habituelle, — autant vaudrait demander au loup — pourquoi il fait bêler la brebis après son agneau, — autant vaudrait défendre aux pins de la montagne — de secouer leurs cimes hautes et de bruire — lorsqu'ils sont agités par les rafales du ciel, — autant vaudrait accomplir la tâche la plus dure, — que d'essayer (car il n'est rien de plus dur) d'attendrir — ce cœur judaïque... Ainsi, je vous en supplie, — ne lui faites plus d'offre, n'essayez plus aucun moyen. — Plus de délai. C'est assez chicaner, — à moi, ma sentence, au juif, sa requête.

BASSANIO.

— Pour tes trois mille ducats, en voilà six.

SHYLOCK.

— Quand chacun de ces six mille ducats serait — divisé en six parties et quand chaque partie serait un ducat, — je ne voudrais pas les prendre ; je réclame mon billet.

LE DOGE.

— Quelle miséricorde peux-tu espérer, si tu n'en montres aucune?

SHYLOCK.

— Quel jugement ai-je à craindre, ne faisant aucune infraction? — Vous avez parmi vous nombre d'esclaves, — que vous employez comme vos ânes, vos chiens et vos mules, — à des travaux abjects et serviles, — parce que vous les avez achetés... Irai-je vous dire : — *Faites-les libres ! — Mariez-les à vos enfants ! — Pourquoi suent-ils sous des fardeaux? Que leurs lits — soient aussi moelleux que les vôtres ! Que des mets comme les vôtres — flattent leur palais!* Vous me répondriez : — *Ces esclaves sont à nous...* Eh bien, je réponds de même : — La livre de chair que j'exige de lui, — je l'ai chèrement payée : elle est à moi et je la veux. — Si vous me la refusez, fi de vos lois! — Les décrets de Venise sont sans force! Je demande la justice ; l'aurai-je? répondez.

LE DOGE.

— En vertu de mon pouvoir, je puis congédier la cour, — à moins que Bellario, savant docteur — que j'ai envoyé chercher pour déterminer ce cas, — n'arrive aujourd'hui.

SOLANIO.

Mon seigneur, il y a là dehors — un messager nouvellement arrivé de Padoue — avec une lettre du docteur.

LE DOGE.

— Qu'on nous apporte cette lettre ; qu'on appelle le messager.

BASSANIO.

— Rassure-toi, Antonio ! allons, mon cher ! courage encore ! — Le juif aura ma chair, mon sang, mes os, tout, — avant que tu perdes pour moi une seule goutte de sang.

ANTONIO.

— Je suis la brebis galeuse du troupeau, — celle qui est bonne à tuer. Le plus faible fruit — tombe à terre le premier ; laissez-moi tomber. — Ce que vous avez de mieux à faire, Bassanio, — c'est de vivre pour faire mon épitaphe.

Entre Nérissa, déguisée en clerc.

LE DOGE.

— Vous venez de Padoue, de la part de Bellario ?

NÉRISSA.

— Oui, mon seigneur, Bellario salue Votre Grâce.

Elle présente une lettre au doge.

BASSANIO, à Shylock.

— Pourquoi repasses-tu ton couteau si activement ?

SHYLOCK.

— Pour couper ce qui me revient de ce banqueroutier.

GRATIANO.

— Ce n'est pas sur ce cuir, c'est sur ton cœur, âpre juif, — que tu affiles ton couteau ! Mais aucun métal, —

non, pas même la hache du bourreau, n'est aussi affilé — que ta rancune acérée. Aucune prière ne peut donc te pénétrer ?

SHYLOCK.

— Aucune que ton esprit suffise à imaginer.

GRATIANO.

— Oh! soit damné, chien inexorable ! — Et que ta vie accuse la justice ! — Peu s'en faut que tu ne me fasses chanceler dans ma foi — et croire avec Pythagore — que les âmes des animaux passent — dans les corps des hommes. Ton esprit hargneux — gouvernait un loup qui fut pendu pour meurtre d'homme — et dont l'âme féroce, envolée du gibet — quand tu étais encore dans le ventre de ta mère profane, — s'introduisit en toi! tes appétits — sont ceux d'un loup, sanguinaires, voraces et furieux.

SHYLOCK.

— Tant que tes injures ne ratureront pas la signature de ce billet, — tu ne blesseras que tes poumons à pérorer si fort. — Etaie ton esprit, bon jeune homme, sinon, il va subir — un irréparable écroulement... J'attends ici justice.

LE DOGE.

— Cette lettre de Bellario recommande — à la cour un jeune et savant docteur. — Où est-il ?

NÉRISSA.

Il attend tout près d'ici — pour savoir si vous voudrez bien l'admettre.

LE DOGE.

— De tout mon cœur... Que trois ou quatre d'entre vous — sortent et lui fassent jusqu'ici une escorte de courtoisie. — En attendant, la cour entendra la lettre de Bellario.

LE CLERC, lisant.

« Votre Grâce apprendra que, lorsque j'ai reçu sa lettre, j'étais très-
» malade ; mais, au moment même où son messager arrivait, je rece-
» vais l'aimable visite d'un jeune docteur de Rome, nommé Balthazar.

» Je l'ai instruit de la cause pendante entre le juif et le marchand An-
» tonio. Nous avons feuilleté beaucoup de livres ensemble. Il est muni
» de mon opinion; il vous la portera épurée par sa propre science dont
» je ne saurais trop vanter l'étendue; et sur ma sollicitation, il rem-
» plira à ma place les intentions de Votre Grâce. Que les années dont
» il est privé ne le privent pas, je vous en conjure, de votre haute
» estime; car je n'ai jamais vu si jeune corps avec une tête si vieille.
» Je le livre à votre gracieux accueil, bien sûr que l'épreuve enchérira
» sur mes éloges. »

LE DOGE.

— Vous entendez ce qu'écrit le savant Bellario, — et voici, je suppose, le docteur qui vient.

Entre PORTIA, dans le costume de docteur en droit

LE DOGE.

— Donnez-moi votre main. Vous venez de la part du vieux Bellario?

PORTIA.

Oui, mon seigneur.

LE DOGE.

— Vous êtes le bienvenu. Prenez place. — Êtes-vous instruit du différend — qui s'agite présentement devant la cour?

PORTIA.

— Je connais à fond la cause. — Lequel ici est le marchand, et lequel est le juif?

LE DOGE.

— Antonio, et vous, vieux Shylock, avancez tous deux.

PORTIA.

— Votre nom est-il Shylock?

SHYLOCK.

Shylock est mon nom.

PORTIA.

— Le procès que vous intentez est d'une étrange nature; — mais vous êtes si bien en règle que la loi vénitienne — ne peut pas faire obstacle à vos poursuites.

A Antonio.

— C'est vous qui êtes à sa merci, n'est-ce pas ?

ANTONIO.

— Oui, à ce qu'il dit.

PORTIA.

Reconnaissez-vous le billet?

ANTONIO.

— Je le reconnais.

PORTIA.

Il faut donc que le juif soit clément.

SHYLOCK.

— En vertu de quelle obligation? Dites-le-moi.

PORTIA.

— La clémence ne se commande pas. — Elle tombe du ciel, comme une pluie douce, — sur le lieu qu'elle domine ; double bienfaisance, — elle fait du bien à celui qui donne et à celui qui reçoit. — Elle est la puissance des puissances. Elle sied — aux monarques sur leur trône mieux que leur couronne. — Leur sceptre représente la force du pouvoir temporel; il est l'attribut d'épouvante et de majesté — dont émanent le respect et la terreur des rois. — Mais la clémence est au-dessus de l'autorité du sceptre. — Elle trône dans le cœur des rois. — elle est l'attribut de Dieu même ; — et le pouvoir terrestre qui ressemble le plus à Dieu est — celui qui tempère la justice par la clémence. Ainsi, juif, — bien que la justice soit ton argument, considère ceci : — qu'avec la stricte justice, nul de nous — ne verrait le salut. C'est la clémence qu'invoque la prière, — et c'est la prière même qui nous enseigne à tous à faire — acte de clémence. Tout ce que je viens de dire est — pour mitiger la justice de ta cause ; — si tu persistes, le strict tribunal de Venise — n'a plus qu'à prononcer sa sentence contre ce marchand.

SCÈNE XVIII.

SHYLOCK.

— Que mes actions retombent sur ma tête ! Je réclame la loi, — la pénalité et le délit stipulé par mon billet.

PORTIA.

— Est-ce qu'il n'est pas en état de rembourser l'argent ?

BASSANIO.

— Si fait. Je le lui offre ici devant la cour : — je double même la somme. Si cela ne suffit pas, — je m'obligerai à la payer dix fois, — en donnant pour gages mes mains, ma tête, mon cœur. — Si cela ne suffit pas, il est notoire — que c'est la méchanceté qui accable l'innocence. Je vous en conjure, — foulez une fois la loi sous votre autorité. — Pour rendre la grande justice, faite une petite injustice, — et domptez le cruel démon de son acharnement.

PORTIA.

— Cela ne doit pas être : il n'y a pas de puissance à Venise — qui puisse altérer un décret établi, — Cela serait enregistré comme un précédent ; — et par cet exemple, bien des abus — feraient irruption dans l'État. Cela ne se peut.

SHYLOCK.

— C'est un Daniel qui nous est venu pour juge ! oui, un Daniel ! — O juge jeune et sage, combien je t'honore !

PORTIA.

— Faites-moi voir le billet, je vous prie.

SHYLOCK.

— Le voici, très-révérend docteur ; le voici.

PORTIA.

— Shylock, on t'offre ici trois fois ton argent.

SHYLOCK.

— Un serment ! un serment ! J'ai un serment au ciel ! — Mettrai-je le parjure sur mon âme ? — Non, pas pour tout Venise.

PORTIA.

Eh bien ! l'échéance est passée ; — et légalement, avec

ceci, le juif peut réclamer — une livre de chair, qui doit être coupée par lui — tout près du cœur du marchand... Sois clément, — prends trois fois ton argent et dis-moi de déchirer ce billet.

SHYLOCK.

— Quand il sera payé conformément à sa teneur ! — On voit que vous êtes un juge émérite ; — vous connaissez la loi ; votre exposition — a été péremptoire ; je vous somme, au nom de la loi — dont vous êtes le digne pilier, — de procéder au jugement. Je jure sur mon âme — qu'il n'est au pouvoir d'aucune langue humaine — de m'ébranler. Je m'en tiens à mon billet.

ANTONIO.

— Je supplie instamment la cour — de rendre son jugement.

PORTIA.

Eh bien ! le voici.

A Antonio.

— Il faut offrir votre poitrine à son couteau.

SHYLOCK.

— O noble juge ! ô excellent jeune homme !

PORTIA.

— Car la glose et l'esprit de la loi — agréent tout à fait avec la pénalité — stipulée clairement dans ce billlet.

SHYLOCK.

— C'est très-vrai ! O juge sage et équitable ! — Combien tu es plus vieux que tu ne le parais !

PORTIA, à Antonio.

— Ainsi, mettez à nu votre sein.

SHYLOCK.

Oui, sa poitrine : — le billet le dit. N'est-ce pas, noble juge ? — Tout près de son cœur, ce sont les propres termes.

SCÈNE XVIII.

PORTIA.

— Exactement. Y a-t-il ici une balance pour peser — la chair ?

SHYLOCK.

J'en ai une toute prête.

PORTIA.

— Ayez aussi un chirurgien à vos frais, Shylock, — pour bander ses plaies et empêcher qu'il ne saigne jusqu'à mourir.

SHYLOCK.

— Cela est-il spécifié dans le billet ?

PORTIA.

— Cela n'est pas exprimé ; mais n'importe ! — Il serait bon que vous le fissiez par charité.

SHYLOCK.

— Je ne trouve pas ; ce n'est pas dit dans le billet.

PORTIA, à Antonio.

— Allons, marchand, avez-vous quelque chose à dire ?

ANTONIO.

— Peu de chose. Je suis armé, et parfaitement préparé. — Donnez-moi votre main, Bassanio ; adieu ! — Ne vous attristez pas, si je suis réduit pour vous à cette extrémité. — Car la fortune se montre en ce cas plus indulgente — que de coutume. D'ordinaire, — elle force le malheureux à survivre à son opulence, — et à contempler avec des yeux hâves et un front ridé — un siècle de pauvreté : elle me retranche — les pénibles langueurs d'une pareille misère. — Recommandez-moi à votre noble femme ; — racontez-lui, dans toutes ses circonstances, la fin d'Antonio ; — dites-lui combien je vous aimais ; rendez justice au mort. — Et, quand l'histoire sera contée, qu'elle déclare — s'il n'est pas vrai que Bassanio eut un ami. — Ne vous repentez pas d'avoir perdu cet ami ; — il ne se repent pas, lui, de payer votre dette. — Car, pourvu que le juif coupe assez profondément, — je vais la payer sur-le-champ de tout mon cœur.

BASSANIO.

— Antonio, je suis marié à une femme — qui m'est aussi chère que ma vie même ; — mais ma vie même, ma femme, le monde entier — ne sont pas pour moi plus précieux que ta vie ; — je suis prêt à perdre tout, oui, à sacrifier tout — à ce démon que voici, pour te sauver.

PORTIA.

— Votre femme vous remercierait peu, — si elle vous entendait faire une pareille offre.

GRATIANO.

— J'ai une femme que j'aime, je le jure ; — eh bien, je voudrais qu'elle fût au ciel, si elle pouvait — décider quelque puissance à changer ce juif hargneux.

NÉRISSA.

— Vous faites bien de le souhaiter en arrière d'elle ; — autrement ce vœu-là mettrait le trouble dans votre ménage.

SHYLOCK, à part.

— Voilà bien ces époux chrétiens. J'ai une fille : — plût à Dieu qu'elle eût un descendant de Barabbas — pour mari, plutôt qu'un chrétien !

Haut, à Portia.

— Nous gaspillons le temps. Je t'en prie, procède à la sentence.

PORTIA.

— Tu as droit à une livre de la chair de ce marchand. — La cour te l'adjuge et la loi te la donne.

SHYLOCK.

O le juge émérite !

PORTIA.

— Et tu dois la couper de son sein ; — la loi le permet, et la cour le concède.

SHYLOCK.

— O le savant juge ! Voilà une sentence. Allons ! préparez-vous.

PORTIA.

— Arrête un peu. Ce n'est pas tout. — Ce billet-ci ne t'accorde pas une goutte de sang. — Les termes exprès sont : *une livre de chair*. — Prends donc ce qui t'est dû, prends ta livre de chair (21) ; — mais si, en la coupant, tu verses — une seule goutte de sang chrétien, tes terres et tes biens — sont, de par les lois de Venise, confisqués au profit de l'État de Venise.

GRATIANO.

— O juge émérite ! — Attention, juif !... O le savant juge !

SHYLOCK.

— Est-ce là la loi ?

PORTIA.

Tu verras toi-même le texte. — Puisque tu réclames justice, sois sûr — que tu obtiendras justice, plus même que tu ne le désires.

GRATIANO.

— O le savant juge !... Attention, juif !... O le savant juge !

SHYLOCK.

— Alors j'accepte l'offre... Payez-moi trois fois le billet, — et que le chrétien s'en aille.

BASSANIO.

Voici l'argent.

PORTIA.

Doucement ! — Le juif aura justice complète... Doucement... Pas de hâte ! — Il n'aura rien que la pénalité prévue.

GRATIANO.

— O juif ! quel juge émérite ! quel savant juge !

PORTIA.

— Ainsi, prépare-toi à couper la chair. — Ne verse pas de sang ; ne coupe ni plus ni moins, — mais tout juste une livre de chair. Si tu en prends — plus ou moins que la juste livre, — si tu diminues ou augmentes le poids convenu — ne fût-ce que de la vingtième partie — d'un seul pauvre grain, si même la balance incline — de l'épaisseur d'un cheveu, — tu meurs, et tous tes biens sont confisqués.

GRATIANO.

— Un second Daniel ! un Daniel, juif ! Maintenant, infidèle, je te tiens.

PORTIA.

— Qu'attends-tu, juif? Prends ce qui te revient ?

SHYLOCK.

— Donnez-moi mon principal, et laissez-moi aller.

BASSANIO.

— Je l'ai tout prêt : prends-le.

PORTIA.

— Il l'a refusé en pleine cour. — Il n'aura que ce qui lui est dû en stricte justice.

GRATIANO.

— Un Daniel, je le répète ! un second Daniel ! — Je te remercie, juif, de m'avoir soufflé ce mot.

SHYLOCK.

— Quoi ! je n'aurai pas même mon principal ?

PORTIA.

— Tu n'auras rien que le dédit stipulé. — Prends-le à tes risques et périls, juif.

SHYLOCK.

— En ce cas, que le diable se charge du remboursement ! — Je ne resterai pas plus longtemps à discuter.

PORTIA.

Arrête, juif. — La justice ne te lâche pas encore. — Il

est écrit dans les lois de Venise — que, s'il est prouvé qu'un étranger, — par des manœuvres directes ou indirectes, — attente à la vie d'un citoyen, — la personne menacée — saisira la moitié des biens du coupable ; l'autre moitié — rentrera dans la caisse spéciale de l'État ; — et la vie de l'offenseur sera livrée à la merci — du doge qui aura voix souveraine. — Or, je dis que tu te trouves dans le cas prévu, — car il est établi par preuve manifeste — qu'indirectement et même directement — tu as attenté à la vie même — du défendant ; et tu as encouru — la peine que je viens de mentionner. — A genoux, donc, et implore la merci du doge.

GRATIANO.

— Implore la permission de t'aller pendre. — Mais, tes biens faisant retour à l'État, tu n'as plus de quoi acheter une corde ; — il faut donc que tu sois pendu aux frais de l'État.

LE DOGE.

— Pour que tu voies combien nos sentiments diffèrent, — je te fais grâce de la vie avant que tu l'aies demandée. — La moitié de ta fortune est à Antonio, — l'autre moitié revient à l'État ; — mais ton repentir peut encore commuer la confiscation en une amende.

PORTIA.

— Soit, pour la part de l'État ; non, pour celle d'Antonio.

SHYLOCK.

— Eh ! prenez ma vie et tout, ne me faites grâce de rien. — Vous m'enlevez ma maison en m'enlevant — ce qui soutient ma maison ; vous m'ôtez la vie — en m'ôtant les ressources dont je vis.

PORTIA.

— Que lui accorde votre pitié, Antonio ?

GRATIANO.
— Une hart gratis, rien de plus, au nom du ciel !
ANTONIO.
— Que monseigneur le doge et toute la cour daignent — lui abandonner sans amende la moitié de ses biens. — Je consens; pourvu qu'il me prête — à intérêt l'autre moitié, à la restituer, — après sa mort, au gentilhomme — qui dernièrement a enlevé sa fille. — A cette faveur deux conditions : l'une, — c'est qu'il se fera chrétien sur-le-champ ; — l'autre, c'est qu'il fera donation, par acte passé — devant la cour, de tout ce qu'il possédera en mourant — à son fils Lorenzo et à sa fille.
LE DOGE.
— Il fera cela, ou je révoque — la grâce que je viens de lui accorder.
PORTIA.
— Y consens-tu, juif? Que dis-tu?
SHYLOCK.
— J'y consens.
PORTIA.
Clerc, dressez l'acte de donation.
SHYLOCK.
— Je vous prie de me laisser partir d'ici : — je ne suis pas bien. Envoyez-moi l'acte, — et je le signerai.
LE DOGE.
— Pars, mais ne manque pas de signer.
GRATIANO.
— A ton baptême, tu auras deux parrains. — Si j'avais été juge, tu en aurais eu dix de plus — pour te mener, non au baptistère, mais à la potence (22) !

Sort Shylock.

LE DOGE, à Portia.
— Monsieur, je vous conjure de venir dîner chez moi.
PORTIA
— Je demande humblement pardon à Votre Grâce : —

je dois retourner ce soir à Padoue, — et il convient que je parte sur-le-champ.

LE DOGE.

— Je suis fâché que vos loisirs ne vous laissent pas libre. — Antonio, rétribuez bien ce gentilhomme, — car vous lui êtes, selon moi, grandement obligé.

Le doge, les magnifiques et leur suite sortent.

BASSANIO, à Portia.

— Très-digne gentilhomme, mon ami et moi, nous venons d'être soustraits par votre sagesse — à une pénalité cruelle... Comme honoraires, — acceptez les trois mille ducats qui étaient dus au juif; — nous nous empressons de vous les offrir pour un si gracieux service.

ANTONIO.

— Et de plus nous restons vos débiteurs — pour toujours, en affection et dévouement.

PORTIA.

— Est bien payé qui est bien satisfait. — Moi, je suis satisfait de vous avoir délivrés, — et par conséquent je me tiens pour bien payé. — Mon âme n'a jamais été plus mercenaire que ça. — Je vous prie seulement de me reconnaître quand nous nous rencontrerons : — je vous souhaite le bonjour, et, sur ce, je prends congé de vous.

BASSANIO.

— Cher monsieur, il faut absolument que j'insiste auprès de vous. — Acceptez quelque souvenir de nous, comme tribut, — sinon comme salaire. Accordez-moi deux choses, je vous prie, — l'une, c'est de ne pas me refuser; l'autre, c'est de me pardonner.

PORTIA.

— Vous me pressez si fort que je cède.

A Antonio.

— Donnez-moi vos gants, je les porterai en mémoire de vous.

A Bassanio.

— Et pour l'amour de vous, j'accepterai cet anneau...
— Ne retirez pas votre main : je ne prendrai rien de plus ;
— votre amitié ne me refusera pas cela.

BASSANIO.

— Cet anneau, cher monsieur ! Hélas ! c'est une bagatelle ! — Je serais honteux de vous donner cela.

PORTIA.

— Je ne veux avoir que cela ; — et maintenant, voyez-vous, j'en ai la fantaisie.

BASSANIO.

— Il a pour moi une importance bien au-dessus de sa valeur. — Je ferai chercher par proclamation — la plus riche bague de Venise, et je vous la donnerai : — quant à celle-ci, je vous prie, excusez-moi.

PORTIA.

— Je le vois, monsieur, vous êtes libéral... en offres.
— Vous m'avez appris d'abord à mendier ; et maintenant, ce me semble, — vous m'apprenez comment il faut répondre au mendiant.

BASSANIO.

— Cher monsieur, cet anneau m'a été donné par ma femme ; — et, quand elle me l'a mis au doigt, elle m'a fait jurer, — de ne jamais ni le vendre, ni le donner, ni le perdre.

PORTIA.

— Cette excuse-là économise aux hommes bien des cadeaux. — A moins que votre femme ne fût folle, — sachant combien j'ai mérité cette bague, — elle ne saurait vous garder une éternelle rancune — de me l'avoir donnée. C'est bon. La paix soit avec vous !

Portia et Nérissa sortent.

ANTONIO.

— Monseigneur Bassanio, donnez-lui la bague. —

Que ses services et mon amitié — soient mis en balance avec la recommandation de votre femme.

BASSANIO.

— Va, Gratiano, cours et rattrape-le; donne-lui la bague, et ramène-le, si tu peux, — à la maison d'Antonio. Cours, dépêche-toi.

Gratiano sort.

— Allons chez vous de ce pas. — Demain matin de bonne heure, nous volerons tous deux — vers Belmont. Venez, Antonio.

Ils sortent.

SCÈNE XIX.

(Une rue de Venise.)

Entrent PORTIA et NÉRISSA.

PORTIA.

— Informe-toi de la demeure du juif; présente-lui cet acte, — et fais-le-lui signer. Nous partirons ce soir, — et nous serons chez nous un jour avant nos maris. — Cet acte-là sera le bienvenu auprès de Lorenzo.

Entre GRATIANO.

GRATIANO.

— Mon beau monsieur, vous voilà heureusement rattrapé : — monseigneur Bassanio, toute réflexion faite, — vous envoie cette bague, et implore — votre compagnie à dîner.

PORTIA.

C'est impossible. — Pour la bague, je l'accepte avec une vive reconnaissance ; — dites-le-lui bien, je vous prie. Ah ! — je vous prie aussi de montrer à mon jeune clerc la maison du vieux juif.

GRATIANO.

— Très-volontiers.

NÉRISSA, à Portia.

Monsieur, je voudrais vous dire un mot.

Bas.

— Je vais voir si je puis obtenir de mon mari — la bague que je lui ai fait jurer de garder toujours.

PORTIA.

— Tu l'obtiendras, je te le garantis. Ils nous donneront leur antique parole d'honneur — que c'est à des hommes qu'ils ont offert leurs bagues ; — mais nous leur tiendrons tête, en jurant plus haut qu'eux le contraire. — Pars, dépêche-toi ! Tu sais où je t'attends.

NÉRISSA, à Gratiano.

— Allons, cher monsieur, voulez-vous me montrer cette maison.

Ils sortent.

SCÈNE XX.

[Belmont. Une avenue menant au palais de Portia.]

Entrent Lorenzo et Jessica.

LORENZO.

— La lune resplendit. Dans une nuit pareille à celle-ci, — tandis que le suave zéphyr baisait doucement les arbres, — sans qu'ils fissent de bruit ; dans une nuit pareille, — Troylus a dû monter sur les murs de Troie — et exhaler son âme vers les tentes grecques — où reposait Cressida !

JESSICA.

Dans une nuit pareille, — Thisbé, effleurant la rosée d'un pas timide, — aperçut l'ombre du lion avant le lion même, — et s'enfuit effarée.

SCÈNE XX.

LORENZO.

Dans une nuit pareille, — Didon, une branche de saule à la main, se tenait debout — sur la plage déserte et faisait signe à son bien-aimé — de revenir à Carthage.

JESSICA.

Dans une nuit pareille, — Médée cueillait les herbes enchantées — qui rajeunirent le vieil Æson.

LORENZO.

Dans une nuit pareille, — Jessica se déroba de chez le juif opulent — et, avec un amant prodigue, courut de Venise — jusqu'à Belmont.

JESSICA.

Et dans une nuit pareille, — le jeune Lorenzo jurait de bien l'aimer, — et lui dérobait son âme par mille vœux de constance — dont pas un n'était sincère!

LORENZO.

Et dans une nuit pareille — la jolie Jessica, comme une petite taquine, — calomniait son amant qui le lui pardonnait.

JESSICA.

— Je vous tiendrais tête toute la nuit, si personne ne venait. — Mais, écoutez! J'entends le pas d'un homme.

Entre STEPHANO.

LORENZO.

— Qui s'avance si vite dans le silence de la nuit?

STEPHANO.

Un ami.

LORENZO.

— Un ami! Quel ami? Votre nom, je vous prie, mon ami?

STEPHANO.

— Stephano est mon nom : et j'apporte la nouvelle — qu'avant le lever du jour, ma maîtresse — sera ici à

Belmont : elle chemine dans les environs, — pliant le genou devant les croix saintes et priant — pour le bonheur de son mariage.

LORENZO.

Qui vient avec elle ?

STEPHANO.

— Un saint ermite et sa suivante : voilà tout. — Dites-moi, je vous prie, si mon maître est de retour.

LORENZO.

— Pas encore. Nous n'avons pas eu de ses nouvelles. — Rentrons, je t'en prie, Jessica, et préparons-nous pour recevoir avec quelque cérémonie — la maîtresse de la maison.

Entre LANCELOT.

LANCELOT.

Sol la ! Sol la ! ho ! ha ! ho ! Sol la ! Sol la ! (23) !

LORENZO.

Qui appelle ?

LANCELOT.

Sol la ! avez-vous vu maître Lorenzo et dame Lorenzo ? Sol la ! Holà !

LORENZO.

Cesse tes holà, l'ami ! Ici.

LANCELOT.

Holà ! où ? où ?

LORENZO.

Ici.

LANCELOT.

Ici. Dites-lui qu'un courrier est arrivé de la part de mon maître, la trompe pleine de bonnes nouvelles. Mon maître sera ici avant le matin.

Il sort.

LORENZO.

— Rentrons, ma chère âme, pour attendre leur ar-

SCÈNE XX.

rivée. — Non, ce n'est pas la peine, pourquoi rentrerions-nous? — Ami Stephano, annoncez, je vous prie, — à la maison que votre maîtresse va arriver, — et faites jouer votre orchestre en plein air.

Stephano sort.

— Comme le clair de lune dort doucement sur ce banc! — Venons nous y asseoir, et que les sons de la musique — glissent jusqu'à nos oreilles! Le calme, le silence et la nuit conviennent aux accents de la suave harmonie. — Assieds-toi, Jessica. Vois comme le parquet du ciel — est partout incrusté de disques d'or lumineux. — De tous ces globes que tu contemples, — il n'est pas jusqu'au plus petit — qui, dans son mouvement, ne chante comme un ange, — en perpétuel accord avec les chérubins aux jeunes yeux! — Une harmonie pareille existe dans les âmes immortelles : — mais tant que cette argile périssable la couvre — de son vêtement grossier, nous ne pouvons l'entendre.

Entrent les musiciens.

LORENZO, continuant.

— Allons! éveillez Diane par un hymne. — Que vos plus suaves accents atteignent l'oreille de votre maîtresse, et attirez-la chez elle par la musique.

Musique.

JESSICA.

— Je ne suis jamais gaie quand j'entends une musique douce.

LORENZO.

— La raison est que vos esprits sont absorbés. — Remarquez seulement un troupeau sauvage et vagabond, — une horde de jeunes poulains indomptés; — ils essayent des bonds effrénés, ils mugissent, ils hennissent, — emportés par l'ardeur de leur sang. — Mais que par hasard ils entendent le son d'une trompette, — ou que toute autre musique frappe leurs oreilles, — vous les verrez soudain s'arrêter tous, — leur farouche regard changé en une timide extase, — sous le doux charme de la musique ! Aussi les poëtes — ont-ils feint qu'Orphée attirait les arbres, les pierres et les flots, — parce qu'il n'est point d'être si brut, si dur, si furieux, — dont la musique ne change pour un moment la nature. — L'homme qui n'a pas de musique en lui — et qui n'est pas ému par le concert des sons harmonieux — est propre aux trahisons, aux stratagèmes et aux rapines. — Les mouvements de son âme sont mornes comme la nuit, — et ses affections noires comme l'Érèbe. — Défiez-vous d'un tel homme !... Écoutons la musique.

PORTIA et NÉRISSA entrent et se tiennent à distance.

PORTIA.

— Cette lumière que nous voyons brûle dans mon vestibule. — Que ce petit flambeau jette loin ses rayons ! — Ainsi brille une bonne action dans un monde méchant.

NÉRISSA.

— Quand la lune brillait, nous ne voyions pas le flambeau.

PORTIA.

— Ainsi la plus grande gloire obscurcit la moindre. — Un ministre brille autant qu'un roi — jusqu'à ce que le roi paraisse : et alors tout son prestige — s'évanouit, comme un ruisseau des champs — dans l'immensité des mers... Une musique ! Écoute !

NÉRISSA.

— C'est votre musique, madame, celle de la maison.

PORTIA.

— Rien n'est parfait, je le vois, qu'à sa place : — il me

SCÈNE XX.

semble qu'elle est bien plus harmonieuse que de jour.

NÉRISSA.

— C'est le silence qui lui donne ce charme, madame.

PORTIA.

— Le corbeau chante aussi bien que l'alouette — pour qui n'y fait pas attention, et je crois — que, si le rossignol chantait le jour, — quand les oies croassent, il ne passerait pas — pour meilleur musicien que le roitelet. — Que de choses n'obtiennent qu'à leur saison — leur juste assaisonnement de louange et de perfection ! — Oh, silence ! la lune dort avec Endymion, — et ne veut pas être éveillée !

La musique cesse.

LORENZO.

C'est la voix — de Portia ou je me trompe fort !

PORTIA.

— Il me reconnaît, comme l'aveugle reconnaît le coucou, — à la vilaine voix.

LORENZO.

Chère dame, soyez la bienvenue chez vous.

PORTIA.

— Nous venons de prier pour le succès de nos maris, — que nous espérons bien avoir hâté par notre intercession. — Sont-ils de retour ?

LORENZO.

Pas encore, madame : — mais il est venu tout à l'heure un courrier — pour signifier leur arrivée.

PORTIA.

— Rentre, Nérissa. — Donne à mes gens l'ordre de ne faire — aucune remarque sur notre absence. — N'en parlez pas, Lorenzo ; ni vous, Jessica.

On entend une fanfare.

LORENZO.

— Votre mari n'est pas loin. J'entends sa trompette.

— Nous ne sommes pas bavards, madame : ne craignez rien.

PORTIA.

— Cette nuit me fait simplement l'effet du jour malade : — elle n'est qu'un peu plus pâle. C'est un jour — comme est le jour quand le soleil est caché.

Entrent BASSANIO, ANTONIO, GRATIANO *et leur suite.*

BASSANIO, à Portia.

— Nous aurions le jour en même temps que les antipodes, — si vous apparaissiez toujours en l'absence du soleil.

PORTIA.

— Puissé-je être brillante comme la lumière, sans être légère comme elle ! — La légèreté de la femme fait l'accablement du mari : — puisse Bassanio ne jamais être accablé de la mienne ! — Du reste, à la grâce de Dieu !... Soyez le bienvenu chez vous, monseigneur.

BASSANIO.

— Je vous remercie, madame. Faites fête à mon ami : — voici Antonio, voici l'homme — auquel je suis si infiniment obligé.

PORTIA.

— Vous lui avez, en effet, toutes sortes d'obligations : — car pour vous il en avait contracté de bien grandes.

ANTONIO.

— Aucune dont il ne se soit parfaitement acquitté !

PORTIA, à Antonio.

— Monsieur, vous êtes le très-bienvenu en notre maison. — Il faut vous le prouver autrement qu'en paroles : — aussi j'abrége ces courtoisies verbales.

Gratiano et Nérissa se parlent à part avec animation.

GRATIANO.

— Par cette lune que voilà, je jure que vous me faites

tort. — Sur ma foi, je l'ai donnée au clerc du juge. — Je voudrais que celui qui l'a fût eunuque, — puisque vous prenez la chose si fort à cœur, mon amour !

PORTIA.

— Une querelle ! Ah, déjà ! De quoi s'agit-il ?

GRATIANO.

— D'un cercle d'or, d'une misérable bague — qu'elle m'a donnée et dont la devise, — s'adressant à tout le monde comme la poésie du coutelier — sur un couteau, disait : *Aimez-moi et ne me quittez pas.*

NÉRISSA.

Que parlez-vous de devise ou de valeur ? — Quand je vous l'ai donnée, vous m'avez juré — que vous la porteriez jusqu'à l'heure de votre mort — et qu'elle ne vous quitterait pas même dans la tombe. — Sinon pour moi, du moins pour des serments si pathétiques, — vous auriez dû avoir plus d'égard, et la conserver. — Vous l'avez donnée au clerc du juge !... Mais je suis bien sûre — que ce clerc-là n'aura jamais de poil au menton.

GRATIANO.

— Il en aura, s'il peut devenir homme.

NÉRISSA.

— Oui, si une femme peut devenir homme.

GRATIANO, levant le bras.

— Par cette main levée ! je l'ai donnée à un enfant, — une espèce de gars, un méchant freluquet, — pas plus haut que toi, le clerc du juge, — un petit bavard qui me l'a demandée pour ses honoraires. — En conscience, je ne pouvais pas la lui refuser.

PORTIA.

— Je dois être franche avec vous, vous étiez à blâmer — de vous séparer si légèrement du premier présent de votre femme : — un objet scellé à votre doigt par tant de serments — et rivé à votre chair par la foi jurée. — J'ai donné une bague à mon bien-aimé, et je lui ai fait jurer — de ne jamais s'en séparer. Le voici. — Eh bien, j'ose jurer pour lui qu'il ne voudrait pas la quitter — ni l'ôter de son doigt, pour tous les trésors — que possède le monde. En vérité, Gratiano, — vous donnez à votre femme un trop cruel grief. — Si pareille chose m'arrivait, j'en deviendrais folle.

BASSANIO, à part.

— Ma foi, ce que j'aurais de mieux à faire, ce serait de me couper la main gauche — et de jurer que j'ai perdu la bague en la défendant.

GRATIANO.

— Monseigneur Bassanio a donné sa bague — au juge qui la lui demandait et qui, vraiment, — la méritait bien. Et c'est alors que le garçon, son clerc, — qui avait eu la peine de faire les écritures, m'a demandé la mienne : — ni le serviteur ni le maître n'ont voulu accepter autre chose — que nos deux bagues.

PORTIA, à Bassanio.

Quelle bague avez-vous donnée, monseigneur ? — Ce n'est pas celle, j'espère, que vous aviez reçue de moi ?

BASSANIO.

— Si je pouvais ajouter le mensonge à la faute, — je nierais : mais, vous voyez, la bague — n'est plus à mon doigt, je ne l'ai plus.

PORTIA.

— La foi n'est pas davantage dans votre cœur. — Par le ciel, je n'entrerai jamais dans votre lit — que je n'aie revu la bague.

NÉRISSA, à Gratiano.

Ni moi dans le vôtre — que je n'aie revu la mienne.

BASSANIO.

Charmante Portia, — si vous saviez à qui j'ai donné la bague, — si vous saviez pour qui j'ai donné la bague, —

SCÈNE XX.

si vous pouviez concevoir pourquoi j'ai donné la bague, — avec quelle répugnance j'ai abandonné la bague, — lorsqu'on ne voulait accepter que la bague, — vous calmeriez la vivacité de votre déplaisir.

PORTIA.

— Si vous aviez connu la vertu de la bague, — ou soupçonné la valeur de celle qui vous donna la bague, — ou attaché votre honneur à garder la bague, — vous ne vous seriez jamais séparé de la bague. — Quel homme eût été assez déraisonnable, — s'il vous avait plu de la défendre — avec un semblant de zèle, pour réclamer avec cette outrecuidance — un objet regardé comme sacré ? — Nérissa m'apprend ce que je dois penser. — Que je meure, si ce n'est pas une femme qui a la bague !

BASSANIO.

— Non, sur mon honneur, madame, sur ma vie ! — Ce n'est point une femme, mais un docteur fort civil, — qui a refusé de moi trois mille ducats — et m'a demandé cet anneau. J'ai commencé par le lui refuser, — et je l'ai laissé partir mécontent, — lui qui avait sauvé la vie même — de mon plus cher ami. Que pourrais-je dire, ma charmante dame ? — Je me suis vu contraint de le lui envoyer ; — j'ai dû céder aux remords et à la bienséance ; — mon honneur n'a pu se laisser souiller — par tant d'ingratitude. Pardonnez-moi, généreuse dame : — car, par ces flambeaux bénis de la nuit, — si vous aviez été là, je crois que vous m'eussiez demandé — la bague pour la donner à ce digne docteur.

PORTIA.

— Ne laissez jamais ce docteur-là approcher de ma maison. — Puisqu'il a le joyau que j'aimais — et que vous aviez juré de garder en souvenir de moi, — je veux être aussi libérale que vous. — Je ne lui refuserai rien de ce qui m'appartient, — non, pas même mon corps, pas même le lit de mon mari! — Ah! je me lierai avec lui, j'y suis bien décidée; — ne découchez pas une seule nuit, surveillez-moi, comme un argus. — Sinon, pour peu que vous me laissiez seule, — sur mon honneur, que j'ai encore, moi! — j'aurai ce docteur-là pour camarade de lit.

NÉRISSA, à Gratiano.

— Et moi, son clerc! Ainsi, prenez bien garde — au moment où vous me laisserez à ma propre protection.

GRATIANO.

— Soit! faites comme vous voudrez! Seulement, que je ne le surprenne pas, — car j'écraserai la plume du jeune clerc.

ANTONIO.

— Et c'est moi qui suis le malheureux sujet de ces querelles!

PORTIA, à Antonio.

— Monsieur, ne vous affligez pas : vous n'en êtes pas moins le bienvenu.

BASSANIO.

— Portia, pardonne-moi ce tort obligé. — Et, devant tous ces amis qui m'écoutent, — je te jure, par tes beaux yeux — où je me vois...

PORTIA.

Remarquez bien ça! — Il se voit double dans mes deux yeux, — une fois dans chaque œil!... Donnez votre parole d'homme double : — voilà un serment qui mérite crédit!

BASSANIO.

Voyons, écoute-moi seulement. — Pardonne cette faute, et, sur mon âme, je jure — de ne jamais être coupable à ton égard d'un seul manque de foi.

ANTONIO, à Portia.

— J'avais engagé mon corps pour les intérêts de votre

mari, — et, sans celui qui a maintenant la bague, — il me serait arrivé malheur; j'ose répondre, — cette fois, sur la garantie de mon âme; que votre seigneur — ne violera jamais volontairement sa foi.

PORTIA, *détachant un anneau de son doigt et le tendant à Antonio.*

— Ainsi, vous serez sa caution. Donnez-lui cette bague — et dites-lui de la garder mieux que l'autre.

ANTONIO, *remettant l'anneau à Bassanio.*

— Tenez, seigneur Bassanio. Jurez de garder cette bague.

BASSANIO.

— Par le ciel! c'est la même que j'ai donnée au docteur.

PORTIA.

— Je l'ai eue de lui. Pardonnez-moi, Bassanio… — Pour cette bague, le docteur a couché avec moi.

NÉRISSA.

— Pardonnez-moi aussi, mon gentil Gratiano : — ce méchant freluquet, vous savez, le clerc du docteur, — a couché avec moi la nuit dernière au prix de cette bague-ci.

GRATIANO.

— Ah çà! répare-t-on les grandes routes — en été, quand elles sont parfaitement bonnes? — Quoi! nous serions cocus avant de l'avoir mérité?

PORTIA.

— Ne parlez pas si grossièrement….. Vous êtes tous ébahis. — Eh bien, prenez cette lettre, lisez-la à loisir : — elle vient de Padoue, de Bellario. — Vous y découvrirez que Portia était le docteur en question, — et Nérissa que voici, son clerc. Lorenzo — vous attestera que je suis partie d'ici aussitôt que vous, — et que je suis revenue il n'y a qu'un moment : je ne suis pas même encore — rentrée chez moi… Antonio, vous êtes le bienvenu. —

J'ai pour vous des nouvelles meilleures — que vous ne l'espérez. Décachetez vite cette lettre. — Vous y verrez que trois de vos navires — viennent d'arriver au port richement chargés. — Je ne vous apprendrai pas par quel étrange hasard — j'ai trouvé cette lettre.

Elle remet un papier à Antonio.

ANTONIO.

Je suis muet!

BASSANIO.

— Comment! vous étiez le docteur, et je ne vous ai pas reconnue!

GRATIANO.

— Comment! vous étiez le clerc qui doit me faire cocu?

NÉRISSA.

— Oui, mais le clerc qui ne le voudra jamais, — qu'il ne soit devenu un homme.

BASSANIO, à Portia.

— Charmant docteur, vous serez mon camarade de lit; — et, quand je serai absent, vous coucherez avec ma femme.

ANTONIO.

— Charmante dame, vous m'avez rendu l'être et le bien-être; — car j'apprends ici comme chose certaine que mes navires — sont arrivés à bon port.

PORTIA.

Comment va, Lorenzo? — Mon clerc a pour vous aussi des nouvelles réconfortantes.

NÉRISSA.

Oui, et je les lui donnerai sans rétribution.

Remettant un papier à Lorenzo.

— Voici, pour vous et pour Jessica, — un acte formel par lequel le riche juif vous lègue — tout ce qu'il possédera à sa mort.

LORENZO.

— Belles dames, vous versez la manne sur le chemin — des gens affamés.

PORTIA.

Il est presque jour, — et pourtant, j'en suis sûre, vous n'êtes pas encore pleinement édifiés — sur ces événements. Rentrons donc, — et alors pressez-nous de questions ; — nous répondrons à toutes fidèlement.

GRATIANO.

— Soit ! Pour commencer l'interrogatoire — auquel ma Nérissa répondra sous serment, je lui demanderai — ce qu'elle aime mieux : rester sur pied jusqu'à la nuit prochaine — ou aller au lit de ce pas, deux heures avant le jour. — Pour moi, quand il serait jour, je souhaiterais les ténèbres — afin d'aller me coucher avec le clerc du docteur. — Du reste, tant que je vivrai, je mettrai ma sollicitude — la plus tendre à garder scrupuleusement l'anneau de Nérissa.

Ils sortent.

FIN DU MARCHAND DE VENISE.

COMME IL VOUS PLAIRA

PERSONNAGES (24) :

LE VIEUX DUC, proscrit.
FRÉDÉRIC, son frère, duc usurpateur.
JACQUES,
AMIENS, } seigneurs ayant suivi dans l'exil le duc banni.
LEBEAU, familier de Frédéric.
CHARLES, son lutteur.
OLIVIER,
JACQUES, } fils de sire Roland des Bois.
ORLANDO,
PIERRE DE TOUCHE, clown.
ADAM,
DENIS, } serviteurs d'Olivier.
SIRE OLIVIER GACHETEXTE, vicaire.
CORIN,
SILVIUS, } bergers.
WILLIAM, paysan amoureux d'Audrey.

ROSALINDE.
CÉLIA.
PHÉBÉ.
AUDREY.

L'HYMEN.

SEIGNEURS, PAGES, VENEURS, GENS DE SERVICE

La scène est tantôt dans les États usurpés par Frédéric, tantôt dans la forêt des Ardennes.

SCÈNE I.

[Un verger, devant la maison d'Olivier.]

Entrent Orlando et Adam.

ORLANDO.

Autant qu'il m'en souvient, Adam, c'est dans ces conditions que m'a été fait ce legs : par testament, rien qu'un pauvre millier d'écus, mais, comme tu dis, injonction à mon frère de bien m'élever, sous peine de la malédiction paternelle ; et voilà l'origine de mes chagrins. Il entretient mon frère Jacques à l'école, et la renommée fait de ses progrès le récit le plus doré. Quant à moi, il m'entretient rustiquement au logis, ou, pour mieux dire, il me garde au logis sans entretien : car, pour un gentilhomme de ma naissance, appelez-vous entretien un traitement qui ne diffère pas de la stabulation d'un bœuf? Ses chevaux sont mieux élevés ; car, outre qu'ils ont abondance de fourrage, ils sont dressés au manége, et dans ce but on loue à grands frais des écuyers. Mais moi, son frère, je ne gagne rien sous sa tutelle que de la croissance : sous ce rapport, les bêtes de son fumier lui sont aussi obligées que moi. En échange de ce néant qu'il m'accorde si libéralement, il affecte par tous ses procédés de m'enlever le peu que m'a accordé la nature : il me fait manger avec sa valetaille, m'interdit la place d'un frère, et autant qu'il est en lui, mine ma gentilhommerie par mon éducation. Voilà ce qui m'afflige, Adam. Mais l'âme de mon père, que je crois sentir en moi, commence à se mutiner contre cette servitude : je ne veux pas l'endurer plus longtemps, quoique je ne connaisse pas encore de remède sensé pour m'en délivrer.

Entre Olivier.

ADAM.

Voilà mon maître, votre frère, qui vient.

ORLANDO.

Tiens-toi à l'écart, Adam, et tu entendras comme il va me secouer.

OLIVIER, à Orlando.

Eh bien, monsieur, que faites-vous ici?

ORLANDO.

Rien. On ne m'a pas appris à faire quelque chose.

OLIVIER.

Que dégradez-vous alors, monsieur?

ORLANDO.

Ma foi, monsieur, je vous aide à dégrader par la fainéantise ce que Dieu a fait, votre pauvre et indigne frère.

OLIVIER.

Ma foi, monsieur, occupez-vous mieux et allez au diable.

ORLANDO.

Suis-je fait pour garder vos porcs et manger des glands avec eux? Quel patrimoine d'enfant prodigue ai-je dépensé pour être réduit à une telle détresse?

OLIVIER.

Savez-vous où vous êtes, monsieur?

ORLANDO.

Oh! oui, monsieur, ici, très-bien; dans votre verger.

OLIVIER.

Savez-vous devant qui, monsieur?

ORLANDO.

Oui, mieux que celui devant qui je suis ne sait qui je suis. Je sais que vous êtes mon frère aîné, et par là, grâce aux doux rapports du sang, vous deviez savoir qui je suis. La courtoisie des nations vous accorde la préséance sur moi en ce que vous êtes le premier-né; mais cette tradition ne me retire pas mon sang, y eût-il vingt frères entre nous. J'ai en moi autant de mon père que vous, quoique (je le confesse) vous soyez, étant venu avant moi, le mieux placé pour devenir, comme lui, vénérable.

OLIVIER.

Qu'est-ce à dire, petit?

ORLANDO, le saisissant à la gorge.

Allons, allons, frère aîné, vous êtes trop jeune en ceci.

OLIVIER.

Veux-tu donc mettre la main sur moi, manant?

ORLANDO.

Je ne suis pas un manant, je suis le plus jeune fils de sire Roland des Bois : il était mon père, et trois fois manant est celui qui dit qu'un tel père a engendré des manants! Si tu n'étais mon frère, je ne détacherais pas de ta gorge cette main, que cette autre n'eût arraché ta langue pour avoir parlé ainsi : tu t'es outragé toi-même.

ADAM.

Chers maîtres, calmez-vous; au nom du souvenir de votre père, soyez d'accord.

OLIVIER.

Lâche-moi, te dis-je.

ORLANDO.

Non, pas avant que cela me plaise. Vous m'entendrez... Mon père vous a enjoint dans son testament de me donner une bonne éducation; vous m'avez élevé comme un paysan, obscurcissant et étouffant en moi toutes les qualités d'un gentilhomme; mais l'âme de mon père prend force en moi, et je ne le tolérerai pas plus longtemps. Allouez-moi donc les exercices qui conviennent à un gentilhomme, ou donnez-moi le pauvre pécule que mon père m'a laissé par testament, et avec cela j'irai en quête de mon sort.

OLIVIER.

Et que veux-tu faire? Mendier, sans doute, quand tout sera dépensé? C'est bon, monsieur, rentrez. Je ne veux plus être ennuyé de vous. Vous aurez une partie de ce que vous désirez. Laissez-moi, je vous prie.

ORLANDO, retirant sa main.

Je ne veux pas vous molester plus que ne l'exige mon bien.

OLIVIER, à Adam.

Rentrez avec lui, vieux chien!

ADAM.

Vieux chien! Est-ce donc là ma récompense? C'est vrai, j'ai perdu mes dents à votre service... Dieu soit avec mon vieux maître! Ce n'est pas lui qui aurait dit un mot pareil.

Sortent Orlando et Adam

OLIVIER.

Oui-dà, c'est ainsi! Vous commencez à empiéter sur moi! Eh bien? je guérirai votre exubérance, et cela sans donner mille écus... Holà, Denis!

Entre DENIS.

DENIS.

Votre Honneur appelle?

OLIVIER.

Charles, le lutteur du duc, ne s'est-il pas présenté ici pour me parler?

DENIS.

Avec votre permission, il est ici à la porte et sollicite accès près de vous.

OLIVIER.

Faites-le entrer.

Sort Denis.

Ce sera un bon moyen... La lutte est pour demain.

Entre CHARLES.

CHARLES.

Le bonjour à Votre Honneur.

OLIVIER.

Bon monsieur Charles! quelle nouvelle nouvelle y a-t-il à la nouvelle cour?

CHARLES.

Messire, il n'y a de nouvelles à la cour que les vieilles nouvelles : c'est-à-dire que le vieux duc est banni par son jeune frère le nouveau duc; avec lui se sont exilés volontairement trois ou quatre seigneurs tous dévoués. Leurs terres et leurs revenus enrichissent le nouveau duc qui, à ce prix, leur accorde volontiers la permission de vagabonder.

OLIVIER.

Pouvez-vous me dire si Rosalinde, la fille du duc, est bannie avec son père?

CHARLES.

Oh! non, car la fille du nouveau duc, sa cousine, l'aime tant, ayant été elevée avec elle dès le berceau, qu'elle l'aurait suivie dans son exil ou serait morte en se séparant d'elle. Elle est à la cour où son oncle l'aime autant que sa propre fille, et jamais deux femmes ne se sont aimées comme elles.

OLIVIER.

Où va vivre le vieux duc?

CHARLES.

On dit qu'il est déjà dans la forêt des Ardennes, avec maints joyeux compagnons, et que là tous vivent comme le vieux Robin Hood d'Angleterre. On dit que nombre de jeunes gentilshommes affluent chaque jour auprès de lui, et qu'ils passent le temps sans souci, comme on faisait dans l'âge d'or.

OLIVIER.

Çà, vous luttez demain devant le nouveau duc?

CHARLES.

Oui, pardieu, monsieur, et je suis venu vous informer d'une chose. Monsieur, on m'a donné secrètement à entendre que votre jeune frère, Orlando, est disposé à venir sous un déguisement tenter un assaut contre moi. Demain, monsieur, c'est pour ma réputation que je lutte, et celui qui m'échappera sans quelque membre brisé s'en tirera bien heureusement. Votre frère est bien jeune et bien délicat, et, par égard pour vous, j'aurais répugnance à l'assommer comme j'y serai obligé par mon propre honneur, s'il se présente. Aussi, par affection pour vous, suis-je venu vous prévenir, afin que vous puissiez ou le détourner de son intention ou vous bien préparer au malheur qu'il encourt: c'est lui-même qui l'aura cherché, et tout à fait contre mon gré.

OLIVIER.

Charles, je te remercie de ton affection pour moi, et sois sûr que je m'en montrerai bien reconnaissant. Moi-même j'ai eu avis des desseins de mon frère, et j'ai fait sous main tous mes efforts pour l'en dissuader; mais il est résolu. Te le dirai-je, Charles? c'est le jeune gars le plus obstiné de France, un ambitieux, un envieux émule des talents d'autrui, un fourbe et un lâche qui conspire contre moi, son frère par la nature. Ainsi agis à ta guise. J'aimerais autant que tu lui rompisses le cou qu'un doigt.

Et tu feras bien d'y prendre garde ; car, si tu ne lui ménages qu'un insuccès léger ou s'il n'obtient pas sur toi un éclatant succès, il emploiera le poison contre toi, il te fera tomber dans quelque perfide embûche, et ne te lâchera pas qu'il ne t'ait ôté la vie par quelque moyen indirect ou autre. Car, je te l'affirme, et je parle presque avec larmes, il n'y a pas aujourd'hui un vivant à la fois si jeune et si scélérat. Encore est-ce en frère que je parle de lui ; car, si je faisais devant toi son anatomie complète, je serais forcé de rougir et de pleurer, et toi tu pâlirais de stupeur.

CHARLES.

Je suis fort aise d'être venu ici vous trouver. S'il vient demain, je lui donnerai son compte. Si jamais après cela il peut marcher seul, je renonce à jamais lutter pour le prix. Et sur ce, Dieu garde Votre Honneur !

OLIVIER.

Au revoir, bon Charles.

Charles sort.

A présent je vais stimuler le gaillard, j'espère que je verrai sa fin : car mon âme, je ne sais pourquoi, ne hait rien plus que lui. Pourtant, il est doux, savant sans avoir été instruit, plein de nobles idées, aimé comme par enchantement de toutes les classes et, en vérité, si bien dans le cœur de tout le monde et spécialement de mes propres gens qui le connaissent le mieux, que j'en suis tout à fait déprécié. Mais cela ne durera pas. Cet athlète arrangera tout. Il ne me reste plus qu'à enflammer le jeune gars pour la lutte, et j'y vais de ce pas.

Il sort.

SCÈNE II.

[Une pelouse devant le palais ducal.]

Entrent CÉLIA et ROSALINDE.

CÉLIA.

Je t'en prie, Rosalinde, ma chère petite cousine, sois gaie.

ROSALINDE.

Chère Célia, je montre plus de gaieté que je n'en possède, et vous voudriez encore que je fusse plus gaie! Si vous ne pouvez me faire oublier un père banni, vous ne sauriez me rappeler aucune idée extraordinairement plaisante.

CÉLIA.

Je vois par là que tu ne m'aimes pas aussi absolument que je t'aime : si mon oncle, ton père banni, avait banni ton oncle, le duc mon père, et que tu fusses toujours restée avec moi, j'aurais habitué mon affection à prendre ton père pour le mien, et c'est ce que tu ferais, si en vérité ton affection pour moi était aussi parfaitement trempée que mon affection pour toi.

ROSALINDE.

Soit! j'oublierai ma situation pour me réjouir de la vôtre.

CÉLIA.

Tu le sais, mon père n'a d'enfant que moi; il n'est pas probable qu'il en ait d'autre, et sûrement, à sa mort, tu seras son héritière : car ce qu'il a pris à ton père par force, je te le rendrai par affection; sur mon honneur, je le ferai, et si je brise ce serment, que je devienne un monstre! Ainsi, ma douce Rose, ma chère Rose, sois gaie.

ROSALINDE.

Je veux l'être désormais, petite cousine, et m'ingénier en amusements... Voyons, si on se livrait à l'amour... Qu'en pensez-vous?

CÉLIA.

Oui, ma foi, n'hésite pas, fais de l'amour un amusement; mais ne va pas aimer sérieusement un homme, ni même pousser l'amusement jusqu'à ne pouvoir te retirer en tout honneur, avec l'intacte pureté d'une pudique rougeur.

ROSALINDE.

A quoi donc nous amuserons-nous?

CÉLIA.

Asseyons-nous et sous nos sarcasmes chassons dame Fortune de son rouet : que cette ménagère apprenne désormais à répartir ses dons équitablement.

ROSALINDE.

Je voudrais que cela nous fût possible, car ses bienfaits sont terriblement mal placés, et la bonne vieille aveugle se méprend surtout dans ses dons aux femmes.

CÉLIA.

C'est vrai ; celles qu'elle fait jolies, elle les fait rarement vertueuses, et celles qu'elle fait vertueuses, elles les fait fort peu séduisantes.

ROSALINDE.

Et ne vois-tu pas que tu passes du domaine de la fortune à celui de la nature? La fortune règle les dons de ce monde, non les traits naturels.

Entre PIERRE DE TOUCHE.

CÉLIA.

Non. Quand la nature a produit une jolie créature, est-ce que la fortune ne peut pas la faire tomber dans le feu?

Montrant Pierre de Touche.

Si la nature nous a donné l'esprit de narguer la fortune, est-ce que la fortune n'a pas envoyé ce fou pour couper court à nos propos ?

ROSALINDE.

Vraiment, la fortune est bien dure pour la nature, quand elle se sert de la bêtise naturelle pour interrompre l'esprit naturel.

CÉLIA.

Peut-être n'est-ce pas l'œuvre de la fortune, mais bien de la nature, laquelle, s'apercevant que nos simples esprits étaient trop obtus pour raisonner dignement sur de telles déesses, a envoyé ce simple d'esprit pour les aiguiser, car la bêtise obtuse sert toujours pour l'esprit de pierre à aiguiser.

A Pierre de Touche.

Eh bien, esprit, de quel côté errez-vous ?

PIERRE DE TOUCHE.

Maîtresse, il faut que vous veniez auprès de votre père.

CÉLIA.

Vous a-t-on pris pour messager ?

PIERRE DE TOUCHE.

Non, sur mon honneur, mais on m'a dit de venir vous chercher.

ROSALINDE.

Où avez-vous appris ce serment-là, fou que vous êtes ?

PIERRE DE TOUCHE.

D'un certain chevalier qui jurait sur son honneur que les crêpes étaient bonnes et jurait sur son honneur que la moutarde ne valait rien : moi, je soutiens que les crêpes ne valaient rien et que la moutarde était bonne ; et cependant le chevalier ne se parjurait pas.

SCÈNE II.

CÉLIA.

Comment prouvez-vous ça, avec votre bel amas de savoir ?

ROSALINDE.

Oui-dà, démuselez votre sagesse à présent.

PIERRE DE TOUCHE.

Eh bien, avancez-vous toutes deux, caressez-vous le menton et jurez par vos barbes que je suis un coquin.

CÉLIA.

Par nos barbes, si nous en avions, tu en es un.

PIERRE DE TOUCHE.

Par ma coquinerie, si j'en avais, je serais un coquin. Mais quand vous jurez par ce qui n'est pas, vous ne vous parjurez pas : or ce chevalier ne se parjurait pas en jurant par son honneur, car il n'en avait pas, ou, s'il en avait, il l'avait faussé longtemps avant de voir ces crêpes ou cette moutarde-là.

CÉLIA.

Dis-moi, je te prie, de qui tu veux parler ?

PIERRE DE TOUCHE.

De quelqu'un qu'aime fort le vieux Frédéric, votre père.

CÉLIA.

L'amitié de mon père suffit pour le faire respecter. Assez ! ne parlez plus de lui. Un de ces jours vous serez fouetté pour médisance.

PIERRE DE TOUCHE.

Tant pis si les fous ne peuvent parler sensément des folies que font les hommes sensés.

CÉLIA.

Sur ma parole, tu dis vrai : car, depuis que les fous doivent imposer silence au peu de sens commun qu'ils ont, le peu de folie qu'ont les gens sensés fait un grand étalage. Voici venir monsieur Lebeau.

Entre LEBEAU.

ROSALINDE.
La bouche pleine de nouvelles.

CÉLIA.
Qu'il va nous dégorger, comme un pigeon nourrit ses petits.

ROSALINDE.
Alors nous allons être farcies de nouvelles.

CÉLIA.
Tant mieux ; nous n'en serons que plus achalandées. *Bonjour*, monsieur Lebeau. Quelle nouvelle ?

LEBEAU.
Belle princesse, vous avez perdu un bien bon divertissement.

CÉLIA.
Un divertissement ? De quelle couleur ?

LEBEAU.
De quelle couleur, madame ? Comment puis-je vous répondre ?

ROSALINDE.
Comme le voudront votre esprit et la fortune.

PIERRE DE TOUCHE.
Ou comme le décréteront les destins.

CÉLIA.
Bien dit. Voilà une phrase vite maçonnée.

PIERRE DE TOUCHE.
Si jamais ma verve rancit !

ROSALINDE.
Tu cesseras d'être en bonne odeur.

LEBEAU.
Vous me déconcertez, mesdames. Je vous aurais parlé d'une bonne lutte dont vous avez perdu le spectacle.

SCÈNE II.

ROSALINDE.

Dites-nous toujours les détails de cette lutte.

LEBEAU.

Je vais vous dire le commencement, et, s'il plaît à Vos Grâces, vous pourrez voir la fin; car le plus beau est encore à faire, et c'est ici même, où vous êtes, qu'ils viennent l'accomplir.

CÉLIA.

Eh bien, voyons ce commencement qui est mort et enterré.

LEBEAU.

Voici venir un vieillard et ses trois fils...

CÉLIA.

Je pourrais adapter ce commencement à un vieux conte.

LEBEAU.

Trois beaux jeunes gens de taille et de mine excellentes...

ROSALINDE.

Avec des écriteaux au cou disant : A tous ceux qui verront ces présentes, salut!

LEBEAU.

L'aîné des trois a lutté avec Charles, le lutteur du duc, lequel Charles l'a renversé en un moment et lui a brisé trois côtes, si bien qu'il y a peu d'espoir de le sauver. Le second a été traité de même, et de même le troisième. Ils sont là-bas gisants; le pauvre vieillard, leur père, se lamente si douloureusement sur leurs corps que tous les spectateurs prennent son parti en pleurant.

ROSALINDE.

Hélas!

PIERRE DE TOUCHE.

Mais, monsieur, quel est le divertissement que ces dames ont perdu?

LEBEAU.

Eh bien, celui dont je parle.

PIERRE DE TOUCHE.

Ainsi les hommes deviennent plus savants de jour en jour! C'est la première fois que j'ai jamais ouï dire que voir briser des côtes était un divertissement pour des femmes.

CÉLIA.

Et moi aussi, je te le promets.

ROSALINDE.

Mais y a-t-il encore quelqu'un qui aspire à entendre dans ces côtes ce bris musical? Reste-t-il quelque amateur de côtes brisées?... Verrons-nous cette lutte, cousine?

LEBEAU.

Il le faut bien, si vous restez ici; car voici l'endroit même fixé pour la lutte, et ils sont prêts à l'engager.

CÉLIA.

Pour sûr, ce sont eux qui viennent. Restons donc et voyons.

Fanfares. Entrent le duc FRÉDÉRIC, ORLANDO, CHARLES, des seigneurs et des gens de service.

FRÉDÉRIC.

En avant! puisque ce jeune homme ne veut pas se laisser fléchir, qu'il coure les risques de sa témérité.

ROSALINDE, *montrant Orlando.*

Est-ce là l'homme?

LEBEAU.

Lui-même, madame.

CÉLIA.

Hélas! il est trop jeune; pourtant il a un air triomphant.

FRÉDÉRIC.
Vous voilà, ma fille, et vous, ma nièce ! Vous vous êtes donc glissées ici pour voir la lutte ?
ROSALINDE.
Oui, monseigneur, si vous daignez nous le permettre.
FRÉDÉRIC.
Vous n'y prendrez guère de plaisir, je puis vous le dire, il y a tant d'inégalité entre les hommes. Par pitié pour la jeunesse du provocateur, je serais bien aise de le dissuader, mais il ne veut pas se laisser fléchir. Parlez-lui, mesdames ; voyez si vous pouvez l'émouvoir.
CÉLIA.
Appelez-le, cher monsieur Lebeau.
FRÉDÉRIC.
Faites, je m'éloignerai.

Le duc s'éloigne.
LEBEAU, allant à Orlando.
Monsieur le provocateur, les princesses vous demandent.
ORLANDO.
Je me rends à leurs ordres, avec tout respect et toute déférence.

Il s'approche des princesses.
ROSALINDE.
Jeune homme, avez-vous provoqué le lutteur Charles ?
ORLANDO.
Non, belle princesse : il a lancé une provocation générale. Je viens seulement, comme les autres, essayer contre lui la vigueur de ma jeunesse.
CÉLIA.
Jeune gentilhomme, votre caractère est trop hardi pour votre âge. Vous avez eu la cruelle preuve de la vigueur de cet homme. Si vous pouviez vous voir vous-même avec vos yeux ou vous juger vous-même avec votre raison, la crainte de votre danger vous conseillerait une entreprise moins inégale. Nous vous prions, par intérêt

pour vous, de pourvoir à votre propre sûreté et d'abandonner cette tentative.

ROSALINDE.

Faites-le, jeune sire; votre réputation n'en sera nullement dépréciée; nous nous chargeons d'obtenir du duc que la lutte s'arrête là.

ORLANDO.

Je vous en supplie, ne me punissez pas par un jugement défavorable, quoique, je l'avoue, je sois bien coupable de refuser quelque chose à des dames si belles et si accomplies. Mais que vos beaux yeux et vos doux souhaits soient avec moi dans ce litige ! Si je suis battu, il n'y aura d'humilié qu'un être jusqu'ici disgracié ; si je suis tué, il n'y aura de mort qu'un être désireux de mourir. Je ne ferai aucun tort à mes amis, car je n'en ai aucun pour me pleurer ; aucun préjudice au monde, car je n'y possède rien. Je n'occupe au monde qu'une place qui sera beaucoup mieux remplie quand je l'aurai laissée vide.

ROSALINDE.

Je voudrais vous ajouter le peu de force que j'ai.

CÉLIA.

Oui, augmenté de mon peu de force !

ROSALINDE.

Bonne chance ! Fasse le ciel que je me sois méprise sur vous.

CÉLIA.

Que les souhaits de votre cœur soient avec vous !

CHARLES.

Allons, où est ce jeune galant qui est si impatient de coucher avec sa mère la terre ?

ORLANDO, s'avançant.

Présent, messire ; mais son ambition a des visées plus modestes.

LE DUC.

Vous vous arrêterez à la première chute.

SCÈNE II.

CHARLES.

Que Votre Grâce soit tranquille! Vous n'aurez pas à l'encourager pour une seconde, après l'avoir si éloquemment détourné de la première.

ORLANDO.

Vous comptez me railler après la lutte, vous ne devriez pas me railler avant. Allons, approchez!

ROSALINDE.

Hercule te soit en aide, jeune homme!

CÉLIA.

Je voudrais être invisible pour attraper par la jambe ce robuste compagnon!

Charles et Orlando luttent.

ROSALINDE.

O excellent jeune homme!

CÉLIA.

Si j'avais la foudre dans les yeux, je sais bien qui serait à terre.

Charles est renversé. Acclamations.

FRÉDÉRIC.

Assez! assez!

ORLANDO.

Encore! j'adjure Votre Grâce; je ne suis même pas en haleine.

FRÉDÉRIC.

Comment es-tu, Charles?

LEBEAU.

Il ne peut pas parler, monseigneur.

FRÉDÉRIC, *à ses gens.*

Emportez-le.

On emporte Charles.

A Orlando.

Quel est ton nom, jeune homme?

ORLANDO.

Orlando, monseigneur, le plus jeune fils de sire Roland des Bois.

FRÉDÉRIC.

— Que n'es-tu le fils d'un autre homme! — Le monde tenait ton père pour honorable, — mais je l'ai toujours trouvé mon ennemi, — tu m'aurais charmé davantage par cet exploit, — si tu descendais d'une autre maison. — Adieu! tu es un vaillant jouvenceau; — je voudrais que tu m'eusses nommé un autre père.

Il sort, suivi des courtisans et de Lebeau.

CÉLIA.

— Si j'étais mon père, petite cousine, agirais-je ainsi?

ORLANDO.

— Je suis plus fier d'être le fils de sire Roland, — son plus jeune fils... Ah! je ne changerais pas ce titre — pour celui d'héritier adoptif de Frédéric.

ROSALINDE.

— Mon père aimait sire Roland comme son âme, — et tout le monde était du sentiment de mon père. — Si j'avais su d'avance que ce jeune homme était son fils, — je lui aurais adressé des larmes pour prières, — plutôt que de le laisser s'aventurer ainsi.

CÉLIA.

Gente cousine, — allons le remercier et l'encourager: — la brusque et jalouse humeur de mon père — m'est restée sur le cœur.

A Orlando.

Messire, vous avez beaucoup mérité : — si vous savez seulement tenir vos promesses en amour — aussi bien que vous avez su tout à l'heure dépasser toute promesse, — votre maîtresse sera heureuse.

ROSALINDE, donnant à Orlando une chaîne détachée de son cou.

Gentilhomme, — portez ceci en souvenir de moi, d'une créature rebutée par la fortune, — qui donnerait davantage, si elle en avait les moyens sous la main... — Partons-nous, petite cousine?

SCÈNE II.

CÉLIA.

Oui. Adieu, beau gentilhomme.

Elles s'éloignent.

ORLANDO.

— Ne puis-je même pas dire merci? Mes facultés les plus hautes — sont abattues, et ce qui reste debout ici — n'est qu'une quintaine, un bloc inanimé.

ROSALINDE, revenant vers Orlando.

— Il nous rappelle... Ma fierté est tombée avec ma fortune : — je vais lui demander ce qu'il veut... Avez-vous appelé, messire ?... — Messire, vous avez lutté à merveille et vaincu — plus que vos ennemis.

CÉLIA.

Venez-vous, cousine ?

ROSALINDE.

— Je suis à vous... Adieu.

Sortent Rosalinde et Célia.

ORLANDO.

— Quelle émotion pèse donc sur ma langue? — Je n'ai pu lui parler, et pourtant elle provoquait l'entretien.

Rentre LEBEAU.

ORLANDO.

— O pauvre Orlando! tu es terrassé : — si ce n'est Charles, quelque créature plus faible t'a maîtrisé.

LEBEAU.

— Beau sire, je vous conseille en ami — de quitter ces lieux. Bien que vous ayez mérité — de grands éloges, de sincères applaudissements et l'amour de tous, — pourtant telle est la disposition du duc — qu'il interprète à mal tout ce que vous avez fait. — Le duc est fantasque : ce qu'il est au juste, — c'est à vous de le concevoir plutôt qu'à moi de le dire.

ORLANDO.

— Je vous remercie, monsieur... Ah! dites-moi, je vous prie, — laquelle était la fille du duc, de ces deux dames — qui assistaient à la lutte?

LEBEAU.

— Ni l'une ni l'autre, si nous en jugeons par le caractère; — pourtant, en réalité, c'est la plus petite qui est sa fille. — L'autre est la fille du duc banni; — son oncle l'usurpateur la détient ici — pour tenir compagnie à sa fille : leur mutuelle affection — est plus tendre que le naturel attachement de deux sœurs. — Mais je puis vous dire que, depuis peu, ce duc-ci a conçu du déplaisir contre sa gentille nièce — par cet unique motif — que le peuple la loue pour ses vertus — et la plaint pour l'amour de son bon père. — Je gage, sur ma vie, que sa rage contre elle — éclatera brusquement... Messire, adieu. — Plus tard, dans un monde meilleur que celui-ci, — je solliciterai de vous une amitié et une connaissance plus étroites.

ORLANDO.

— Je vous suis grandement obligé : adieu!

Lebeau sort.

— Maintenant il me faut passer de la fumée à l'étouffoir, — d'un duc tyran à un frère tyran... — Ah! céleste Rosalinde!

Il sort.

SCÈNE III.

[Dans le palais ducal.]

Entrent CÉLIA et ROSALINDE.

CÉLIA.

Eh bien, cousine! eh bien, Rosalinde!... Cupido, un peu de pitié! Pas un mot?

ROSALINDE.

Pas un à jeter aux chiens !

CÉLIA.

Non, tes mots sont trop précieux pour être jetés aux chiens, mais jette-m'en quelques-uns. Allons, lance tes raisons à mes trousses.

ROSALINDE.

Il n'y aurait plus alors qu'à enfermer les deux cousines, l'une étant estropiée par des raisons et l'autre folle par déraison.

Elle pousse un soupir.

CÉLIA.

Est-ce que tout cela est pour votre père ?

ROSALINDE.

Non, il y en a pour le père de mon enfant. Oh! combien ce monde de jours ouvrables est encombré de ronces!

CÉLIA.

Bah ! cousine, ce ne sont que des chardons, jetés sur toi dans la folie d'un jour de fête ; si nous ne marchons pas dans les sentiers battus, ils s'attacheront à nos jupes.

ROSALINDE.

De ma robe je pourrais les secouer ; mais ils sont dans mon cœur.

CÉLIA.

Expectore-les.

ROSALINDE.

J'essaierais, si je n'avais qu'à faire hem ! pour réussir.

CÉLIA.

Allons, allons, lutte avec tes affections.

ROSALINDE.

Oh ! elles ont pris le parti d'un lutteur plus fort que moi.

CÉLIA.

Oh ! je vous souhaite bonne chance ! Le moment viendra où vous tenterez la lutte, même au risque d'une chute... Mais trêve de plaisanteries, et parlons sérieusement : est-il possible que subitement vous ayez conçu une si forte inclination pour le plus jeune fils du vieux sire Roland ?

ROSALINDE.

Le duc mon père aimait son père profondément.

CÉLIA.

S'ensuit-il donc que vous deviez aimer son fils profondément ? D'après ce genre de logique, je devrais le haïr, car mon père haïssait son père profondément ; pourtant je ne hais pas Orlando.

ROSALINDE.

Non, de grâce, ne le haïssez pas, pour l'amour de moi.

CÉLIA.

Pourquoi le haïrais-je ? N'a-t-il pas de grands mérites ?

ROSALINDE.

Laissez-moi l'aimer par cette raison, et vous, aimez-le parce que je l'aime... Tenez, voici le duc qui vient.

CÉLIA.

La colère dans les yeux.

Entre le DUC FRÉDÉRIC avec sa suite.

FRÉDÉRIC, à Rosalinde.

— Donzelle, dépêchez-vous de pourvoir à votre sûreté — en quittant notre cour.

ROSALINDE.

Moi, mon oncle ?

FRÉDÉRIC.

Vous, ma nièce !... — Si dans dix jours tu te trouves — à moins de vingt milles de notre cour, — tu es morte.

ROSALINDE.

Je supplie Votre Grâce — de me laisser emporter la connaissance de ma faute. — S'il est vrai que j'aie conscience de moi-même, — que je sois au fait de mes propres désirs, — que je ne rêve pas, que je ne divague pas, — ce dont je suis convaincue, alors, cher oncle, — j'affirme que jamais même par la plus vague pensée, — je n'ai offensé Votre Altesse.

FRÉDÉRIC.

Il en est ainsi de tous les traîtres ; — si leur justification dépendait de leurs paroles, — ils seraient aussi innocents que la pureté même. — Je me défie de toi : que cela te suffise.

ROSALINDE.

— Pourtant votre défiance ne suffit pas à me faire traîtresse. — Dites-moi en quoi consistent les présomptions contre moi.

FRÉDÉRIC.

— Tu es la fille de ton père, et c'est assez.

ROSALINDE.

— Je l'étais aussi, quand Votre Altesse lui prit son duché ; — je l'étais aussi, quand Votre Altesse le bannit. — La trahison n'est pas héréditaire, monseigneur, — et, quand même elle nous serait transmise par nos parents, — que m'importe ! mon père n'a jamais été traître. — Donc, mon bon suzerain, ne me méjugez pas -- jusqu'à voir dans ma misère une trahison.

CÉLIA.

— Cher souverain, veuillez m'entendre.

FRÉDÉRIC.

— Oui, Célia. C'est à cause de vous que nous l'avons retenue, — autrement il y a longtemps qu'elle vagabonderait avec son père.

CÉLIA.

— Je ne vous priais pas alors de la retenir : — ce fut l'acte de votre bon plaisir et de votre libre pitié. J'étais trop jeune en ce temps-là pour apprécier ma cousine, —

mais à présent je la connais. Si elle a trahi, — j'ai trahi, moi aussi : toujours nous avons dormi ensemble, — quitté le lit au même instant, appris, joué, mangé ensemble ; — et partout où nous allions, comme les cygnes de Junon, — toujours nous sommes allées accouplées et inséparables.

FRÉDÉRIC.

— Elle est trop subtile pour toi ; sa douceur, — son silence même et sa patience — parlent au peuple qui la plaint. — Tu es une folle : elle te vole ta renommée, — et tu brilleras bien davantage et tu sembleras bien plus accomplie — quand elle sera loin d'ici. Ainsi, n'ouvre pas la bouche. — Absolu et irrévocable est l'arrêt — que j'ai passé contre elle : elle est bannie.

CÉLIA.

— Prononcez donc aussi la sentence contre moi, monseigneur ; — je ne puis vivre hors de sa compagnie.

FRÉDÉRIC.

— Vous êtes une folle... Vous, nièce, faites vos préparatifs ; — si vous restez au delà du temps fixé, sur mon honneur, — par la puissance de ma parole, vous êtes morte !

Il sort avec sa suite.

CÉLIA.

— O ma pauvre Rosalinde ! où vas-tu aller ? Veux-tu changer de père ? Je te donnerai le mien. — Ah ! je te le défends, — ne sois pas plus affligée que moi.

ROSALINDE.

— J'ai bien plus sujet de l'être.

CÉLIA.

Nullement, cousine. — Du courage, je t'en prie ! Sais-tu pas que le duc — m'a bannie, moi sa fille ?

ROSALINDE.

Pour cela, non !

SCÈNE III.

CÉLIA.

— Non? Il ne m'a pas bannie? Tu ne sens donc pas Rosalinde, l'affection — qui te dit que toi et moi ne faisons qu'une. — Quoi! nous serions arrachées l'une à l'autre! Nous nous séparerions, douce fille! — Non. Que mon père cherche une autre héritière! — Ainsi décide avec moi comment nous nous enfuirons, — où nous irons et ce que nous emporterons avec nous. — Ah! n'espérez pas garder votre malheur pour vous, — supporter seule vos chagrins et m'en exclure: car, par ce ciel, déjà tout pâle de nos douleurs, — tu auras beau dire, j'irai partout avec toi!

ROSALINDE.

— Eh bien, où irons-nous?

CÉLIA.

Retrouver mon oncle dans la forêt des Ardennes.

ROSALINDE.

Hélas! quel danger il y aura pour nous, — filles que nous sommes, à voyager si loin! — La beauté provoque les voleurs plus même que l'or.

CÉLIA.

— Je m'affublerai d'un accoutrement pauvre et vulgaire, — et me barbouillerai la figure avec une sorte de terre de Sienne. — Vous en ferez autant, et nous passerons notre chemin, — sans jamais tenter d'assaillants.

ROSALINDE.

Ne vaudrait-il pas mieux, — étant d'une taille plus qu'ordinaire, — que je fusse en tout point vêtue comme un homme? — Un coutelas galamment posé sur la cuisse, — un épieu à la main, je m'engage, dût mon cœur — recéler toutes les frayeurs d'une femme, — à avoir l'air aussi rodomont et aussi martial — que maints poltrons virils — qui masquent leur couardise sous de faux semblants.

CÉLIA.

— Comment t'appellerai-je, quand tu seras un homme?

ROSALINDE.

— Je ne veux pas un moindre nom que celui du propre page de Jupin. — Ainsi ayez soin de m'appeler Ganimède. — Et vous, comment voulez-vous vous appeler?

CÉLIA.

— D'un nom qui soit en rapport avec ma situation : Célia n'est plus, je suis Aliéna.

ROSALINDE.

— Dites donc, cousine, si nous essayions d'enlever — de la cour le fou de votre père? — Est-ce qu'il ne serait pas un soutien pour nous dans notre pérégrination?

CÉLIA.

— Il irait au bout du monde avec moi : — laisse-moi seule le séduire. Vite — allons réunir nos joyaux et nos richesses; — puis choisissons le moment le plus propice et la voie la plus sûre — pour nous dérober aux recherches qui seront faites — après notre évasion. Marchons avec joie, — non vers l'exil, mais vers la liberté.

Elles sortent.

SCÈNE IV.

[Une grotte dans la forêt des Ardennes.]

Entrent le VIEUX DUC, AMIENS et d'autres seigneurs, en habits de veneurs.

LE DUC.

— Eh bien, mes compagnons, mes frères d'exil, — la vieille habitude n'a-t-elle pas rendu cette vie plus douce — que celle d'une pompe fardée? Cette forêt n'est-elle pas — plus exempte de dangers qu'une cour envieuse ? — Ici nous ne subissons que la pénalité d'Adam, — la différence des saisons. Si de sa dent glacée, — de son souffle brutal, le vent d'hiver — mord et fouette mon corps — jusqu'à ce que je grelotte de froid, je souris et je dis : — Ici point de flatterie ; voilà un conseiller — qui me fait sentir ce que je suis. — Doux sont les procédés de l'adversité : — comme le crapaud hideux et venimeux, — elle porte un précieux joyau dans sa tête (25). — Cette existence à l'abri de la cohue publique — révèle des voix dans les arbres, des livres dans les ruisseaux qui coulent, — des leçons dans les pierres et le bien en toute chose.

AMIENS.

— Je ne voudrais pas changer de vie. Heureuse est Votre Grâce — de pouvoir traduire l'acharnement de la fortune — en style si placide et si doux !

LE DUC.

— Ah çà, irons-nous tuer quelque venaison?... — Et pourtant je répugne à voir les pauvres êtres tachetés, — — bourgeois natifs de cette cité sauvage, — atteints sur leur propre terrain par les flèches fourchues qui ensanglantent leurs hanches rondes.

PREMIER SEIGNEUR.

— Aussi bien, monseigneur, — cela navre le mélancolique Jacques ; — il jure que vous êtes sous ce rapport un plus grand usurpateur — que votre frère qui vous a banni. — Aujourd'hui, messire d'Amiens et moi-même, — nous nous sommes faufilés derrière lui, comme il était étendu — sous un chêne dont les antiques racines se projettent — sur le ruisseau qui clapote le long de ce bois. — Là, un pauvre cerf égaré, — qu'avait blessé le trait des chasseurs, — est venu râler ; et vraiment, monseigneur, — le misérable animal poussait de tels sanglots — que, sous leur effort, — sa cotte de cuir se tendait — presque à éclater ; de grosses larmes roulaient l'une après l'autre sur son innocent museau — dans une chasse lamentable. Et ainsi la bête velue, — observée tendrement par le mélancolique Jacques, — se tenait sur le bord extrême du rapide ruisseau qu'elle grossissait de ses larmes.

LE DUC.

Mais qu'a dit Jacques ? — A-t-il pas tiré la morale de ce spectacle ?

PREMIER SEIGNEUR.

— Oh ! oui, en mille rapprochements. — D'abord, voyant tant de larmes perdues dans le torrent : — « *Pauvre cerf*, a-t-il dit, *tu fais ton testament — comme nos mondains, et tu donnes — à qui avait déjà trop.* » Puis, voyant la bête seule, — délaissée et abandonnée de ses amies veloutées : — « *C'est juste*, a-t-il ajouté, *la misère écarte — le flot de la compagnie.* » Tout à coup, une troupe de cerfs insouciants — et bien repus bondit à côté du blessé, sans même s'arrêter à le choyer : *Oui*, dit Jacques, — *enfuyez-vous, gras et plantureux citoyens : — voilà bien la mode ! à quoi bon jeter un regard — sur le pauvre banqueroutier ruiné que voilà ?* — Ainsi le trait de ses invectives frappait à fond — la campagne, la ville, la cour, — et jusqu'à notre existence ; il jurait que nous — sommes de purs usurpateurs, des tyrans, et ce qu'il y a de pire, — d'effrayer ainsi les animaux et de les massacrer — dans le domaine que leur assigne la nature.

LE DUC.

— Et vous l'avez laissé dans cette contemplation ?

DEUXIÈME SEIGNEUR.

— Oui, monseigneur, pleurant et dissertant — sur ce cerf à l'agonie.

LE DUC.

Montrez-moi l'endroit. — J'aime à l'aborder dans ces

accès moroses, — car alors il est plein de choses profondes.

DEUXIÈME SEIGNEUR.
Je vais vous conduire droit à lui.

Ils sortent.

SCÈNE V.

[Dans le palais ducal.]

Entre le DUC FRÉDÉRIC, suivi de SEIGNEURS et de courtisans.

FRÉDÉRIC.
— Est-il possible que personne ne les ait vues ? — Cela ne peut être : quelques traîtres de ma cour — sont d'accord et de connivence avec elles.

PREMIER SEIGNEUR.
— Je ne sache pas que quelqu'un les ait aperçues. — Les femmes de chambre qui la servent — l'ont vue se mettre au lit ; mais, le matin de bonne heure, — elles ont trouvé le lit dégarni de son auguste trésor.

DEUXIÈME SEIGNEUR.
— Monseigneur, ce coquin de bouffon qui si souvent — faisait rire Votre Grâce, a également disparu. — Hespérie, la dame d'atours de la princesse, — avoue qu'elle a secrètement entendu — votre fille et sa cousine vanter beaucoup — les qualités et les grâces du lutteur — qui tout dernièrement a assommé le robuste Charles ; — et, en quelque lieu qu'elles soient allées, elle croit — que ce jouvenceau est sûrement dans leur compagnie.

FRÉDÉRIC.
— Envoyez chez son frère chercher ce galant ; — s'il est absent, amenez-moi son frère, — je le lui ferai bien trouver : faites vite, — et ne ménagez pas les démarches

et les perquisitions — pour rattraper ces folles vagabondes.

Ils sortent

SCÈNE VI.

(Devant la maison d'Olivier.)

Orlando et Adam se croisent.

ORLANDO.

Qui est là ?

ADAM.

— Quoi !... mon jeune maître ! O mon bon maître, — ô mon cher maître, ô image — du vieux sire Roland ! que faites-vous donc ici ? — Pourquoi êtes-vous vertueux ? Pourquoi les gens vous aiment-ils ? — Et pourquoi êtes-vous doux, fort et vaillant ? — Pourquoi, imprudent, avez-vous terrassé — le champion ossu de ce duc fantasque ? — Votre gloire vous a trop vite devancé ici. — Savez-vous pas, maître, qu'il est certains hommes — pour qui leurs qualités sont autant d'ennemis ? — Vous êtes de ceux-là ; vos vertus, mon bon maître, — ne sont à votre égard que de saintes et pures traîtresses. — Oh ! qu'est-ce donc qu'un monde où toute grâce — empoisonne qui elle pare ?

ORLANDO.

— Voyons, de quoi s'agit-il ?

ADAM.

O malheureux jeune homme ! — Ne franchissez pas cette porte. Sous ce toit — loge l'ennemi de tous vos mérites. — Votre frère... non, pas votre frère... Le fils... — non pas le fils ! je ne veux pas l'appeler le fils — de celui que j'allais appeler son père... — a appris votre triomphe ; cette nuit même il se propose — de mettre le feu au logis où vous avez l'habitude de coucher, — et de vous brûler dedans. S'il y échoue, — il recourra à d'autres moyens pour vous anéantir : — je l'ai surpris dans ses machinations. — Ce n'est pas ici un lieu pour vous, cette maison n'est qu'une boucherie. — Abhorrez-la, redoutez-la, n'y entrez pas.

ORLANDO.

— Mais où veux-tu que j'aille, Adam ?

ADAM.

— N'importe où, excepté ici.

ORLANDO.

— Veux-tu donc que j'aille mendier mon pain — ou qu'avec une épée lâche et forcenée j'exige — sur la grande route la ration du vol ? — C'est ce que j'aurais à faire, ou je ne sais que faire ; — mais c'est ce que je ne veux pas faire, quoi que je puisse faire. — J'aime mieux m'exposer à l'acharnement — d'un sang dénaturé, d'un frère sanguinaire.

ADAM.

— Non, n'en faites rien. J'ai cinq cents écus, — épargne amassée au service de votre père, — que je gardais comme une infirmière — pour le temps où l'activité se paralysera dans mes vieux membres — et où ma vieillesse dédaignée sera jetée dans un coin. — Prenez-les, et que Celui qui nourrit les corbeaux — et dont la providence fournit des ressources au passereau — soit le soutien de ma vieillesse ! — Voici de l'or : je vous donne tout ça. Mais laissez-moi vous servir. — Si vieux que je paraisse, je n'en suis pas moins fort et actif : car, dans ma jeunesse, je n'ai jamais vicié — mon sang par des liqueurs ardentes et rebelles ; — jamais je n'ai d'un front sans pudeur convoité — les moyens d'affaiblissement et de débilité. — Aussi mon vieil âge est-il comme un vigoureux hiver, — glacé, mais sain. Laissez-moi partir avec vous : — Je vous rendrai les services d'un plus jeune homme — dans toutes vos affaires et dans toutes vos nécessités.

ORLANDO.

— O bon vieillard ? Que tu me fais bien l'effet — de ce serviteur constant des anciens jours — qui s'évertuait par devoir et non par intérêt ! — Tu n'es pas à la mode de cette époque — où chacun s'évertue seulement pour un profit — et, une fois satisfait, laisse étouffer son zèle — par cette égoïste satisfaction : il n'en est pas ainsi de toi. — Pauvre vieillard, tu soignes un arbre pourri — qui ne peut pas même te donner une fleur — en échange de toutes tes peines et de toute ta culture. — Mais viens, nous ferons route ensemble, — et, avant que nous ayons dépensé les gages de ta jeunesse, — nous aurons trouvé quelque humble sort à notre gré.

ADAM.

— En avant, maître ! je te suivrai, — jusqu'à mon dernier soupir, avec constance et loyauté. — Depuis l'âge de dix-sept ans jusqu'à près de quatre-vingts, — j'ai vécu ici, mais désormais je n'y veux plus vivre. — A dix-sept ans beaucoup vont chercher fortune, — mais à quatre-vingts, il est trop tard d'une semaine au moins. — N'importe ! la fortune ne peut pas mieux me récompenser — qu'en me permettant de mourir honnête et quitte envers mon maître.

Ils sortent.

SCÈNE VII.

[La lisière de la forêt des Ardennes.]

Entrent Rosalinde, en habit de paysan ; Célia, déguisée en bergère, et Pierre de Touche.

ROSALINDE.

O Jupiter ! que mes esprits sont lassés !

SCÈNE VII.

PIERRE DE TOUCHE.

Peu m'importerait pour mes esprits si mes jambes ne l'étaient pas.

ROSALINDE.

Je serais disposée de tout cœur à déshonorer mon costume d'homme et à pleurer comme une femme : mais il faut que je soutienne le vase le plus fragile. Le pourpoint et le haut-de-chausses doivent à la jupe l'exemple du courage : courage donc, bonne Aliéna!

CÉLIA.

Je vous en prie, supportez ma défaillance ; je ne puis aller plus loin.

PIERRE DE TOUCHE.

Pour ma part, j'aimerais mieux supporter votre défaillance que porter votre personne : pourtant, si je vous portais, mon fardeau ne serait pas pesant, car je crois que vous n'avez pas un besant dans votre bourse.

ROSALINDE.

Voilà donc la forêt des Ardennes.

PIERRE DE TOUCHE.

Oui, me voilà dans les Ardennes ; je n'en suis que plus fou. Quand j'étais à la maison, j'étais mieux ; mais les voyageurs doivent être contents de tout.

ROSALINDE

Oui, sois content, bon Pierre de Touche... Voyez donc qui vient ici : un jeune homme et un vieux en solennelle conversation.

Entrent CORIN et SILVIUS.

CORIN.

— C'est le moyen de vous faire toujours mépriser d'elle.

SILVIUS

— O Corin, si tu savais combien je l'aime!

CORIN.

— Je m'en fais une idée, car j'ai aimé jadis.

SILVIUS.

— Non, Corin, vieux comme tu l'es, tu ne saurais en avoir idée, — quand tu aurais été dans ta jeunesse l'amant le plus vrai — qui ait jamais soupiré sur l'oreiller nocturne ! — Si jamais ton amour a ressemblé au mien — (et je suis sûr que jamais homme n'aima autant), — dis-moi à combien d'actions ridicules — tu as été entraîné par ta passion.

CORIN.

— A mille que j'ai oubliées.

SILVIUS.

— Oh ! tu n'as jamais aimé aussi ardemment que moi. — Si tu ne te rappelles pas la moindre des folies — auxquelles t'a poussé l'amour, — tu n'as pas aimé. — Si tu ne t'es pas assis, comme je le fais maintenant, en fatiguant ton auditeur des louanges de ta maîtresse, — tu n'as pas aimé. — Si tu n'a pas faussé compagnie — brusquement, forcé par la passion, comme moi en cet instant, — tu n'as pas aimé... O Phébé ! Phébé ! Phébé !

Il sort.

ROSALINDE.

— Hélas ! pauvre berger ! tandis que tu sondais ta blessure, — j'ai par triste aventure senti se rouvrir la mienne. —

PIERRE DE TOUCHE.

Et moi la mienne. Je me souviens que, quand j'étais amoureux, je brisai ma lame contre une pierre, et lui dis : *Voilà qui t'apprendras à aller de nuit trouver Janneton Sourire.* Et je me souviens que je baisais son battoir et les pis de la vache que venaient de traire ses jolies mains gercées. Et je me souviens qu'un jour, au lieu d'elle, je caressais une gousse : j'en pris les deux moitiés et, les lui offrant, je lui dis tout en larmes : *Portez-les pour l'amour de moi*. Nous autres, vrais amoureux, nous nous livrons à d'étranges caprices : mais, de même que tout est mortel dans la nature, de même toute nature atteinte d'amour est mortellement atteinte de folie.

ROSALINDE.

Tu parles spirituellement, sans y prendre garde.

PIERRE DE TOUCHE.

Ah! je ne prendrai jamais garde à mon esprit que quand je me serai brisé contre lui les os des jambes.

ROSALINDE.

— Jupin! Jupin! La passion de ce berger — a beaucoup de la mienne.

PIERRE DE TOUCHE.

— Et de la mienne : mais elle commence un peu à s'éventer chez moi.

CÉLIA, montrant Corin.

— De grâce, que l'un de vous demande à cet homme-là — si pour de l'or il veut nous donner à manger. — Je suis presque mourante de faiblesse.

PIERRE DE TOUCHE, appelant.

— Holà, vous, rustre!

ROSALINDE.

Silence, fou! il n'est pas ton parent.

CORIN.

— Qui appelle?

PIERRE DE TOUCHE.

Des gens mieux lotis que vous, messire.

CORIN.

— Pour ne pas l'être, il faudrait qu'ils fussent bien misérables.

ROSALINDE.

Paix, te dis-je!... Bonsoir à vous, l'ami!

CORIN.

— Et à vous, gentil sire, et à vous tous!

ROSALINDE.

— Je t'en prie, berger, si l'humanité ou l'or — peut nous procurer un gîte dans ce désert, — conduis-nous quelque part où nous puissions trouver repos et nourriture. Voici une jeune fille accablée de fatigue et qui succombe de besoin.

CORIN.

Beau sire, je la plains — et je souhaiterais, bien plus pour elle que pour moi, — que la fortune me rendît plus facile de la secourir. — Mais je suis le berger d'un autre homme, et je ne tonds pas les brebis que je fais paître. — Mon maître est de disposition incivile — et se soucie fort peu de s'ouvrir le chemin du ciel — en faisant acte d'hospitalité. — En outre, sa cabane, ses troupeaux et ses pâtis — sont maintenant en vente, et dans notre bergerie, — à cause de son absence, il n'y a rien — pour vous à manger. Mais venez voir ce qu'il y a, — et il ne tiendra pas à moi que vous ne soyez parfaitement reçus !

ROSALINDE.

— Qui donc doit acheter ses troupeaux et ses pâturages ?

CORIN.

— Ce jeune berger que vous venez de voir — et qui pour le moment se soucie peu d'acheter quoi que ce soit.

ROSALINDE.

— Si la loyauté ne s'y oppose en rien, je te prie — d'acheter la chaumière, le pâturage et le troupeau : — tu auras de nous de quoi payer le tout.

CÉLIA.

— Et nous augmenterons tes gages : j'aime cet endroit, — et j'y passerais volontiers mes jours.

CORIN.

— Assurément la chose est à vendre. — Venez avec moi. Si, information prise, vous aimez — le terrain, le revenu et ce genre de vie,—je veux être votre très-fidèle berger — et tout acheter immédiatement avec votre or.

Ils sortent.

SCÈNE VIII.

[Dans la forêt.]

Entre AMIENS, JACQUES et d'autres.

AMIENS, chantant.

Que celui qui sous l'arbre vert
Aime s'étendre avec moi
Et moduler son chant joyeux
D'accord avec le doux gosier de l'oiseau,
Vienne ici, vienne ici, vienne ici !
   Ici il ne verra
   D'autre ennemi
Que l'hiver et le mauvais temps.

JACQUES.

— Encore, encore, je t'en prie, encore !

AMIENS.

Ça va vous rendre mélancolique, monsieur Jacques.

JACQUES.

Tant mieux. Encore, je t'en prie, encore ! Je puis sucer la mélancolie d'une chanson comme la belette suce un œuf. Encore, je t'en prie, encore !

AMIENS.

Ma voix est enrouée : je sais que je ne pourrais vous plaire.

JACQUES.

Je ne vous demande pas de me plaire, je vous demande de chanter. Allons, allons, une autre stance N'est-ce pas *stances* que vous les appelez ?

AMIENS.

Comme vous voudrez, monsieur Jacques.

JACQUES.

Bah ! peu m'importe leur nom : elles ne me doivent rien. Voulez-vous chanter ?

AMIENS.

Soit ! à votre requête plutôt que pour mon plaisir.

JACQUES.

Eh bien, si jamais je remercie quelqu'un, ce sera vous. Mais ce qu'ils appellent compliment ressemble à la rencontre de deux babouins : et quand un homme me remercie cordialement, il me semble que je lui ai donné une obole et qu'il me témoigne une reconnaissance de mendiant. Allons, chantez... Et vous qui ne chantez pas, retenez vos langues.

AMIENS.

Eh bien, je vais finir la chanson... Messieurs, mettez le couvert, le duc veut boire sous cet arbre.

A Jacques.

Il vous a cherché toute la journée.

JACQUES.

Et moi, je l'ai évité toute la journée. Il est trop ergoteur pour moi. Je pense à autant de choses que lui, mais j'en rends grâces au ciel et je n'en tire pas vanité. Allons, gazouille, allons.

Amiens chante et tous l'accompagnent.

CHANSON.

Que celui qui fuit l'ambition
Et aime vivre au soleil,
Cherchant sa nourriture
Et satisfait de ce qu'il trouve
Vienne ici, vienne ici, vienne ici !
Ici il ne verra
D'autre ennemi
Que l'hiver et le mauvais temps.

JACQUES.

Je vais vous donner sur cet air-là une strophe que j'ai faite hier en dépit de mon imagination.

AMIENS.

Et je la chanterai.

JACQUES.

La voici.

>Si par hasard il arrive
>Qu'un homme, changé en âne,
>Laisse ses richesses et ses aises
>Pour satisfaire un caprice entêté,
>Duc ad me, duc ad me, duc ad me!
> Ici il verra
>D'aussi grands fous que lui,
>S'il veut venir à moi.

AMIENS.

Que signifie ce *duc ad me*?

JACQUES.

C'est une invocation grecque pour attirer les imbéciles dans un cercle... Je vais dormir si je peux; si je ne peux pas, je vais déblatérer contre tous les premiers-nés d'Égypte.

AMIENS.

Et moi, je vais chercher le duc; son banquet est tout préparé.

Ils se dispersent.

SCÈNE IX.

[Sur la lisière de la forêt.]

Entrent ORLANDO *et* ADAM.

ADAM.

Cher maître, je ne puis aller plus loin... Oh! je meurs d'inanition! Je vais m'étendre ici et y prendre la mesure de ma fosse. Adieu, mon maître.

Il s'affaisse à terre.

ORLANDO.

Comment, Adam! tu n'as pas plus de cœur! Ah! vis encore un peu, soutiens-toi encore un peu, ranime-toi encore un peu! Si cette farouche forêt produit quelque bête sauvage, ou je serai mangé par elle, ou je te l'apporterai à manger. La mort est plus dans ton imagination que dans tes forces. Pour l'amour de moi, reprends courage : tiens pour un moment la mort à distance. Je vais être tout de suite à toi, et si je ne t'apporte pas de quoi manger, je te donne permission de mourir; mais si tu meurs avant mon retour, c'est que tu te moques de ma peine... A la bonne heure ! tu sembles te ranimer : je vais être à toi bien vite... Mais tu es là étendu à l'air glacé. Viens, je vais te porter sous quelque abri, et tu ne mourras pas faute d'un dîner, s'il y a dans ce désert un être vivant... Du courage, bon Adam.

Il sort, en portant Adam.

SCÈNE X.

[Dans la forêt. Une table servie sous les arbres.]

Entrent le vieux DUC, AMIENS, et des SEIGNEURS.

LE DUC.

— Je crois qu'il est métamorphosé en bête ; — car je ne peux le découvrir nulle part sous forme d'homme.

PREMIER SEIGNEUR.

— Monseigneur, il était ici tout à l'heure, — s'égayant fort à écouter une chanson.

LE DUC.

— S'il devient musicien, lui, ce composé de dissonances, — nous aurons bientôt du désaccord dans les sphères. — Allez le chercher ; dites-lui que je voudrais lui parler.

Entre JACQUES.

PREMIER SEIGNEUR.

— Il m'en épargne la peine en venant lui-même.

SCÈNE X.

LE DUC.

— Eh bien, monsieur? Est-ce là une existence? — Faut-il que vos pauvres amis implorent votre compagnie? — Mais quoi! vous avez l'air tout joyeux.

JACQUES.

— Un fou! un fou! j'ai rencontré un fou dans la forêt, — un fou en livrée bariolée... O misérable monde! — Aussi vrai que je vis de nourriture, j'ai rencontré un fou, — étendu par terre, qui se chauffait du soleil — et qui narguait dame Fortune en bons termes, — en termes fort bien pesés, et cependant c'était un fou en livrée. — *Bonjour fou*, ai-je dit... *Non monsieur*, a-t-il dit, — *ne m'appelez fou que quand le ciel m'aura fait faire fortune.* — Puis il a tiré de sa poche un cadran — qu'il a regardé d'un œil terne — en disant très-sensément : *Il est dix heures!...* — *Ainsi*, a-t-il ajouté, *nous pouvons voir comment se démène le monde : — il n'y a qu'une heure, qu'il était neuf heures; — et dans une heure, il sera onze heures; — et ainsi, d'heure en heure, nous mûrissons, mûrissons, — et puis, d'heure en heure, nous pourrissons, pourrissons, — et ainsi finit l'histoire.* Quand j'ai entendu — le fou en livrée moraliser ainsi sur le temps, — mes poumons se sont mis à chanter comme un coq, — à la pensée qu'il est des fous aussi contemplatifs; — et j'ai ri, sans interruption, — une heure à son cadran... O noble fou! — O digne fou! L'habit bariolé est le seul de mise.

LE DUC.

Quel est donc ce fou?

JACQUES.

— O le digne fou!... C'en est un qui a été à la cour : — il dit que, pour peu que les femmes soient jeunes et jolies, — elles ont le don de le savoir; dans sa cervelle, — aussi sèche que le dernier biscuit — après un long voyage, il y a d'étranges cases bourrées — d'observations qu'il lâche — en formules hachées…. Oh! si j'étais fou! — J'ambitionne la cotte bariolée.

LE DUC.

— Tu en auras une.

JACQUES.

C'est la seule qui m'aille : — pourvu que vous extirpiez de votre sain jugement — cette opinion, malheureusement enraciné, — que je suis raisonnable. Il faut que j'aie franchise — entière et que, comme le vent, je sois libre — de souffler sur qui bon me semble, car les fous ont ce privilége. — Et ce sont ceux qu'aura le plus écorchés ma folie — qui devront rire le plus. Et pourquoi ça, messire? — La raison est aussi unie que le chemin de l'église paroissiale : — celui qu'un fou a frappé d'une saillie spirituelle, — quelque dur qu'il lui en cuise, agit follement, — s'il ne paraît pas insensible au coup : autrement, — la folie de l'homme sage est mise à nu — par les traits les plus hasardeux du fou. — Affublez-moi de mon costume bariolé, donnez-moi permission — de dire ma pensée, et je prétends — purger à fond le sale corps de ce monde corrompu. — pourvu qu'on laisse agir patiemment ma médecine.

LE DUC.

Fi de toi! je puis dire ce que tu ferais.

JACQUES.

— Eh! que ferais-je, au bout du compte, si ce n'est du bien?

LE DUC.

— Tu commettrais le plus affreux péché, en réprimandant le péché. — Car tu as été toi-même un libertin, — aussi sensuel que le rut bestial; — et tous les ulcères tuméfiés et tous les maux endurés — que tu as attrapés dans ta licence vagabonde, — tu les communiquerais au monde entier.

JACQUES.

— Bah! parce qu'on crie contre la vanité, — la reproche-t-on pour cela à quelqu'un en particulier? — Ce vice ne s'étend-il pas énorme comme la mer, — jusqu'au point où l'impuissance même le force à refluer? — Quelle est la femme que je nomme dans la cité, — quand je dis que la femme de la cité — porte sur d'indignes épaules la fortune d'un prince? — Quelle est celle qui peut s'avancer et dire que je l'ai désignée, — quand sa voisine est en tout pareille à elle? — Ou quel est l'homme d'ignoble métier — qui s'écriera que sa parure ne me coûte rien, — se croyant désigné par moi, s'il n'applique lui-même — à sa folie le stigmate de ma parole? — Eh bien! allons donc! faites-moi voir en quoi — ma langue l'a outragé; si elle a dit juste à son égard, — c'est lui-même qui s'est outragé ; s'il est sans reproche, — alors ma critique s'envole comme une oie sauvage, — sans être réclamée de personne... Mais qui vient ici?

Orlando s'élance l'épée à la main.

ORLANDO.

— Arrêtez et ne mangez plus!

JACQUES.

Eh! je n'ai pas encore mangé.

ORLANDO.

— Et tu ne mangeras pas, que le besoin ne soit servi!

JACQUES.

— De quelle espèce est donc ce coq-là?

LE DUC.

— L'ami! est-ce ta détresse qui t'enhardit à ce point? — ou est-ce par un grossier dédain des bonnes manières — que tu sembles à ce point dépourvu de civilité?

ORLANDO.

— Vous avez touché juste au premier mot: la dent aiguë — de la détresse affamée m'a ôté les dehors — de la douce civilité ; pourtant je suis d'un pays policé, — et j'ai idée du savoir-vivre. Arrêtez-donc, vous dis-je! — il

meurt, celui de vous qui touche à un de ces fruits —
avant que moi et mes besoins nous soyons satisfaits !
JACQUES.
— Si aucune raison ne suffit à vous satisfaire, — il faut
que je meure.
LE DUC.
— Que voulez-vous ?... Vous nous aurez plutôt forcés
par votre douceur — qu'adoucis par votre force.
ORLANDO.
— Je suis mourant de faim ; donnez-moi à manger.
LE DUC.
— Asseyez-vous et mangez, et soyez le bienvenu à
notre table.
ORLANDO.
— Parlez-vous si doucement ? Oh ! pardon, je vous
prie ! — J'ai cru que tout était sauvage ici, — et voilà
pourquoi j'ai pris le ton — de la farouche exigence. Mais,
qui que vous soyez, — qui dans ce désert inaccessible, —
à l'ombre des mélancoliques ramures, — passez négligemment les heures furtives du temps, — si jamais vous
avez vu des jours meilleurs, — si jamais vous avez vécu
là où des cloches appellent à l'église, — si jamais vous
vous êtes assis à la table d'un brave homme, — si jamais
vous avez essuyé une larme de vos paupières, — et su ce
que c'est qu'avoir pitié et obtenir pitié, — que la douceur
soit ma grande violence ! — Dans cet espoir, je rougis et
cache mon épée.

Il rengaîne son épée.
LE DUC.
— C'est vrai, nous avons vu des jours meilleurs, — et
la cloche sainte nous a appelés à l'église, — et nous nous
sommes assis à la table de braves gens, et nous avons
essuyé de nos yeux — des larmes qu'avait engendrées une
pitié sacrée, — et ainsi asseyez-vous en toute douceur, —
et prenez à volonté ce que nos ressources — peuvent
offrir à votre dénûment.

SCÈNE X.

ORLANDO.

— Eh bien, retardez d'un instant votre repas, — tandis que, pareil à la biche, je vais chercher mon faon — pour le nourrir. Il y a là un pauvre vieillard — qui à ma suite a traîné son pas pénible — par pur dévouement: jusqu'à ce qu'il ait réparé ses forces — accablées par la double défaillance de l'âge et de la faim, — je ne veux rien toucher.

LE DUC.

Allez le chercher, — nous ne prendrons rien jusqu'à votre retour.

ORLANDO.

— Je vous remercie : soyez béni pour votre généreuse assistance !

Il sort.

LE DUC, à Jacques.

— Tu vois que nous ne sommes pas les seuls malheureux : — ce vaste théâtre de l'univers — offre de plus douloureux spectacles que la scène — où nous figurons.

JACQUES.

Le monde entier est un théâtre, — et tous, hommes et femmes, n'en sont que les acteurs. — Tous ont leurs entrées et leurs sorties, — et chacun y joue successivement les différents rôles — d'un drame en sept âges. C'est d'abord l'enfant — vagissant et bavant dans les bras de la nourrice. — Puis l'écolier pleurnicheur, avec sa sacoche — et sa face radieuse d'aurore, qui, comme un limaçon, rampe — à contre-cœur vers l'école. Et puis, l'amant, — soupirant, avec l'ardeur d'une fournaise, une douloureuse ballade — dédiée aux sourcils de sa maîtresse. Puis, le soldat, — plein de jurons étrangers, barbu comme le léopard, — jaloux sur le point d'honneur, brusque et vif à la querelle, — poursuivant la fumée réputation — jusqu'à la gueule du canon. Et puis le juge, — dans sa belle panse ronde, garnie d'un bon chapon,

— l'œil sévère, la barbe solennellement taillée, — plein de sages dictons et de banales maximes, — et jouant, lui aussi, son rôle. Le sixième âge nous offre — un maigre Pantalon en pantoufles, — avec des lunettes sur le nez, un bissac au côté; — les bas de son jeune temps bien conservés, mais infiniment trop larges — pour son jarret racorni ; sa voix jadis pleine et mâle, — revenant au fausset enfantin et modulant — un aigre sifflement. La scène finale, qui termine ce drame historique, étrange et accidenté, — est une seconde enfance, état de pur oubli ; — sans dents, sans yeux, sans goût, sans rien !

ORLANDO revient portant ADAM.

LE DUC.

— Soyez le bienvenu !... Déposez votre vénérable fardeau, — et faites-le manger.

ORLANDO.

Je vous remercie de tout cœur pour lui.

ADAM.

— Vous faites bien... — Car c'est à peine si je puis parler et vous remercier pour moi-même.

LE DUC.

— Soyez le bienvenu !... A table ! Je ne veux pas vous troubler — encore en vous questionnant sur vos aventures... — Qu'on nous donne de la musique, et vous, beau cousin, chantez.

AMIENS, chantant.

Souffle, souffle, vent d'hiver.
Tu n'es pas aussi malfaisant
Que l'ingratitude de l'homme.
Ta dent n'est pas si acérée,
Car tu es invisible,
Quelque rude que soit ton haleine.
Hé ! ho ! chantons hé ! ho ! sous le houx vert.
Trop souvent l'amitié est feinte, l'amour, pure folie.
Donc, hé ! ho ! sous le houx !
Cette vie est la plus riante.

Gèle, gèle, ciel aigre,
Tu ne mords pas aussi dur
Qu'un bienfait oublié.
Si fort que tu flagelles les eaux,
Ta lanière ne blesse pas autant
Qu'un ami sans mémoire.
Hé ! ho ! chantons, hé ! ho ! sous le houx vert.
Trop souvent l'amitié est feinte, l'amour, pure folie.
Donc, hé ! ho ! sous le houx !
Cette vie est la plus riante.

Pendant qu'Amiens chantait, le duc a causé à voix basse avec Orlando.

LE DUC.

— Si, en effet, vous êtes le fils du brave sire Roland, — comme vous me l'avez dit franchement tout bas, — et comme l'atteste mon regard qui retrouve — son très-fidèle et vivant portrait dans votre visage, — soyez le très-bienvenu ici ! Je suis le duc — qui aimait votre père... Quant à la suite de vos aventures, — venez dans mon antre me la dire.

A Adam.

Bon vieillard, — tu es comme ton maître, le très-bienvenu.

Montrant Adam à un de ses gens.

— Soutenez-le par le bras...

A Orlando.

Donnez-moi votre main, — et faites-moi connaître toutes vos aventures.

SCÈNE XI.

[Dans le palais ducal.]

Entrent le duc FRÉDÉRIC, OLIVIER, des SEIGNEURS et des gens de service.

FRÉDÉRIC, à Olivier.

— Vous ne l'avez pas vu depuis ? Messire, messire,

cela n'est pas possible. — Si je n'étais pas dominé par l'indulgence, — je n'irais pas chercher un autre objet — de ma vengance, toi présent... Mais prends-y garde : — il faut que tu retrouves ton frère, en quelque lieu qu'il soit : — cherche-le aux flambeaux, ramène-le, mort ou vif, — avant un an ; sinon, ne songe plus — à chercher ta vie sur notre territoire. — Tes terres et tous tes biens, — dignes de saisie, resteront saisis entre nos mains — jusqu'à ce que tu te sois justifié, par la bouche de ton frère, — des soupçons que nous avons contre toi.

OLIVIER.

— Oh ! si Votre Altesse connaissait à fond mon cœur ! — jamais je n'ai aimé mon frère de ma vie.

FRÉDÉRIC.

— Tu n'en es que plus infâme... Allons, qu'on le jette à la porte, — et que les officiers spéciaux — mettent le séquestre sur sa maison et sur ses terres : — qu'on procède au plus vite et qu'on le chasse !

Ils sortent.

SCÈNE XII.

[Dans la forêt.]

ORLANDO *entre et append un papier à un arbre.*

ORLANDO, déclamant.

Fixez-vous là, mes vers, en témoignage de mon amour !
Et toi, reine de la nuit à la triple couronne, darde
Ton chaste regard, du haut de ta pâle sphère,
Sur le nom de la chasseresse qui règne sur ma vie.

O Rosalinde ! ces arbres seront mes registres,
Et dans leur écorce je graverai mes pensées,

Afin que tous les yeux ouverts dans cette forêt
Voient ta vertu partout attestée.

Cours, cours, Orlando, inscris sur chaque arbre
La belle, la chaste, l'ineffable!

Il sort.

Entrent Corin et Pierre de Touche.

CORIN.

Et comment trouvez-vous cette vie de berger, maître Pierre de Touche?

PIERRE DE TOUCHE.

Franchement, berger, considérée en elle-même, c'est une vie convenable; mais considérée comme vie de berger, elle ne vaut rien. En tant qu'elle est solitaire, je l'apprécie fort; mais en tant qu'elle est retirée, c'est une vie misérable. En tant qu'elle se passe à la campagne, elle me plaît fort; mais en tant qu'elle se passe loin de la cour, elle est fastidieuse. Comme vie frugale, voyez-vous, elle sied parfaitement à mon humeur; mais comme vie dépourvue d'abondance, elle est tout à fait contre mon goût. As-tu en toi quelque philosophie, berger?

CORIN.

Tout ce que j'en ai consiste à savoir que, plus on est malade, plus on est mal à l'aise, et que celui qui n'a ni argent, ni ressource, ni satisfaction, est privé de trois bons amis; que la propriété de la pluie est de mouiller, et celle du feu de brûler; que la bonne pâture fait le gras troupeau, et que la grande cause de la nuit est le manque de soleil; et que celui à qui ni la nature ni la science n'a donné d'intelligence, a à se plaindre de l'éducation ou est né de parents fort stupides.

PIERRE DE TOUCHE.

C'est une philosophie naturelle que celle-là... As-tu jamais été à la cour, berger?

CORIN.

Non, vraiment.

PIERRE DE TOUCHE.

Alors tu es damné.

CORIN.

J'espère que non.

PIERRE DE TOUCHE.

Si fait, tu es damné et condamné comme un œuf cuit d'un seul côté.

CORIN.

Pour n'avoir pas été à la cour! Comment ça?

PIERRE DE TOUCHE.

Eh bien, si tu n'as jamais été à la cour, tu n'as jamais vu les bonnes façons; si tu n'as jamais vu les bonnes façons, tes façons doivent être nécessairement mauvaises, et le mal est péché, et le péché est damnation. Tu es dans un état périlleux, berger.

CORIN.

Point du tout, Pierre de Touche. Les bonnes façons de la cour seraient aussi ridicules à la campagne que les manières de la campagne seraient grotesques à la cour. Vous m'avez dit qu'on ne se salue à la cour qu'en se baisant les mains; cette courtoisie serait très-malpropre, si les courtisans étaient des bergers.

PIERRE DE TOUCHE.

La preuve, vite! allons, la preuve!

CORIN.

Eh bien, nous touchons continuellement nos brebis, et vous savez que leur toison est grasse.

PIERRE DE TOUCHE.

Eh bien, est-ce que les mains de nos courtisans ne suent pas? et la graisse d'un mouton n'est-elle pas aussi saine que la sueur d'un homme? Raison creuse, raison creuse! Une meilleure, allons!

SCÈNE XII.

CORIN.

En outre, nos mains sont rudes.

PIERRE DE TOUCHE.

Vos lèvres n'en sentiront que mieux le contact. Encore une creuse raison : une plus solide, allons !

CORIN.

Et puis elles se couvrent souvent de goudron, quand nous soignons notre troupeau : voudriez-vous que nous baisions du goudron ? Les mains du courtisan sont parfumées de civette.

PIERRE DE TOUCHE.

Homme borné, tu n'es que de la chair à vermine, comparé à un bon morceau de viande. Oui-da !... Écoute le sage et réfléchis : la civette est de plus basse extraction que le goudron, c'est la sale fiente d'un chat. Une meilleure raison, berger.

CORIN.

Vous avez un trop bel esprit pour moi : j'en veux rester là.

PIERRE DE TOUCHE.

Veux-tu donc rester damné ? Dieu t'assiste, homme borné ! Dieu veuille t'ouvrir la cervelle ! tu es bien naïf.

CORIN.

Monsieur, je suis un simple journalier : je gagne ce que je mange et ce que je porte ; je n'ai de rancune contre personne, je n'envie le bonheur de personne ; je suis content du bonheur d'autrui et résigné à tout malheur ; et mon plus grand orgueil est de voir mes brebis paître et mes agneaux téter.

PIERRE DE TOUCHE.

Encore une coupable simplicité : rassembler brebis et béliers, et tâcher de gagner sa vie par la copulation du bétail ! se faire l'entremetteur de la bête à laine, et, au mépris de toute conscience, livrer une brebis d'un an à un bélier cornu, chenu et cocu. Si tu n'es pas damné pour ça, c'est que le diable lui-même ne veut pas avoir de bergers ; autrement, je ne vois pas comment tu peux échapper.

CORIN.

Voici venir maître Ganimède, le jeune frère de ma nouvelle maîtresse.

Entre ROSALINDE, lisant un papier.

ROSALINDE.

De l'orient à l'Inde occidentale,
Nul joyau comme Rosalinde.
Sa gloire, montée sur le vent,
A travers l'univers emporte Rosalinde.
Les portraits les plus éclatants
Sont noirs près de Rosalinde.
Quo toute beauté soit oubliée,
Hormis celle de Rosalinde !

PIERRE DE TOUCHE.

Je vous rimerai comme ça huit années durant, les heures du dîner, du souper et du dormir exceptées ; c'est exactement le trot d'une marchande de beurre allant au marché.

ROSALINDE.

Paix, fou !

PIERRE DE TOUCHE.

Un léger essai :

Si un cerf veut une biche,
Qu'il aille trouver Rosalinde.
Si la chatte court après son mâle,
Ainsi certes fera Rosalinde.
Habit d'hiver doit être doublé,
Et de même la mince Rosalinde.
Pour moissonner, il faut gerber et lier,
Puis charrier avec Rosalinde.
La plus douce noix a la plus aigre écorce,
Cette noix, c'est Rosalinde.
Qui veut trouver la plus suave rose,
Trouve épine d'amour et Rosalinde !

SCÈNE XII.

C'est là le faux galop du vers : pourquoi vous empestez-vous de pareilles rimes?

ROSALINDE.

Silence, fou obtus : je les ai trouvées sur un arbre.

PIERRE DE TOUCHE.

Ma foi, cet arbre-là donne de mauvais fruits.

ROSALINDE.

Je veux le greffer sur vous, et puis l'enter d'un néflier. Alors vous ferez l'arbre le plus avancé de toute la contrée : vous donnerez des fruits pourris avant d'être à moitié mûrs, ce qui est la qualité même du néflier.

PIERRE DE TOUCHE.

Vous avez parlé; si c'est sensément ou non, que la forêt en décide.

Entre Célia, lisant un papier.

ROSALINDE.

Silence! Voici ma sœur qui vient en lisant; rangeons-nous.

CÉLIA, déclamant.

Pourquoi ce bois serait-il désert?
Parce qu'il est inhabité? Non!
J'attacherai à chaque arbre des langues
Qui proclameront des vérités solennelles :
Elles diront combien vite la vie de l'homme
Parcourt son errant pèlerinage;
Que la somme de ses années
Tiendrait dans une main tendue;
Que de fois ont été violés les serments
Échangés entre deux âmes amies.
Mais, sur les branches les plus belles
Et au bout de chaque phrase,
J'écrirai le nom de Rosalinde,
Pour faire savoir à tous ceux qui lisent
Que le ciel a voulu condenser en elle
La quintessence de toute grâce.
Ainsi le ciel chargea la nature
D'entasser dans un seul corps

Toutes les perfections éparses dans le monde.
Aussitôt la nature passa à son crible
La beauté d'Hélène, sans son cœur,
La majesté de Cléopâtre,
Le charme suprême d'Atalante,
L'austère chasteté de Lucrèce.
Ainsi de maintes qualités Rosalinde
Fut formée par le synode céleste :
Nombre de visages, de regards et de cœurs
Lui cédèrent leurs plus précieux attraits.
Le ciel a décidé qu'elle aurait tous ces dons,
Et que je vivrais et mourrais son esclave.

ROSALINDE.

O miséricordieux Jupiter! De quelle fastidieuse homélie d'amour vous venez d'assommer vos paroissiens, sans crier : *Patience, bonnes gens !*

CÉLIA.

Quoi ! vous étiez là, amis d'arrière-garde !
    A Corin.
Berger, retire-toi un peu.
    A Pierre de Touche.
Va avec lui, drôle.

PIERRE DE TOUCHE, à Corin.

Allons, berger, faisons une retraite honorable; sinon avec armes et bagage, du moins avec la cape et l'épée.
    Pierre de Touche et Corin sortent.

CÉLIA.

As-tu entendu ces vers?

ROSALINDE.

Je les ai entendus, et de reste, car quelques-uns avaient plus de pieds que des vers n'en doivent porter.

CÉLIA.

Peu importe, si les pieds pouvaient porter les vers.

ROSALINDE.

Oui, mais les pieds eux-mêmes clochaient et ne pouvaient se supporter en dehors du vers, et c'est pourquoi ils faisaient clocher le vers.

SCÈNE XII.

CÉLIA.

Mais as-tu pu remarquer sans surprise comme ton nom est exalté et gravé sur ces arbres?

ROSALINDE.

Sur neuf jours de surprise j'en avais déjà épuisé sept, quand vous êtes arrivée. Car voyez ce que j'ai trouvé sur un palmier. Je n'ai jamais été tant rimée, depuis le temps de Pythagore, époque où j'étais un rat irlandais, ce dont je me souviens à peine.

CÉLIA.

Devinez-vous qui a fait ça?

ROSALINDE

Est-ce un homme?

CÉLIA.

Ayant au cou une chaîne que vous portiez naguère. Vous changez de couleur!

ROSALINDE.

Qui donc, je t'en prie?

CÉLIA.

O Seigneur! Seigneur! Pour des amants, se rejoindre est chose bien difficile; mais des montagnes peuvent être déplacées par des tremblements de terre, et ainsi se rencontrer.

ROSALINDE

Ah çà, qui est-ce?

CÉLIA.

Est-il possible!

ROSALINDE.

Voyons, je t'en conjure avec la plus suppliante véhémence, dis-moi qui c'est.

CÉLIA.

O prodigieux, prodigieux, prodigieusement prodigieux, et toujours prodigieux! prodigieux au delà de toute exclamation!

ROSALINDE.

Par la délicatesse de mon teint! crois-tu que, si je suis caparaçonnée comme un homme, mon caractère soit en pourpoint et en haut-de-chausses? Un moment de retard de plus est pour moi une exploration aux mers du Sud. Je t'en prie, dis-moi qui c'est? Vite, dépêche-toi de parler. Je voudrais que tu fusses bègue, afin que ce nom enfoui échappât de tes lèvres, comme le vin sort d'une bouteille à l'étroit goulot : trop à la fois ou pas du tout! Je t'en prie, tire le bouchon de ta bouche, que je puisse avaler ton mystère.

CÉLIA.

Vous pourriez donc mettre un homme dans votre ventre?

ROSALINDE.

Est-il de la façon de Dieu? Quelle sorte d'homme? Son chef est-il digne d'un chapeau, son menton digne d'une barbe?

CÉLIA.

Ma foi, il n'a que peu de barbe.

ROSALINDE.

Eh bien, Dieu lui en accordera davantage, s'il se montre reconnaissant. Je consens à attendre la pousse de sa barbe, si tu ne diffères pas plus longtemps la description de son menton.

CÉLIA.

C'est le jeune Orlando, celui qui au même instant a culbuté le lutteur et votre cœur.

ROSALINDE.

Allons! au diable tes plaisanteries! parle d'un ton sérieux et en vierge sage.

CÉLIA.

En vérité, petite cousine, c'est lui.

ROSALINDE.

Orlando?

SCÈNE XII.

CÉLIA.

Orlando.

ROSALINDE.

Hélas! que vais-je faire à présent de mon pourpoint et de mon haut-de-chausses!... Que faisait-il, quand tu l'as vu? Qu'a-t-il dit? Quelle mine avait-il? Dans quelle tenue était-il? Que fait-il ici? S'est-il informé de moi? Où reste-t-il? Comment s'est-il séparé de toi? Et quand dois-tu le revoir? Réponds-moi d'un mot?

CÉLIA.

Il faut d'abord que vous me procuriez la bouche de Gargantua : ce mot-là serait trop volumineux pour une bouche de moderne dimension. On aurait plus vite répondu au catéchisme que répliqué par *oui* ou *non* à tant de questions.

ROSALINDE.

Mais sait-il que je suis dans cette forêt, et en costume d'homme? A-t-il aussi bonne mine que le jour de la lutte?

CÉLIA.

Il est aussi aisé de compter les atomes que de résoudre les propositions d'une amoureuse. Mais déguste les détails de cette découverte et savoure-les avec un parfait recueillement... Je l'ai trouvé sous un arbre, comme un gland abattu!

ROSALINDE.

Cet arbre peut bien s'appeler l'arbre de Jupiter, puisqu'il en tombe un pareil fruit!

CÉLIA.

Accordez-moi audience, bonne madame.

ROSALINDE.

Poursuis.

CÉLIA.

Il était donc là, gisant tout de son long, comme un chevalier blessé.

ROSALINDE.

Si lamentable que pût être ce spectacle, cela devait bien faire dans le paysage.

CÉLIA.

Crie : halte ! à ta langue, je t'en prie ; elle fait des écarts bien intempestifs... Il était vêtu en chasseur.

ROSALINDE.

O sinistre présage ! il vient pour me percer le cœur.

CÉLIA.

Je voudrais chanter ma chanson sans refrain ; tu me fais toujours sortir du ton.

ROSALINDE.

Savez-vous pas que je suis femme ? Quand je pense, il faut que je parle. Chère, continuez.

Entrent ORLANDO *et* JACQUES.

CÉLIA.

Vous me déroutez... Chut ! n'est-ce pas lui qui vient ici ?

ROSALINDE.

C'est lui... Embusquons-nous et observons-le.

Célia et Rosalinde se mettent à l'écart.

JACQUES.

Je vous remercie de votre compagnie ; mais, ma foi, j'aurais autant aimé rester seul.

ORLANDO.

Et moi aussi ; cependant, pour la forme, je vous remercie également de votre société.

JACQUES.

Dieu soit avec vous ! rencontrons-nous aussi rarement que possible.

ORLANDO.

Je souhaite que nous devenions de plus en plus étrangers l'un à l'autre.

SCÈNE XII.

JACQUES.

Je vous en prie, ne déparez plus les arbres en écrivant des chants d'amour sur leur écorce.

ORLANDO.

Je vous en prie, ne déparez plus mes vers en les lisant de si mauvaise grâce.

JACQUES.

Rosalinde est le nom de votre amoureuse?

ORLANDO.

Oui, justement.

JACQUES.

Je n'aime pas son nom.

ORLANDO.

On ne songeait pas à vous plaire quand on l'a baptisée.

JACQUES.

De quelle taille est-elle?

ORLANDO.

Juste à la hauteur de mon cœur.

JACQUES.

Vous êtes plein de jolies réponses. N'auriez-vous pas été en relation avec des femmes d'orfèvre et ne leur auriez-vous pas soutiré des bagues?

ORLANDO.

Nullement. Je vous réponds dans ce style de tapisserie qui a servi de modèle à vos questions.

JACQUES.

Vous avez l'esprit alerte : je le croirais formé des talons d'Atalante. Voulez-vous vous asseoir près de moi? et tous deux nous récriminerons contre notre maîtresse, la création, et contre toutes nos misères.

ORLANDO.

Je ne veux blâmer au monde d'autre mortel que moi-même, à qui je connais maints défauts.

JACQUES.

Votre pire défaut, c'est d'être amoureux.

ORLANDO.

C'est un défaut que je ne changerais pas pour votre meilleure qualité. Je suis las de vous.

JACQUES.

Sur ma parole, je cherchais un fou, quand je vous ai trouvé.

ORLANDO.

Il s'est noyé dans le ruisseau ; regardez-y et vous le verrez.

JACQUES.

J'y verrai ma propre figure.

ORLANDO.

Que je prends pour celle d'un fou ou d'un zéro.

JACQUES.

Je ne resterai pas plus longtemps avec vous : adieu, bon signor Amour.

ORLANDO.

Je suis aise de votre départ. Adieu, bon monsieur de la Mélancolie.

Jacques sort. Rosalinde et Célia s'avancent.

ROSALINDE.

Je vais lui parler en page impudent, et sous cet accoutrement, trancher avec lui du faquin... Hé ! chasseur, entendez-vous ?

ORLANDO.

Très-bien : que voulez-vous ?

ROSALINDE.

Quelle heure dit l'horloge, je vous prie ?

ORLANDO.

Vous devriez me demander quel moment marque le jour : il n'y a pas d'horloge dans la forêt.

ROSALINDE.

Alors c'est qu'il n'y a pas dans la forêt de véritable amant : car un soupir à chaque minute et un gémissement à chaque heure indiqueraient la marche lente du temps aussi bien qu'une horloge.

ORLANDO.

Et pourquoi pas la marche rapide du temps? L'expression ne serait-elle pas au moins aussi juste?

ROSALINDE.

Nullement, monsieur. Le temps suit diverses allures avec diverses personnes. Je vous dirai avec qui le temps va l'amble, avec qui il trotte, avec qui il galope et avec qui il fait halte.

ORLANDO.

Dites-moi, avec qui trotte-t-il?

ROSALINDE.

Ma foi, il trotte, et très-dur, avec la jeune fille, entre le contrat de mariage et le jour de la célébration. Quand l'intérim serait de sept jours, l'allure du temps est si dure qu'il semble long de sept ans.

ORLANDO.

Avec qui va-t-il l'amble?

ROSALINDE.

Avec un prêtre qui ne possède pas le latin et un riche qui n'a pas la goutte. Car l'un dort moëlleusement, parce qu'il ne peut étudier; et l'autre vit joyeusement, parce qu'il ne ressent aucune peine. L'un ignore le fardeau d'une science desséchante et ruineuse; l'autre ne connaît pas le fardeau d'une accablante et triste misère. Voilà ceux avec qui le temps va l'amble.

ORLANDO.

Avec qui galope-t-il?

ROSALINDE.

Avec le voleur qu'on mène au gibet : allât-il du pas le plus lent, il croit toujours arriver trop tôt.

ORLANDO.

Avec qui fait-il halte?

ROSALINDE.

Avec les gens de loi pendant les vacations; car ils dorment d'un terme à l'autre, et alors ils ne s'aperçoivent pas de la marche du temps.

ORLANDO.

Où demeurez-vous, joli damoiseau ?

ROSALINDE.

Avec cette bergère, ma sœur, ici, sur la lisière de la forêt, comme une frange au bord d'une jupe.

ORLANDO.

Êtes-vous natif de ce pays ?

ROSALINDE.

Comme le lapin que vous voyez demeurer où il trouve à s'apparier.

ORLANDO.

Votre accent a je ne sais quoi de raffiné que vous n'avez pu acquérir dans un séjour si retiré.

ROSALINDE.

Bien des gens me l'ont dit, mais, vrai, j'ai appris à parler d'un vieil oncle dévot qui, dans sa jeunesse, avait été citadin et qui ne se connaissait que trop bien en galanterie, car il avait eu une passion. Je l'ai entendu lire bien des sermons contre l'amour, et je remercie Dieu de ne pas être femme, pour ne pas être atteint de tous les travers insensés qu'il reprochait au sexe en général.

ORLANDO.

Pouvez-vous vous rappeler quelqu'un des principaux défauts qu'il mettait à la charge des femmes ?

ROSALINDE.

Il n'y en avait pas de principal ; ils se ressemblaient tous comme des liards ; chaque défaut paraissait monstrueux jusqu'au moment où le suivant venait l'égaler.

ORLANDO.

De grâce, citez-m'en quelques-uns.

ROSALINDE.

Non. Je ne veux employer mon traitement que sur ceux qui sont malades. Il y a un homme qui hante la

SCÈNE XII.

forêt et qui dégrade nos jeunes arbres en gravant Rosalinde sur leur écorce ; il suspend des odes aux aubépines
et des élégies aux ronces, et toutes à l'envi déifiant le
nom de Rosalinde. Si je pouvais rencontrer ce songe-
creux, je lui donnerais une bonne consultation, car il
paraît avoir la fièvre d'amour quotidienne.

ORLANDO.

Je suis ce tremblant d'amour ; je vous en prie, dites-
moi votre remède.

ROSALINDE.

Il n'y a en vous aucun des symptômes signalés par
mon oncle : il m'a enseigné à reconnaître un homme
attrapé par l'amour, et je suis sûr que vous n'êtes pas
pris dans cette cage d'osier-là.

ORLANDO.

Quels étaient ces symptômes ?

ROSALINDE.

Une joue amaigrie, que vous n'avez pas ; un œil cerné
et cave, que vous n'avez pas ; une humeur taciturne, que
vous n'avez pas ; une barbe négligée, que vous n'avez
pas ; mais ça, je vous le pardonne, car, en fait de barbe,
votre avoir est le lot d'un simple cadet. Et puis votre bas
devrait être sans jarretière, votre bonnet débridé, votre
manche déboutonnée, votre soulier dénoué, et tout en
vous devrait annoncer une insouciante désolation. Mais
vous n'êtes point ainsi ; vous êtes plutôt raffiné dans votre
accoutrement, et vous paraissez bien plus amoureux de
vous-même que de quelque autre.

ORLANDO.

Beau jouvenceau, je voudrais te faire croire que j'aime.

ROSALINDE.

Moi, le croire ! Vous auriez aussitôt fait de le persuader
à celle que vous aimez ; et elle est, je vous le garantis,
plus capable de vous croire que d'avouer qu'elle vous

croit! C'est là un des points sur lesquels les femmes donnent continuellement le démenti à leur conscience. Mais, sérieusement, êtes-vous celui qui suspend aux arbres tous ces vers où est tant vantée Rosalinde ?

ORLANDO.

Par la blanche main de Rosalinde, je te jure, jouvenceau, que je suis celui-là : je suis cet infortuné.

ROSALINDE.

Mais êtes-vous aussi amoureux que vos rimes l'affirment?

ORLANDO.

Ni rime ni raison ne saurait exprimer à quel point je le suis.

ROSALINDE.

L'amour est une pure démence : je vous le déclare, il mériterait la chambre noire et le fouet autant que la folie; et, s'il n'est pas ainsi réprimé et traité, c'est que l'affection est tellement ordinaire que les fouetteurs eux-mêmes en seraient atteints. Pourtant je m'engage à la guérir par consultation.

ORLANDO.

Avez-vous jamais guéri quelque amant de cette manière?

ROSALINDE.

Oui, un, et voici comment. Il devait s'imaginer que j'étais sa bien-aimée, sa maîtresse, et je l'obligeais tous les jours à me faire la cour. Alors, en jeune fille qui a ses lunes, j'étais chagrine, efféminée, changeante, exigeante et capricieuse; arrogante, fantasque, mutine, frivole, inconstante, pleine de larmes et pleine de sourires ; affectant toutes les émotions, sans vraiment en ressentir aucune, et pareille, sous ces couleurs, au commun troupeau des jeunes gens et des femmes. Tantôt je l'aimais, tantôt je le rebutais ; tour à tour je le choyais et le maudissais, je m'éplorais pour lui et je crachais sur lui. Je fis tant que mon soupirant, passant de sa folle humeur d'amour à une humeur chronique de folie, s'arracha pour jamais au torrent du monde et s'en alla vivre dans une retraite toute monastique. Et c'est ainsi que je l'ai guéri ; et je me fais fort par ce moyen de laver votre cœur et de le curer, comme un foie de mouton, si bien qu'il n'y reste pas la moindre impureté d'amour.

ORLANDO.

Je ne saurais être guéri, jouvenceau.

ROSALINDE.

Je vous guérirais, si seulement vous vouliez m'appeler Rosalinde et venir tous les jours à ma cabane me faire votre cour.

ORLANDO.

Eh bien, foi d'amoureux, j'y consens. Dites-moi où est votre cabane.

ROSALINDE.

Venez avec moi, et je vous la montrerai ; et, chemin faisant, vous me direz dans quel endroit de la forêt vous habitez. Voulez-vous venir?

ORLANDO.

De tout mon cœur, bon jouvenceau.

ROSALINDE.

Non ; il faut que vous m'appeliez Rosalinde.

A Célia.

Allons, sœur, voulez-vous venir?

Ils sortent.

SCÈNE XIII.

(Même lieu.)

Entrent PIERRE DE TOUCHE et AUDREY, puis JACQUES qui les observe à distance.

PIERRE DE TOUCHE.

Venez vite, bonne Audrey. Je vais chercher vos chèvres, Audrey. Eh bien Audrey? suis-je toujours votre homme? Mes traits simples vous conviennent-ils?

AUDREY.

Vos traits! Dieu nous protége! quels traits?

PIERRE DE TOUCHE.

Je suis avec toi et tes chèvres au milieu de ces sites, comme jadis le plus capricieux des poëtes, l'honnête Ovide, au milieu des Scythes.

JACQUES, à part.

O savoir plus mal logé que Jupiter sous le chaume!

PIERRE DE TOUCHE.

Quand un homme voit que ses vers sont incompris ou que son esprit n'est pas secondé par cet enfant précoce, l'entendement, cela lui porte un coup plus mortel qu'un gros compte dans un petit mémoire... Vrai, je voudrais que les dieux t'eussent faite poétique.

AUDREY.

Je ne sais point ce que c'est que poétique. Ça veut-il dire honnête en action et en parole? Est-ce quelque chose de vrai?

PIERRE DE TOUCHE.

Non, vraiment; car la vraie poésie est toute fiction, et les amoureux sont adonnés à la poésie; et l'on peut dire que, comme amants, ils font une fiction de ce qu'ils jurent comme poëtes.

AUDREY.

Et vous voudriez que les dieux m'eussent faite poétique!

PIERRE DE TOUCHE.

Oui, vraiment, car tu m'as juré que tu es vertueuse; or, si tu étais poëte, je pourrais espérer que c'est une fiction.

AUDREY.

Voudriez-vous donc que je ne fusse pas vertueuse?

SCÈNE XIII.

PIERRE DE TOUCHE.

Je le voudrais certes, à moins que tu ne fusses laide. Car la vertu accouplée à la beauté, c'est le miel servant de sauce au sucre.

JACQUES, à part.

Fou profond !

AUDREY.

Eh bien, je ne suis pas jolie, et conséquemment je prie les dieux de me rendre vertueuse.

PIERRE DE TOUCHE.

Oui, mais donner la vertu à un impur laideron, c'est servir un excellent mets dans un plat sale.

AUDREY.

Je ne suis pas impure, bien que je sois laide, Dieu merci !

PIERRE DE TOUCHE.

C'est bon, les dieux soient loués de ta laideur! L'impureté a toujours le temps de venir... Quoi qu'il en soit, je veux t'épouser, et à cette fin j'ai vu sire Olivier Gâche-Texte, le vicaire du village voisin, qui m'a promis de me rejoindre dans cet endroit de la forêt et de nous accoupler.

JACQUES, à part.

Je serais bien aise de voir cette réunion.

AUDREY.

Allons, les dieux nous tieunent en joie !

PIERRE DE TOUCHE.

Amen !... Certes un homme qui serait de cœur timide pourrait bien chanceler devant une telle entreprise ; car ici nous n'avons d'autre temple que le bois, d'autres témoins que les bêtes à cornes. Mais bah ! Courage ! Si les cornes sont désagréables, elles sont nécessaires. On dit que bien des gens ne savent pas la fin de leurs fortunes; c'est vrai : bien des gens ont de bonnes cornes et n'en savent pas la véritable fin. Après tout, c'est le douaire de leurs femmes ; ce n'est pas de leur propre apport. Des cornes ?... Dame, oui !... Pour les pauvres gens seulement ?... Non, non ; le plus noble cerf en a d'aussi amples que le plus vilain. L'homme solitaire est-il donc si heureux ? Non. De même qu'une ville crénelée est plus majestueuse qu'un village, de même le chef d'un homme marié est plus honorable que le front uni d'un célibataire. Et autant une bonne défense est supérieure à l'impuissance, autant la corne est préférable à l'absence de corne.

Entre SIRE OLIVIER GACHE-TEXTE.

PIERRE DE TOUCHE.

Voici sire Olivier... Sire Olivier Gâche-Texte, vous êtes le bien venu. Voulez-vous nous expédier sous cet arbre, ou irons-nous avec vous à votre chapelle ?

SIRE OLIVIER.

Est-ce qu'il n'y a personne ici pour présenter la femme ?

PIERRE DE TOUCHE.

Je ne veux l'accepter d'aucun homme.

SIRE OLIVIER.

Il faut vraiment qu'elle soit présentée, ou le mariage n'est pas légal.

JACQUES, s'avançant.

Procédez, procédez ! je la présenterai.

PIERRE DE TOUCHE.

Bonsoir, cher monsieur. *Qui vous voudrez!* Comment va, messire ? Vous êtes le très-bien venu : Dieu vous bénisse pour cette dernière visite ! Je suis bien aise de vous voir...

Montrant le chapeau que Jacques garde à la main.

Quoi! ce joujou à la main, messire ?... Allons, je vous en prie, couvrez-vous.

SCÈNE XIII.

JACQUES.

Vous voulez donc vous marier, porte-marotte?

PIERRE DE TOUCHE.

De même que le bœuf a son joug, messire, le cheval sa gourmette et le faucon ses grelots, de même l'homme a ses envies; et de même que les pigeons se becquettent, de même les époux aiment à se grignotter.

JACQUES.

Quoi! Un homme de votre éducation serait marié sous un buisson, comme un mendiant! Allez à l'église et choisissez un bon prêtre qui puisse vous dire ce que c'est que le mariage. Ce gaillard-là vous joindra ensemble comme on joint une boiserie; l'un de vous passera bientôt à l'état de panneau rétréci et, comme du bois vert, déviera, déviera.

PIERRE DE TOUCHE, à part.

J'ai dans l'idée qu'il vaudrait mieux pour moi être marié par celui-là que par tout autre : car il ne me paraît pas capable de me bien marier; et, n'étant pas bien marié, j'aurai plus tard une bonne excuse pour lâcher ma femme.

JACQUES.

Viens avec moi et prends-moi pour conseil.

PIERRE DE TOUCHE.

Viens, bonne Audrey... Nous devons ou nous marier ou vivre en fornication... Adieu, maître Olivier!

Fredonnant.

Non!... O brave Olivier,
O brave Olivier,
Ne me laisse pas derrière toi.
Mais... prends le large,
Décampe, te dis-je,
Je ne veux pas de toi pour ma noce!

Sortent Jacques, Pierre de Touche et Audrey.

SIRE OLIVIER.

C'est égal... Jamais aucun de ces drôles fantasques ne parviendra à me dégrader de mon ministère.

Il sort.

SCÈNE XIV.

[Une chaumière sur la lisière de la forêt.]

Entrent ROSALINDE et CÉLIA.

ROSALINDE.

Ne me parle plus, je veux pleurer.

CÉLIA.

A ton aise, je t'en prie : pourtant aie la bonté de considérer que les larmes ne conviennent pas à un homme.

ROSALINDE.

Mais est-ce que je n'ai pas motif de pleurer ?

CÉLIA.

Un aussi bon motif qu'on peut le désirer ; ainsi pleure.

ROSALINDE.

Ses cheveux mêmes ont la couleur de la trahison.

CÉLIA.

Ils sont un peu plus bruns que ceux de Judas : au fait, ses baisers sont baisers judaïques.

ROSALINDE.

A dire vrai, ses cheveux sont d'une fort bonne couleur (26).

CÉLIA.

Excellente ! votre châtain est toujours la seule couleur.

ROSALINDE.

Et ses baisers sont aussi pleins d'onction que le contact du pain bénit.

CÉLIA.

Il a acheté de Diane des lèvres de choix. Une nonne vouée à l'hiver ne donne pas de baisers plus purs ; toute la glace de la chasteté est en eux.

ROSALINDE.

Mais pourquoi a-t-il juré de venir ce matin, et ne vient-il pas ?

CÉLIA.

Ah ! certainement, il n'a pas d'honneur.

ROSALINDE.

Vous croyez ?

CÉLIA.

Oui, je crois qu'il n'est ni détrousseur de bourses ni voleur de chevaux ; mais pour sa probité en amour, je le crois aussi creux qu'un gobelet vide ou qu'une noix mangée aux vers.

ROSALINDE.

Il n'est pas loyal en amour ?

CÉLIA.

Quand il est amoureux, oui ; mais je ne crois pas qu'il le soit.

ROSALINDE.

Vous l'avez entendu jurer hautement qu'il était amoureux.

CÉLIA.

Il était n'est pas *il est*. D'ailleurs, le serment d'un amoureux n'est pas plus valable que la parole d'un cabaretier : l'un et l'autre se portent garants de faux comptes... Il est ici, dans la forêt, à la suite du duc votre père.

ROSALINDE.

J'ai rencontré le duc hier, et j'ai eu une longue causerie avec lui. Il m'a demandé de quelle famille j'étais ; je lui ai dit : d'une aussi bonne que la sienne ; sur ce, il a ri et m'a laissée aller. Mais pourquoi parler de pères, quand il existe un homme tel qu'Orlando ?

CÉLIA.

Oh! voilà un galant homme! Il écrit des vers galants, parle en mots galants, multiplie les serments galants et les rompt galamment à plat sur le cœur de sa maîtresse, tel qu'un joûteur novice qui n'éperonne son cheval que d'un côté et rompt sa lance de travers comme un noble oison. N'importe! ce que jeunesse monte et folie guide est toujours galant... Qui entre ici?

Entre Corin.

CORIN.

— Maîtresse, et vous, maître, vous vous êtes souvent enquis — de ce berger qui se plaignait de l'amour — et que vous avez vu assis près de moi sur le gazon, — vantant la fière et dédaigneuse bergère, — sa maîtresse.

CÉLIA.

Oui, après?

CORIN.

— Si vous voulez voir une scène jouée au naturel — entre le teint pâle de l'amour pur — et la vive rougeur de l'arrogant et fier dédain, — venez à quelques pas d'ici et je vous conduirai, pour peu que vous souhaitiez être spectateurs.

ROSALINDE.

Oh! venez! partons! — La vue des amants soutient les amoureux... — Conduisez-nous à ce spectacle, et vous verrez — que je jouerai un rôle actif dans la pièce.

Ils sortent.

SCÈNE XV.

[Dans la forêt.]

Entrent Silvius *et* Phébé.

SILVIUS.

— Non, Phébé; ne me rebutez pas, charmante Phébé.

— Dites que vous ne m'aimez pas, mais ne le dites pas — avec aigreur. L'exécuteur public, — dont le cœur est endurci par le spectacle habituel de la mort, — n'abaisse pas la hache sur le cou humilié, — sans demander pardon. Voulez-vous être plus cruelle — que celui qui, jusqu'à sa mort, vit de sang versé ?

Rosalinde, Célia et Corin entrent et se tiennent à distance.

PHÉBÉ.

— Je ne veux pas être ton bourreau ; — je te fuis, pour ne pas te faire souffrir. — Tu me dis que le meurtre est dans mes yeux : voilà qui est joli, en vérité, et bien probable, — que les yeux, qui sont les plus frêles et les plus tendres choses, — qui ferment leurs portes craintives à un atome, puissent être appelés tyrans, bouchers, meurtriers ! — Tiens, je te fais la moue de tout mon cœur : si mes yeux peuvent blesser, eh bien, qu'ils te tuent ! — Allons, affecte de t'évanouir, allons, tombe à la renverse ! — sinon, oh ! par pudeur, par pudeur, — cesse de mentir en disant que mes yeux sont meurtriers ! — Allons, montre-moi la blessure que mon regard t'a faite... — Égratigne-toi seulement avec une épingle, il en reste — une cicatrice. Appuie-toi sur un roseau, — une marque, une empreinte se voient — un moment sur ta main ; mais les regards — que je viens de te lancer ne t'ont point blessé, — et je suis bien sûre que des yeux n'ont pas la force — de faire mal.

SILVIUS.

O chère Phébé ! — si un jour (et ce jour peut être proche) — quelque frais visage a le pouvoir de vous charmer, — alors vous connaîtrez ces blessures invisibles — que font les flèches acérées de l'amour.

PHÉBÉ.

Soit ! jusqu'à ce moment-là, — ne m'approche pas, et

quand ce moment viendra, — accable-moi de tes railleries, sois pour moi sans pitié, — comme je le serai pour toi jusqu'à ce moment-là.

    ROSALINDE, s'avançant.

— Et pourquoi, je vous prie? De quelle mère êtes-vous donc née, — pour insulter ainsi et accabler à plaisir — les malheureux? Quand vous auriez de la beauté, — (et, ma foi, je vous en vois tout juste — assez pour aller au lit la nuit sans chandelle), — serait-ce une raison pour être arrogante et impitoyable?... — Eh bien, que signifie ceci? Pourquoi me considérez-vous? — Je ne vois en vous rien de plus que dans le plus ordinaire — article de la nature... Mort de ma petite vie! — Je crois qu'elle a l'intention de me fasciner, moi aussi... — Non vraiment, fière donzelle, ne l'espérez pas; ce ne sont pas vos sourcils d'encre, vos cheveux de soie noire, — vos yeux de jais ni vos joues de crème — qui peuvent soumettre mon âme à votre divinité!...

    A Silvius.

— Et vous, berger niais, pourquoi la poursuivez-vous — comme un nébuleux vent du sud, soufflant le vent et la pluie? — Vous êtes mille fois mieux comme homme — qu'elle n'est comme femme. Ce sont les imbéciles tels que vous — qui peuplent le monde d'enfants mal venus! Ce n'est pas son miroir qui la flatte, c'est vous! — Grâce à vous, elle se voit plus belle — que ses traits ne la montrent en réalité...

    A Phébé.

— Allons, donzelle, apprenez à vous connaître; mettez-vous à genoux, — jeûnez et remerciez le ciel d'être aimée d'un honnête homme. — Car je dois vous le dire amicalement à l'oreille — livrez-vous quand vous pouvez, vous ne serez pas toujours de défaite. — Implorez la merci de cet homme, aimez-le, acceptez son offre. — La laideur ne fait que s'enlaidir par l'impertinence. — Ainsi, berger, prends-la pour femme... Adieu !

PHÉBÉ.

— Je vous en prie, beau damoiseau, grondez-moi un an de suite ; — j'aime mieux entendre vos gronderies que les tendresses de cet homme. —

ROSALINDE.

Il s'est énamouré de sa laideur et la voilà qui s'énamoure de ma colère.

A Silvius.

S'il en est ainsi, toutes les fois qu'elle te répondra par des regards maussades, je l'abreuverai de paroles amères.

A Phébé.

Pourquoi me regardez-vous ainsi?

PHÉBÉ.

Ce n'est pas par malveillance pour vous.

ROSALINDE.

— Je vous en prie, ne vous éprenez pas de moi, — car je suis plus trompeur que les vœux faits dans le vin... — Et puis, je ne vous aime pas. Si vous voulez connaître ma demeure, — c'est au bouquet d'oliviers, tout près d'ici... — Sœur, venez-vous ? Berger, serre-la de près... — Allons, sœur... Bergère, faites-lui meilleure mine — et ne soyez pas fière : quand tout le monde vous verrait, — nul ne serait ébloui de votre vue autant que lui. — Allons ! A notre troupeau !

Sortent ROSALINDE, CÉLIA et CORIN.

PHÉBÉ.

O pâtre enseveli ! C'est maintenant que je reconnais la force de tes paroles :

Quiconque doit aimer aime à première vue (27).

SILVIUS.

— Chère Phébé !

PHÉBÉ.

Hé ! que dis-tu, Silvius?

SILVIUS.

— Douce Phébé, ayez pitié de moi.

PHÉBÉ.

Eh bien, je compatis à ton état, gentil Silvius.

SILVIUS.

— Partout où est la compassion, le soulagement devrait accourir; — si vous compâtissez à mon chagrin d'amour, — donnez-moi votre amour, et votre compassion et mon chagrin — seront exterminés d'un coup.

PHÉBÉ.

— Tu as mon affection : n'est-ce pas charitable?

SILVIUS.

— Je voudrais vous avoir.

PHÉBÉ.

Oh! ce serait de la convoitise. — Silvius, il fut un temps où je te haïssais... — Ce n'est pas que je t'aime encore ; — mais puisque tu parles si bien le langage de l'amour, — quelque importune que ta société m'ait été jusqu'ici, — je consens à la supporter, et même je me servirai de toi ; — mais n'attends pas d'autre récompense — que le bonheur de me servir.

SILVIUS.

— Si religieux et si parfait est mon amour, — et telle est ma disette de faveurs — que je regarderai comme la plus riche récolte — quelques épis glanés à la suite de l'homme — qui doit recueillir la moisson. Laisse tomber de temps à autre — un sourire, et cela me suffira pour vivre.

PHÉBÉ.

— Connais-tu le jouvenceau qui me parlait tout à l'heure?

SILVIUS.

— Pas très-bien, mais je l'ai rencontré souvent. — C'est lui qui a acheté la cabane et les courtils — que possédait le vieux Carlot.

SCÈNE XV.

PHÉBÉ.

— Ne crois pas que je l'aime, parce que je m'informe de lui. — Ce n'est qu'un maussade enfant... Pourtant il jase bien. — Mais que m'importent des paroles? Pourtant les paroles sonnent bien, — quand celui qui les dit plaît à qui les écoute. — C'est un joli garçon... pas très-joli, — mais il est fier, j'en suis sûre; et pourtant la fierté lui sied bien. — Il fera un homme agréable. Ce qu'il a de mieux, — c'est son teint; et plus vite que ne blessait — sa langue, son regard guérissait... — Il n'est pas grand; mais il est grand pour son âge... — Sa jambe est coucicouci... Pourtant elle est bien. — Il y avait une jolie rougeur sur sa lèvre : — un vermillon un peu plus foncé et plus vif — que celui qui nuançait sa joue; c'était juste la différence — entre le rouge uni et le rouge damassé. — Il est des femmes, Silvius, qui, pour peu qu'elles l'eussent considéré — en détail comme moi, auraient été bien près — de s'amouracher de lui... Mais, pour ma part, — je ne l'aime, ni ne le hais; et pourtant — j'ai plus sujet de le haïr que de l'aimer... — Mais lui, quel droit avait-il de me gronder ainsi? — Il a dit que mes yeux étaient noirs et mes cheveux noirs; — et je me rappelle à présent qu'il m'a narguée... — Je m'étonne de ne pas lui avoir répliqué. — Mais c'est égal : omission n'est pas rémission. — Je vas lui écrire une lettre très-impertinente, — et tu la porteras : veux-tu, Silvius?

SILVIUS.

— De tout mon cœur, Phébé.

PHÉBÉ.

Je vas l'écrire sur-le-champ. — Le contenu est dans ma tête et dans mon cœur : — je vas être bien aigre et plus qu'expéditive avec lui. — Viens avec moi, Silvius.

Ils sortent.

SCÈNE XVI.

[La lisière de la forêt. Un bouquet d'oliviers en avant d'une cabane.]

Entrent ROSALINDE, CÉLIA et JACQUES.

JACQUES.

De grâce, joli jouvenceau, lions plus intime connaissance.

ROSALINDE.

On dit que vous êtes un gaillard mélancolique.

JACQUES.

C'est vrai ; j'aime mieux ça que d'être rieur.

ROSALINDE.

Ceux qui donnent dans l'un ou l'autre excès, sont d'abominables gens et s'exposent, plus que des ivrognes, à la censure du premier venu.

JACQUES.

Bah ! il est bon d'être grave et de ne rien dire.

ROSALINDE.

Il est bon d'être un poteau.

JACQUES.

Je n'ai ni la mélancolie de l'étudiant, laquelle n'est qu'émulation ; ni celle du musicien, laquelle n'est que fantaisie ; ni celle du courtisan, laquelle n'est que vanité ; ni celle du soldat, laquelle n'est qu'ambition ; ni celle de l'homme de loi, laquelle n'est que politique ; ni celle de la femme, laquelle n'est qu'afféterie ; ni celle de l'amant, laquelle est tout cela ; mais j'ai une mélancolie à moi, composée d'une foule de simples et extraite d'une foule d'objets ; et, de fait, la contemplation de mes divers voyages, dans laquelle m'absorbe mon habituelle rêverie, me fait la plus humoriste tristesse.

ROSALINDE.

Un voyageur ! Sur ma foi, vous avez raison d'être triste.

J'ai bien peur que vous n'ayez vendu vos propres terres pour voir celles d'autrui. En ce cas, avoir beaucoup vu et ne rien avoir, c'est avoir les yeux riches et les mains pauvres.

JACQUES.

J'ai bien gagné mon expérience.

Entre ORLANDO.

ROSALINDE.

Et votre expérience vous rend triste ! J'aimerais mieux une folie qui me rendrait gaie qu'une expérience qui me rendrait triste ; et voyager pour ça encore !

ORLANDO.

— Bon jour et bonheur, chère Rosalinde ! —

JACQUES, regardant Orlando.

Ah ! vous parlez en vers blancs ! Dieu soit avec vous !

Il sort.

ROSALINDE, tournée vers Jacques qui s'éloigne.

Adieu, monsieur le voyageur ! Si vous m'en croyez, grasseyez et portez des costumes étrangers ; dénigrez tous les bienfaits de votre pays natal ; soyez désenchanté de votre venue au monde, et grondez presque Dieu de vous avoir fait la physionomie que vous avez ; sinon, j'aurai peine à croire que vous ayez navigué en gondole !... Eh bien, Orlando, où avez-vous été tout ce temps-ci ? Vous, un amoureux !... Si vous me jouez encore un tour pareil, ne reparaissez plus en ma présence.

ORLANDO.

Ma belle Rosalinde, je suis en retard d'une heure à peine sur ma promesse !

ROSALINDE.

En amour, manquer d'une heure à sa promesse ! Celui qui aura divisé une minute en mille parties et se sera attardé de la millième partie d'une minute en affaire d'amour, on pourra dire de lui que Cupido l'a frappé à l'épaule, mais je garantis que son cœur est intact.

ORLANDO.

Pardonnez-moi, chère Rosalinde.

ROSALINDE.

Non, si vous êtes à ce point retardataire, ne reparaissez plus devant moi; j'aimerais autant être adorée d'un limaçon.

ORLANDO.

D'un limaçon!

ROSALINDE.

Oui, d'un limaçon; car, s'il vient lentement, il porte au moins sa maison sur son dos; un meilleur douaire, je présume, que vous n'en pourriez assigner à votre femme. En outre, il apporte sa destinée avec lui.

ORLANDO.

Quoi donc?

ROSALINDE.

Eh bien, les cornes dont il faut que, vous autres, vous ayez l'obligation à vos épouses; mais lui, il arrive armé de sa fortune, ce qui prévient la médisance sur son épouse.

ORLANDO.

La vertu n'est point faiseuse de cornes, et ma Rosalinde est vertueuse.

ROSALINDE.

Et je suis votre Rosalinde.

CÉLIA, à Rosalinde.

Il lui plaît de vous appeler ainsi, mais il a une Rosalinde de meilleur aloi que vous.

ROSALINDE.

Allons, faites-moi la cour, faites-moi la cour; car aujourd'hui je suis dans mon humeur fériée et assez disposée à consentir. Qu'est-ce que vous me diriez à présent, si j'étais votre vraie, vraie Rosalinde?

SCÈNE XVI.

ORLANDO.

Je vous donnerais un baiser avant de parler.

ROSALINDE.

Non ! Vous feriez mieux de parler d'abord, et quand vous seriez embourbé, faute de sujet, vous en prendriez occasion pour baiser. Il y a de très-bons orateurs qui, quand ils restent court, se mettent à cracher; et pour les amoureux, dès que la matière (ce dont Dieu nous garde !) leur fait défaut, l'expédient le plus propre, c'est de baiser.

ORLANDO.

Mais si le baiser est refusé?

ROSALINDE.

Alors vous voilà amené aux supplications, et ainsi s'entame une nouvelle matière.

ORLANDO.

Qui pourrait rester en plan devant une maîtresse bien aimée?

ROSALINDE.

Vous, tout le premier, si j'étais votre maîtresse ; autrement je considérerais ma vertu comme plus piètre que mon esprit.

ORLANDO.

Quoi ! je serais complétement défait !

ROSALINDE.

Vos vœux seraient défaits, mais point vos vêtements... Ne suis-je pas votre Rosalinde?

ORLANDO.

Je me plais à dire que vous l'êtes, parce que je désire parler d'elle.

ROSALINDE.

Eh bien, Rosalinde vous dit en ma personne : je ne veux pas de vous.

ORLANDO.

Alors, je n'ai plus qu'à mourir, de ma personne.

ROSALINDE.

Non, croyez-moi, mourez pas procuration. Ce pauvre monde est vieux d'à peu près six mille ans, et pendant tout ce temps-là il n'y a pas un homme qui soit mort en personne, j'entends pour cause d'amour. Troylus a eu la cervelle broyée par une massue grecque ; pourtant il avait fait tout son possible pour mourir d'amour, car c'est un des soupirants modèles. Quant à Léandre, il aurait vécu nombre de belles années, quand même Héro se fût faite nonnain, n'eût été la chaleur de certaine nuit de juin : car, ce bon jeune homme, il alla tout simplement se baigner dans l'Hellespont, et, étant pris d'une crampe, il se noya : les niais chroniqueurs du temps ont trouvé que c'était la faute à Héro de Sestos. Mais mensonges que tout ça ! Les hommes sont morts de tout temps, et les vers les ont mangés, mais jamais pour cause d'amour.

ORLANDO.

Je ne voudrais pas que ma vraie Rosalinde fût dans ces idées-là ; car je proteste qu'un froncement de son sourcil me tuerait.

ROSALINDE.

Par cette main levée, il ne tuerait pas une mouche. Mais voyons, je vais être pour vous une Rosalinde de plus avenante disposition. Demandez-moi ce que vous voudrez, je vous l'accorderai.

ORLANDO.

Eh bien, aime-moi, Rosalinde.

ROSALINDE.

Oui, ma foi, je le veux bien, les vendredis, les samedis et tous les jours.

ORLANDO.

Et... veux-tu de moi ?

ROSALINDE.

Oui, et de vingt comme vous.

SCÈNE XVI.

ORLANDO.

Que dis-tu?

ROSALINDE.

Est-ce que vous n'êtes pas bon?

ORLANDO.

Je l'espère.

ROSALINDE.

Eh bien, peut-on désirer trop de ce qui est bon?... Allons, sœur, servez-nous de prêtre et mariez-nous... Donnez-moi votre main, Orlando.

Orlando et Rosalinde se prennent la main.

Que dites vous, ma sœur?

ORLANDO, à Célia.

De grâce, mariez-nous.

CÉLIA.

Je ne sais pas les paroles à dire.

ROSALINDE.

Il faut que vous commenciez ainsi : *Consentez-vous, Orlando?...*

CÉLIA.

J'y suis... Consentez-vous, Orlando, à prendre pour femme cette Rosalinde?

ORLANDO.

J'y consens.

ROSALINDE.

Oui, mais quand?

ORLANDO.

Tout de suite, aussi vite qu'elle peut nous marier.

ROSALINDE, à Orlando.

Sur ce, vous devez dire : *Je te prends pour femme, Rosalinde.*

ORLANDO.

Je te prends pour femme, Rosalinde.

ROSALINDE, à Célia.

Je pourrais vous demander vos pouvoirs; mais n'importe. Orlando, je te prends pour mari... Voilà la fiancée qui devance le prêtre ; il est certain que la pensée d'une femme court toujours en avant de ses actes.

ORLANDO.

Il en est ainsi de toutes les pensées : elles ont des ailes.

ROSALINDE.

Dites-moi maintenant, combien de temps voudrez-vous d'elle, quand vous l'aurez possédée?

ORLANDO.

L'éternité et un jour.

ROSALINDE.

Dites un jour, sans l'éternité. Non, non, Orlando. Les hommes sont Avril quand ils font leur cour, et Décembre quand ils épousent. Les filles sont Mai tant qu'elles sont filles, mais le temps change dès qu'elles sont femmes. Je prétends être plus jalouse de toi qu'un ramier de Barbarie de sa colombe, plus criarde qu'un perroquet sous la pluie, plus extravagante qu'un singe, plus éperdue dans mes désirs qu'un babouin. Je prétends pleurer pour rien comme Diane à la fontaine (28), et ça quand vous serez en humeur de gaieté ; je prétends rire comme une hyène, et ça quand tu seras disposé à dormir.

ORLANDO.

Mais ma Rosalinde fera-t-elle tout cela ?

ROSALINDE.

Sur ma vie, elle fera comme je ferai.

ORLANDO.

Oh ! mais elle est sage !

ROSALINDE.

Oui, autrement elle n'aurait pas la sagesse de faire tout cela. Plus elle sera sage, plus elle sera maligne. Fermez les portes sur l'esprit de la femme, et il s'échappera par la fenêtre ; fermez la fenêtre, et il s'échappera par le trou de la serrure ; bouchez la serrure, et il s'envolera avec la fumée par la cheminée.

ORLANDO.

Un homme qui aurait une femme douée d'autant d'esprit pourrait bien s'écrier : Esprit, où t'égares-tu ?

ROSALINDE.

Oh ! vous pouvez garder cette exclamation pour le cas où vous verriez l'esprit de votre femme monter au lit de votre voisin.

ORLANDO.

Et quelle spirituelle excuse son esprit trouverait-il à cela ?

ROSALINDE.

Parbleu ! il lui suffirait de dire qu'elle allait vous y chercher. Vous ne la trouverez jamais sans réplique, à moins que vous ne la trouviez sans langue. Pour la femme qui ne saurait pas rejeter sa faute sur le compte de son mari, oh ! qu'elle ne nourrisse pas elle-même son enfant, car elle en ferait un imbécile.

ORLANDO.

Je vais te quitter pour deux heures, Rosalinde.

ROSALINDE.

Hélas ! cher amour, je ne saurais me passer de toi deux heures.

ORLANDO.

Je dois me trouver au dîner du duc ; vers deux heures je reviendrai près de toi.

ROSALINDE.

Oui, allez, allez votre chemin... Je savais comment vous tourneriez... Mes amis me l'avaient prédit, et je m'y attendais... C'est votre langue flatteuse qui m'a séduite... Encore une pauvre abandonnée... Vienne la mort !... A deux heures, n'est-ce pas ?.

ORLANDO.

Oui, charmante Rosalinde.

ROSALINDE.

Sérieusement, sur ma parole, sur mon espoir en Dieu, et par tous les jolis serments qui ne sont pas dangereux, si vous manquez d'un iota à votre promesse, si vous venez une minute après l'heure, je vous tiens pour le plus pathétique parjure, pour l'amant le plus fourbe et le plus indigne de celle que vous appelez Rosalinde, qu'il soit possible de trouver dans l'énorme bande des infidèles. Ainsi redoutez ma censure, et tenez votre promesse.

ORLANDO.

Aussi religieusement que si tu étais vraiment ma Rosalinde. Sur ce, adieu.

ROSALINDE.

Oui, le temps est le vieux justicier qui examine tous ces délits-là : laissons le temps juger. Adieu !

Orlando sort.

CÉLIA.

Vous avez rudement maltraité notre sexe dans votre bavardage amoureux ; vous mériteriez qu'on relevât votre pourpoint et votre haut-de-chausses par-dessus votre tête, et qu'on fît voir au monde le tort que l'oiseau a fait à son propre nid.

ROSALINDE.

O cousine, cousine, cousine, ma jolie petite cousine, si tu savais à quelle profondeur je suis enfoncée dans l'amour ! Mais elle ne saurait être sondée : mon affection a un fond inconnu, comme la baie de Portugal.

CÉLIA.

Ou plutôt, elle n'a pas de fond : aussitôt que vous l'épanchez, elle fuit.

ROSALINDE.

Ah ! ce méchant bâtard de Vénus, engendré de la rêverie, conçu du spleen et né de la folie ! cet aveugle petit garnement qui abuse les yeux de chacun parce qu'il a perdu les siens ! qu'il soit juge, lui, de la profondeur de mon amour ! Te le dirai-je, Aliena? Je ne puis vivre loin de la vue d'Orlando. Je vais chercher un ombrage et soupirer jusqu'à ce qu'il vienne.

CÉLIA.

Et moi, je vais dormir.

Elles sortent.

SCÈNE XVII.

[Dans la forêt.]

Entrent JACQUES *et des* SEIGNEURS *en habits de chasse.*

JACQUES.

Quel est celui qui a tué le cerf?

PREMIER SEIGNEUR.

Monsieur, c'est moi.

JACQUES.

Présentons-le au duc comme un conquérant romain; il serait bon aussi de poser sur sa tête les cornes du cerf, comme palmes triomphales... Veneur, n'avez-vous pas une chanson de circonstance?

DEUXIÈME SEIGNEUR.

Oui, monsieur.

JACQUES.

Chantez-la : peu importe que ce soit d'accord, pourvu qu'elle fasse assez de bruit.

CHANSON.

PREMIER CHASSEUR.

Qu'obtiendra celui qui tua le cerf?

DEUXIÈME CHASSEUR.

Qu'il emporte la peau et les cornes!

PREMIER CHASSEUR.

Puis ramenons-le en chantant.

TOUS LES CHASSEURS.

Ne fais pas fi de porter la corne :
Elle servait de cimier avant ta naissance.

PREMIER CHASSEUR.

Le père de ton père l'a portée.

DEUXIÈME CHASSEUR.

Et ton père l'a portée.

TOUS LES CHASSEURS.

La corne, la corne, la puissante corne
N'est chose risible ni méprisable !

SCÈNE XVIII.

[Dans la forêt. Un plateau dominant une vallée, au bas de laquelle on distingue vaguement une cabane.]

Entrent ROSALINDE et CÉLIA.

ROSALINDE.

Qu'en dites-vous à présent ? Il est passé deux heures, et si peu d'Orlando !

CÉLIA.

Je vous garantis que, cédant à l'amour pur et au trouble de sa cervelle, il a pris son arc et ses flèches et est allé... dormir... Voyez donc ! qui vient ici ?

Entre SILVIUS.

SILVIUS, à Rosalinde.

— J'ai un message pour vous, beau jouvenceau. — Ma mie Phébé m'a dit de vous donner ceci.

Il lui remet une lettre que Rosalinde lit.

— Je ne sais pas le contenu de ce billet ; mais, si j'en juge — par le front sévère et par la mine irritée — qu'elle avait en l'écrivant, — la teneur en doit être furieuse. Pardonnez-moi, — je ne suis que l'innocent messager.

ROSALINDE.

— La patience elle-même bondirait à cette lecture — et deviendrait duelliste. Supporter ceci, c'est tout supporter. — Elle dit que je ne suis pas beau, que je manque de formes, — que je suis arrogant, et qu'elle ne pourrait m'aimer, — l'homme fût-il aussi rare que le phénix... Dieu merci ! — Son amour n'est pas le lièvre que je cours. — Pourquoi m'écrit-elle ainsi ?... Tenez, berger, tenez; — cette lettre est de votre rédaction.

SILVIUS.

— Non, je proteste que je n'en sais pas le contenu : — c'est Phébé qui l'a écrite,

ROSALINDE.

Allons, allons, vous êtes fou : — l'amour vous fait extravaguer. — J'ai vu sa main : elle a une main de cuir, — une main couleur de moëllon ; j'ai vraiment cru — qu'elle avait ses vieux gants, mais c'étaient ses mains. — Elle a une main de ménagère ; mais peu importe. — Je dis que jamais elle n'a rédigé cette lettre : — c'est la rédaction et la main d'un homme.

SILVIUS.

— C'est bien la sienne.

ROSALINDE.

Mais c'est un style frénétique et féroce, — un style de cartel ! mais elle me jette le défi, — comme un Turc à un chrétien ! la mignonne cervelle d'une femme — ne saurait concevoir des expressions si gigantesquement brutales, — de ces mots éthiopiens, plus noirs par leur signification — que par la couleur même de leurs lettres... Voulez-vous entendre l'épître ?

SILVIUS.

— Oui, s'il vous plaît, car je n'en connais rien encore, — bien que je connaisse déjà trop la cruauté de Phébé.

ROSALINDE.

— Elle me Phébéise ! Écoutez comme écrit ce tyran femelle.

Elle lit.

Es-tu un dieu changé en pâtre,
Toi qui as brûlé un cœur de vierge ?

— Une femme peut-elle pousser l'outrage jusque-là ?

SILVIUS.

Appelez-vous ça un outrage ?

ROSALINDE.

Pourquoi, te dépouillant de ta divinité,
Guerroies-tu contre un cœur de femme ?

— Ouïtes-vous jamais pareil outrage ?

Tant qu'un regard d'homme m'a poursuivie,
Cela ne m'a fait aucun mal.

Elle me prend pour une bête.

Si le dédain de vos yeux éclatants
A pu m'inspirer un tel amour,
Hélas ! quel étrange effet
M'aurait causé leur tendre aspect !
Si je vous aimais quand vous me grondiez,
Combien m'auriez-vous émue de vos prières !
Celui qui te porte mon amour
Se doute peu de cet amour :
Apprends-moi par lui sous un pli
Si ton jeune cœur
Accepte l'offrande sincère
De ma personne et de tout mon avoir ;
Ou, par lui, rejette mon amour,
Et alors, je ne songerai plus qu'à mourir.

SILVIUS.

Vous appelez ça des invectives !

CÉLIA.

Hélas, pauvre berger !

ROSALINDE, à Célia.

Vous le plaignez ? Non, il ne mérite pas de pitié.

A Silvius.

Peux-tu aimer une pareille femme ! Quoi ! te prendre

pour instrument et jouer de toi avec cette fausseté ! Ce n'est pas tolérable !... Eh bien, retourne à elle (car je vois que l'amour a fait de toi un reptile apprivoisé), et dis-lui ceci : que, si elle m'aime, je lui enjoins de t'aimer ; que, si elle refuse, je ne voudrai jamais d'elle qu'au jour où tu intercéderas pour elle... Si tu es un véritable amant, va, et plus un mot ! car voici de la compagnie qui nous vient.

Silvius sort.

Entre OLIVIER, un linge ensanglanté à la main.

OLIVIER.

Bonjour, belle jeunesse. Dites-moi, savez-vous — dans quelle clairière de la forêt est — une bergerie entourée d'oliviers ?

CÉLIA.

— A l'orient de ce lieu, au bas du vallon voisin. — Vous voyez cette rangée de saules le long de ce ruisseau murmurant ? — Laissez-la à votre main droite, et vous y êtes. — Mais à cette heure la cabane se garde elle-même ; — il n'y a personne.

OLIVIER.

— Pour peu qu'une langue ait pu guider un regard, — je vous reconnais par le signalement donné : — même costume, même âge... *Le garçon est blond, — a les traits féminins, et tout à fait l'air — d'une sœur aînée ; la jeune fille est petite — et plus brune que son frère...* Ne seriez-vous pas — les propriétaires de l'habitation que je cherche ?

CÉLIA.

— A cette question nous pouvons, sans vanité, répondre que oui.

OLIVIER.

— Orlando se recommande à vous deux ; — et à ce

jouvenceau, qu'il appelle sa Rosalinde, — il envoie ce mouchoir sanglant. Est-ce vous?

ROSALINDE.

— C'est moi... Que doit nous apprendre ceci?

OLIVIER.

— Ma honte, si vous tenez à savoir de moi — qui je suis, et comment, et pourquoi, et où — ce mouchoir a été taché de sang.

CÉLIA.

Je vous en prie, parlez.

OLIVIER.

— La dernière fois que le jeune Orlando vous a quittés, — il vous laissa la promesse de revenir — dans deux heures. Il cheminait donc par la forêt, — mâchant l'aliment doux et amer de la rêverie, — quand, ô surprise! il jeta les yeux de côté, — et voici, écoutez bien, le spectacle qui s'offrit à lui. — Sous un chêne dont les rameaux étaient moussus de vieillesse — et la cime chauve d'antiquité caduque, — un misérable en guenilles, à la barbe démesurée, — dormait, couché sur le dos: autour de son cou — s'était enlacé un serpent vert et or — dont la tête, dardant la menace, s'approchait — de sa bouche entr'ouverte; mais tout à coup, — à la vue d'Orlando, il s'est détaché — et s'est glissé en replis annelés — dans un taillis à l'ombre duquel — une lionne aux mamelles taries — était tapie la tête contre terre, épiant d'un œil de chat — le moment où l'homme endormi s'éveillerait: car il est — dans la nature royale de cette bête — de ne jamais faire sa proie de ce qui semble mort. — A sa vue, Orlando s'est approché de l'homme — et a reconnu son frère, son frère aîné!

CÉLIA.

— Oh! je lui ai entendu parler de ce frère; — il le représentait comme le plus dénaturé — des hommes.

OLIVIER.

Et il avait bien raison ; — car je sais, moi, combien il était dénaturé.

ROSALINDE.

— Mais Orlando ! est-ce qu'il l'a laissé là — à la merci de cette lionne affamée et épuisée ?

OLIVIER.

— Deux fois il a tourné le dos, comme pour se retirer. — Mais la générosité, toujours plus noble que la rancune, — et la nature, plus forte que ses justes griefs, — l'ont décidé : il a livré bataille à la lionne — qui bientôt est tombée devant lui : au vacarme, — je me suis éveillé de mon terrible sommeil.

CÉLIA.

— Vous êtes donc son frère !

ROSALINDE.

C'est donc vous qu'il a sauvé !

CÉLIA.

— C'est donc vous qui si souvent avez conspiré sa mort !

OLIVIER.

— C'était moi, mais ce n'est plus moi. Je ne rougis pas — de vous dire ce que j'étais, depuis que ma conversion — me rend si heureux d'être ce que je suis.

ROSALINDE.

— Mais ce mouchoir sanglant !

OLIVIER.

Tout à l'heure. — Quand tous deux à l'envi — nous eûmes mouillé de larmes de tendresse nos premiers épanchements, — quand j'eus dit comment j'étais venu dans ce désert, — vite il m'a conduit au bon duc — qui m'a donné des vêtements frais, une collation, — et m'a confié à la sollicitude fraternelle. — Mon frère m'a conduit immédiatement dans sa grotte — où il s'est déshabillé, et c'est alors que, sur son bras, — nous avons vu une écorchure, faite par la lionne, — d'où le sang n'avait cessé de couler ; et aussitôt il s'est évanoui — en prononçant dans un gémissement le nom de Rosalinde. — Bref, je l'ai ranimé, j'ai bandé sa plaie, — et, après un court intervalle, son cœur ayant repris force, — il m'a envoyé ici, tout étranger que je suis, — pour vous faire ce récit, l'excuser auprès de vous — d'avoir manqué à sa promesse, et remettre ce mouchoir — teint de son sang au jeune pâtre — qu'il appelle en plaisantant sa Rosalinde.

CÉLIA, soutenant Rosalinde qui s'évanouit.

— Qu'avez-vous donc, Ganimède, doux Ganimède ?

OLIVIER.

— Beaucoup s'évanouissent à la vue du sang.

CÉLIA.

— Si ce n'était que celà ! Cous... Ganimède !

OLIVIER.

— Voyez, il revient à lui.

ROSALINDE.

Je voudrais bien être à la maison.

CÉLIA.

— Nous allons vous y mener.

A Olivier.

— Veuillez le prendre par le bras, je vous prie. —

OLIVIER, emmenant Rosalinde.

Remettez-vous, jouvenceau... Vous, un homme ! Vous n'avez pas le cœur d'un homme !

ROSALINDE.

Non, je le confesse... Eh bien, l'ami, il faut le reconnaître, voilà qui est bien joué ; dites, je vous prie, à votre frère comme j'ai bien joué la chose. Ha ! ha !

Elle pousse un soupir douloureux.

OLIVIER.

Ce n'était pas un jeu. Votre pâleur témoigne trop bien que c'était une émotion réelle.

ROSALINDE.

Simple jeu, je vous assure.

OLIVIER.

Eh bien, reprenez du cœur et montrez-vous un homme.

ROSALINDE.

C'est ce que je fais... Mais en bonne justice j'aurais dû être femme...

CÉLIA.

Tenez, vous pâlissez de plus en plus ; je vous en prie, rentrons... Vous, bon monsieur, venez avec nous.

OLIVIER.

— Volontiers, car il faut que je rapporte — à mon frère en quels termes vous l'excusez, Rosalinde. —

ROSALINDE.

Je vais y refléchir. Mais je vous prie, dites-lui comme j'ai bien joué... Voulez-vous venir !

Ils sortent.

SCÈNE XIX.

[Une clairière.]

Entrent PIERRE DE TOUCHE et AUDREY.

PIERRE DE TOUCHE.

Nous trouverons le moment. Audrey, Patience, gente Audrey.

AUDREY.

Bah ! ce prêtre-là était suffisant ; le vieux gentilhomme avait beau dire !

PIERRE DE TOUCHE.

C'est un misérable que ce sire Olivier, Audrey, un infâme Gâche-Texte... Çà, Audrey, il y a ici dans la forêt un gars qui a des prétentions sur vous.

AUDREY.

Oui, je sais qui c'est : il n'a aucun droit sur moi... Justement voici l'homme dont vous parlez.

Entre WILLIAM.

PIERRE DE TOUCHE.

C'est pour moi le boire et le manger que la vue d'un villageois. Sur ma foi, nous autres gens d'esprit, nous aurons bien des comptes à rendre. Il faut toujours que nous nous moquions ; nous ne pouvons nous en empêcher.

WILLIAM.

Bonsoir, Audrey.

AUDREY.

Dieu vous donne le bonsoir, William !

WILLIAM, à Pierre de Touche.

Et bonsoir à vous aussi, monsieur.

PIERRE DE TOUCHE.

Bonsoir, mon cher ami. Couvre ton chef, couvre ton chef; voyons, je t'en prie, couvre-toi... Quel âge avez-vous, l'ami?

WILLIAM.

Vingt-cinq ans, monsieur.

PIERRE DE TOUCHE.

Un âge mûr. Ton nom est William?

WILLIAM.

William, monsieur.

PIERRE DE TOUCHE..

Un beau nom. Es-tu né ici dans la forêt?

WILLIAM.

Oui, monsieur, Dieu merci !

PIERRE DE TOUCHE.

Dieu merci ! Une bonne réponse. Es-tu riche?

WILLIAM.

Ma foi, monsieur, couci, couci.

SCÈNE XIX.

PIERRE DE TOUCHE.

Couci couci est bon, très-bon, excellemment bon... et pourtant non, ce n'est que couci couci. Es-tu sage?

WILLIAM.

Oui, monsieur, j'ai suffisamment d'esprit.

PIERRE DE TOUCHE.

Eh! tu réponds bien. A présent je me rappelle une maxime : *le fou se croit sage et le sage reconnaît lui-même n'être qu'un fou.* Le philosophe païen, quand il avait envie de manger une grappe, ouvrait les lèvres au moment de la mettre dans sa bouche; voulant dire par là que les grappes étaient faites pour être mangées et les lèvres pour s'ouvrir (29).

Montrant Audrey.

Vous aimez cette pucelle?

WILLIAM.

Oui, monsieur.

PIERRE DE TOUCHE.

Donnez-moi la main... Es-tu savant?

WILLIAM.

Non, monsieur.

PIERRE DE TOUCHE.

Eh bien, sache de moi ceci : Avoir, c'est avoir. Car c'est une figure de rhétorique qu'un liquide, étant versé d'une tasse dans un verre, en remplissant l'un évacue l'autre. Car tous vos auteurs sont d'avis que *ipse* c'est *lui-même*; or, tu n'es pas *ipse*, car je suis *lui-même*.

WILLIAM.

Quel lui-même, monsieur?

PIERRE DE TOUCHE, montrant Audrey.

Celui-même, monsieur, qui doit épouser cette femme. C'est pourquoi, ô rustre, abandonnez, c'est-à-dire, en termes vulgaires, quittez la société, c'est-à-dire, en style villageois, la compagnie de cette femelle, c'est-à-dire, en langue commune, de cette femme, c'est-à-dire, en résumé, abandonne la société de cette femelle ; sinon, rustre, tu péris, ou, pour te faire mieux comprendre, tu meurs ! en d'autres termes, je te tue, je t'extermine, je translate ta vie en mort, ta liberté en asservissement ! j'agis sur toi par le poison, par la bastonnade ou par l'acier, je te fais sauter par guet-apens, je t'écrase par stratagème, je te tue de cent cinquante manières ! C'est pourquoi tremble et décampe.

AUDREY.

Va-t'en, bon William.

WILLIAM.

Dieu vous tienne en joie, monsieur !

Il s'enfuit.

Entre CORIN.

CORIN, à Pierre de Touche.

Notre maître et notre maîtresse vous cherchent ; allons, en route, en route !

PIERRE DE TOUCHE.

File, Audrey, file, Audrey... J'y vais, j'y vais.

Ils sortent.

SCÈNE XX.

[Les environs de la grotte d'Orlando.]

Entrent ORLANDO, le bras en écharpe, et OLIVIER.

ORLANDO.

Est-il possible qu'à peine connue de vous, elle vous ait plu ; qu'à peine vue, elle ait été aimée ; à peine aimée, demandée ; à peine demandée, obtenue ! Et vous êtes décidé à la posséder ?

OLIVIER.

Ne discutez pas tant de précipitation, sa pauvreté, nos

courtes relations, ma brusque demande et son brusque consentement; mais dites avec moi que j'aime Aliéna, dites avec elle qu'elle m'aime, convenez avec nous deux que nous pouvons nous unir; et ce sera pour votre bien. Car la maison de mon père, les revenus du vieux sire Roland, je veux tout vous céder, et vivre et mourir ici berger.

Entre ROSALINDE.

ORLANDO.

Vous avec mon assentiment. Que votre noce soit pour demain: j'y convierai le noble duc et tous ses courtisans charmés. Allez presser Aliéna; car, voyez-vous, voici ma Rosalinde

ROSALINDE, à Olivier.

Dieu vous garde, frère!

OLIVIER.

Et vous, charmante sœur!

ROSALINDE.

O mon cher Orlando, que cela m'afflige de te voir porter ton cœur en écharpe!

ORLANDO.

Ce n'est que mon bras.

ROSALINDE.

J'ai cru que ton cœur avait été blessé par les griffes d'une lionne.

ORLANDO.

Il est blessé, mais par les yeux d'une femme.

ROSALINDE.

Votre frère vous a-t-il dit comme j'ai joué l'évanouissement, quand il m'a montré votre mouchoir?

ORLANDO.

Oui, et des prodiges plus grands encore que celui-là.

ROSALINDE.

Oh! je sais où vous voulez en venir... Oui, c'est vrai;

il ne s'est jamais rien vu de si brusque, hormis le choc de deux béliers et la fanfaronnade hyperbolique de César : *Je suis venu, j'ai vu, j'ai vaincu.* Car votre frère et ma sœur ne se sont pas plus tôt rencontrés, qu'ils se sont considérés ; pas plus tôt considérés, qu'ils se sont aimés ; pas plus tôt aimés, qu'ils ont soupiré ; ils n'ont pas plus tôt soupiré, qu'ils s'en sont demandé la raison ; ils n'ont pas plus tôt su la raison, qu'ils ont cherché le remède, et ainsi de degré en degré ils ont fait une échelle à mariage qu'ils devront gravir incontinent, sous peine d'être incontinents avant le mariage. Ils sont dans la fureur même de l'amour, et il faut qu'ils en viennent aux prises : des massues ne les sépareraient pas !

ORLANDO.

Ils seront mariés demain, et j'inviterai le duc à la noce. Mais, ah ! que c'est chose amère de ne voir le bonheur que par les yeux d'autrui ! Demain, plus je verrai mon frère heureux de posséder ce qu'il désire, plus j'aurai le cœur accablé.

ROSALINDE.

Allons donc ! est-ce que je ne peux pas demain vous tenir lieu de Rosalinde ?

ORLANDO.

Je ne puis plus vivre d'imagination.

ROSALINDE.

Eh bien, je ne veux plus vous fatiguer de phrases creuses. Sachez donc de moi (car maintenant je parle sérieusement) que je vous sais homme de grand mérite... Je ne dis pas ça pour vous donner une haute opinion de mon savoir en vous prouvant que je sais qui vous êtes. Si j'ambitionne votre estime, c'est dans une humble mesure, afin de vous inspirer juste assez de confiance pour vous rendre le courage sans surfaire ma valeur. Croyez donc, s'il vous plaît, que je puis faire d'étranges choses. J'ai été, depuis l'âge de trois ans, en rapport avec un magicien dont la science est fort profonde sans être en rien damnable. Si dans votre cœur vous aimez Rosalinde aussi ardemment que votre attitude le proclame, vous l'épouserez quand votre frère épousera Aliéna. Je sais à quelles extrémités la fortune l'a réduite; et il ne m'est pas impossible, si vous n'y voyez pas d'inconvénient, de l'évoquer demain devant vos yeux sous sa forme humaine et sans aucun danger.

ORLANDO.

Parlez-vous sérieusement?

ROSALINDE.

Oui, sur ma vie, que j'aime chèrement, bien que j'avoue être magicien. Ainsi parez-vous de vos plus beaux atours, conviez vos amis; car, si vous voulez être marié demain, vous le serez, et à Rosalinde, pour peu que vous le désiriez.

Entrent SILVIUS et PHÉBÉ.

ROSALINDE.

Tenez, voici mon amoureuse et son amoureux.

PHÉBÉ.

— Jeune homme, vous m'avez fait une grande incivilité, — en montrant la lettre que je vous avais écrite.

ROSALINDE.

— Cela m'est bien égal. Je m'étudie — à paraître dédaigneux et incivil envers vous. — Vous avez là à votre suite un fidèle berger ; — tournez les yeux sur lui, aimez-le : il vous adore.

PHÉBÉ, à Silvius.

— Bon berger, dites à ce jouvenceau ce que c'est qu'aimer.

SILVIUS.

— C'est être tout soupirs et tout larmes ; — et ainsi suis-je pour Phébé.

PHÉBÉ.

Et moi pour Ganimède.

ORLANDO.

— Et moi pour Rosalinde

ROSALINDE.

Et moi pour pas une femme.

SILVIUS.

— C'est être tout fidélité et dévouement ; — et ainsi suis-je pour Phébé.

PHÉBÉ.

Et moi pour Ganimède.

ORLANDO.

— Et moi pour Rosalinde.

ROSALINDE.

Et moi pour pas une femme.

SILVIUS.

— C'est être tout extase, — tout passion et tout désir, — tout adoration, respect et sacrifice, — tout humilité, tout patience et impatience, — tout pureté, tout résignation, tout obéissance, — et ainsi suis-je pour Phébé.

PHÉBÉ.

— Et ainsi suis-je pour Ganimède.

ORLANDO.

— Et ainsi suis-je pour Rosalinde.

ROSALINDE.

— Et ainsi suis-je pour pas une femme.

PHÉBÉ, à Rosalinde.

— Si c'est ainsi, pourquoi me blâmez-vous de vous aimer ?

SILVIUS, à Phébé.

— Si c'est ainsi, pourquoi me blâmez-vous de vous aimer ?

ORLANDO.

— Si c'est ainsi, pourquoi me blâmez-vous de vous aimer ?

SCÈNE XX.

ROSALINDE.

— A qui dites-vous : pourquoi me blâmez-vous de vous aimer?

ORLANDO.

— A celle qui n'est pas ici et qui ne m'entend pas. —

ROSALINDE.

Assez, je vous prie ! On dirait des loups d'Irlande hurlant à la lune.

A Silvius.

Je vous servirai, si je puis.

A Phébé.

Je vous aimerais, si je pouvais... Demain, venez tous me trouver.

A Phébé.

Je me marierai avec vous, si jamais je me marie avec une femme, et je me marierai demain.

A Orlando.

Je vous satisferai, si jamais je satisfais un homme, et vous serez marié demain.

A Silvius.

Je vous contenterai, si ce qui vous plaît peut vous contenter, et vous serez marié demain.

A Orlando.

Si vous aimez Rosalinde, soyez exact.

A Silvius.

Si vous aimez Phébé, soyez exact... Aussi vrai que je n'aime pas une femme, je serai exact. Sur ce, au revoir ! je vous ai laissé mes ordres.

SILVIUS.

— Je ne manquerai pas au rendez-vous, si je vis.

PHÉBÉ.

Ni moi.

ORLANDO.

Ni moi.

Ils sortent.

SCÈNE XXI.

[Sous la feuillée.]

Entrent PIERRE DE TOUCHE et AUDREY.

PIERRE DE TOUCHE.

Demain est le joyeux jour, Audrey ; demain nous serons mariés.

AUDREY.

Je le désire de tout mon cœur, et j'espère que ce n'est pas un désir déshonnête de désirer être une femme établie... Voici venir deux pages du duc banni.

Entrent DEUX PAGES.

PREMIER PAGE, à Pierre de Touche.

Heureuse rencontre, mon honnête gentilhomme !

PIERRE DE TOUCHE.

Oui, ma foi, heureuse rencontre !... Allons, asseyez-vous, asseyez-vous, et vite une chanson !

DEUXIÈME PAGE.

Nous sommes à vos ordres, asseyez-vous au milieu.

Pierre de Touche s'assied entre les deux pages.

PREMIER PAGE, au deuxième.

Exécuterons-nous la chose rondement, sans tousser, ni cracher, ni dire que nous sommes enroués, préludes obligés d'une vilaine voix ?

DEUXIÈME PAGE.

Oui, oui, et tous deux sur le même ton, comme deux bohémiennes sur un cheval.

CHANSON.

Il était un amant et sa mie,
Hey ! ho ! hey nonino !
Qui traversèrent le champ de blé vert,
Au printemps, au joli temps nuptial

Où les oiseaux chantent, hey ding ! ding ! ding !
Tendres amants aiment le printemps.

   Entre les rangées de seigle,
    Hey ! ho ! hey nonino !
Les jolis campagnards se couchèrent
Au printemps, au joli temps nuptial, etc.

   Sur l'heure ils commencèrent la chanson,
    Hey ! ho ! hey nonino !
Comme quoi la vie n'est qu'une fleur,
Au printemps, etc.

   Profitez donc du temps présent,
    Hey ! ho ! hey nonino !
Car l'amour se couronne de primeurs.
Au printemps, etc.

PIERRE DE TOUCHE.

En vérité, mes jeunes gentilshommes, quoique les paroles ne signifient pas grand'chose, le chant a été fort peu harmonieux.

PREMIER PAGE.

Vous vous trompez, messire ; nous avons observé la mesure, nous n'avons pas perdu nos temps.

PIERRE DE TOUCHE.

Ma foi, si ; je déclare que c'est temps perdu d'écouter une si sotte chanson. Dieu soit avec vous, et Dieu veuille amender vos voix !... Allons, Audrey.

Ils sortent.

SCÈNE XXII.

[La chaumière des princesses décorée comme pour une fête.]

Entrent le VIEUX DUC, AMIENS, JACQUES, ORLANDO, OLIVIER
et CÉLIA.

LE VIEUX DUC.

— Crois-tu, Orlando, que ce garçon — puisse faire tout ce qu'il a promis ?

ORLANDO.

— Tantôt je le crois, tantôt je ne le crois plus, — comme ceux qui craignent et qui espèrent en dépit de leur crainte.

Entrent ROSALINDE, SILVIUS *et* PHÉBÉ.

ROSALINDE.

— Encore un peu de patience, que nous résumions nos conventions !

Au duc.

— Vous dites que, si j'amène ici votre Rosalinde, — vous l'accorderez à Orlando que voici ?

LE VIEUX DUC.

— Oui, dussé-je donner des royaumes avec elle !

ROSALINDE, à Orlando.

— Et vous dites, vous, que vous l'accepterez, dès que je la présenterai ?

ORLANDO.

— Oui, fussé-je roi de tous les royaumes !

ROSALINDE, à Phébé.

— Vous dites que vous m'épouserez, si je veux bien ?

PHÉBÉ.

— Oui, dussé-je mourir une heure après !

ROSALINDE, montrant Silvius.

— Mais, si vous refusez de m'épouser, — vous vous donnerez à ce très-fidèle berger ?

PHÉBÉ.

— Tel est notre marché.

ROSALINDE, à Silvius.

— Vous dites que vous épouserez Phébé, si elle veut bien ?

SILVIUS.

— Fallût-il, en l'épousant, épouser la mort !

ROSALINDE.

— J'ai promis d'arranger tout cela.

Montrant Orlando au duc.

SCÈNE XXII.

— O duc, tenez votre promesse de lui donner votre fille.

Montrant le duc à Orlando.

— Et vous, Orlando, votre promesse d'accepter sa fille... — Phébé, tenez votre promesse de m'épouser, — ou, sur votre refus d'agréer ce berger... — Silvius, tenez votre promesse de l'épouser, — si elle me refuse !... Et sur ce, je pars — afin de résoudre tous ces doutes.

Rosalinde et Célia sortent.

LE VIEUX DUC.

— Il me semble retrouver dans ce jeune pâtre — quelques traits vivants de ma fille.

ORLANDO.

— Monseigneur, la première fois que je l'ai aperçu, — j'ai cru voir un frère de votre fille. — Mais, mon bon seigneur, ce garçon est né dans les bois, — il a été initié aux rudiments — de certaines sciences désespérées par son oncle — qu'il déclare être un grand magicien — caché dans le cercle de cette forêt. —

Entrent PIERRE DE TOUCHE et AUDREY.

JACQUES.

Il faut qu'il y ait un autre déluge en l'air, pour que tous les couples viennent ainsi dans l'arche! Voici une paire d'animaux étranges que, dans toutes les langues, on appelle des fous.

PIERRE DE TOUCHE.

Salut et compliments à tous !

JACQUES, au duc.

Mon bon seigneur, recevez-le bien. C'est ce gentilhomme au cerveau bariolé que j'ai si souvent rencontré dans la forêt : il a été homme de cour, assure-t-il.

PIERRE DE TOUCHE.

Si quelqu'un en doute, qu'il me soumette à l'examen.

J'ai dansé un pas, j'ai cajolé une dame, j'ai été politique avec mon ami, caressant avec mon ennemi, j'ai ruiné trois tailleurs, j'ai eu quatre querelles et j'ai failli en vider une sur le terrain.

JACQUES.

Et comment s'est-elle terminée?

PIERRE DE TOUCHE.

Eh bien, nous nous sommes rencontrés et nous avons reconnu que la querelle était sur la limite du septième grief.

JACQUES.

Qu'est-ce donc que le septième grief?... Mon bon seigneur, prenez en gré ce compagnon.

LE VIEUX DUC.

Il m'est fort agréable.

PIERRE DE TOUCHE.

Dieu vous en récompense, monsieur! Puissiez-vous être aussi agréable pour moi!... J'accours ici, monsieur, au milieu de ces couples rustiques, pour jurer et me parjurer, pour resserrer par le mariage les liens que rompt la passion...

Montrant Audrey.

Une pauvre pucelle, monsieur! une créature mal fagotée, monsieur, mais qui est à moi. Un pauvre caprice à moi, monsieur, de prendre ce dont nul n'a voulu. La riche honnêteté se loge comme l'avare, monsieur, dans une masure, ainsi que votre perle dans votre sale huître.

LE VIEUX DUC.

Sur ma foi, il a le verbe vif et sentencieux.

PIERRE DE TOUCHE.

Autant que peuvent l'être des traits de fou, monsieur, et autres fadaises!

JACQUES.

Mais revenez au septième grief... Comment avez-vous

reconnu que la querelle était sur la limite du septième grief?

PIERRE DE TOUCHE.

C'est-à-dire du démenti sept fois rétorqué... Tenez-vous plus gracieusement, Audrey!... Voici comment, monsieur. Je désapprouvais la coupe de la barbe de certain courtisan. Il me fit dire que, si je déclarais que sa barbe n'était pas bien taillée, il était d'avis qu'elle l'était. Ceci s'appelle *la réplique courtoise*... Que si je lui faisais dire encore qu'elle n'était pas bien taillée, il me faisait dire qu'il la coupait pour se plaire à lui-même. Ceci s'appelle *le sarcasme modéré*... Que si j'insistais de nouveau, il contestait mon jugement. Ceci s'appelle *la répartie grossière*... Que si j'insistais de nouveau, il me répondait que je ne disais pas la vérité. Ceci s'appelle *la riposte vaillante*... Que si j'insistais de nouveau, il me déclarait que j'en avais menti. Ceci s'appelle *la contradiction querelleuse*. Et ainsi de suite jusqu'au *démenti conditionnel* et au *démenti direct* (30).

JACQUES.

Et combien de fois avez-vous dit que sa barbe n'était pas bien taillée?

PIERRE DE TOUCHE.

Je n'osai pas aller plus loin que *le démenti conditionnel* et il n'osa pas me donner *le démenti direct*. Sur ce, nous mesurâmes nos épées et nous nous séparâmes.

JACQUES.

Pourriez-vous à présent nommer par ordre les degrés du démenti.

PIERRE DE TOUCHE.

Oh! monsieur, nous nous querellons d'après l'imprimé; il y a un livre pour ça comme il y a des livres pour les bonnes manières. Je vais vous nommer les degrés. Premier degré, la Réplique courtoise; second, le Sarcasme modeste; troisième, la Répartie grossière; quatrième, la Riposte vaillante ; cinquième, la Contradiction querelleuse ; sixième, le Démenti à condition ; septième, le Démenti direct. Vous pouvez les éluder tous, excepté le démenti direct ; et encore vous pouvez éluder celui-là par un *Si*. J'ai vu le cas où sept juges n'avaient pu arranger une querelle ; mais, les adversaires se rencontrant, l'un d'eux eut tout bonnement l'idée d'un *Si*, comme par exemple : *Si vous avez dit ceci, j'ai dit cela*, et alors ils se serrèrent la main et jurèrent d'être frères. Votre *Si* est l'unique juge de paix ; il y a une grande vertu dans le *Si*.

JACQUES, au duc.

N'est-ce pas là un rare gaillard, monseigneur ? Il est aussi bon en tout, et pourtant ce n'est qu'un fou.

LE DUC.

Sa folie n'est qu'un dada à l'abri duquel il lance ses traits d'esprit.

Entrent L'HYMEN, *conduisant* ROSALINDE, *vêtue en femme, et* CELIA.
Musique solennelle.

L'HYMEN, chantant.

    Il y a joie au ciel
    Quand tous sur la terre s'accordent
    Et se mettent en harmonie.
    Bon duc, reçois ta fille.
    Du ciel l'hymen l'a ramenée,
    Oui, ramenée ici,
    Afin que tu donnes sa main à celui
    Dont elle a le cœur dans son sein.

ROSALINDE, au duc.

— A vous je me donne, car je suis à vous.
    A Orlando.
— A vous je me donne, car je suis à vous.

LE VIEUX DUC.

— Si cette vision ne me trompe, vous êtes ma fille.

SCÈNE XXII.

ORLANDO.

— Si cette vision ne me trompe, vous êtes ma Rosalinde.

PHÉBÉ.

— Si cette vision, si cette forme ne me trompe, — alors, adieu mon amour !

ROSALINDE, au duc.

— Je veux ne pas avoir de père, si ce n'est vous.

A Orlando.

— Je ne veux pas avoir de mari, si ce n'est vous.

A Phébé.

— Je veux n'épouser jamais une femme, si ce n'est vous.

L'HYMEN.

Silence ! Oh ! j'interdis la confusion !
C'est moi qui dois faire la conclusion
De ces événements étranges.
Ces huit fiancés doivent se donner la main
Et s'unir par les liens de l'hymen,
Si la vérité est vraie.

A Orlando et à Rosalinde.

Vous, vous êtes inséparables.

A Olivier et à Célia.

Vous, vous êtes le cœur dans le cœur.

Montrant Silvius à Phébé.

Vous, cédez à son amour,
Ou prenez une femme pour époux.

A Pierre de Touche et à Audrey.

Vous, vous êtes voués l'un à l'autre,
Comme l'hiver au mauvais temps.
Tandis que nous chanterons un épithalame,
Rassasiez-vous de questions,
Afin que la raison calme votre surprise
En vous expliquant notre réunion et ce dénouement.

CHANT.

De la grande Junon la noce est la couronne :
O lien sacré de la table et du lit !
C'est l'hymen qui peuple toute cité.
Que l'auguste mariage soit donc honoré.
Honneur, honneur et gloire
A l'hymen, dieu de toute cité !

LE VIEUX DUC.

— O ma chère nièce, sois la bienvenue près de moi, — aussi bienvenue qu'une autre fille !

PHÉBÉ, à Silvius.

— Je ne veux pas reprendre ma parole : désormais tu es à moi. — Ta fidélité fixe sur toi mon amour.

Entre JACQUES DES BOIS.

JACQUES DES BOIS.

— Accordez-moi audience pour un mot ou deux ; — je suis le second fils du vieux sire Roland, — et voici les nouvelles que j'apporte à cette belle assemblée. — Le duc Frédéric, apprenant que chaque jour — des personnages de haute distinction se retiraient dans cette forêt, — avait levé des forces considérables et s'était mis — à leur tête, dans le but de surprendre — son frère ici et de le passer au fil de l'épée. — A peine était-il arrivé à la lisière de ce bois sauvage, — qu'ayant rencontré un vieux religieux — et causé quelques instants avec lui, il renonça — à son entreprise et au monde, — léguant sa couronne à son frère banni, — et restituant toutes leurs terres à ceux — qui l'avaient suivi dans l'exil. Sur la vérité de ce récit — j'engage ma vie.

LE VIEUX DUC.

Sois le bienvenu, jeune homme. — Tu offres à tes frères un beau présent de noces : — à l'un ses terres confisquées, à l'autre — un vaste domaine, un puissant duché. — D'abord achevons dans cette forêt la mission — que nous y avons si bien commencée et soutenue. — Ensuite chacun de ces élus — qui ont enduré avec nous les jours et les nuits d'épreuve — aura part à la prospérité qui nous est rendue, — dans la mesure de son mérite. — En attendant, oublions cette dignité inattendue — et livrons-nous à nos plaisirs rustiques... — Que la musique joue,

SCÈNE XXII.

et vous tous, mariés et mariées, — faites retomber en mesure vos groupes bondissant de joie.

JACQUES, à Jacques des Bois.

— Pardon, monsieur. Si je vous ai bien entendu, — le duc a embrassé la vie religieuse — et jeté au rebut les pompes de la cour.

JACQUES DES BOIS.

— Oui.

JACQUES.

C'est près de lui que je veux aller : avec ces convertis — il y a beaucoup de choses à apprendre et à recueillir.

Au vieux duc.

— Vous, je vous lègue à vos anciens honneurs, — que votre patience et votre vertu ont bien mérités.

A Orlando.

— Vous, à un amour dont votre constance est bien digne.

A Olivier.

— Vous, à vos domaines, à vos amours et à vos augustes alliés.

A Silvius.

— Vous, à un lit longuement et galamment conquis.

A Pierre de Touche.

— Et vous, aux querelles de ménage; car pour votre voyage amoureux — vous n'avez que deux mois de vivres. Allez à vos plaisirs ; — il m'en faut, à moi, d'autres que la danse.

LE DUC.

Restez, Jacques, restez.

JACQUES.

— Je ne suis point fait pour ces passe-temps... Vos ordres, — je les attendrai dans votre caverne abandonnée.

Il sort.

LE DUC.

— Procédons, procédons. Nous allons inaugurer ces fêtes, — comme nous espérons bien qu'elles se termineront par de vraies joies.

Danses.

ÉPILOGUE.

ROSALINDE, aux spectateurs.

Ce n'est pas la mode de voir l'héroïne en épilogue, mais ce n'est pas plus malséant que de voir le héros en prologue. S'il est vrai que *bon vin n'a pas besoin d'enseigne*, il est vrai aussi qu'une bonne pièce n'a pas besoin d'épilogue. Pourtant à de bon vin on met de bonnes enseignes, et les bonnes pièces semblent meilleures à l'aide de bons épilogues. Dans quel embarras suis-je donc, moi qui ne suis pas un bon épilogue et ne puis intercéder près de vous en faveur d'une bonne pièce! Je n'ai pas les vêtements d'une mendiante; mendier ne me sied donc pas. Ma ressource est de vous conjurer et je commencerai par les femmes... O femmes! je vous somme, par l'amour que vous portez aux hommes, d'applaudir dans cette pièce tout ce qui vous en plaît; et vous, ô hommes, par l'amour que vous portez aux femmes (et je m'aperçois à vos sourires que nul de vous ne les hait), je vous somme de concourir avec les femmes au succès de la pièce... Si j'étais femme, j'embrasserais tous ceux d'entre vous dont la barbe me plairait, dont le teint me charmerait et dont l'haleine ne me rebuterait pas; et je suis sûre que tous ceux qui ont la barbe belle, le visage beau et l'haleine douce, en retour de mon offre aimable, voudront bien, quand j'aurai fait la révérence, m'adresser un cordial adieu.

Tous sortent.

FIN DE COMME IL VOUS PLAIRA.

NOTES

SUR

LES DEUX GENTILSHOMMES DE VÉRONE,

LE MARCHAND DE VENISE, ET COMME IL VOUS PLAIRA.

---

(1) Les *Deux Gentilshommes de Vérone* ont été publiés pour la première fois sept ans après la mort de Shakespeare, dans le grand in-folio de 1623. La division absurde adoptée par les éditeurs place cette pièce, qui fut évidemment une des premières compositions du maître, immédiatement après la *Tempête*, qui fut certainement une des dernières. La date à laquelle les *Deux Gentilshommes* ont été représentés n'a pu être fixée par aucun document précis. Malone, après avoir délibérément assigné cette date à l'année 1595, s'est rétracté et l'a reportée à l'année 1591. Quelques paroles dites par un personnage sur les pères de famille « qui envoient leurs fils à la « guerre ou à la découverte des îles lointaines » lui ont paru faire allusion à l'expédition des volontaires protestants qui, en 1591, sous la conduite de lord Essex, allèrent grossir l'armée d'Henri IV, en même temps qu'aux nombreux voyages d'exploration entrepris à la même époque par Raleigh, Cavendish et d'autres. — Cette conjecture repose, on le voit, sur des données bien vagues. — Sans désigner une date positive, comme l'a fait un peu légèrement Malone, la critique peut, selon moi, affirmer que cette comédie est, par sa composition et par l'ordre d'idées qu'elle soulève, contemporaine des poëmes et des *Sonnets* de Shakespeare. Nul doute qu'elle n'ait été improvisée dans cette première période où le poëte s'essayait encore.

La brusquerie du dénoûment trahit dans l'esprit de l'auteur une certaine fatigue que n'eût jamais ressentie son génie une fois sûr de lui-même. — J'ai déjà dit à l'Introduction que Shakespeare s'était inspiré, pour certaines scènes de sa comédie, d'un roman pastoral, la *Diane* de Montemayor. La *Diane* n'a été traduite en anglais qu'en 1598. Il est donc infiniment probable que Shakespeare n'a pas connu directement par l'œuvre espagnole cet épisode des amours de don Félix et de Félismène qui lui a fourni plusieurs incidents. Mais cet épisode avait fait le sujet d'une comédie représentée en 1584, à Greenwich, devant la reine Élisabeth, sous ce titre : *The historie of Felix and Philiomena*, et c'est vraisemblablement par cette comédie, aujourd'hui perdue, que Shakespeare a été initié à l'idée qu'il a plus tard mise en œuvre.

Les *Deux Gentilshommes de Vérone* ont été remaniés pour la scène de Drury Lane par un M. Victor, en 1763.

(2) La même comparaison se retrouve deux fois dans les *Sonnets* de Shakespeare :

> Canker vice the sweetest buds doth love,
> And thou present'st a pure unstained prime.

« Le ver du mal aime les plus suaves boutons, — et tu lui présentes un printemps pur et sans tache. »

Sonnet LXXXIX (édit. française), 70 (édit. anglaise).

> The loathsome canker lives in the sweetest bud.
> All men make faults.

Sonnet XXXII, 35.

« Le ver répugnant vit dans le plus suave bouton ; — tous les hommes font des fautes. »

(3) Voir la note 23 du quatrième volume.

(4) Ce reproche d'aveuglement que Valentin reçoit ici de son page à cause de son admiration pour la brune Silvia, Shakespeare se l'adresse à lui-même à propos de son engouement pour la brune héroïne de ses *Sonnets*. Diligence dit à Valentin : « *If you love her, you cannot see her, because* LOVE *is* BLIND. Si vous l'aimez, vous ne pouvez pas la voir, parce que *l'amour est aveugle.* » Le poëte a développé la même pensée dans ces vers :

> Thou BLIND fool, LOVE, what dost thou to mine eyes,
> That they behold, and see not what they see?

They know what beauty is, see where it lies,
Yet what the best is, take the worst to be.

« O toi, *aveugle* fou, *amour*, que fais-tu à mes yeux — pour qu'ils regardent ainsi sans voir ce qu'ils voient? — Ils savent ce qu'est la beauté, ils voient où elle se trouve : — pourtant ils prennent pour parfait ce qu'il y a de pire. »

Sonnet xv, 137.

Ce qui rend ce rapprochement plus frappant, c'est que la bien-aimée de Valentin est accusée de se farder comme la bien-aimée du poëte : « *Her beauty is painted*, sa beauté est peinte, prétend le page en parlant de Silvia. » — « Mon mauvais génie, dit Shakespeare de sa maîtresse, est une femme fardée. »

My worser spirit a woman, colour'd ill.

Sonnet xxix, 144.

J'ai déjà noté, au sixième volume, certains traits de ressemblance entre Rosaline et la coquette qui fit tant souffrir Shakespeare. Les mêmes traits se retrouvent dans la figure de Silvia. Le jeune Shakespeare semble avoir suivi l'exemple du jeune Raphaël : il a fait poser sa maîtresse pour ses premiers portraits de femme. Silvia, dans les *Deux Gentilshommes de Vérone*, Rosaline, dans *Peines d'amour perdues*, Béatrice, dans *Beaucoup de bruit pour rien*, Rosalinde, dans *Comme il vous plaira*, rappellent à des degrés différents le type provoquant et gracieux que l'amour révéla au poëte.

(5) Le raisonnement spécieux par lequel Protée essaie ici d'atténuer sa faute, le poëte le fait dans un de ses *Sonnets* pour excuser la double trahison de son ami et de sa maîtresse :

If I lose thee, my loss is my love's gain,
And, losing her, my friend has found that loss;
Both find each other, and I lose both twain,
And both for my sake lay on me this cross.

« Si je te perds, ma perte fait le gain de ma bien-aimée, — et si je la perds, c'est mon ami qui recouvre l'égarée ; — si je vous perds tous deux, tous deux vous vous recouvrez, — et c'est encore pour mon bien que vous me faites porter cette croix. »

Sonnet xxxv, 42.

J'insiste expressément sur ces similitudes qu'aucun commentateur n'a remarquées jusqu'ici et qui prouvent la parenté, si longtemps méconnue, entre l'œuvre lyrique et l'œuvre dramatique de notre poëte.

(6)   The table herein all my thoughts
Are visibly charactered.

Julia compare ici la mémoire de sa confidente à un carnet où elle écrit toutes ses pensées. La même comparaison se retrouve exprimée en termes presque identiques dans un des *Sonnets* de Shakespeare. Le poëte, s'adressant à son mystérieux ami, lui dit :

> Thy tables are within my brain
> Full character'd with lasting memory.

« Tu as pour tablettes mon cerveau — où sont inscrits partout de durables souvenirs. »

Sonnet LXXIX, 122.

(7) L'idée exprimée brièvement ici a été développée par le poëte dans deux sonnets :

> If the dull substance of my flesh were thougt,
> Injurious distance should not stop my way;
> For then, despite of space, I would be brought
> From limits far remote where tou stay.

« Si la pensée était l'essence de mon être grossier, — la substance injurieuse n'arrêterait pas ma marche, — car alors, en dépit de l'espace, je me transporterais — des limites les plus reculées au lieu où tu résides. »

Sonnet LX, 44.

> ...My thoughts (from far where I abide)
> Intend a zealous pilgrimage to thee.

« Mes pensées loin du lieu où je suis — entreprennent un fervent pèlerinage vers toi. »

Sonnet LVI, 27.

(8) Variante :

> Thou away, the very birds are mute.

En ton absence, les oiseaux mêmes sont muets.

Sonnet LXII, 97.

(9) « C'est une vérité incontestable que la mère seule est sûre de la légitimité de l'enfant. Lance suppose que, si son interlocuteur savait lire, il aurait lu quelque part cette maxime bien connue. » STEEVENS.

(10) Le troisième brigand invoque ici le joyeux frère Tuck que la ballade anglaise donne pour confesseur au chevaleresque bandit Robin Hood. « Nous vivrons et nous mourrons ensemble, dit un personnage dans l'*Edouard Ier* de Peele (1593), comme Robin Hood, *Frère Tuck* et la pucelle Marianne. »

(11) Même idée en d'autres termes :

>...Love knows, it is a greater grief
>To bear love's wrong than hate's known injury.

« L'amitié sait que c'est une plus grande douleur — de subir l'outrage de l'amitié que l'injure prévue de la haine. »

Sonnet XXXIII, 40.

(12) Variante :

« Ton remords n'est pas un remède à ma douleur, tous tes regrets ne réparent pas ma perte. — Le chagrin de l'offenseur n'apporte qu'un faible soulagement — à celui qui porte la lourde croix de l'offense. — Ah ! mais ces larmes sont des perles que ton cœur répand, — et cette richesse-là est la rançon de tous tes torts. »

Sonnet XXXI, 34.

(13) C'est dans la dernière année du seizième siècle que le *Marchand de Venise* a été imprimé pour la première fois et publié en deux éditions différentes, l'une portant le nom d'un imprimeur, J. Roberts, l'autre le nom d'un libraire, Thomas Heyes. Le titre prolixe de cette seconde édition a été reproduit en tête de notre traduction [1]. — Dès le mois de juillet 1598, l'imprimeur avait fait enregistrer son droit au *Stationer's Hall*, ainsi que l'atteste l'extrait suivant :

22 juillet 1598.

James Roberts.

> Un livre du *Marchand de Venise*, autrement appelé le *Juif de Venise*. Pourvu qu'il ne soit pas imprimé par ledit James Roberts ou aucun autre, sans une licence obtenue préalablement du très-honorable Lord Chambellan.

Cette restriction, qui faisait dépendre l'impression de l'ouvrage

---

[1] Le lecteur a remarqué et admiré, comme moi, les charmants titres elzeviriens que la typographie Moulin a, dans cette édition même, placés en tête des principales pièces de Shakespeare. Ces titres, par la forme des caractères et par la coupe des lignes, donnent une idée parfaitement exacte des titres des éditions originales qui ont été tout exprès calqués au *British Museum*. La maison Pagnerre, fidèle à ses nobles traditions, n'a rien négligé pour que ce monument, élevé par des Français à la plus grande gloire de l'Angleterre, fût digne à la fois et de la France et de Shakespeare.

de l'autorisation du lord Chambellan, a donné à croire que la pièce n'avait pas encore été jouée à l'époque de l'enregistrement, et que l'intendant du théâtre de la reine voulait réserver à la cour la primeur de la comédie nouvelle. Ce qui tendrait à confirmer cette conjecture, c'est que le *Marchand de Venise* est la dernière des pièces de Shakespeare mentionnées dans le catalogue que Francis Meres publia à la fin de 1598. Le *Marchand de Venise* aurait donc été représenté primitivement par les comédiens du lord Chambellan dans l'intervalle qui sépare le mois de juillet du mois de décembre de cette année.

Ce qui toutefois diminue la solidité de cette hypothèse savamment conçue par les commentateurs modernes, c'est que, parmi les pièces représentées en 1594 au théâtre de Newington par les troupes réunies du lord Amiral et du lord Chambellan, les livres du chef de troupe Henslowe citent, à la date du 25 août, une *Comédie Vénitienne* (*Venesyan Comedy*) qui, s'il faut en croire Malone, pourrait bien être le *Marchand de Venise*.

J'ai déjà indiqué à l'Introduction les sources légendaires auxquelles Shakespeare a puisé les éléments de l'intrigue principale de son merveilleux chef-d'œuvre. Le lecteur connaît déjà, par l'analyse que j'en ai donnée, la ballade de *Gernutus*, et tout à l'heure il va pouvoir lire à l'Appendice la nouvelle du *Pecorone* que le poëte semble avoir plus spécialement consultée. L'anecdote racontée par les *Gesta Romanorum* se retrouve développée dans la nouvelle italienne : je me dispenserai donc de la traduire ici. Mais je ne puis m'empêcher de citer le conte oriental que l'enseigne Thomas Munroe, du premier bataillon de Cypayes, découvrit au siècle dernier dans un manuscrit persan. En voici la traduction :

« On rapporte que, dans une ville de Syrie, un pauvre musulman vivait dans le voisinage d'un riche juif. Un jour il alla trouver le juif et lui dit : « Prête-moi cent dinars, que je puisse établir un commerce, et je te donnerai une part dans les bénéfices. » Ce musulman avait une femme fort belle. Le juif l'avait vue et s'était épris d'elle ; trouvant là une heureuse occasion, il dit : « Je ne ferai pas cela, mais je te prêterai cent dinars, à cette condition que dans six mois tu me les rendras. Mais remets-moi un billet qui me donne le droit, si tu excèdes d'un seul jour le terme convenu, de couper une livre de chair dans la partie de ton corps que je choisirai. » Le juif pensait que par ce moyen peut-être, il pourrait posséder la femme du musulman. Le musulman était consterné et dit : « Pareille chose serait-elle possible ? » Mais, comme sa détresse était extrême, il prit l'argent à la condition requise, fit le billet et partit pour un voyage.

» Dans ce voyage il fit de grands bénéfices, et chaque jour il se disait à lui-même : « A Dieu ne plaise que je laisse passer le jour de l'échéance et que le juif attire malheur sur moi ! » En conséquence il confia cent dinars d'or aux mains d'une personne de confiance et l'envoya dans son pays pour les remettre au juif. Mais les gens de sa maison étant sans argent les dépensèrent pour se maintenir.

» Quand le musulman revint de son voyage, le juif réclama le payement de son argent ou sa livre de chair. Le musulman dit : « Je t'ai envoyé ton argent, il y a longtemps. » Le juif dit : « Ton argent ne m'est pas parvenu. » Quand ce fait fut, après examen reconnu pour vrai, le juif mena le musulman devant le cadi et exposa toute l'affaire.

« Le cadi dit au musulman : « Ou rembourse le juif ou donne-lui la livre de chair. » Le musulman, ne consentant pas à cela, dit : « Allons à un autre cadi. » Ils allèrent trouver un autre cadi qui prononça la même sentence. Le musulman consulta un ingénieux ami qui lui dit : « Présente-toi devant le cadi d'Emèse, et ton affaire s'arrangera à ta satisfaction. » Alors le musulman alla trouver le juif et lui dit : « Je m'en remets au jugement du cadi d'Emèse. » Le juif dit : « Et moi aussi. »

« Ils partirent alors pour la ville d'Emèse. Quand ils furent devant le tribunal, le juif dit : « O monseigneur le juge, cet homme m'a emprunté cent dinars, sous la garantie d'une livre de sa propre chair : ordonne qu'il me livre mon argent ou sa chair. » Il se trouva que le cadi était l'ami du père du musulman, et pour cette raison il dit au juif : « Tu dis vrai, c'est là la teneur du billet. » et il ordonna qu'on apportât un couteau bien affilé. Le musulman, en entendant cela, resta muet. Le couteau apporté, le cadi se tourna vers le juif et dit : « Lève-toi et coupe sur son corps une livre de chair; mais de telle sorte qu'il n'y en ait pas un grain en plus ou en moins : si tu en coupes plus ou moins qu'une livre, j'ordonnerai que tu sois mis à mort. » Le juif dit : « Je ne puis : j'abandonne l'affaire, et je pars. » Le cadi dit : « Tu ne le peux pas. » Il dit : « O juge, je le tiens quitte. » Le juge dit : « Cela ne se peut. Ou coupe-lui une livre de chair ou paye-lui les frais de son voyage. » Les dépenses du voyage furent fixées à deux cents dinars. Le juif paya les deux cents dinars et partit. »

Shakespeare, qui a suivi assez fidèlement la fable indiquée par l'auteur du *Pecorone*, a été obligé néanmoins de modifier la condition étrange mise par le romancier italien au mariage de la dame de Belmont. On se figure difficilement cette Portia « qui n'est inférieure en rien à la Portia de Brutus, » permettant au premier venu de partager son lit, comme le fait sa devancière, l'héroïne trop galante de Ser Giovanni Fiorentino. Aussi Shakespeare a-t-il substitué à cette convention le pacte en vertu duquel Portia doit appartenir à l'heureux prétendant qui choisira entre trois coffrets le coffret désigné par un testament sacré. Une légende des *Gesta Romanorum* a donné à notre auteur l'idée du contrat bizarre et charmant qui fait ici le nœud de l'intrigue secondaire. Cette légende, écrite en bas latin, raconte qu'il y avait une fois un roi d'Apulie dont la fille voulut épouser le fils de l'empereur de Rome, Anselme. La princesse fut amenée devant le César légendaire qui lui dit : *Puella, propter amorem filii mei multa adversa sustinuisti. Tamen si digna fueris ut uxor ejus sis, cito probabo.* Autrement dit : « Jeune fille, tu as soutenu de nombreuses adversités pour l'amour de mon fils. Pourtant j'éprouverai sur-le-champ si tu es digne d'être son épouse. » *Et fecit fieri tria vasa.* Le premier de ces trois vases était d'or pur et plein d'os de morts, et portait cette inscription :

Qui me elegerit, in me inveniet quod meruit.

Le second était d'argent et plein de terre, et portait cette inscription :

Qui me elegerit, in me inveniet quod natura appetit.

Le troisième était de plomb et plein de pierres précieuses et portait cette inscription :

Qui me elegerit, in me inveniet quod deus disposuit.

L'empereur Anselme déclara qu'il n'accorderait son fils à la fille du roi d'Apulie que si elle choisissait entre ces trois vases celui dont le contenu avait le plus de valeur. Il va sans dire que la princesse désigna le coffret de plomb. Sur quoi, l'empereur lui dit : *Bona puella, bene elegisti; ideo filium meum habebis.* Et c'est ainsi que le fils de l'empereur de Rome épousa la fille du roi d'Apulie. — Cette fable naïve a été révélée à Shakespeare par une traduction qu'en avait publiée l'imprimeur Winkin de Worde, sous le règne de Henri VI.

Le *Marchand de Venise* a été altéré pour le théâtre de *Lincoln's Inn*, en 1701, par un certain lord Lansdowne. Je ne mentionne que pour la flétrir cette profanation qui travestit Shylock en personnage comique. L'œuvre du maître, restituée enfin à la scène dans sa pureté première, est aujourd'hui la plus populaire peut-être de toutes les comédies de Shakespeare.

(14) Le nom de *Shylock* est dérivé, prétend-on, du nom asiatique *Scialac* que portait un maronite du mont Liban, contemporain de Shakespeare. Une hypothèse différente en fait une contraction du mot italien *Scialacquo* (prodigue). Il est certain en tous cas que ce nom n'était pas nouveau parmi les membres de la tribu, ainsi que le prouve un almanach contenant les prophéties du juif *Caleb Shilock* pour l'an de grâce 1607 : « Qu'il soit connu de toutes gens que, dans l'an 1607, le monde sera en grand danger, car un savant juif, nommé CALEB SHILOCK, écrit que, dans ladite année, le soleil sera couvert par le dragon dans la matinée, de cinq heures à neuf heures, et apparaîtra comme du feu, etc. » Cet almanach, daté de 1607, était la réimpression d'une première édition, parue bien avant la fin du seizième siècle, et par conséquent antérieur au *Marchand de Venise*.

(15) Au lieu de : *Le lord Écossais*, l'édition de 1623 dit : *l'autre seigneur*. Le sarcasme contre la politique de l'cÉosse, alliée à la France contre l'Angleterre, a été retranché du texte original, évidemment après l'accession de Jacques Ier et par déférence pour le fils de Marie Stuart.

(16) Au lieu de : *je prie Dieu*, le texte de 1623 dit : *je souhaite*. Altération exigée par le statut de Jacques Ier qui prohibait sur la scène l'invocation à Dieu. On voit, par ces minutieuses variations du texte, que la censure des Stuarts était plus tyrannique même que la censure des Tudors.

(17) Au lieu de : *entre Lancelot Gobbo*, l'édition primitive dit : *entre le Clown seul*. Lancelot est désigné par le nom de *Clown* à toutes ses entrées et sorties.

(18) La chiromancie, dont Lancelot paraît être un adepte fervent, place *la ligne de vie* au bas du pouce entre le *mont de Vénus* et *la ligne naturelle moyenne*.

(19) Le chroniqueur Stowe indique ainsi l'origine de cette singulière appellation, *Lundi noir* : « Le quatrième jour d'avril 1360, au len-

demain de Pâques, le roi Édouard campa avec son armée devant la Cité de Paris par un si grand froid, que beaucoup d'hommes moururent gelés sur leurs chevaux. Voilà pourquoi le lundi de Pâques a été surnommé le Lundi noir. »

(20) La pièce d'or à l'effigie de l'Ange était une monnaie courante au temps d'Élisabeth : elle s'appelait *Angel* et était aussi ancienne que la monarchie saxonne. L'antiquaire Verstegan prétend que le mot *English*, qui désigne la race anglaise, est une contraction du mot *Angel-like, semblable à un ange.* Cette étymologie prétendue expliquerait pourquoi les premiers princes d'Angleterre avaient fait sculpter la figure d'un ange sur leur plus belle monnaie.

(21) Ce vers :

> Donc prends ce qui t'est dû, prends ta livre de chair,

omis dans l'édition in-quarto, a été rendu au texte par l'édition de 1623.

(22) Dix parrains de plus, c'est-à-dire les douze jurés qui, d'après la coutume anglaise, décidaient par leur verdict toute condamnation à mort. Shakespeare prête ici à la république de Venise les formes de la procédure britannique.

(23) Lancelot imite ici le son de la trompe par lequel les courriers de la poste signalaient leur approche au temps de Shakespeare.

(24) La première édition connue de *Comme il vous plaira* est celle de 1623. Cette pièce occupe le neuvième rang dans la série des *Comédies* et y prend place entre le *Marchand de Venise* et la *Sauvage apprivoisée*, de la page 163 à la page 185. — Elle avait dû être originairement publiée du vivant de Shakespeare en même temps que *Beaucoup de bruit pour rien* et *Henri V*, mais la publication en fut suspendue pour des raisons ignorées, ainsi que le prouve l'inscription suivante placée au commencement du second volume des enregistrements au *Stationers' Hall* :

« 4 août (sans indication d'année).

» *Comme il vous plaira*, un livre
» *Henri Cinq*, un livre   } à suspendre. »
» La comédie de *Beaucoup de bruit pour rien*.

La prohibition levée pour *Henri V* et *Beaucoup de bruit pour rien* dès l'année 1600, ne paraît pas l'avoir été pour *Comme il vous plaira* avant l'année 1623.

L'époque à laquelle *Comme il vous plaira* a été représenté pour la première fois, ne peut être fixée qu'approximativement. Cette comédie n'est pas mentionnée par Meres dans le catalogue des pièces de Shakespeare connues en 1598, et en outre elle cite un vers du poëme de Marlowe, *Héro et Léandre*, qui ne fut publié que dans le cours de la même année. L'extrait des registres du *Stationers'Hall*, antérieur évidemment à la fin de l'année 1600, prouve, d'autre part, qu'elle avait été livrée au public avant cette époque. C'est donc en 1599 ou au plus tard au commencement de l'année 1600, qu'à dû avoir lieu la première représentation de cette ravissante pastorale.

Une tradition, devenue fameuse, attribue à Shakespeare la création du rôle d'Adam dans *Comme il vous plaira*. Le récit sur lequel repose cette tradition a été recueilli sous le règne de Charles II de la bouche même du dernier frère survivant de Shakespeare, et voici en quels termes le chroniqueur Oldys l'a résumé : « Un des plus jeunes frères de Shakespeare qui vécut jusqu'à un âge avancé, après la restauration du roi Charles II, Gilbert, avait conservé l'habitude de fréquenter des théâtres. Les principaux acteurs de l'époque, tout en lui témoignant la plus grande déférence, tâchaient de le faire parler sur le compte de son frère et lui demandaient avec une vive curiosité des détails, spécialement sur le jeu dramatique de William. Mais déjà Gilbert était tellement cassé par les années et avait la mémoire tellement affaiblie par les infirmités, qu'il ne pouvait qu'éclaircir faiblement les questions qui lui étaient soumises. Tout ce qu'on put obtenir de lui était l'idée vague, indécise et presque oblitérée, qu'une fois il avait vu son frère Will jouer, dans une de ses comédies, le rôle d'un vieillard décrépit : il portait la barbe longue et paraissait si faible, si accablée, si incapable de marcher, qu'il fallait qu'une autre personne le portât jusqu'à une table à laquelle il s'asseyait parmi de nombreux convives, dont un chantait une chanson. » On reconnaît à cette description l'entrée d'Adam à la scène x.

Comme il vous plaira a donné lieu a de nombreuses imitations. La seule qui mérite de rester célèbre est une charmante variation que Mme George Sand a fait jouer, en 1856, sur la scène du Théâtre-Français.

(25) Shakespeare donne ici l'autorité de la poésie à une croyance populaire, d'après laquelle la tête du crapaud était censée renfermer une pierre précieuse, douée de prodigieuses vertus. Cette croyance était d'ailleurs confirmée par plus d'un savant livre. « Il est hors de doute, écrivait en 1569 le naturaliste Edward Fenton, qu'il y a dans la tête des vieux et gros crapauds une pierre appelée Borax ou Stelon. Elle se trouve le plus communément dans la tête du crapaud mâle, a le pouvoir d'empêcher l'empoisonnement et est un spécifique souverain contre l'affection de la pierre. » — *Merveilles secrètes de la nature,* in-quarto.

(26) « Il y a beaucoup de grâce dans cette petite ruse de Rosalinde : elle critique son amoureux, dans l'espoir d'être contredite, et quand Célia confirme ses accusations avec une complaisance malicieuse, elle se contredit elle-même plutôt que de laisser son favori sans défense. » Jonhson.

(27)   Quiconque doit aimer aime à première vue.

Ce vers, cité ici par la bergère Phébé, est emprunté à un poëme de Marlowe, publié en 1598, *Héro et Léandre.* L'invocation au « pâtre enseveli » est un touchant souvenir adressé par l'auteur de *Comme il vous plaira* à l'auteur de *Faust,* ce jeune poëte mort avant l'âge, dont j'ai raconté ailleurs la fin tragique [1].

(28) « On a élevé dans Cheapside un tabernacle en marbre gris curieusement sculpté, sous lequel est une *statue de Diane* en albâtre, dont les seins nus laissent jaillir de l'eau, amenée de la Tamise. » *Stowe's Survey of London,* 1599.

(29) « Ceci est une épigramme à l'adresse des biographes qui, racontant la vie des philosophes de l'antiquité, tels que Diogène Laerce, Philostrate, Eunapius, etc., rapportaient comme des exemples *de la plus haute sagesse* les paroles et les actions les plus insignifiantes, » Warburton. — Un livre appelé *les Dictons et les Paroles des Philosophes,* avait été publié par Caxton en 1477. Il fut traduit du français en anglais par lord Rivers. Et c'est sans doute par cette version que Shakespeare a eu connaissance de ces pauvretés philosophiques. » Steevens.

[1] *Le Faust anglais,* chez Michel Lévy. In-18, 1858.

(30) « Le livre auquel il est fait ici allusion est un traité d'un certain Vincentio Saviolo, intitulé : *De l'honneur et des querelles honorables*, in-quarto imprimé par Wolf en 1594. La première partie de ce traité a pour titre : *Discours fort nécessaire à tous les gentilshommes qui ont souci de leur honneur, touchant la façon de donner et de recevoir le démenti, d'où s'ensuivent le duel et le combat sous diverses formes et maints autres inconvénients, faute d'avoir la vraie science de l'honneur et la vraie intelligence et les termes qui sont ici expliqués.* — Les titres des divers chapitres sont comme il suit : — I. *Quelle est la raison pour laquelle la Partie à laquelle est donné le Démenti, doit devenir l'Agresseur et de la Nature des Démentis.* — II. *De la Méthode et de la Diversité des Démentis.* — III. *Des Démentis certains* [ou directs]. — IV. *Des Démentis conditionnels.* — V. *Du Démenti en général.* — VI. *Du Démenti en particulier.* — VII. *Des Démentis puérils.* — VIII. *Conclusions touchant la manière d'extorquer ou de rétorquer le Démenti* [ou la contradiction querelleuse]. — Au chapitre *des Démentis conditionnels*, l'auteur, parlant de la particule *Si*, dit : « Les démentis conditionnels sont ceux qui sont donnés conditionnellement, par exemple, par un homme disant ou écrivant ces mots : *Si* tu as dit que j'ai fait affront à milord, tu en as menti ; *Si* tu le dis à l'avenir, tu en auras menti. Ces sortes de démentis donnent souvent lieu à de vives discussions verbales qui ne peuvent aboutir à aucune conclusion décisive. » Saviolo entend par là que deux adversaires ne peuvent parvenir à se couper la gorge tant qu'un *Si* les sépare. Voilà pourquoi Shakespeare fait dire à Pierre de Touche : « J'ai vu le cas où sept juges n'avaient pu arranger une querelle ; les adversaires se rencontrant, l'un d'eux eut tout bonnement l'idée d'un *Si*, comme par exemple : *si vous avez dit ceci, j'ai dit cela ;* et alors ils se serrèrent la main et jurèrent d'être frères. Votre si est l'unique juge de paix ; il y a une grande vertu dans le si. » Caranza était un autre de ces auteurs qui faisaient autorité en matière de duel. Fletcher le ridiculise avec esprit au dernier acte de son *Pèlerinage d'amour*. » — WARBURTON.

FIN DES NOTES.

APPENDICE.

LA DIANE DE GEORGE DE MONTEMAYOR

Traduite d'espagnol en français, par N. COLIN.

1578.

RÉCIT DE FÉLISMÈNE.

[*Première partie, livre second.*]

Sachez que, comme j'étais en la maison de ma mère-grand', âgée déjà presque de dix-sept ans, un gentilhomme devint amoureux de moi, qui ne demeurait pas si loin de notre maison que, d'une terrasse qui était en la sienne, on ne pût bien voir dans un jardin, où l'été je voulais aller passer le temps après souper. De là donc ce malgracieux Félix[1] ayant vu l'infortunée Félismène[2] (qui est le nom de la pauvrette qui vous conte ses désaventures), il s'énamoura de moi ou feignit être énamouré. Félix employa plusieurs jours à me faire entendre sa peine, et, comme ni pour ses démonstrations et passages,

---

[1] Protée dans *les Deux Gentilshommes de Vérone*.
[2] Julia.

ni pour musiques et tournois qui souventes fois se faisaient devant ma porte, je ne montrais aucunement connaître qu'il fût épris de mon amour, il délibéra de m'écrire. Et parlant à une mienne servante et l'ayant gagnée avec plusieurs présents, lui donna une lettre pour me faire tenir. Quant aux préambules que Rosette[1] (ainsi s'appelait-elle) me fit avant que me la donner, les serments qu'elle me jura, les cauteleuses paroles qu'elle me dit afin que je ne me fâchasse, ce fut chose merveilleuse. Mais pour tout cela, je ne laissai de lui ruer parmi les yeux, disant :

— Si je ne me considérais qui je suis et ce qu'on pourrait dire, je t'assure que je marquerais si bien cette face qui est si dépourvue de honte, qu'elle serait reconnue entre toutes les autres. Mais pour la première fois c'est assez, et garde-toi de la seconde.

Il me semble que je vois maintenant comme cette traîtresse de Rosette se sut si bien taire, dissimulant ce qu'elle sentait de mon courroux. Car vous l'eussiez vue, ô gentilles nymphes, feindre un petit ris, disant :

— Jésus ! madame, je ne vous l'ai donnée que pour nous en moquer ensemble, et Dieu fasse, si jamais mon intention fut de vous donner ennui, que j'en reçoive le plus grand que jamais fille de mère endura.

Et reprenant ma lettre, s'ôta de ma présence. Et ceci passé, semblait qu'Amour allait excitant en moi un désir de voir la lettre, mais la honte me détournait de l'aller redemander à ma servante. Et ainsi je passai tout ce jour jusqu'à la nuit en grande variété de pensement. Et quand Rosette entra pour me déshabiller, me voulant aller coucher, Dieu sait si j'eusse désiré qu'elle m'eût représenté cette lettre, mais jamais ne m'en voulut parler, ni m'y

---

[1] Lucetti.

faire penser. Et moi, pour voir si, lui allant au-devant, ou la mettant en chemin, je pourrais profiter de quelque chose, je lui dis ainsi :

— Rosette, si le seigneur Félix, sans être plus avisé, se met encore en avant de m'écrire !

Elle me répondit tout froidement : — Madame, ce sont choses que l'amour apporte avec soi, je vous supplie très-humblement me pardonner; car si j'eusse pensé vous devoir en cela ennuyer, je me fusse plutôt arraché les yeux.

Dieu sait en quel état je demeurai de cette réponse, toutefois je dissimulai, et me laissa toute cette cette nuit accompagnée de mon désir. Et arrivant le matin, la prudente Rosette entra en ma chambre pour me donner mes vêtements et laissa tomber après elle cette lettre en terre. Et comme je la vois, je lui dis : — Qu'est-ce que cela qui est tombé? Montre-moi, que je le voie. — Ce n'est rien, madame, dit-elle. — Çà, çà, montre-moi, lui dis-je sans me fâcher, ou dis moi que c'est. — Jésus! madame! pourquoi le voulez-vous voir? C'est la lettre d'hier. — Non, non, dis-je. Ce n'est pas cela : montre-moi que je voie si tu ne me mens point.

Je n'avais pas encore achevé ce mot, qu'elle me la mit entre les mains, disant : — Dieu me fasse mal si c'est autre chose !

Et encore que je la connusse fort bien, si dis-je : — Assurément que ce n'est point elle, car je la connais : il n'y a point de faute que c'est de quelqu'un de tes amoureux ; je la veux lire pour voir les folies qu'il t'écrit.

Et l'ouvrant, je vis ce qu'elle disait... Ayant vu cette lettre de dom Félix, je commençai à lui vouloir bien, et pour mon grand mal le commençai-je. Et incontinent demandant pardon à Rosette de tout ce que je lui avais dit, et lui recommandant le secret de mes amours, je retournai à lire une autre fois cette lettre, m'arrêtant à chaque mot un peu : puis prenant encre et papier, lui répondis... Je lui envoyai cette lettre, ce que je ne devais faire, car elle fut depuis occasion de tout mon mal. Quelques jours se passèrent en demandes et réponses. Les tournois vinrent à se renouveler, les musiques de nuit n'avaient point de cesse, et ainsi se passa un an entier.

Mon malheur voulut qu'au temps où nos amours étaient plus enflammées, son père en fut averti ; et celui qui lui dit lui sut si bien agrandir l'affaire que, craignant qu'il se mariât avec moi, l'envoya à la cour de la grande princesse Auguste Césarine, disant qu'il n'était honnête qu'un gentilhomme jeune et de si noble race perdit sa jeunesse en la maison de son père, où on ne pouvait apprendre que les vices dont l'oisiveté est maîtresse. Il partit si ennuyé, que sa tristesse l'empêcha de me pouvoir faire entendre son partement. Mais quand j'en fus avertie, je demeurai en tel état que peut imaginer celle qui s'est autrefois vue autant surprise d'amour que lors, à mon grand malheur, je l'étais. Étant donc acheminée jusques au milieu de mon infortune, et parmi les angoisses que l'absence de dom Félix me faisait sentir, et m'étant avis qu'aussitôt qu'il se trouverait dans cette cour, tant à cause des autres dames de plus grande qualité et beauté qu'à raison de l'absence, je ne faudrais d'être oubliée, je résolus de m'aventurer à faire ce que jamais femme ne pensa, qui fut me vêtir en habit d'homme et m'en aller à la cour pour voir celui en la vue duquel était toute mon espérance.

Et à ce faire ne défaillit l'industrie, parce qu'avec l'aide d'une mienne grande amie qui m'acheta les vêtements que je lui voulus commander et un cheval pour me porter, je sortis de mon pays et ensemble de mabonne renommée, et ainsi m'en allai droit à la cour. Je demeurai vingt jours à arriver, au bout desquels je m'en allai en une maison la plus éloignée de toute conversation que je pusse trouver. Je n'osais m'enquérir de lui à mon hôte, de crainte que l'occasion de ma venue ne fût découverte. En cette confusion, je passai tout ce jour jusqu'à la nuit, chacune heure de laquelle me semblait un an. Et étant un peu plus de minuit, l'hôte m'appela à la porte de ma chambre, me dit que si je voulais avoir le plaisir d'une musique qui se faisait en la rue, je me levasse incontinent, et me misse à la fenêtre : ce que je fis aussitôt. Et me tenant coité, ayant mis la tête dehors, j'ouïs un page de dom Félix, qui avait nom Fabio, disant à des autres qui allaient avec lui : *Or, messieurs, il est temps, maintenant que la dame est en la galerie sur le jardin, prenant la fraîcheur de la nuit.* Et n'eût pas plutôt dit cela, qu'ils commencèrent à sonner trois cornets et une saquebute¹ avec si grande harmonie qu'il semblait que ce fût une musique céleste... Après qu'ils eurent chanté, j'ouïs toucher une lyre et une harpe, avec la voix du mien dom Félix.

Nul ne pourrait imaginer le grand contentement que je reçus de l'ouïr, car il me sembla l'ouïr en cet heureux temps de nos amours. Mais aussitôt que cette imagination vint à se changer en vérité, voyant que la musique se faisait à une autre et non à moi, Dieu sait si je n'eusse pas aimé mieux endurer la mort, et avec une angoisse qui me rongeait l'âme, je demandai à mon hôte s'il savait point à qui se faisait cette musique. Il me répondit qu'il ne pouvait penser à qui c'était, parce qu'en ce quartier demeuraient plusieurs dames et bien excellentes. Et voyant qu'il ne me rendait raison de ce que je

---

¹ *Saquebute*, espèce de trompette qu'on allonge ou raccourcit à volonté, ressemblant au trombone.

demandais, je m'en retournai ouïr dom Félix, lequel en cet instant commençait au son d'une harpe à chanter ce sonnet :

> Un temps fut que l'amour mes tristes ans perdait
> En espoirs vains, menteurs et par trop inutiles,
> Et la fortune encor par mes larmes débiles
> Des exemples au monde étranges démontrait.
>
> Mais le temps, découvrant ce qui m'éblouissait,
> En mes pas a laissé des marques si utiles
> Que plus on ne verra confiances futiles,
> Ni qui se plaigne en vain de ce qui l'abusait.
>
> Celle que j'ai aimée autant que je devais,
> Au fil de ses amours à connaître m'apprend
> Ce que jusqu'à présent n'avait connu mon âme,
>
> Et je crie hautement nuit et jour mille fois :
> Ne voyez-vous, amants, ce qui sage vous rend ?
> C'est amour, et fortune, et le temps et madame.

La musique prit fin dès l'aube du jour; je m'efforçai de voir le mien dom Félix, mais l'obscurité de la nuit m'en empêcha. En voyant qu'ils s'en étaient allés, je m'en retournai coucher, pleurant mon malheur. Et étant heure de me lever, je sortis de la maison et m'en allai droit au palais de la princesse, où il me sembla que je pourrais mieux voir ce que je désirais tant, proposant de là en avant me faire appeler Valério si on me demandait mon nom. Étant donc arrivée à la porte du grand palais, je vis venir dom Félix, fort bien accompagné de serviteurs tous richement vêtus d'une livrée de drap couleur céleste, à bandes de velours orangé. Le mien dom Félix portait des chausses de velours blanc ouvragées, et bouffantes de toile d'or turquine; le pourpoint était de satin blanc déchiqueté et couvert de cannetille d'or, et un collet de velours de même couleur et broderie, et un petit manteau de velours noir brodé d'or et doublé de satin violet égratigné, l'épée, la dague et la ceinture d'or, un bonnet fort bien troussé avec le cordon semé d'étoiles d'or, et au milieu de chacune un gros diamant : les plumes étaient d'azur, orangées et blanches, et tous ses vêtements se voyaient semés de gros boutons de perles : et portait en son col une très-riche chaîne d'or avec les chaînes faites d'une nouvelle façon. Il était monté sur un beau cheval rouge enharnaché d'un riche harnais de couleur bleue et garni de belles broderies d'or et d'argent.

Et comme dom Félix arrivant au château se fut mis à pied et monta par un escalier qui allait à la chambre de la princesse, je m'approchai du lieu où étaient ses serviteurs, et voyant entre eux Fabio, lequel auparavant j'avais vu, je le tirai à part, lui disant :

— Monsieur, qui est ce chevalier qui vient de descendre ici de cheval ? Car il m'est avis qu'il ressemble merveilleusement à un autre que j'ai vu bien loin d'ici.

Fabio me répondit : — Etes-vous si nouveau dans cette cour que ne connaissez dom Félix, vu que ne sache chevalier en icelle si connu que lui ?

— Je ne doute point de cela, lui dis-je, mais hier fut le premier jour que j'arrivai en cette cour.

— Il n'y a donc de quoi vous reprendre, dit incontinent Fabio. Partant sachez que ce chevalier s'appelle dom Félix, du pays de Vandalie, et demeure en cette cour pour quelques siennes affaires et de son père. Vous devez entendre qu'il est ici serviteur d'une dame appelée Célia[1]. Et pour cela il porte la livrée d'azur qui est couleur du ciel, et le blanc et orangé qui sont les couleurs de la même dame.

Quand j'ouïs ceci vous pouvez penser quelle je devins ; toutefois dissimulant le mieux qu'il me fut possible, je lui répondis :

[1] Silvia.

— A la vérité, cette dame lui est fort redevable, puisque ne se contentant pas de porter ses couleurs, il veut encore porter son nom propre pour livrée. Mais est-elle belle ?

— Oui pour certain, dit Fabio, combien qu'en notre pays il en servait une autre qui était assez plus belle et de laquelle il était plus favorisé qu'il n'est de celle-ci. Mais cette malheureuse absence rompt tout ce que l'homme pense être de plus ferme.

Quand j'ouïs ceci, je fus contrainte de venir à composition avec mes larmes lesquelles si je n'eusse retenues, eussent engendré soupçon de quelque chose en Fabio, qui ne m'eût de rien servi. Lequel incontinent me demanda qui j'étais et mon nom, et de quel pays. A quoi je fis réponse que Vandalie était mon pays, mon nom Valerio, et que jusqu'à présent je ne demeurais avec personne.

— Ainsi donc, dit-il, à ce compte nous somme tous d'un pays, et encore pourrions-nous être d'une même maison; si vous voulez, parce que dom Félix, mon maître, m'a commandé de lui chercher un page. Et pourtant si vous avez envie de le servir, arrivez. Ni le boire, ni le manger, ni quatre réaux par jour ne vous manqueront point.

— A la vérité, lui répondis-je, je n'avais pas délibéré de me donner à personne, mais puisque la fortune m'a conduit dans un temps où je n'ai rien à faire autre chose, il me semble que le meilleur serait de demeurer avec votre maître, pour ce qu'il doit être à mon avis gentilhomme plus affable et ami de ses serviteurs qu'autre de cette cour.

Finalement Fabio en parla à son maître dom Félix, ainsi qu'il sortait et il commanda que je m'en allasse ce soir en son logis. Je m'y en allai ; et il me reçut pour son page, me faisant le meilleur traitement du monde. Un mois après dom Félix commença à me porter une si bonne affection qu'il me découvrit toutes ses amours, me disant qu'il avait été fort bien traité de sa dame au commencement, mais que depuis elle s'était lassée de le favoriser, et que la cause venait de ce que je ne sais qui lui avait parlé d'une maîtresse qu'il avait eue en son pays, et que les amours qu'il faisait avec elle n'étaient que pour passer son temps jusqu'à ce que les affaires, pour lesquelles il était à la cour, fussent achevées. — Et n'y a point de doute, me disait le même Félix, que je le commençai seulement à cette intention qu'elle dit; mais maintenant Dieu sait s'il y a chose en ce monde que j'aime davantage.

Vous pouvez penser, ô belles nymphes, ce que je sentis oyant ceci; mais avec toute la dissimulation qui m'était possible, je lui répondis : — Il vaudrait beaucoup mieux, monsieur, que la dame se plaignît de vous à juste cause et qu'il fût ainsi comme elle dit : car si cette autre que vous serviez auparavant n'avait mérité que vous la missiez en oubli, vous lui faites un très-grand tort.

Dom Félix me répondit : — L'amour que maintenant je porte à ma Célia, ne me permet de le penser ainsi; mais au contraire, il m'est avis que je me fis grand tort moi-même, mettant mes premières amours en autre endroit qu'en elle.

— De ces deux torts, lui répondis-je, je sais bien lequel est le pire... Il me semble que votre pensée ne se devrait diviser en cette seconde passion, puisqu'elle est tant obligée à la première.

Dom Félix me répondit en soupirant, et me donnant de la main sur l'épaule :

— O Valerio, que tu es plein de discrétion et quel bon conseil me donnes-tu, si je le pouvais prendre ! Allons-nous-en dîner. Car incontinent après je veux que tu portes une mienne lettre à madame Célia, et, la voyant, tu connaîtras si elle mérite que, pour penser à elle, on oublie tout autre pensement.

Après que nous eûmes dîné, dom Félix m'appela, et me faisant grand cas de l'obligation que je lui avais pour m'avoir fait part de son mal et mis le remède entre mes mains, me pria que je lui portasse une lettre qu'il avait écrite. Et prenant la lettre et m'informant de ce qu'il y avait à faire, m'en allai à la maison de Célia, rêvant au triste état auquel mes amours m'avaient réduite, puisqu'il fallait que moi-même me fisse la guerre, étant contrainte d'intercéder pour chose qui était si contraire à mon contentement. Et arrivant au logis de Célia, et trouvant un sien page à la porte, je lui demandai si je pourrais parler à sa maîtresse. Et le page m'ayant demandé qui j'étais, le dit à Célia, lui louant grandement ma beauté et disposition, et lui disant que dom Félix m'avait nouvellement pris en sa maison. Célia lui dit :

— Puisque dom Félix découvre ainsi tôt ses cogitations à un homme nouveau, il faut qu'il y ait quelque raison pour ce faire. Dis-lui qu'il entre et que nous sachions ce qu'il demande.

J'entrai incontinent au lieu où était la principale ennemie de mon bien, et avec la révérence due je lui baisai les mains et lui mis en icelles la lettre de dom Félix. Célia la prit et jeta les yeux sur moi, de façon que je sentis l'altération que ma vue lui avait causée, parce qu'elle demeura si hors de soi qu'elle ne me répondit pour lors un seul mot. Mais un peu après se retournant vers moi, me dit :

— Quelle aventure t'a amené en cette cour ? Qui a fait dom Félix si heureux que de t'avoir pour serviteur ?

— Madame, lui répondis-je, il ne peut être que l'aventure qui m'a amené en cette cour ne soit beaucoup meilleure que je n'eusse jamais pensé, puisqu'elle a été cause que je visse si grande perfection et beauté, comme est celle que je vois devant mes yeux. Et si auparavant j'avais compassion des soupirs de dom Félix, mon maître, maintenant que j'ai vu la cause de son mal, la pitié que j'avais de lui s'est du tout convertie en envie. Mais s'il est ainsi, madame, que mon arrivée vous soit agréable, je vous supplie que votre réponse le soit semblablement.

— Il n'y a chose, me répondit Célia, que je ne veuille faire pour toi, encore que j'étais bien déterminée de n'aimer jamais un qui a laissé une autre pour moi. Car c'est une grande discrétion à une personne de pouvoir faire profit des accidents d'autrui pour s'en prévaloir aux siens.

Et sur ce je lui répondis : — Ne croyez pas, madame, qu'il y puisse avoir chose en ce monde pour laquelle dom Félix, mon maître, vous oublie jamais. Et s'il a oublié une autre dame à votre occasion, ne vous en émerveillez, car votre beauté est telle, et celle de l'autre si petite, qu'il n'y a de quoi estimer que, pour l'avoir oubliée pour vous, il vous puisse oublier pour une autre.

— Comment! dit Célia, as-tu connu Félismène, celle à qui ton maître était serviteur en son pays?

— Oui, madame, répondis-je, je l'ai connue, combien que non tant qu'il eût été nécessaire pour empêcher si grande infortune. Elle était voisine de la maison de mon père. Mais considéré votre grande beauté accompagnée de tant de bonne grâce et discrétion, il n'y a raison d'accuser dom Félix pour avoir mis en oubli ses premières amours.

A cela me répondit Célia joyeusement : — Tu as bientôt appris de ton maître à savoir te moquer.

— A vous savoir bien dire, lui répondis-je, voudrais-je pouvoir apprendre : car où il y a si grande raison de dire ce qui se dit, il n'y peut intervenir moquerie.

Célia commença à me prier que je lui disse à bon escient que c'était de Félismène.

A quoi je répondis : — Quant à sa beauté, il y en a aucuns qui l'estiment fort belle, mais jamais ne me sembla telle, parce qu'il y a longtemps qu'elle a faute de la principale partie qui est plus requise pour l'être.

— Quelle partie est-ce? demanda Célia.

— C'est, lui dis-je, le contentement, parce que où il n'est point, il n'est possible qu'il y ait beauté accomplie.

— Tu as la plus grande raison du monde, dit-elle, mais j'ai vu quelques dames auxquelles il sied si bien d'être tristes, et à d'autres d'être ennuyées, que c'est une chose étrange : de façon que l'ennui et la tristesse les font plus belles qu'elles ne sont.

Là-dessus je lui répondis : — En vérité bien est malheureuse la beauté qui a pour gouverneur l'ennui ou la tristesse. Quant à moi, je me connais bien peu en telles choses; mais quant à celles qui ont besoin d'industrie pour paraître belles, je ne les tiens pour telles, et n'y a raison de les mettre au rang de celles qui le sont.

— Tu as grande raison, dit Célia, et me semble bien à ta discrétion qu'il n'y aura chose en quoi tu ne l'aies.

— Il me coûte bien cher, lui répondis-je, de l'avoir en tant de choses. Mais je vous supplie, madame, faire réponse à la lettre que vous ai apportée, afin que dom Félix, mon maître, l'ait aussi de recevoir ce contentement par mes mains.

— J'en suis contente, me dit Célia. Mais avant je veux que tu me dises ce que c'est de Félismène en matière de discrétion : est-elle fort bien avisée?

Je lui répondis lors : — Jamais femme ne fut plus avisée, car il y a longtemps que plusieurs infortunes l'avisent, mais jamais elle ne s'avise ; que si elle s'avisait aussi bien comme elle est avisée, elle ne serait avisée à être si contraire à soi-même.

— Tu parles si discrètement en toutes choses, qu'il n'y en a point, dit Célia, que je fisse plus volontiers que de t'ouïr continuellement.

— Au contraire, madame, mes paroles ne sont pas viande pour un si subtil entendement comme le vôtre.

— Je sais bien qu'il n'y aura chose que tu n'entendes, répondit Célia ; mais afin que tu n'emploies aussi mal ton temps à me louer, comme ton maître à me servir, je veux lire la lettre et te dire ce que tu dois dire.

Et la dépliant, commença à la lire, et l'ayant achevée, me dit : — Dis à ton maître que celui qui sait si bien dire ce qu'il endure, ne le doit sentir si bien comme il le dit.

Et s'approchant de moi me dit en voix un petit plus basse : — Et ce, plus pour l'amour de toi, Valério, que pour ce que je doive à aucune affection que j'aie à dom Félix, afin que tu connaisses que c'est toi qui le favorise.

Et lui baisant les mains, pour la faveur qu'elle me faisait, m'en retournai vers dom Félix avec la réponse de laquelle il ne reçut peu de plaisir. Chose qui à moi était une autre mort ; et disais souventes fois en moi-même (quand par fortune je portais ou rapportais quelque message) : O infortunée que tu es, Félismène, qui, avec tes propres armes, te viens à tirer l'âme du corps, venant à accumuler des faveurs pour celui qui a fait si peu de cas des tiennes ! Et ainsi je passais ma vie en si grand tourment que, si la vue de dom Félix ne m'y eût remédié, je ne pouvais faillir de la perdre. Plus de deux mois durant, Célia me tint caché l'amour qu'elle me portait, encore que non pas tant que je ne vinsse à m'en apercevoir. Dont je ne reçus pas peu d'allégeance pour le mal qui me poursuivait avec si grande importunité, m'étant avis que ce serait cause suffisante à ce que dom Félix ne fût aimé, qu'il lui pourrait advenir comme à plusieurs qui a force de refus et de défaveur changèrent enfin d'affection. Mais il n'en prit ainsi à dom Félix, parce que, tant plus il entendait que sa dame le mettait en oubli, tant plus les angoisses et les travaux le tourmentaient en son âme.

Un jour, ainsi que j'étais suppliant Célia, avec toute l'instance qu'il m'était possible, qu'elle eût compassion d'une si triste vie que dom Félix passait à son occasion, elle avait les larmes aux yeux, accompagnées de profonds soupirs, me répondit :

— Ah ! infortunée que je suis, ô Valério, qui commence enfin à connaître combien je me trompe auprès de toi ! Je n'avais encore pu croire jusqu'à présent que les faveurs que tu me demandais avec si grande instance pour ton maître, fussent à autre fin que pour employer le temps, que tu perdais à me le demander, à jouir de ma vue. Mais maintenant je vois bien que tu les demandes à bon escient et, puisque tu as si grande envie que je le traite bien, que sans doute tu ne m'aimes aucunement. Oh ! combien tu me paies mal la bonne affection que je te porte, et ce que je délaisse à aimer pour toi ! Je prie à Dieu que le temps un jour me venge de toi, puisque l'amour n'a été assez puissant à ce faire : car je ne puis croire que la fortune me soit tant contraire qu'elle ne te châtie une fois de ne l'avoir voulu connaître. Et dis à ton maître dom Félix que, s'il a envie de me voir jamais vive, qu'il se garde de me voir. Et toi, traître ennemi de mon repos, ne te trouve plus devant le regard de ces miens yeux travaillés, puisque leurs larmes n'ont eu assez de force pour te donner à connaître de combien tu m'es redevable.

Et ce disant, s'en alla d'auprès de moi avec si grande abondance de larmes que les miennes ne furent suffisantes de la pouvoir retenir, parce qu'avec très-grande vitesse elle se retira en une chambrette, et serra la porte après soi de telle sorte que ni l'appeler ni la supplier, avec mes amoureuses paroles, qu'il lui plût m'ouvrir et prendre de moi telle satisfaction qu'il lui plairait, ni lui dire plusieurs autres choses, où je lui remontrais le peu de raison qu'elle avait eu de se fâcher, ne put servir de rien pour la persuader qu'elle me voulût ouvrir la porte. Mais seulement me dit de là-dedans, avec une étrange furie :

— Ingrat et discourtois Valério, ne me cherche plus et ne parle plus à moi, car il n'y a aucune satisfaction à si grande discourtoisie et désamour ; et ne veux autre remède au mal que tu m'as fait, que la seule mort, laquelle je me donnerai avec mes propres mains en satisfaction de celle que tu as bien méritée de moi.

Et moi, voyant ceci, je m'en vins au logis de dom Félix avec plus grande tristesse que je ne pus pour lors dissimuler. Et je lui dis que je n'avais pu parler à Célia, pour certaine visitation à quoi elle était empêchée. Mais le lendemain au matin nous sûmes et fut encore su de toute la cité que cette nuit lui avait pris un évanouissement, avec lequel elle avait rendu l'esprit, qui ne donna pas peu d'étonnement à toute la cour. Aussitôt que dom Félix fut averti de sa mort, il partit et s'évanouit la même nuit de la maison, sans qu'aucun de ses serviteurs ni autre sût qu'il était devenu. Vous pouvez penser là-dessus, gracieuses nymphes, ce que je devais endurer : que plût à Dieu que jà je fusse morte, et qu'une si grande malencontre ne me fût point survenue ! car la fortune devait être bien lasse de celles que jusqu'alors elle m'avait envoyées. Et voyant que toute la diligence que je mettais à savoir nouvelles de dom Félix, ne servait de rien, je déterminai de me mettre en cet habillement, que vous me voyez, avec lequel il y a plus de deux ans que je le vas cherchant par plusieurs contrées, mais la fortune m'a toujours empêchée de le trouver.

LES AVENTURES DE GIANETTO [1]

Nouvelle extraite du PECORONE de Ser Giovanni Fiorentino et traduite de l'italien en français par F.-V. Hugo.

Il y avait à Florence, dans la maison des Scali, un marchand qui avait nom Bindo, lequel avait été plusieurs fois aux bouches du Tanaïs et à Alexandrie, et avait fait les autres grands voyages entrepris généralement par les gens de commerce. Bindo était assez riche et avait trois grands fils. Venant à mourir, il appela l'aîné et le puîné, et fit son testament en leur présence, et les laissa tous deux seuls héritiers de ce qu'il avait au monde ; quant au cadet, il ne lui laissa rien. Le testament une fois fait, le fils cadet, qui avait nom Gianetto [2], en étant informé, l'alla trouver à son lit et lui dit :

— Mon père, je m'émerveille fort de ce que vous avez fait : ne pas vous être souvenu de moi dans votre testament !

— Mon Gianetto, répondit le père, il n'est pas de

---

[1] Cette nouvelle, écrite dans le courant du quatorzième siècle, fut imprimée pour la première fois à Milan, en 1558. Elle n'a été traduite en anglais qu'en 1755, et n'a été connue en France qu'en 1836, par la traduction pudiquement tronquée de M. de Guénifey. La version que voici est la seule complète qui ait encore été publiée dans notre langue.

[2] Bassanio, dans le *Marchand de Venise*.

créature au monde à qui je veuille plus de bien qu'à toi, et aussi je ne veux pas qu'après ma mort tu restes ici, mais je veux que, dès que je serai mort, tu ailles à Venise trouver ton parrain, qui a nom messire Ansaldo, lequel, n'ayant pas de fils, m'a écrit souvent de t'envoyer près de lui. Et je puis te dire qu'il est le plus riche marchand qui soit parmi les chrétiens. Et aussi je veux que, dès que je serai mort, tu ailles à lui et lui remettes cette lettre ; et si tu sais te comporter, tu deviendras un riche homme.

— Mon père, dit le fils, je suis préparé à faire ce que vous me commanderez.

Sur quoi le père lui donna sa bénédiction, et mourut peu après ; et les fils témoignèrent la plus grande douleur, et rendirent au corps tous les honneurs qui convenaient. Et peu après, les deux aînés mandèrent Gianetto et lui dirent :

— Frère, il est bien vrai que notre père a fait son testament et nous a institués ses légataires, et n'a fait de toi aucune mention ; tu n'en es pas moins notre frère et tu peux, dès cette heure, prélever une part égale à la nôtre sur l'héritage entier.

— Mes frères, répliqua Gianetto, je vous rends grâces pour votre offre, mais quant à moi, mon intention est d'aller chercher fortune ailleurs ; j'y suis fermement décidé, jouissez donc en toute bénédiction de l'héritage qui vous est assigné.

Sur ce, ses frères, voyant sa détermination, lui donnèrent un cheval et de l'argent pour les dépenses du voyage. Gianetto prit congé d'eux et s'en alla à Venise, et arriva au comptoir de messire Ansaldo [1], et lui donna la lettre que son père lui avait donnée avant de mourir. Lors messire Ansaldo, lisant cette lettre, apprit que le

---

[1] Antonio.

porteur était le fils de son très-cher Bindo, et dès qu'il l'eut lue, il l'embrassa aussitôt, disant : « Qu'il soit bienvenu, le fils que j'ai tant désiré ! » Et aussitôt il demanda des nouvelles de Bindo : Gianetto lui répondit qu'il était mort. Sur quoi messire Ansaldo, fondant en larmes, l'embrassa, le baisa et dit : « Je suis désolé de la mort de Bindo, ayant gagné par son aide la plus grande partie de ce que j'ai ; mais si grande est l'allégresse où je suis de te voir, qu'elle mitige cette douleur. » Il le fit mener à son comptoir et ordonna à ses facteurs, à ses commis, à ses écuyers et à tous ses serviteurs d'obéir à Gianetto et de le servir avant lui-même.

Et d'abord il lui confia la clef de son argent comptant et lui dit : « Mon fils, dépense ce que tu voudras, habille-toi et équipe-toi à ta guise, tiens table ouverte et fais-toi connaître ; c'est à toi que je laisse ce soin, et tu me seras d'autant plus cher que tu seras plus estimé de tous.

C'est pourquoi Gianetto se mit à fréquenter les gentilshommes de Venise, à donner des fêtes et des dîners, à faire des largesses, à habiller richement ses gens et à acheter de bons coursiers, et à jouter et à fréquenter les tournois, comme un homme expert en ces exercices, magnanime et courtois en toutes choses, et il se montrait honorable en chaque occasion, et toujours il rendait hommage à messire Ansaldo plus que s'il avait été cent fois son père. Et il sut si habilement se comporter avec toutes sortes de gens, que quasi toute la population de Venise lui voulait du bien, le voyant si sage, si affable, si excessivement courtois ; les femmes et les hommes paraissaient raffoler de lui, et messire Ansaldo ne jurait plus que par lui, tant lui plaisaient sa conduite et ses manières. Il ne se donnait quasi pas une fête à Venise que ledit Gianetto n'y fût invité, tant il était bien vu de chaque personne.

Or, il advint que deux de ses compagnons les plus chers voulurent aller à Alexandrie avec deux navires chargés de leurs marchandises, comme ils étaient habitués à le faire chaque année ; ils s'adressèrent donc à Gianetto et lui dirent :

— Tu devrais te donner le plaisir de naviguer avec nous, pour voir le monde et surtout Damas, et le pays d'alentour.

— En bonne foi, répondit Gianetto, j'irais bien volontiers, si mon père, messire Ansaldo, m'en donnait l'autorisation.

— Nous ferons si bien, dirent ceux-ci, qu'il te la donnera et sera content.

Et aussitôt ils allèrent à messire Ansaldo et lui dirent :

— Nous venons vous prier de vouloir bien autoriser Gianetto à venir avec nous ce printemps à Alexandrie et de lui fournir quelque navire ou embarcation pour qu'il voie un peu le monde.

— J'en suis charmé, si cela lui plaît, dit messire Ansaldo.

— Messire, répondirent-ils, il en est charmé.

Messire Ansaldo fit donc aussitôt fréter pour lui un magnifique navire et ordonna qu'il fût chargé de marchandises, garni de banderoles et d'armes en aussi grande quantité qu'il était nécessaire. Aussitôt qu'il fut préparé, messire Ansaldo commanda au patron et à tous ceux qui étaient au service du navire de faire tout ce que Gianetto leur commanderait et d'avoir pour lui tous égards : « Car, dit-il, je ne l'envoie pas dans le but de spéculer, mais pour qu'il voie le monde à son aise. » Et quand Gianetto fut pour s'embarquer, Venise tout entière se pressa pour le voir, parce que, depuis longtemps, il n'était sorti de Venise un navire aussi beau et aussi bien équipé que celui-là. Et tout le monde était attristé de son départ. Il prit congé de messire Ansaldo et de tous ses camarades ; puis on mit à la mer, on hissa les voiles et on prit le chemin d'Alexandrie en invoquant Dieu et la bonne fortune.

Ces trois compagnons étant chacun sur un navire et naviguant ensemble depuis plusieurs jours, il advint qu'un matin, avant le jour, ledit Gianetto aperçut un golfe avec un port magnifique et demanda au patron comme se nommait ce port.

— Messire, répondit celui-ci, cet endroit appartient à une noble veuve qui a fait la ruine de bien des seigneurs.

— Comment? dit Gianetto.

— Messire, répondit l'autre, cette dame est belle et gracieuse, mais voici sa loi : Tout voyageur qui arrive doit coucher avec elle, et, s'il réussit à la posséder, il doit la prendre pour femme et devenir seigneur du port et de tout le pays. Mais s'il ne réussit pas à la posséder, il perd tout ce qu'il a.

Gianetto réfléchit un instant, et puis dit : « Emploie tous les moyens que tu pourras pour entrer dans ce port. »

— Messire, dit le patron, prenez garde à ce que vous dites, car beaucoup de seigneurs sont entrés là qui en sont partis ruinés.

— Ne t'embarrasse de rien, dit Gianetto, fais ce que je te dis.

Ainsi fut fait, le navire vira de bord et entra dans le port si rapidement que les compagnons des deux autres navires ne s'aperçurent de rien.

Dans la matinée, la nouvelle se répandit que ce beau navire était entré au port, si bien que tout le monde alla le voir, et immédiatement cela fut dit à la dame [1]. Elle manda Gianetto, qui, incontinent, se présenta à elle et la salua avec grande révérence. Elle le prit par la main et

---

[1] Portia.

lui demanda qui il était, d'où il venait et s'il savait l'usage du pays. Gianetto répondit que oui et qu'il n'était pas venu pour une autre cause. Elle lui dit : « Soyez donc cent fois le bienvenu ; » et toute la journée elle lui rendit de grands honneurs et fit inviter quantité de barons, de comtes et de chevaliers qui étaient ses vassaux, pour qu'ils tinssent compagnie à son hôte. Tous ces seigneurs furent charmés des manières de Gianetto, de ses façons aisées, affables et prévenantes; chacun était ravi de lui, et tout le jour il n'y eut que danses, chansons et fêtes pour l'amour de Gianetto, et chacun se fût tenu pour satisfait de l'avoir pour seigneur.

Or, le soir étant venu, la dame le prit par la main, le mena à sa chambre et lui dit : « — L'heure me semble venue d'aller au lit. — Madame, je suis à vous, répondit Gianetto. » Et aussitôt arrivèrent deux damoiselles, l'une avec du vin, l'autre avec des confitures. « Je sais que vous devez avoir soif, dit la dame, buvez donc. » Gianetto prit des confitures et but de ce vin, lequel était préparé pour faire dormir; mais lui, qui n'en savait rien et qui le trouvait agréable, en but une demi-tasse, se déshabilla et alla reposer. Et dès qu'il fut au lit, il s'endormit. La dame se coucha à son côté. Il ne se réveilla que le lendemain matin, passé la troisième heure. La dame se leva dès qu'il fit jour et fit commencer a décharger le navire, qu'on trouva plein de grandes richesses et de bonnes marchandises. Or, la troisième heure étant passée, les camériste s de la dame allèrent au lit de Gianetto, le firent lever et lui dirent de s'en aller à la grâce de Dieu, parce qu'il avait perdu son navire et tout ce qu'il avait : ce dont il fut tout penaud, voyant qu'il avait échoué. La dame lui fit donner un cheval et de l'argent pour ses dépenses de voyage. Il partit triste et accablé, et se dirigea vers Venise.

Quand il y fut arrivé, la honte l'empêcha de rentrer chez lui; et il s'en alla de nuit à la maison d'un sien compagnon, qui s'écria tout émerveillé : Gianetto ici! qu'est-ce à dire ? — Mon navire, répondit-il, a touché sur un écueil pendant la nuit et s'est brisé ; tout a été détruit; l'équipage a été jeté de côté et d'autre; je me suis accroché à un morceau de bois qui m'a jeté à la côte ; et ainsi je m'en suis revenu par terre, et me voici.

Gianetto resta plusieurs jours dans la maison de cet ami, lequel alla un matin visiter messire Ansaldo et le trouva fort mélancolique.

— J'ai si grand'peur, dit messire Ansaldo, que mon fils ne soit mort ou que la mer ne lui ait fait mal, que je ne saurais me trouver bien nulle part, tant est grand l'amour que je lui porte.

— Je puis vous donner de ses nouvelles, dit le jeune homme ; il a fait naufrage, tout est perdu, lui seul a échappé.

— Loué soit Dieu! dit messire Ansaldo, s'il a échappé, je suis satisfait; quant aux richesses qu'il a perdues, je ne m'en soucie pas. Où est-il ?

— Il est chez moi, répondit le jeune homme.

Et aussitôt messire Ansaldo se leva et voulut aller le voir. Et, dès qu'il le vit, il courut vite l'embrasser et dit: « Mon fils, il n'est nul besoin d'être confus devant moi, car c'est chose fort ordinaire que des navires se perdent à la mer ; ainsi, mon fils, ne te tourmente pas; puisque tu n'as point de mal, je suis content. » Et il le mena chez lui sans cesser de le consoler.

La nouvelle se répandit par toute la ville de Venise, et un chacun était affligé du malheur qu'avait eu Gianetto. Or, il advint que, peu de temps après, ses compagnons de voyage revinrent, tous enrichis, d'Alexandrie; dès leur arrivée, ils s'informèrent de Gianetto, et toute l'histoire leur fut dite : c'est pourquoi ils coururent vite l'embrasser et dirent :

— Comment t'es-tu séparé de nous et où donc es-tu allé? Nous n'avons pu avoir de tes nouvelles, bien que nous ayons rebroussé chemin toute la journée; nous n'avons pu t'apercevoir ni savoir où tu étais allé, et nous avons eu tant de douleur que, pendant toute la traversée, nous n'avons pu nous réjouir, croyant que tu étais mort.

Gianetto répondit : Il s'est élevé, dans un bras de mer, un vent contraire, qui a chassé le navire tout droit contre un écueil qui était près de terre, de telle sorte qu'à grand'peine je me suis échappé, et tout a été perdu.

Telle fut l'excuse que leur donna Gianetto pour ne pas découvrir sa faute. Et ils se livrèrent à la joie remerciant Dieu de l'avoir sauvé, et lui dirent : « Au printemps prochain, avec la grâce de Dieu, nous regagnerons ce que tu as perdu cette fois; en attendant, passons le temps gaiement et sans mélancolie. » Et dès lors, ils passèrent le temps joyeusement comme ils avaient coutume de le faire.

Mais pourtant Gianetto ne faisait que penser aux moyens de retourner auprès de cette dame, réfléchissant et se disant à lui-même : « A coup sûr, il faut que je l'aie pour femme ou j'en mourrai; » et rien ne pouvait le distraire. C'est pourquoi messire Ansaldo lui dit plusieurs fois : « Ne te fais pas de chagrin, car il nous reste assez de fortune pour pouvoir fort bien vivre. » Gianetto répondit : « Monseigneur, je ne serai content que quand j'aurai fait une seconde fois ce voyage. » Aussi, voyant sa volonté bien arrêtée, messire Ansaldo n'hésita plus, au moment venu, à lui fournir un second navire plus richement chargé que le premier, et à mettre dans ce chargement la majeure partie de ce qu'il avait au monde; ses compagnons, ayant fourni leurs navires de ce qui était nécessaire, mirent à la mer, firent voile et naviguèrent de conserve avec Gianetto. Après plusieurs jours de traversée, Gianetto concentra toute son attention à retrouver le port de sa dame, qui s'appelait le *Port de la dame Belmonte*. Une nuit, étant arrivé à la bouche de ce port, lequel était dans une rade, Gianetto le reconnut aussitôt, fit virer de bord et y pénétra si vite que ses compagnons, qui étaient sur les autres navires, ne s'en aperçurent pas plus que la première fois.

La dame de Belmonte, s'étant levée le matin et ayant regardé en bas dans le port, vit flotter le pavillon de ce navire, et l'ayant aussitôt reconnu, appela une sienne camériste et lui dit : Reconnais-tu ce pavillon?

— Madame, répondit la camériste, il semble que c'est le navire du jeune homme qui est venu, il y a un an, et qui nous a laissé une si riche cargaison.

— Certainement, tu dis vrai, dit la dame : et, bien sûr, il faut qu'il soit enamouré de moi, car je n'ai jamais vu personne venir ici plus d'une fois.

— Jamais, dit la camériste, je n'ai vu un homme plus courtois ni plus gracieux que lui.

La dame lui dépêcha nombre de pages et d'écuyers qui le visitèrent en grand gala. Il leur fit l'accueil le plus aimable, et se rendit avec eux au château de la dame. Dès qu'elle le vit, elle l'embrassa avec grande joie et allégresse, et il l'embrassa avec grande révérence. Tout le jour se passa en fêtes et en réjouissances. La châtelaine fit inviter nombre de barons et de dames qui vinrent à la cour faire fête à Gianetto. Presque tous les barons lui témoignaient de la sympathie et auraient voulu l'avoir pour seigneur à cause de son affabilité et de sa courtoisie ; et presque toutes les dames étaient enamourées de lui ; et voyant avec quelle mesure il conduisait la danse et quelle élégance avaient tous ses dehors, chacun s'imaginait qu'il était le fils de quelque grand seigneur. Et voyant que l'heure de dormir était venue, la dame de Belmonte prit Gianetto par la main et lui dit : « Allons nous reposer. » Ils allèrent dans la chambre, et dès qu'ils furent assis, voici venir deux damoiselles avec le vin et les confitures. Ils burent et mangèrent, puis s'en allèrent au lit, et à peine furent-ils au lit que Gianetto s'endormit, la dame étant déshabillée et couchée à côté de lui. Bref, il ne s'éveilla pas de toute la nuit. Et quand le matin fut venu, la dame se leva, et sur-le-champ ordonna de faire décharger le navire. Après la troisième heure, Gianetto se réveilla, chercha la dame et ne la trouva pas ; s'étant mis sur son séant, il vit qu'il était grand jour ; alors il se leva et commença à avoir grand'honte. On lui donna un cheval et de l'argent pour ses dépenses, en lui disant : « Va ton chemin ; » et, pris de vergogne, il partit sur-le-champ triste et mélancolique.

Il ne s'arrêta pas qu'il ne fût à Venise ; arrivé là, il se rendit de nuit à la maison du même ami qui, dès qu'il l'aperçut, s'écria avec la plus vive surprise : « Mon Dieu ! que signifie ceci ? »

— Je suis perdu, répondit Gianetto. Maudite soit la fortune qui m'a fait venir en ce pays !

— Certes, tu peux bien la maudire, lui dit l'ami, car tu as ruiné messire Ansaldo qui était le plus grand et le plus riche marchand de la chrétienté : et ta honte doit être plus grande que le mal dont tu es cause.

Gianetto se tint caché plusieurs jours chez son ami : ne sachant que faire ni que dire, il fut sur le point de s'en retourner à Florence sans dire un mot à messire Ansaldo ; enfin pourtant, il se décida à aller le trouver. Dès que messire Ansaldo le vit, il se leva, et, courant l'embrasser, lui dit : « Sois le bienvenu, mon fils ! » Et

Gianetto l'embrassa en pleurant. Après avoir entendu son récit, messire Ansaldo dit : « Qu'à cela ne tienne, Gianetto! Ne te donne point de mélancolie; puisque tu m'es rendu, je suis content. Il nous reste encore assez pour pouvoir vivre doucement. La mer fait la fortune des uns et la ruine des autres. » La nouvelle de ces événements se répandit par toute la ville de Venise, et chacun plaignait fort messire Ansaldo du malheur qu'il avait eu. Il fallut que messire Ansaldo vendît la plus grande partie de ce qu'il possédait pour payer les créanciers qui lui avaient fourni les marchandises. Les compagnons d'Ansaldo revinrent tous riches d'Alexandrie ; on leur conta, dès leur arrivée à Venise, comment Gianetto était revenu et avait tout perdu. Ce dont ils s'émerveillèrent, disant que c'était la chose la plus étonnante qu'ils eussent jamais vue. Ils allèrent trouver messire Ansaldo et Gianetto, et, leur ayant fait fête, dirent : « Messire Ansaldo, ne vous tourmentez pas; nous avons l'intention de faire l'année prochaine un nouveau voyage à votre bénéfice ; car c'est nous qui avons causé votre ruine en induisant Gianetto à nous accompagner dans notre première expédition : ainsi ne craignez rien, et tant que nous aurons du bien, usez-en comme du vôtre. » Messire Ansaldo leur rendit grâce, en disant qu'ils avaient encore de quoi subsister. Cependant, soir et matin, Gianetto restait absorbé dans ses réflexions et ne pouvait se réjouir. Messire Ansaldo lui demanda ce qu'il avait.

— Je ne serai content, répondit-il, que quand j'aurai rattrapé ce que j'ai perdu.

— Mon fils, dit messire Ansaldo, je ne veux plus que tu me quittes : vivons ici paisiblement avec le peu que nous avons; cela vaut mieux pour toi que d'entreprendre un nouveau voyage.

— Je suis résolu, répliqua Gianetto, à faire tout mon

possible pour sortir d'une situation où je ne puis rester sans la plus grande honte.

C'est pourquoi, voyant sa volonté fermement arrêtée, messire Ansaldo se disposa à vendre tout ce qu'il avait au monde pour fournir à Gianetto un nouveau navire ; il vendit donc ce qu'il lui restait sans rien garder et remplit le navire de la plus belle cargaison. Comme il lui manquait dix mille ducats, il alla trouver un juif[1] à Mestre et les lui emprunta, sous cette condition que, s'il ne les avait pas rendus à la Saint-Jean du mois de juin prochain, ce juif pourrait lui enlever une livre de chair de quelque endroit du corps qui lui conviendrait. Messire Ansaldo y consentit. Le juif fit dresser un acte authentique, par-devant témoins, dans la forme et avec la solennité nécessaires, et compta les dix mille ducats.

Avec cet argent, messire Ansaldo se procura tout ce qui manquait encore au navire. Si les deux premiers chargements avaient été beaux, celui-ci était encore plus riche et plus abondant. De leur côté, les compagnons de Gianetto frétèrent leurs deux navires avec cette intention que tout ce qu'ils gagneraient serait pour leur ami. Quand le moment du départ fut venu, messire Ansaldo dit à Gianetto : « Mon fils, tu pars et tu vois par quelle obligation je suis lié. Je ne te demande qu'une grâce : s'il t'arrive malheur, veuille revenir vite auprès de moi, afin que je puisse te voir avant de mourir, et je serai content. » Gianetto lui répondit : « Messire Ansaldo, je ferai tout ce que je croirai vous être agréable. » Messire Ansaldo lui donna sa bénédiction. Les voyageurs prirent congé et se mirent en route. Pendant la traversée, les deux compagnons de Gianetto ne cessaient d'observer son navire et Gianetto n'avait d'autre préoccupation que

---

[1] Shylock.

d'aborder au port de Belmonte. Il s'entendit avec un de ses pilotes, si bien qu'une nuit le navire fut amené dans le port de cette dame. Au lever du jour, ses compagnons, regardant autour d'eux et ne voyant nulle part le navire de Gianetto, se dirent : « Certainement il y a un mauvais sort jeté sur celui-ci; » et ils prirent le parti de poursuivre leur route, tout émerveillés de ce qui s'était passé.

Le navire étant arrivé au port, tous accoururent du château, apprenant que Gianetto était revenu et s'en étonnant fort. « Ce doit être, disaient-ils, le fils de quelque grand personnage, puisqu'il peut venir ainsi tous les ans avec tant de marchandises et de si beaux navires : plût à Dieu qu'il fût notre seigneur ! » Il reçut la visite de tous les grands, barons et chevaliers de ce pays. On alla dire à la dame que Gianetto était de retour. Aussitôt elle se mit à la fenêtre du palais, et vit ce magnifique navire, et reconnut le pavillon, et faisant le signe de la croix, elle s'écria : « Voilà certainement un fait extraordinaire : c'est le même homme qui a déjà laissé tant de richesses dans le pays; » et elle l'envoya chercher. Gianetto alla à elle. Ils s'embrassèrent avec effusion, se saluèrent et se firent de grandes révérences. Toute la journée se passa dans les fêtes et dans l'allégresse. Il y eut en l'honneur de Gianetto un beau tournoi où joutèrent toute la journée nombre de barons et de chevaliers. Gianetto voulut y prendre part et fit merveilles de sa personne, tant il se tenait bien sous les armes et à cheval; et sa bonne mine plaisait tellement à tous les barons que chacun le désirait pour seigneur. Or, il advint qu'au soir, le moment étant venu d'aller se reposer, la dame prit Gianetto par la main et lui dit : « Allons nous reposer. » Quand il fut à l'entrée de la chambre, une chambrière de la dame qui portait un vif intérêt à Gianetto, se pencha à son oreille et lui dit bien doucement :

« Faites semblant de boire, mais ne buvez rien ce soir. »
Gianetto, ayant bien compris ces paroles, entra dans la
chambre. La dame lui dit : « Je sais que vous devez avoir
grand'soif, et aussi je veux que vous buviez avant que
d'aller au lit. » Et aussitôt deux donzelles, qui ressemblaient à deux anges, vinrent comme d'habitude avec le
vin et les confitures, et lui offrirent à boire : « Qui pourrait refuser, voyant deux damoiselles si belles ? » s'écria
Gianetto. La dame ne put s'empêcher de rire. Gianetto
prit la tasse et, feignant de boire, versa le tout dans son
sein. La dame, croyant qu'il avait bu, se disait en elle-même : « Tu nous amèneras un autre navire, car, pour
celui-ci, tu l'as perdu. » Gianetto, s'étant mis au lit, se
sentait tout gaillard et tout dispos, et trouvait que la
dame se faisait attendre mille ans. « Cette fois je l'ai attrapée, se disait-il : au lieu de l'ivrogne qu'elle attend,
elle trouvera le tavernier. » Et pour que la dame se dépêchât de venir au lit, il commença à faire semblant de
ronfler et de dormir. Sur quoi la dame dit : « C'est bien ; »
et, s'étant déshabillée, se mit au lit près de Gianetto. Dès
qu'elle fut entrée sous la couverture, celui-ci, sans
perdre de temps, se tourna vers elle et lui dit en l'embrassant : « Voilà donc ce que j'ai tant désiré. » Sur ce,
il lui donna la paix du saint mariage, et toute la nuit ils
restèrent dans les bras l'un de l'autre. De quoi la dame
fut plus que contente ; et, s'étant levée le matin avant le
jour, elle fit mander tous les barons et chevaliers et les
principaux citoyens, et leur dit : « Gianetto est votre
seigneur, préparez-vous donc à lui faire fête. » Aussitôt
par toute la contrée éclatèrent les acclamations : « Vive
le seigneur ! vive le seigneur ! » Les cloches et les instruments sonnèrent comme pour une fête ; des courriers
furent envoyés à une foule de barons et de comtes qui
étaient loin du château, pour leur dire : « Venez voir

votre seigneur ! » Et alors commença une grande et magnifique fête. Et quand Gianetto sortit de sa chambre, il fut fait chevalier et placé sur un trône. On lui mit en main le sceptre, et on le proclama seigneur avec grand triomphe et grande gloire. Et dès que tous les barons et toutes les dames furent arrivés à la cour, il épousa la souveraine au milieu de fêtes et de réjouissances qu'il serait impossible de dire et d'imaginer. Tous les barons et seigneurs du pays vinrent à la fête en grand gala. Ce n'étaient que joutes, pas d'armes, danses, chansons et musiques, divertissements de toutes sortes. Messire Gianetto, magnifique en tout, se mit à distribuer des étoffes de soie et autres riches choses qu'il avait apportées : exerçant virilement le pouvoir, il fit craindre son autorité et rendre justice à toute espèce de gens. Et ainsi il vivait en fête et en allégresse, sans s'inquiéter ni se souvenir de ce pauvre messire Ansaldo qui restait engagé envers le juif pour dix mille ducats.

Or, un jour que messire Gianetto était à la fenêtre du palais avec sa dame, il vit passer sur la place une procession d'hommes qui, un cierge allumé à la main, allaient faire une offrande. « Que veut dire ceci ? dit messire Gianetto. — C'est, répondit la dame, une procession d'artisans qui vont faire une offrande à l'église de Saint-Jean, parce que c'est aujourd'hui sa fête. » Messire Gianetto se souvint alors de messire Ansaldo : il se retira de la fenêtre, poussa un grand soupir, changea de visage, et se promena de long en large dans la salle, absorbé dans ses réflexions. La dame lui demanda ce qu'il avait. Messire Gianetto répondit : « Je n'ai rien. » Sur quoi la dame se mit à l'examiner, en disant : « Certainement vous avez quelque chose que vous ne voulez pas dire. » Et tant elle insista que messire Gianetto lui conta comment messire Ansaldo s'était engagé pour dix mille ducats et que le terme était échu. « J'ai la plus grande frayeur, ajouta-t-il, que mon père ne meure pour moi ; car s'il ne rembourse pas la somme aujourd'hui, il doit perdre une livre de sa chair. » La dame lui répondit : « Messire, montez sur-le-champ à cheval et prenez la route de terre ; vous arriverez par là plus vite que par mer ; emmenez telle escorte que vous voudrez, emportez cent mille ducats et ne vous arrêtez que quand vous serez à Venise ; et si votre ami n'est pas mort, faites en sorte de l'amener ici. » Aussitôt Gianetto fit sonner la trompette, monta à cheval avec vingt compagnons, prit ce qu'il lui fallait d'argent et se mit en route pour Venise.

Or il advint que, le terme fixé étant échu, le Juif fit appréhender messire Ansaldo et voulut lui enlever du corps une livre de chair. Messire Ansaldo le pria de vouloir bien retarder sa mort de quelques jours, afin que, si son Gianetto revenait, il pût au moins le voir. Le Juif répondit : « Je consens au délai que vous voulez, mais quand il arriverait cent fois, je suis décidé à vous enlever une livre de chair, conformément à nos conventions. »

Ansaldo répondit qu'il était résigné.

Venise entière parlait de cet événement ; un chacun en était affligé, et plusieurs marchands se réunirent afin de payer la somme. Le Juif ne voulut jamais l'accepter, décidé qu'il était à commettre cet homicide, pour pouvoir dire qu'il avait fait mourir le premier marchand de la chrétienté. Or, il advint qu'aussitôt après le prompt départ de messire Gianetto, sa dame le suivit, déguisée en juge et accompagnée de deux familiers. Arrivé à Venise, messire Gianetto alla droit chez le Juif, embrassa avec grande allégresse messire Ansaldo, et dit au Juif qu'il était prêt à lui donner l'argent et tout ce qu'il voudrait en sus. Le Juif répondit qu'il ne voulait pas d'argent, puisqu'on ne l'avait pas payé à temps, mais qu'il voulait la livre de chair. La question fut vivement débattue, et tout le monde donnait tort au Juif. Mais considérant que Venise était une terre de droit et que le Juif avait son droit établi en bonne forme, on n'osait lui faire opposition et on se bornait à le prier. Tous les marchands de Venise allèrent ainsi supplier le Juif, qui se montrait plus dur que jamais. Messire Gianeto voulut lui donner vingt mille ducats qui furent refusés; il en offrit trente mille, puis quarante mille, puis cinquante mille, et enfin cent mille ducats. « Inutile ! dit le Juif ; quand tu m'offrirais plus de ducats que n'en vaut cette cité, je ne les prendrais pas ; je veux exécuter nos conventions écrites. »

Pendant qu'avait lieu ce débat, voici venir à Venise la dame de Belmonte vêtue à la manière d'un juge. Elle descendit à une auberge, et aussitôt l'aubergiste demanda à un de ses domestiques : « Quel est ce gentilhomme ? » Le domestique, que la dame avait instruit de ce qu'il devait répondre à cette question, répliqua : « C'est un gentilhomme ès lois qui vient d'étudier à Bologne et qui retourne chez lui. » L'aubergiste, en entendant cela, lui rendit de grands honneurs. Étant à table, le juge dit à l'aubergiste : « Comment se régit votre cité ? »

— Messire, répondit l'hôte, la loi est ici trop sévère.

— Comment cela, dit le juge ?

— Comment ? repartit l'hôte. Je vais vous le dire. Il était venu de Florence un jeune homme ayant nom Gianetto, qui s'était établi chez un sien parent, ayant nom messire Ansaldo ; il s'était montré si gracieux et si affable que tous les hommes et toutes les dames du pays s'étaient enamourés de lui. Et jamais nouveau venu dans cette cité n'a été estimé autant que l'était celui-ci. Or, cet Ansaldo lui fournit, pour trois expéditions successives, trois navires magnifiquement chargés; mais les deux premières ne réussirent pas, et pour équiper la troisième, messire Ansaldo emprunta dix mille ducats d'un Juif à cette condition, que s'il ne les avait pas rendus à la Saint-Jean au mois de juin suivant, ledit Juif pourrait lui enlever une livre de chair de quelque endroit du corps qu'il voudrait. Aujourd'hui ce jeune homme, que Dieu bénisse! est de retour, et en remboursement de dix mille ducats, il a voulu en donner cent mille; mais ce fourbe de Juif ne veut pas; tous les bonshommes de ce pays ont eu beau le supplier, il ne veut céder en rien.

— Cette affaire est facile à résoudre, répliqua le juge.

— Si vous voulez prendre la peine de la terminer, en sorte que ce bonhomme ne meure pas, vous acquerrez la gratitude et l'amour du plus vertueux jeune homme qui fut oncques, et aussi de tous les hommes de ce pays.

Sur quoi le juge fit proclamer un ban par toute la contrée, portant que quiconque aurait une question légale à résoudre, vînt le trouver. Messire Gianetto apprit donc qu'il était venu un juge de Bologne qui résolvait toutes les questions. C'est pourquoi messire Gianetto dit au Juif : Allons à ce juge.

— Allons, répondit le Juif; mais advienne que pourra, je m'en tiendrai à ce que dit le billet.

Ils se rendirent en présence du juge et lui firent la révérence d'usage. Le juge reconnut messire Gianetto, mais Gianetto ne reconnut pas le juge qui s'était transfiguré le visage au moyen de certaines herbes. Messire Gianetto et le Juif dirent chacun leur affaire et expliquèrent clairement la question au juge, qui prit le billet, le lut et dit au Juif :

— J'entends que tu prennes ces cent mille ducats et que tu délivres ce brave homme qui te sera à jamais obligé.

— Je n'en ferai rien, répondit le Juif.

— C'est pourtant, dit le juge, ce que tu peux faire de mieux.

Mais le Juif ne voulut pas céder. Alors ils se rendirent d'accord au tribunal établi pour des cas pareils ; et notre juge prit la parole pour messire Ansaldo et dit : Faites avancer la partie adverse. Et, le Juif s'étant avancé :

— Allons, s'écria-t-il, coupe une livre de la chair de cet homme où tu voudras, et exerce ton droit.

Sur ce, le Juif le fit déshabiller tout nu et prit en main un rasoir qu'il avait fait faire tout exprès. Et messire Gianetto se tourna vers le juge, et lui dit :

— Messire, ce n'est pas de cela que je vous avais prié.

— Sois tranquille, répondit le juge, il n'a pas encore coupé la livre de chair.

Le Juif se mit en devoir d'opérer.

— Prends bien garde à ce que tu fais, dit le juge ; car si tu enlèves plus ou moins qu'une livre, je te ferai enlever la tête. Et je te dis en outre que, si tu verses une seule goutte de sang, je te ferai mourir. Car ton billet ne fait pas mention d'effusion de sang ; au contraire, il dit expressément que tu devras lui ôter une livre de chair, ni plus ni moins. Et si pourtant tu es sage, fais ce que tu croiras pour le mieux.

Et, sur-le-champ, il fit mander l'exécuteur, apporter le billot et la hache, et dit :

— Si je vois une goutte de sang, je te fais aussitôt trancher la tête.

Le Juif commença à avoir peur et messire Gianetto à se rassurer. Enfin, après de longs débats, le Juif dit :

— Messire juge, vous en savez plus long que moi : faites-moi compter les cent mille ducats et je suis content.

— Non, dit le juge, coupe-lui une livre de chair, comme l'indique ton billet ; je ne te donnerai pas un denier, tu as refusé l'argent quand je voulais te le faire compter.

Le Juif réduisit sa demande à nonante, puis à quatre-vingt mille ducats ; mais le juge se montra de plus en plus ferme dans son refus. Alors messire Gianetto dit au juge :

— Donnez-lui ce qu'il veut, pourvu qu'il nous rende Ansaldo.

— Je te dis de me laisser faire, lui répondit le juge.

— Donnez-moi au moins cinquante mille ducats, fit le juif.

— Non, repartit le juge, je ne te donnerai pas le plus chétif denier.

— Au moins, riposta le Juif, rendez-moi mes dix mille ducats, et maudits soient l'air et la terre !

— Est-ce que tu n'entends pas ? dit le juge. Je ne veux rien te donner ; si tu veux lui couper la chair, eh bien, coupe-la-lui; sinon, je ferai protester et annuler ton billet.

Tous ceux qui étaient présents étaient en grandissime allégresse, et chacun, narguant le Juif, disait : « Tel est attrapé qui croit attraper autrui. » Sur quoi, le Juif voyant qu'il ne pouvait faire ce qu'il avait voulu, prit son billet, et, de rage, le déchira. Ainsi fut délivré messire Ansaldo, et Gianetto le ramena chez lui en grande pompe ; et prestement, il prit les cent mille ducats, et il alla à la demeure du juge, et il le trouva dans sa chambre qui se préparait à partir. Alors messire Gianetto lui dit :

— Messire, vous m'avez rendu le plus grand service que j'aie jamais reçu ; en conséquence, je veux que vous emportiez chez vous ces ducats : vous les avez bien gagnés.

— Cher messire Gianetto, répondit le juge, je vous remercie beaucoup, mais je n'en ai pas besoin. Remportez cette somme avec vous, que votre femme ne dise pas que vous êtes un mauvais ménager.

— Ma foi, dit messire Gianetto, elle est si magnanime,

si affable et si bonne que, quand j'en dépenserais quatre fois autant, elle serait contente ; elle voulait même que j'emportasse avec moi une plus forte somme.

— Et quels sont, repartit le juge, vos sentiments à l'égard de votre femme?

— Il n'est pas de nature au monde, répliqua Gianetto, à qui je veuille plus de bien. Elle est si sage et si belle que la nature n'aurait pu la mieux douer. Et si vous voulez me faire la grâce de venir la voir, vous serez émerveillé des honneurs qu'elle vous rendra, et vous verrez si ce que je vous dis est exagéré.

— Je ne puis aller avec vous, répondit le juge, parce que j'ai autre chose à faire ; mais puisque vous la dites si bonne, quand vous la verrez, saluez-la de ma part.

— Je n'y manquerai pas, dit messire Gianetto, mais je veux que vous emportiez ces ducats.

Tandis qu'il disait ces paroles, le juge, lui voyant au doigt un anneau, lui dit :

— Je veux cet anneau et ne veux pas d'argent.

— J'y consens, répondit messire Gianetto, mais je vous le donne à regret, parce que c'est ma femme qui me l'a donné. Elle m'a dit de le porter toujours pour l'amour d'elle, et, si elle ne me le voit plus, elle croira que je l'ai donné à quelque femme ; et ainsi elle se fâchera contre moi et croira que je suis enamouré d'une autre, moi qui lui suis plus attaché qu'à moi-même.

— Il me paraît certain, dit le juge, qu'elle se fiera à votre parole, puisqu'elle vous veut tant de bien : vous lui direz que vous me l'avez donné. Mais peut-être voulez-vous le donner ici à quelque ancienne maîtresse.

— Telle est l'affection, telle est la foi que je lui porte, répondit messire Gianetto, que je ne la changerais pour aucune femme au monde, tant elle est accomplie en toute chose.

Sur ce, il tira l'anneau de son doigt et le donna au juge. Puis ils s'embrassèrent et se firent la révérence.

— Faites-moi une grâce, dit le juge.

— Demandez, riposta messire Ansaldo.

— Eh bien, dit le juge, ne restez pas ici, et allez bien vite retrouver votre femme.

— Il me semble, dit messire Gianetto, qu'il y a cent mille ans que je ne l'ai vue.

Alors ils se séparèrent. Le juge s'embarqua et partit à la grâce de Dieu. De son côté, messire Gianetto donna des dîners et des soupers, distribua des chevaux et de l'argent à ses amis ; et, après avoir festoyé et tenu table ouverte pendant plusieurs jours, il prit congé de tous les Vénitiens et emmena avec lui messire Ansaldo. Beaucoup de ses anciens camarades s'en allèrent avec lui ; et presque tous les hommes et toutes les femmes pleurèrent d'attendrissement à son départ, tant il avait été affable pour tout le monde durant son séjour à Venise. Enfin il partit et retourna à Belmonte.

Sa femme était arrivée déjà depuis plusieurs jours. Elle feignit d'avoir été prendre les bains ; et, ayant repris ses vêtements de femme, elle fit faire de grands préparatifs, couvrir toutes les rues de tapis, et équipa plusieurs compagnies d'hommes d'armes. Et quand messire Gianetto et Ansaldo arrivèrent, tous les barons et toute la cour allèrent à leur rencontre en criant : Vive le seigneur ! vive le seigneur ! Dès qu'ils eurent mis pied à terre, la dame de Belmonte courut embrasser messire Ansaldo et prit un air un peu fâché avec messire Gianetto, qu'elle aimait pourtant mieux qu'elle-même. Il y eut de grandes fêtes, animées par des joutes, des tournois, des danses et des chants, auxquelles prirent part barons, dames et damoiselles.

Messire Gianetto voyant que sa femme ne lui faisait

pas aussi bon visage qu'à l'ordinaire, se retira dans sa chambre, l'appela et lui dit : Qu'as-tu donc? et il voulut l'embrasser.

— Tu n'as besoin, dit la dame, de me faire toutes ces caresses, car je sais bien que tu as retrouvé tes anciennes maîtresses à Venise.

Messire Gianetto de s'excuser.

— Où est l'anneau que je t'ai donné? dit la dame.

— Ce que j'avais prévu m'arrive, répondit messire Gianetto ; j'avais bien dit que tu penserais mal de moi. Mais je te jure, par la foi que je garde à Dieu et à toi, que j'ai donné cet anneau au juge qui m'a fait gagner le procès.

— Eh bien, dit la dame, je te jure, par la foi que je garde à Dieu et à toi, que tu l'as donné à une femme, et je le sais bien, et ne jure pas le contraire, par pudeur!

— Je prie Dieu de m'enlever de ce monde, reprit messire Gianetto, si je ne dis pas vrai!... J'avais bien prévenu le juge de tout cela, quand il m'a demandé l'anneau.

— Tu aurais aussi bien fait, dit la dame, de m'envoyer messire Ansaldo, et de rester là-bas à te goberger avec tes maîtresses, car j'apprends qu'elles ont toutes pleuré quand tu es parti.

Messire Gianetto commença à verser des larmes, et, en proie aux plus vives tribulations, reprit : — Tu fais un article de foi de ce qui n'est pas vrai, de ce qui ne peut l'être.

La dame, voyant ces larmes, qui étaient pour son cœur autant de coups de couteau, courut aussitôt l'embrasser et partit d'un grand éclat de rire. Elle lui montra l'anneau, lui répéta ce qu'il avait dit au juge, lui conta comment ce juge, c'était elle-même, et de quelle manière elle avait obtenu la bague. Messire Gianetto témoigna la plus grande surprise du monde, et, reconnaissant que c'était vrai, reprit sa gaieté. Étant sorti de sa chambre, il raconta la chose aux barons et à ses amis, et l'amour ne fit que s'en accroître entre les deux époux. Ensuite messire Gianetto manda la chambrière qui, un soir, lui avait insinué de ne rien boire, et la donna pour femme à messire Ansaldo. Et tous passèrent en allégresse et en fêtes le reste de leur longue existence.

ROSALINDE.

TRÉSOR LÉGUÉ PAR EUPHUES ET TROUVÉ APRÈS SA MORT A SILEXEDRA.
RAPPORTÉ DES CANARIES PAR THOMAS LODGE, GENTILHOMME [1].
Traduit de l'anglais en français par F.-V. HUGO.

Près de la cité de Bordeaux vivait un chevalier de très-honorable maison, que la fortune avait gratifié de maintes faveurs, et la nature, honoré de nombre de qualités exquises. Il était si sage qu'il pénétrait aussi loin que Nestor dans les profondeurs du gouvernement civil, et, ce qui rendait sa sagesse plus gracieuse, il avait ce *salem ingenii* et cette agréable éloquence qui étaient tant admirés dans Ulysse. Sa valeur n'était pas moindre que son esprit, et

[1] Dans une dédicace adressée à Lord Hunsdon, lord chambellan de la reine Élisabeth, l'auteur dit avoir composé ce roman pendant un voyage qu'il fit aux Terceires et aux Canaries. A l'époque où il écrivait, l'Angleterre était encore dans toute la ferveur de son enthousiasme pour l'*Euphues* de Lilly, ce chef de l'école précieuse dont j'ai longuement parlé dans l'Introduction au sixième volume. Voilà pourquoi Thomas Lodge crut assurer le succès de sa légende en la présentant comme une sorte d'appendice à une œuvre universellement vantée. Il est certain que la *Rosalinde* obtint momentanément une vogue considérable, s'il faut en juger par le chiffre des réimpressions qui en furent publiées pendant plus de cinquante ans ; mais il est certain aussi qu'elle serait aujourd'hui complétement oubliée, si Shakespeare ne l'avait immortalisée dans un chef-d'œuvre. Du reste, la nouvelle, éditée pour la première fois en 1592, sous le nom de Lodge, n'est pas une création originale du poëte qui l'a signée : elle n'est que le développement d'une vieille ballade, intitulée *le Conte de Gamelyn*, et attribuée à quelque obscur contemporain de Chaucer.

le coup de sa lance était aussi puissant qu'était persuasive la douceur de sa langue; car il avait été élu pour son courage le principal chevalier de Malte. Ce hardi chevalier, nommé sire Jehan de Bordeaux, ayant, dans le printemps de sa jeunesse, combattu maintes fois contre les Turcs, finit par vieillir : ses cheveux prirent une nuance argentine, et la carte de ses années fut dessinée sur son front par les lignes de ses rides. Sire Jehan, ayant trois fils de sa femme Lynida, l'orgueil de sa vie passée, et voyant que la mort allait le forcer à les quitter, songea à leur faire un legs qui leur prouvât sa tendresse et accrût leur affection future. Ayant fait appeler ces jeunes gentilshommes, en présence des chevaliers de Malte ses compagnons, il résolut de leur laisser un mémorial de sa sollicitude paternelle en leur rappelant les devoirs de l'amour fraternel. Donc, ayant la mort dans ses traits pour les attendrir et les larmes dans ses yeux pour peindre la profondeur de ses émotions, il prit son fils ainé par la main et commença ainsi :

— O mes fils, vous voyez que le destin a terminé la période de mon existence. Je me rends au tombeau qui délivre de tous soucis, et je vous laisse à ce monde qui multiplie les chagrins. Conséquemment, tout en vous laissant quelques biens éphémères pour combattre la pauvreté, je veux vous léguer d'infaillibles préceptes qui vous conduiront à la vertu. Donc, d'abord à toi, Saladin [1], l'aîné et par conséquent le principal pilier de ma maison, je donne quatorze champs labourables, avec tous ses manoirs et ma plus riche vaisselle. Ensuite, à Fernandin [2] je lègue douze champs labourables. Mais, à Rosader [3], le plus jeune, je donne mon cheval, mon ar-

---

[1] Olivier, dans *Comme il vous plaira*.
[2] Jacques des Bois.
[3] Orlando.

mure et ma lance, avec seize champs labourables; car si les sentiments intimes peuvent être révélés par les reflets extérieurs, Rosader vous surpassera tous en générosité et en honneur. Ainsi, mes fils, j'ai partagé entre vous la substance de mes richesses; et, si vous étiez aussi prodigues à les dépenser que j'ai été économe à les acquérir, vos amis s'affligeraient de vous voir plus extravagants que je n'ai été généreux, et vos ennemis souriraient de voir vos excès naître de ma chute. Que mon honneur soit donc le sablier de vos actes, et le renom de mes vertus l'étoile polaire qui dirige le cours de votre pèlerinage... Dans ma mort voyez et remarquez, mes fils, la folie de l'homme qui, fait de poussière, essaie, avec Briarée, d'escalader le ciel, et, près de mourir à toute minute, espère toujours un siècle de bonheur. Voyant donc la fragilité humaine, tâchez que votre existence soit vertueuse, afin que votre mort soit couverte d'une admirable gloire : ainsi vous sommerez la renommée d'être votre égide, et par vos nobles actions vous proscrirez l'oubli.

Cela dit, il retomba convulsivement sur son lit et rendit l'âme. Jehan de Bordeaux, étant mort ainsi, fut grandement pleuré par ses fils et regretté de ses amis, spécialement des chevaliers de Malte, qui, tous, assistèrent à ses funérailles, lesquelles eurent lieu en grande solennité.

Saladin s'habilla, comme ses frères, tout en noir, et drapa sa douleur dans ces sombres vêtements; mais, semblable à la hyène qui, quand elle se lamente, est d'autant plus perfide, Saladin cachait sous ces démonstrations de douleur un cœur plein de satisfaction. Après un mois de deuil, il se prit à considérer le testament de son père, comment celui-ci avait fait à son jeune frère un plus beau legs qu'à lui-même; que Rosader avait été le favori de son père, mais était maintenant sous sa surveillance ; que, comme ses deux puînés n'avaient pas encore atteint leur majorité, il pourrait bien, étant leur tuteur, sinon les frustrer de leur propriété, du moins dévaster si bien leurs patrimoines et leurs terres qu'ils en fussent considérablement amoindris. « Ton frère est jeune, se dit-il, tiens-le dès à présent en respect ; ne lui permets pas de te faire échec, car

Nimia familiaritas contemptum parit.

« Qu'il sache peu, il ne sera pas capable de faire beaucoup ; éteins ses esprits sous la bassesse de sa condition, et, bien qu'il soit gentilhomme par nature, façonne-le à nouveau et fais de lui un paysan par l'éducation. Ainsi tu l'élèveras comme un esclave, et tu régneras en souverain absolu sur toutes les possessions de ton frère. Quant à Fernandin, ton frère puîné, c'est un écolier et il ne s'occupe que d'Aristote ; qu'il lise Gallien, tandis que tu fais main-basse sur son or, et qu'il se morfonde sur ses bouquins, tandis que tu t'adjuges ses terres. L'esprit est une grande richesse : s'il a de la science, c'est assez ; qu'il renonce au reste ! »

Dans cette humeur, Saladin fit de son frère Rosader son valet de pied pendant deux ou trois ans, le maintenant dans une sujétion aussi servile que s'il avait été le fils de quelque vassal de campagne. Le jeune gentilhomme supporta tout avec patience, jusqu'à ce qu'un jour, se promenant seul dans le jardin, il réfléchit qu'il était le fils de Jehan de Bordeaux, chevalier renommé par ses nombreuses victoires, et gentilhomme fameux pour ses vertus, et que, contrairement au testament de son père, il était frustré de ses biens, traité comme un valet et relégué dans une si ténébreuse servitude qu'il ne pourrait jamais s'élever à d'honorables exploits. Comme il ruminait ainsi mélancoliquement, Saladin arriva avec ses gens, et voyant que son frère, absorbé dans ses sombres réflexions, avait oublié la révérence d'usage, il voulut l'arracher à sa rêverie : « Manant, dit-il, votre cœur est-il en détresse, ou diriez-vous une patenôtre pour l'âme de votre père? Allons, mon dîner est-il prêt?

— Tu me demandes tes ragoûts, répliqua Saladin en détournant la tête et en fronçant le sourcil? Demande-les à quelqu'un de tes paysans, qui sont faits pour un pareil office. Je suis ton égal par la nature, sinon par la naissance ; et, quoique tu aies plus de cartes que moi dans la main, j'ai dans la mienne autant d'atouts. Une question ! Pourquoi as-tu abattu mes bois, dépouillé mes manoirs, et fait main-basse sur tout le mobilier que m'avait donné mon père? Je t'en préviens, Saladin, réponds-moi en frère ou je te traiterai en ennemi.

— Çà, drôle, repartit Saladin en souriant de la présomption de Rosader, je vois que l'abrisseau, qui doit devenir ronce, a de bonne heure des épines ; est-ce mon regard bienveillant qui vous a appris à être si arrogant? Je puis promptement remédier à ce mal, et je ploierai l'arbrisseau tandis qu'il n'est encore qu'une baguette. Vous, mes amis, empoignez-le et liez-le, et alors je lui appliquerai un atout qui refroidira sa colère.

A cette menace, Rosader devint à moitié fou. Il s'empara d'un long rateau qui se trouvait dans le jardin, et en asséna des coups si rudes sur les gens de son frère, qu'il blessa quelques-uns d'entre eux et mit le reste en fuite. Saladin, voyant son frère si déterminé et si vaillant dans sa détermination, confia son salut à ses talons et se réfugia dans un grenier qui adjoignait le jardin où Rosader le poursuivait vigoureusement. Saladin, craignant la fureur de son frère, lui cria : — Rosader, ne t'emporte pas ainsi ; je suis ton frère, ton aîné, et, si j'ai eu des torts envers toi, je suis prêt à les réparer. Ne venge pas ta colère dans le sang, car tu souillerais la vertu du vieux sire Jehan de Bordeaux : dis ce qui te mécontente et tu obtiendras satisfaction.

Ces paroles apaisèrent la colère de Rosader (car il était d'une douce et affable nature), si bien qu'il mit bas son arme, et, sur sa foi de gentilhomme, assura à son frère qu'il ne lui porterait aucun préjudice. Sur quoi, Saladin descendit, et, après de courts pourparlers, ils s'embrassèrent et se réconcilièrent, Saladin ayant promis à Rosader la restitution de toutes ses terres et toutes les faveurs que ses ressources permettaient à l'amour fraternel de lui accorder.

Sur ces entrefaites, il arriva que Thorismond, roi de France [1], avait désigné un jour de joutes et de tournois, afin d'occuper les principaux de son peuple et d'empêcher qu'étant oisifs, ils n'appliquassent leur pensée à des choses plus sérieuses et ne se souvinssent de leur vieux roi banni. Un champion devait se mesurer contre tous venants : c'était un Normand [2], un homme de haute stature et de grande vigueur; si vaillant que, dans maints conflits, il avait, non-seulement renversé, mais souvent tué sous lui ses adversaires. Saladin, prenant l'occasion aux cheveux, s'entendit secrètement avec ce Normand, et, par l'appât de riches récompenses, lui fit jurer que, si Rosader lui tombait sous la griffe, il ne reviendrait jamais chercher querelle à Saladin pour ses possessions. Le Normand, désireux de lucre, accepta les écus de Saladin en s'engageant à exécuter le stratagème. Le champion une fois lié par serment à sa criminelle détermina-

---

[1] Le duc usurpateur, dans *Comme il vous plaira*.
[2] Charles, le lutteur.

tion, Saladin alla trouver le jeune Rosader et se mit à lui parler de ce tournoi et de ces joutes, lui rappelant que le roi serait là, et les principaux pairs de France, et toutes les belles damoiselles de la contrée : « Ah ! frère, lui dit-il, pour l'honneur de sire Jehan de Bordeaux, pour illustrer cette maison qui a toujours eu des hommes accomplis dans la chevalerie, montre ta résolution d'être intrépide. Cadet par les années, tu es l'aîné par la valeur. Prends la lance de mon père, son épée et son cheval, cours au tournoi, et romps vaillamment une lance, ou dispute au Normand la palme de l'adresse. »

Les paroles de Saladin étaient autant de coups d'éperon à un cheval ardent ; car à peine les eut-il prononcées que Rosader le serra dans ses bras, prenant cette offre en si bonne part qu'il promit de faire tout au monde pour lui témoigner sa reconnaissance.

Le lendemain était le jour du tournoi, et Rosader était si désireux de montrer ses sentiments héroïques qu'il passa la nuit presque sans dormir; mais aussitôt que Phébus eut replié les rideaux de la nuit, il se leva, et, ayant pris congé de son frère, chevaucha vers le lieu désigné, chaque mille lui faisant l'effet de dix lieues jusqu'à ce qu'il fût arrivé.

Mais laissons-le à son impatience et venons au roi de France Thorismond. Celui-ci, ayant banni par la force Gérismond, le roi légitime[1], qui vivait dans la forêt des Ardennes comme un homme hors la loi, cherchait à occuper les Français par toutes les distractions qui pouvaient les amuser. Entre autres plaisirs, il avait imaginé ce tournoi solennel où il devait se rendre accompagné des douze pairs de France ; et voulant charmer les spectateurs par la vue des objets les plus rares et les plus

---

[1] Le vieux duc, dans *Comme il vous plaira*.

éclatants, il avait désigné, pour assister à la fête, sa propre fille Alinda [1], ainsi que la blonde Rosalinde, fille de Gérismond, et toutes les damoiselles fameuses en France pour la beauté de leurs traits. Tous vantaient les admirables richesses que la nature avait entassées sur le visage de Rosalinde. Les grâces semblaient livrer bataille sur ses joues et lutter à qui l'embellirait le plus par ses dons. La rougeur de la glorieuse Luna, alors qu'elle baisa le berger sur les hauteurs de Latmos, n'était pas d'une nuance aussi délicieuse que ce vermillon que faisaient ressortir les couleurs argentines du teint de Rosalinde. Ses yeux étaient comme ces lampes qui illuminent la nappe somptueuse des cieux ; ils rayonnaient la grâce et le dédain, aimables et pourtant timides, comme si Vénus y avait concentré toutes ses tendresses et Diane toute sa chasteté. Les boucles de sa chevelure, enroulées dans une résille d'or, surpassaient autant l'éclat scintillant du métal que le soleil la plus humble étoile. Les tresses qui entouraient le front d'Apollo n'étaient pas aussi splendides à la vue, car il semblait que dans les cheveux de Rosalinde, Amour se fût mis en embuscade pour surprendre le regard assez arrogant pour oser contempler leur excellence [2].

Rosalinde, assise près d'Alinda, assistait donc à ces jeux, et par sa présence excitait les cavaliers à rompre plus vaillamment leur lance. Quand le tournoi eut cessé, la lutte commença, et le Normand se présenta comme provocateur contre tout venant. Un riche franc-tenancier de la campagne arriva avec deux grands gar-

---

[1] Célia.
[2] Ce portrait, scrupuleusement traduit, offre au lecteur le parfait modèle de cette phraséologie euphuïste que Shakespeare a si admirablement ridiculisée dans *Peines d'amour perdues*. Comme je l'ai déjà dit, l'auteur de cette nouvelle était un disciple fervent du poëte Lilly.

çons qui étaient ses fils, de bonne mine et d'extérieur agréable. L'aîné, ayant plié le genoux devant le roi, entra en lice et s'offrit au Normand qui sur-le-champ l'accosta avec furie, le terrassa et le tua sous le poids de sa corpulente personne. Ce que voyant, le jeune frère, altéré de vengeance, bondit immédiatement sur la place et assaillit le Normand avec une telle valeur qu'au premier choc il le fit tomber à genoux. Mais le Normand, revenu bientôt à lui-même, et fort d'une énergie que doublait la crainte du déshonneur, se redressa contre le jeune homme, et, le saisissant dans ses bras, le rejeta contre terre si violemment qu'il lui rompit le cou et termina ses jours comme ceux de son frère. A ce massacre inattendu, le peuple murmura; mais le vieux père releva les corps de ses fils sans changer de visage ni donner aucun signe extérieur de mécontentement.

Rosader, qui avait assisté à cette tragédie, sauta à bas de son cheval, puis, s'asseyant sur la pelouse, commanda à son page de lui tirer ses bottes, et s'équipa pour la lutte. Une fois prêt, il frappa sur l'épaule du franc-tenancier en lui disant : « Attends un peu, brave homme, tu vas me voir tomber le troisième dans cette tragédie ou venger la chute de tes fils par un noble triomphe. » Le campagnard, voyant un si beau gentilhomme lui apporter une si courtoise consolation, le remercia cordialement et lui promit de prier pour son heureux succès. Sur ce, Rosader sauta allègrement dans la lice, et, jetant un regard sur la foule de dames qui brillaient là comme autant d'étoiles, il aperçut Rosalinde dont l'admirable beauté l'éblouit au point que, s'oubliant lui-même, il s'arrêta pour rassasier sa vue de ses traits. Celle-ci s'en aperçut et rougit, ce qui doubla l'éclat de ses charmes au point que la pudique rougeur d'Aurora, à l'aspect imprévu de Phaéto, était loin d'être aussi splendide.

Le Normand, voyant ce gentilhomme ainsi enchaîné dans la contemplation des dames, le rappela à lui-même en lui frappant sur l'épaule. Rosader se retourna d'un air irrité, comme s'il avait été réveillé de quelque agréable rêve, et prouva à tous, par la fureur de sa physionomie, qu'il était un homme d'une certaine hauteur de pensées ; mais tous remarquant sa jeunesse et la douceur de son visage, s'affligeaient de voir un si beau jeune homme s'aventurer dans une action si infime ; mais, sentant que ce serait pour son déshonneur qu'on le détournerait de cette entreprise, tous lui souhaitaient la palme de la victoire. Quand Rosader eut été rappelé à lui-même par le Normand, il l'accosta d'un si terrible choc que tous deux tombèrent à terre et furent forcés, par la violence de la chute, de reprendre haleine. Durant cet intervalle, le Normand se rappela qu'il avait affaire à celui dont Saladin lui avait demandé la mort ; et, dans cette pensée, il roidissait ses membres et tendait tous ses muscles afin de gagner l'or qui lui avait été si libéralement promis. De son côté, Rosader fixait ses yeux sur Rosalinde qui, pour l'encourager d'une faveur, lui lança un tendre regard, capable de rendre héroïque l'homme le plus lâche. Cette œillade enflamma l'ardeur passionnée de Rosader, si bien que, se retournant vers le Normand, il courut sur lui et l'aborda par un violent choc. Le Normand le reçut vaillamment ; et si acharné fut le combat qu'il était difficile de juger de quel côté la fortune se montrerait prodigue. Enfin Rosader se releva et terrassa le Normand, en tombant sur sa poitrine d'un poids si écrasant que le Normand céda à la nature son dû et à Rosader la victoire.

La mort de ce champion, tout en donnant au vieux campagnard la satisfaction d'être vengé, provoqua l'admiration du roi et de tous le pairs, étonnés que de si jeunes années et de si beaux dehors fussent alliés à un si vaillant courage. Mais quand on sut que c'était le plus jeune fils de sir Jehan de Bordeaux, le roi se leva de son trône et l'embrassa, et les pairs l'accablèrent de prévenances et de courtoisies. Tandis qu'il recevait ces félicitations, les dames le favorisaient de leurs regards, spécialement Rosalinde, que la beauté et la valeur de Rosader avaient déjà touchée : mais elle considérait l'amour comme un hochet, comme une passion momentanée qui s'allumait d'un regard et s'éteignait d'un clin d'œil, et aussi ne craignait-elle pas de jouer avec la flamme ; et, pour faire savoir à Rosader qu'elle l'avait en gré, elle détacha un bijou de son cou et l'envoya par un page au jeune gentilhomme. Le prix que Vénus donna à Pâris fut loin de plaire au Troyen autant que ce joyau à Rosader. Ne pouvant la remercier par un cadeau pareil et voulant lui révéler ses sentiments autrement que par des regards, il se retira dans une tente, prit une plume et du papier, et écrivit un beau sonnet qu'il lui envoya. Rosalinde rougit en le lisant, mais elle était charmée de savoir que l'Amour lui avait attaché un si tendre serviteur.

Rosader, accompagné d'une troupe de gentilshommes qui désiraient être ses familiers, s'en revint chez son frère Saladin. Celui-ci se promenait devant sa porte pour savoir plus vite le sort de son cadet, s'assurant de sa mort et se préparant à célébrer ses funérailles avec une feinte douleur. Tandis qu'il était dans ces réflexions, il leva les yeux et aperçut Rosader qui revenait avec une couronne sur la tête, accompagné d'une bande de joyeux compagnons : il rentra furieux et ferma la porte. Rosader, qui avait vu cela et ne s'attendait pas à une réception si désobligeante, dit pour excuse à ses compagnons que son frère, ayant été à la campagne, s'était absenté, ne se trouvant pas fait pour recevoir si brillante compagnie. Mais il eut beau atténuer les torts de son frère, il ne put, par aucun moyen, obtenir accès dans la maison : sur quoi, d'un coup de pied, il enfonça la porte, et, l'épée nue, entra hardiment dans l'antichambre, où il ne trouva (car tous avaient fui) qu'un certain Adam Spencer, un Anglais qui avait été le vieux et fidèle serviteur de sire Jean de Bordeaux. Cet Adam, pour l'amour qu'il portait à son feu maître, avait pris parti pour Rosader et le reçut aussi bien qu'il put, lui et les siens. Avec son aide, Rosader mit le couvert et garnit les tables de tout ce qu'il put trouver dans la maison. Quand ils eurent festoyé, tous les convives prirent congé de Rosader. Aussitôt après leur départ, celui-ci, exaspéré de l'outrage qu'il avait reçu, tira son épée et jura de se venger du discourtois Saladin. Mais Adam Spencer parvint à réconcilier les deux frères encore une fois, et ils vécurent assez longtemps dans un amical accord qui réjouissait leurs serviteurs et charmait leurs voisins. Laissons-les à cette heureuse union et revenons à Rosalinde.

Quand Rosalinde, revenue de la fête, fut restée seule, l'amour présenta à sa pensée les perfections de Rosader, et, la surprenant sans défense, la frappa si profondément qu'elle se sentit atteinte d'une excessive passion. Tandis qu'elle se rappelait les charmes personnels de son bien-aimé, l'honneur de ses ancêtres et les vertus qui le rendaient si gracieux aux yeux de tous, arriva Thorismond accompagné de sa fille Alinda et d'un grand nombre de pairs de France. Ce Thorismond, craignant que la perfection de Rosalinde ne lui portât préjudice, avait résolu de la bannir. Le visage plein de colère, il lui signifia un arrêt qui la condamnait à quitter la cour dès la nuit suivante : « Car, lui dit-il, j'ai ouï parler de tes discours ambitieux et de tes projets de trahison. » Surprise de cette sentence, Rosalinde se couvrit du bouclier de son innocence, et s'enhardit à se justifier en termes respectueux; mais Thorismond ne voulut pas entendre raison, et aucun des pairs n'osa intercéder pour Rosalinde. Tandis que tous restaient muets et que Rosalinde restait interdite, Alinda, qui l'aimait plus qu'elle-même, se jeta à genoux et implora son père :

« Puissant Thorismond, si j'ai tort d'intercéder pour mon amie, que la loi de l'amitié soit l'excuse de ma hardiesse. Rosalinde et moi, nous avons été élevées ensemble dès notre enfance et nourries dans une familiarité si intime que l'habitude a fait de notre union un besoin de nature, et qu'ayant deux corps, nous n'avons qu'une âme. Ne vous étonnez donc pas si, voyant mon amie en détresse, je me trouve tourmentée de mille chagrins. Quant à la vertueuse innocence de ses pensées, elle est telle qu'elle peut défier le dévouement même et désarçonner le soupçon. Je vous laisse juger par vos propres yeux de son obéissance envers Votre Majesté. Depuis l'exil de son père, n'a-t-elle pas dévoré patiemment toutes ses douleurs ? En dépit de la nature, ne vous a-t-elle respectueusement honoré comme son père d'adoption, sans prononcer une parole de mécontentement, sans concevoir une pensée de vengeance ? Sa sagesse, sa retenue, sa chasteté et ses autres précieuses qualités, je n'ai pas besoin de les décrire. Il ne me reste plus qu'à conclure en un mot : elle est innocente. Si le sort a suscité quelque personne assez envieuse pour ternir Rosalinde d'un soupçon de trahison, qu'elle soit confrontée avec elle et qu'elle produise des témoins à l'appui de son accusation. La preuve faite, que Rosalinde meure, et Alinda elle-même se chargera de l'exécution. Si personne n'ose garantir cette délation de ses desseins, faites justice, monseigneur, 'est la gloire d'un roi, et rendez-lui votre ancienne faveur, car si vous la bannissez, moi-même, sa compagne d'adversité, j'irai chercher dans l'exil ma part de ses malheurs!

— Fille arrogante, répondit Thorismond en fronçant le sourcil comme si la tyrannie eût siégé triomphante sur son front, est-ce mon indulgence qui te rend assez téméraire pour oser en remontrer à ton père? Mes années n'ont-elles pas plus d'expérience que ta jeunesse? Folle fille, tu mesures tout à ton affection présente ; ta raison juge comme ton cœur aime ; mais si tu savais qu'en aimant Rosalinde, tu couves l'oiseau qui doit t'arracher les yeux, tu implorerais son éloignement aussi ardemment que tu recherches maintenant sa présence. Mais pourquoi te donner des raisons? Va t'asseoir, petite ménagère, et retourne à ton aiguille. Si le loisir vous rend si étourdie, ou la liberté si impertinente, je vous attellerai vite à une rude tâche... Et vous, donzelle, ayez fait vos paquets ce soir ; allez dans les Ardennes près de votre père, allez où votre fantaisie vous conduira, mais vous ne résiderez plus à la cour.

Cette rigoureuse réplique ne déconcerta pas Alinda : elle poursuivit son plaidoyer en faveur de Rosalinde, priant son père, si l'arrêt ne pouvait pas être révoqué, de la désigner pour la compagne de son exil ; s'il s'y refusait, ou elle s'évaderait secrètement pour rejoindre Rosalinde, ou elle finirait ses jours par quelque genre de mort désespéré! Quand Thorismond vit sa fille si résolue, son cœur fut tellement endurci à son égard qu'il prononça une sentence définitive et péremptoire qui les bannissait toutes deux. Ses barons eurent beau le supplier de garder sa propre fille, ils ne purent le faire revenir sur sa résolution ; toutes deux devaient quitter la cour sans délai ni compagnie. Et Thorismond se retira en grande mélancolie, laissant seules ces deux dames. Rosalinde désolée s'assit et pleura. Quant à Alinda, elle sourit, et, s'asseyant près de son amie, essaya de la consoler.

— Eh quoi ! Rosalinde, tu te laisses épouvanter par une boutade de la fortune contraire ! Tu avais coutume de dire aux malheureux qui se plaignaient que le meilleur baume pour la misère était la patience. Toi qui indiquais aux autres de si bons remèdes, que n'en fais-tu usage pour toi-même ? Si tu te plains de ce qu'étant fille de prince, l'adversité t'accable de si rudes exigences, songe que la royauté est une éclatante désignation à ses coups et que les couronnes ont leurs épines quand la joie est dans les chaumières. Patience donc, Rosalinde ! Par ton exil tu vas retrouver ton père : et l'amour d'un parent doit être plus précieux que toutes les dignités. Pourquoi donc ma Rosalinde s'afflige-t-elle de la colère de Thorismond qui, en lui causant un préjudice, lui apporte un bonheur plus grand ? D'ailleurs, folle enfant, est-ce le cas d'être mélancolique quand tu as avec toi Alinda qui a quitté son père pour te suivre et qui aime mieux supporter toutes les extrémités que renoncer à ta présence ? Allons, Rosalinde,

<blockquote>Solamen miseris socios habuisse doloris.</blockquote>

Courage, femme ! compagnes de lit dans la royauté, nous serons camarades dans la pauvreté. Je serai toujours ton Alinda, et tu seras toujours ma Rosalinde. Ainsi l'univers canonisera notre amitié et parlera de Rosalinde et d'Alinda, comme d'Oreste et Pylade. Et si jamais la fortune nous sourit encore, si jamais nous rentrons dans nos premiers honneurs, alors enlacées l'une à l'autre dans les délices de notre amitié, nous dirons gaiement, songeant à nos misères passées :

<blockquote>Olim hæc meminisse juvabit.</blockquote>

A ce discours, Rosalinde commença à se consoler; après avoir versé quelques larmes de tendresse dans le sein de son Alinda, elle la remercia cordialement, et alors elles se rassirent pour se concerter sur la manière dont elles voyageraient. La seule chose que regrettât Alinda était de ne pas avoir d'homme dans leur compagnie : elle disait que deux femmes ne pouvaient, sans se faire le plus grand tort, errer sans guide ou sans suite.

— Bah! dit Rosalinde, tu es femme, et tu n'a pas d'expédient sous la main pour obvier à une difficulté? Je suis, comme tu vois, d'une haute taille; le personnage et l'habit de page m'iraient parfaitement : toi, tu seras ma maîtresse, et je jouerai si bien l'homme que, sois-en sûre, il sera impossible de me reconnaître, en quelque compagnie que ce soit. Je vais m'acheter un costume; tu verras avec quelle élégance je porterai ma rapière au côté. Si quelque drôle fait l'impertinent, vous verrez comme votre page lui montrera la pointe de son arme.

Sur ce, Alinda sourit et la chose fut convenue. Immédiatement elles rassemblèrent leurs bijoux, qu'elles empaquetèrent dans un coffret, et Rosalinde, en toute hâte, se munit de vêtements. Alinda ayant pris le nom d'Aliéna et Rosalinde celui de Ganimède, elles cheminèrent le long des vignobles, et, par une foule de chemins de traverse, atteignirent enfin les confins de la forêt, dans laquelle elles marchèrent durant deux ou trois jours sans rencontrer une créature, menacées souvent par des bêtes sauvages, et accablées de mille souffrances. Enfin, Ganimède avisa un arbre sur lequel étaient gravés certains vers : — Courage, maîtresse! j'aperçois les traces des hommes, car sur ces arbres sont gravés des vers de bergers ou d'autres pâtres qui habitent aux environs.

— Sans doute, dit Aliéna après avoir lu les vers, cette poésie exprime la passion de quelque pastoureau qui, enamouré de quelque belle pastourelle, a essuyé quelque dur refus, et, en conséquence, se plaint de la cruauté de sa maîtresse.

— Quel troupeau de folles vous faites, vous autres femmes! s'écria Ganimède. Tantôt vos cœurs sont de diamant et tantôt de cire. Vous êtes charmées qu'on vous fasse la cour, et alors vous mettez votre gloire à faire les sainte-n'y-touche; et c'est quand vous êtes le plus désirées, que votre dedain est le plus glacial. Ce défaut est si commun à votre sexe que vous en voyez l'exemple dans la douleur de ce berger, qui trouve sa maîtresse aussi maussade qu'il est amoureux.

— Eh! répondit Aliéna, supposons, je vous prie, qu'on vous retirât vos habits! De quel métal êtes-vous donc formé, que vous êtes à ce point satyrique contre les femmes? Le vilain oiseau qui dégrade son propre nid [1]! Prends garde, Ganimède, que Rosader ne t'entende!

— C'est ainsi, dit Ganimède, que je soutiens mon rôle. Je parle maintenant comme page d'Aliéna, non comme fille de Gérismond. Qu'on me remette un jupon, et je soutiendrai contre tous que les femmes sont courtoises, constantes, vertueuses, tout au monde.

— A merveille! fit Aliéna.

Et sur ce, elles se remirent en route et marchèrent jusqu'au soir. Alors, arrivant à une charmante vallée entourée de montagnes que couvraient de beaux arbustes, elles découvrirent une prairie où paissaient deux troupeaux. Puis, regardant aux alentours, elles aperçurent un vieux berger et un jeune pâtre assis l'un près de

---

[1] De même, la Célia de Shakespeare dit à Rosalinde : « Vous mériteriez qu'on relevât votre pourpoint et votre haut-de-chausses, et qu'on montrât au monde *le tort que l'oiseau a fait à son propre nid.* »

l'autre dans un retrait fort agréablement situé. Aliéna s'avança suivie de Ganimède. A leur aspect, les bergers se levèrent et Aliéna les salua ainsi : « Bon jour à vous, bergers ! Bonne chance à vous, amants ! Je suis une dame en détresse. Égarés seuls dans une forêt inconnue, moi et mon page, nous sommes épuisés de fatigue, et nous voudrions trouver un lieu de repos. Si vous pouviez nous désigner un calme asile, quelque humble qu'il fût, je vous en serais reconnaissante.

— Belle dame, dit le vieux pâtre, recevez un accueil aussi cordial qu'a été courtois votre salut. Je suis le berger Coridon [1], et celui-ci, Montanus [2], est un soupirant aussi jaloux de plaire à sa belle que de paître ses brebis, plein d'amour, et par conséquent plein de folie. Je puis bien le conseiller, mais je ne puis le convaincre : car l'amour n'admet ni avis ni raison. Mais laissons-le à sa passion. Si vous êtes dans la détresse, je suis fâché de voir une aussi belle créature contrariée par l'adversité ; je puis prier pour vous, mais vous secourir, je ne le puis. Pourtant, si vous avez besoin de gîte, et que vous daigniez vous abriter dans une cabane de berger, mon logis, pour cette nuit, sera votre asile.

Aliéna remercia vivement Coridon.

— Si je ne vous offense pas, belle damoiselle, reprit le pâtre, j'implorerai de vous une faveur : c'est de me faire connaître la cause de vos infortunes, et pourquoi, et dans quel but vous errez ainsi avec votre page en une forêt si dangereuse.

— Raconter mes aventures, répondit Aliéna, serait renouveler mes douleurs. Qu'il vous suffise de savoir ceci, gentil berger : ma détresse est aussi grande que mon voyage est périlleux. J'erre dans cette forêt pour y

---

[1] Corin, dans *Comme il vous plaira*.
[2] Silvius.

trouver quelque cabane où moi et mon page nous puissions vivre. J'ai l'intention d'acheter une ferme et un troupeau de moutons et de devenir bergère, résolue à vivre humblement et à me contenter de la vie champêtre; car les pâtres disent, à ce que j'ai appris, qu'ils boivent sans soupçon et dorment sans souci.

— Parbleu, madame, dit Coridon, si telle est votre intention, vous êtes arrivée au bon moment, car mon maître désire vendre la ferme que je laboure et le troupeau que je pais, et vous pouvez les avoir à bon marché pour argent comptant. Quant à la vie des bergers, ah! madame, pour peu que vous eussiez vécu dans leur condition, vous diriez que la cour est plutôt un lieu de douleur que de délices. Ici la fortune ne vous contrariera que par de petites infortunes comme la perte de quelques moutons, perte que l'année suivante peut réparer par une nouvelle génération. L'envie ne nous émeut pas. Le souci n'a pas d'asile dans nos cabanes et nos couches rustiques ne connaissent pas les insomnies: comme notre nourriture n'est jamais excessive, nous avons toujours assez, et voici tout mon latin, madame: *Satis est quod sufficit*.

— Ma foi, berger, dit Aliéna, tu me fais aimer votre vie champêtre; envoie donc chercher ton maître: j'achèterai la ferme et ses troupeaux, et tu continueras sous ma dépendance d'en prendre soin. Seulement, pour le plaisir, nous t'aiderons, nous mènerons les troupeaux aux champs et nous les parquerons. Ainsi veux-je vivre tranquille, ignorée et satisfaite.

Coridon, enchanté de n'être pas mis hors de sa ferme, retira son chapeau de berger et fit à Aliéna le plus profond salut.

Pendant tout ce temps Montanus était resté assis dans une profonde rêverie, songeant à la cruauté de sa Phébé qu'il avait longtemps fleurée, mais qu'il désespérait de gagner. Ganimède, qui avait toujours dans sa pensée le souvenir de Rosader, demanda à Coridon pourquoi ce jeune berger paraissait si triste.

— Ah! monsieur, dit Coridon, le gars est amoureux.

— Comment, dit Ganimède, est-ce que les bergers peuvent aimer?

— Oui, répondit Montanus, aimer et suraimer, autrement tu ne me verrais pas si pensif. L'amour est aussi précieux aux yeux d'un berger qu'au regard d'un roi, et nous autres campagnards, nous nous plaisons à l'affection autant que le plus fier courtisan.

— D'où vient donc, repartit Ganimède, que l'amour étant si doux, tu aies l'air si triste?

— C'est que, dit Montanus, celle que j'aime est cruelle et que, tout en ayant la courtoisie dans le regard, elle a le dédain au bout des lèvres.

— Qu'a-t-elle donc au fond du cœur, dit Aliéna?

— Des désirs, du moins je l'espère, madame, ou autrement mon espoir serait perdu : et la désespérance en amour, c'est la mort.

Tandis qu'ils devisaient ainsi, le soleil étant sur le point de se coucher et les brebis n'étant point encore parquées, Coridon pria Aliéna de rester assise avec son page jusqu'à ce que Montanus et lui eussent logé leurs moutons pour la nuit. Puis il partit avec son camarade et enferma les troupeaux dans leurs parcs. Ensuite revenant près d'Aliéna et de Ganimède, il les conduisit à sa pauvre cabane. Là Montanus les quitta; les voyageuses allèrent se reposer et dormirent aussi profondément que si elles avaient été à la cour de Thorismond. Le lendemain matin, dès qu'elles furent levées, Aliéna, résolue à fixer là sa résidence, conclut, par l'entremise de Coridon, un marché avec le propriétaire et devint ainsi maîtresse de la ferme et du troupeau. Elle se vêtit en bergère et Ganimède en jeune pâtre : chaque jour elle conduisait ses troupeaux avec un tel plaisir qu'elle bénissait son exil. Laissons-la s'illustrer parmi les bergers des Ardennes et revenons à Saladin.

Après avoir longtemps dissimulé ses projets de vengeance, Saladin appela un matin plusieurs de ses gens, entra avec eux dans la chambre de son frère, le surprit dormant encore, le chargea de fers et l'enchaîna à un poteau au milieu de sa grand'salle. Étonné de cet étrange traitement, Rosader en demanda la raison à son frère. Mais Saladin ne lui répondit que par un regard de dédain et partit, laissant le pauvre garçon dans une profonde perplexité. Rosader resta deux ou trois jours sans manger et, voyant que son frère ne voulait pas lui donner de nourriture, commença à désespérer de sa vie. Adam Spencer, le vieux serviteur de sire Jean de Bordeaux, sentit un remords de conscience à laisser son fils dans une pareille détresse ; et, bien que Saladin eût défendu à tous ses serviteurs, sous peine de mort, d'apporter à boire ou à manger à Rosader, il se leva une nuit secrètement, lui apporta tous les aliments qu'il put trouver et le mit en liberté. Quand Rosader se fut rassasié, sa première pensée fut de se venger immédiatement, mais Adam l'en dissuada : — Monsieur, dit-il, ayez patience, et reprenez vos fers pour cette nuit encore. Demain votre frère a invité ses parents et alliés à un déjeuner solennel, rien que pour vous voir; il leur dira que vous êtes fou et qu'il a fallu vous lier à un poteau. Aussitôt qu'ils arriveront, plaignez-vous à eux de cet outrage. S'ils vous font justice, c'est bon. Mais, s'ils n'écoutent pas vos plaintes, alors voici : j'aurai laissé vos fers détachés et mis au bout de la salle une paire de haches d'armes, une pour vous et une autre pour moi. Quand je vous ferai signe, secouez vos chaînes, tombons sur eux tous, chassons-les de la maison et gardons-en possession jusqu'à ce que le roi ait redressé vos griefs.

Rosader se laissa persuader par Adam. A l'heure dite, arrivèrent tous les invités. Le couvert était mis dans la salle où Rosader était attaché, et Saladin montrait son frère à ses hôtes, le donnant pour lunatique. En vain Rosader protesta contre un pareil outrage et implora leur pitié. Tous, sans se soucier de lui, se mirent à table avec Saladin. Enfin, quand les fumées de la grappe eurent monté pêle-mêle à leurs cerveaux, ils se mirent à narguer Rosader par des propos satyriques. Adam à bout de patience donna le signal, et Rosader, secouant ses chaînes, saisit une hache d'armes, tomba sur les convives avec fureur, en blessa un bon nombre, en tua plusieurs, chassa de la maison son frère et le reste, puis ferma les portes. Saladin courut se plaindre au shérif du comté. Celui-ci, ajoutant foi à son récit, prit avec lui vingt-cinq grands gaillards et partit avec la détermination de rétablir Saladin en possession de son domaine. Informé de cette nouvelle, Rosader monta sur les créneaux de la maison et aperçut la troupe qui approchait. Se croyant suffisant pour tenir tête à tous, il prépara des armes pour lui et pour Adam Spencer, afin de ménager une bonne réception au shériff et à Saladin. A peine la bande fut-elle arrivée à la porte qu'il fondit sur elle à l'improviste, l'attaqua, en blessa plusieurs et dispersa le reste ; puis, accompagné d'Adam, il prit le chemin de la forêt des Ardennes. Le shériff, furieux de son échec, mit toute la contrée aux trousses des fugitifs. Mais ceux-ci, connaissant parfaitement les chemins secrets qui conduisaient à travers les vignobles, s'évadèrent par la province de Bordeaux et arrivèrent sans encombre à la forêt des Ardennes. Par malheur, croyant prendre un chemin de traverse pour gagner Lyon, ils enfilèrent un sentier qui les mena au plus épais de la forêt : de telle sorte qu'ils errèrent cinq ou six jours sans manger, n'ayant pas rencontré une cabane où trouver du secours. La faim devenant extrême, Adam Spencer, qui était vieux, se sentit défaillir et, s'asseyant sur un talus, aperçut Rosader étendu à terre, accablé lui-même par la faiblesse et l'anxiété. A cette vue il versa des larmes et s'écria :—Ah! Rosader, si je pouvais t'assister, ma douleur serait moindre ; et bienheureuse serait ma mort, si elle pouvait être un soulagement pour toi. Mais à nous voir périr tous deux dans une même détresse, ma souffrance est double. Que puis-je donc faire ? M'épargner le spectacle de tes angoisses en terminant immédiatement ma vie! Ah! le désespoir est un péché damnable!

Comme il allait céder à l'excès de son émotion, il regarda Rosader; le voyant changer de couleur, il se leva et alla à lui, puis, lui prenant les tempes : — Du courage, maître, dit-il; si tout nous fait défaut, que le cœur du moins ne nous manque pas. La valeur d'un homme se montre dans sa fermeté à mourir.

— Ah! Adam! répondit Rosader en levant les yeux, je ne regrette pas de mourir, mais je suis affligé de la manière dont je meurs. Si j'avais pu rencontrer l'ennemi, la lance au poing, et périr sur le champ de bataille, c'eût été pour moi un honneur et une joie. Si j'avais pu combattre une bête féroce et être sa proie, je serais satisfait; mais mourir de faim, ô Adam! c'est de toutes les extrémités la plus extrême.

— Maître, reprit le serviteur, vous voyez que nous sommes tous deux dans la même situation, et je ne puis vivre longtemps sans manger. Eh bien, puisque nous ne pouvons trouver de nourriture, que la mort de l'un sauve la vie de l'autre. Je suis vieux et accablé par l'âge, vous êtes jeune et vous êtes l'espoir de bien des honneurs. A moi donc de mourir. Je vais me couper les veines, et de mon sang chaud, maître, ranimer vos esprits défaillants : sucez-le jusqu'à ce que je périsse, et vous serez rétabli.

Sur ce, Adam Spencer s'apprêtait à tirer son couteau, quand Rosader, plein de courage, quoique très-affaibli, se leva et pria Adam de rester là jusqu'à son retour : « Un pressentiment, s'écria-t-il, me dit que je te procurerai à manger. » Alors il se mit à fouiller en tous sens la forêt, cherchant à rapporter à Adam de la nourriture ou à donner sa vie pour gage de son dévouement.

Le hasard fit que, ce jour-là, Gérismond, le roi légitime de France, banni par Thorismond, qui vivait dans cette forêt avec une bande joyeuse de proscrits, célébrait l'anniversaire de sa naissance par un festin qu'il donnait à ses tenants; et tous faisaient bombance de vin et de venaison, assis à une longue table, à l'ombre des citronniers. Ce fut justement à cet endroit que la fortune conduisit Rosader. Voyant une si nombreuse société de braves gens qui avaient à profusion les aliments faute desquels lui et Adam allaient périr, il s'avança bravement au bout de la table, et, saluant la compagnie, s'écria :

— Qui que tu sois, maître de ces joyeux écuyers, je te salue aussi gracieusement que peut le faire un homme dans une extrême détresse : sache qu'un ami qui m'accompagne et moi-même, nous errons affamés dans cette forêt; nous n'avons plus qu'à périr, si nous ne sommes soulagés par ta charité. Donc, si tu es un gentilhomme, donne à manger à des hommes, à des êtres qui, sous tous les rapports, sont dignes de la vie. Que le plus fier écuyer, assis à cette table, se mesure avec moi à quelque noble exercice que ce soit, et si je ne lui donne pas, à lui et à toi, la preuve que je suis un homme, renvoie-moi d'ici sans secours. Si, avare de tes mets, tu te refuses à cela, je m'élancerai au milieu de vous, l'épée à la main, aimant mieux mourir vaillamment que périr dans une si lâche extrémité!

Gérismond, qui le regardait en face attentivement, voyant un gentilhomme si accompli dans une si amère exaltation, fut ému d'une pitié si grande qu'il se leva de table, lui prit la main et lui souhaita la bienvenue, le priant de s'asseoir à sa place, et non-seulement de manger à sa fantaisie, mais de faire, en son nom, les honneurs du festin.

— Grand merci, messire, fit Rosader, mais j'ai tout près d'ici un ami défaillant d'inanition; c'est un vieillard, et conséquemment il est moins capable que moi de supporter les angoisses de la faim. Il y aurait pour moi déshonneur à toucher une miette de pain, avant de l'avoir associé à mon bonheur : je cours donc le chercher, et alors j'accepterai votre offre avec gratitude.

Vite Rosader alla annoncer la nouvelle à Adam. Celui-ci fut ravi de ce fortuné hasard, mais il était trop faible pour pouvoir marcher ; sur quoi Rosader le prit sur son dos et l'amena au lieu de réunion. Dès que Gérismond et ses gens les aperçurent, ils applaudirent fort cette ligue de dévouement. Rosader, à qui était réservée la place de Gérismond, ne voulut pas s'y asseoir, mais y mit Adam Spencer. Aussitôt que le banquet fut terminé, Gérismond pria Rosader de raconter les circonstances de son voyage. Rosader lui narra de point en point toute son histoire. Quand il eut fini, Gérismond lui sauta au cou et lui dit qu'il était le roi légitime, exilé par Thorismond; quelle familiarité avait existé de tout temps entre son père, sire Jehan de Bordeaux, et lui; avec quelle loyauté avait vécu, avec quelle dignité était mort ce fidèle sujet! En souvenir de lui, Gérismond promit à Rosader et à son ami toutes les distinctions que sa condition présente lui permettait d'offrir ; et sur ce, il fit de Rosader un de ses veneurs. Rosader lui demanda pardon de sa hardiesse passée et le remercia humblement de cette courtoise faveur. Gérismond s'enquit alors s'il avait été récemment à la cour de Thorismond et s'il y avait vu sa fille Rosalinde. A cette question, Rosader poussa un profond soupir et versa des larmes sans répondre ; enfin, reprenant ses esprits, il révéla au roi comment Rosalinde avait été bannie, comment Alinda avait pour elle une si sympathique affection qu'elle avait mieux aimé la suivre dans l'exil que se séparer d'elle ; et maintenant toutes deux erraient, on ne sait où ! Cette nouvelle fit grand chagrin au roi, qui se retira immédiatement de la fête, et jeta la consternation parmi tous les convives. Rosader et Adam allèrent prendre du repos. Laissons-les donc et retournons à Thorismond.

La nouvelle de la fuite de Rosader parvint à Thorismond. Sachant que Saladin était le seul héritier de sire Jehan de Bordeaux, et désirant s'emparer de ses revenus, le tyran prit occasion, pour lui chercher querelle, des torts qu'il avait eus envers son frère. Il l'envoya chercher par un héraut et lui demanda, d'un ton menaçant, où était Rosader. Saladin répondit qu'après une émeute faite contre le shériff du comté, il s'était enfui de Bordeaux, on ne savait dans quelle direction.

— Scélérat, s'écria le roi, j'ai ouï parler de tes cruautés envers ton frère, et c'est par ta faute que j'ai perdu un de mes chevaliers les plus braves et les plus résolus. Je dois donc à la justice de te punir : en souvenir de ton père j'épargne ta vie, mais je te bannis pour jamais de la cour et du pays de France ! Sois parti dans dix jours ; sinon, sois-en sûr, ta tête tombera.

A ces mots, le roi se retira furieux et laissa en grande perplexité le pauvre Saladin qui, bien qu'affligé de son exil, se résigna à le supporter patiemment, en pénitence de ses fautes passées, et à voyager dans tous les parages jusqu'à ce qu'il eût trouvé son frère Rosader, à qui retourne mon récit.

Quoi que fît Rosader, quelque part qu'il allât, la vivante image de Rosalinde restait dans son souvenir ; il nourrissait sa pensée des douces perfections de sa bien-aimée et prouvait qu'il était, comme l'aigle, oiseau de noble race, en contemplant la beauté suprême aussi fixement que celui-ci regarde le soleil. Un jour entre autres, trouvant une occasion propice et un lieu favorable, désireux de révéler ses abois aux bois, il grava, avec son couteau, sur l'écorce d'un arbre à myrrhe cette jolie appréciation des perfections de sa maîtresse :

> De tous les oiseaux chastes le phénix est le plus rare,
> De toutes les bêtes fortes le lion est le premier,
> De toutes les fleurs suaves la rose a la plus suave odeur,
> De toutes les vierges belles ma Rosalinde est la plus belle.
>
> De tous les oiseaux fiers Jupin préfère l'aigle,
> Du joli monde ailé Vénus distingue la colombe,
> De tous les arbres Minerve aime le mieux l'olivier,
> De toutes les nymphes Rosalinde est ma favorite.
>
> De tous ses dons sa sagesse charme le plus,
> De toutes ses grâces la vertu est sa seule fierté.
> Pour tous ses charmes ma vie et ma joie sont perdues,
> Si Rosalinde est rigoureuse et cruelle.

Aliéna et Ganimède, forcés par l'ardeur du soleil à chercher un abri, arrivèrent, par un heureux hasard, à l'endroit même où l'amoureux veneur enregistrait sa passion mélancolique. Elles remarquèrent le soudain changement de sa physionomie, ses bras croisés, ses soupirs douloureux ; elles l'entendirent maintes fois appeler brusquement Rosalinde qui, pauvre âme ! était aussi ardemment embrasée que lui-même, mais qui couvrait ses souffrances sous les cendres d'une honorable réserve. Sur quoi, devinant qu'il était amoureux, elles interrompirent sa mélancolie par leur approche, et Ganimède l'arracha à sa rêverie en ces termes :

— Qu'y a-t-il, veneur ? As-tu perdu la trace de quelque cerf blessé ? Ne t'afflige pas, l'ami, d'une perte aussi futile : tu n'aurais eu pour ta part que la peau, l'épaule et les cornes ; c'est le sort du chasseur de bien viser et de manquer sa proie.

— Tu frappes à côté, Ganimède, dit Aliéna. Sa douleur est grande, et ses soupirs dénotent une perte plus sérieuse ; peut-être, en traversant ces halliers, a-t-il vu quelque belle nymphe, et est-il devenu amoureux.

— C'est possible, dit Ganimède, car il vient de graver ici quelque sonnet. Voyons donc ce que disent les vers du veneur.

Lisant le sonnet et remarquant le nom de Rosalinde, Aliéna regarda Ganimède et se prit à rire ; et Ganimède, détournant ses regards sur le chasseur et reconnaissant Rosalinde, se prit à rougir, mais, voulant cacher son secret sous son travestissement de page, elle s'adressa hardiment à lui :

— Dis-moi, je te prie, veneur, quelle est cette Rosalinde pour qui tu te consumes en une telle douleur ? Est-ce quelque nymphe, de la suite de Diane, dont tu as vanté la chasteté par de telles épithètes ? ou est-ce quelque bergère qui hante ces plaines et a, par sa beauté, ensorcelé ton âme, que tu chantes sous le nom supposé de Rosalinde, comme Ovide chanta Julie sous le nom de Corinne ? ou, dis-moi, morbleu, est-ce cette Rosalinde dont les bergers ont souvent ouï parler, tu sais bien, berger, la fille de Gérismond qui fut jadis roi, et est maintenant proscrit dans la forêt des Ardennes !

C'est elle, dit Rosader en poussant un profond soupir ; ô gentil pâtre, c'est elle ! c'est cette sainte que je sers, c'est devant la châsse de cette déesse que je prosterne toutes mes dévotions ; elle est la plus belle de toutes les belles, le phénix de tout son sexe et l'idéal de toute terrestre perfection.

— Pourquoi, gentil chasseur, puisqu'elle est si belle et que tu es si amoureux, pourquoi y a-t-il un tel trouble dans tes pensées ? Peut-être ressemble-t-elle à la rose embaumée, mais couverte d'épines? Peut-être ta Rosalinde est-elle aimable, mais cruelle, pleine de grâce, mais farouche, prude sans sagesse et dédaigneuse sans raison.

— Oh ! berger, si tu connaissais sa personne, parée de l'excellence de toutes les perfections, ce port où les grâces abritent les vertus, tu ne proférerais pas un tel blasphème contre la belle Rosalinde. Mais, malheureux que je suis, j'ai, comme Ixion, fixé mon amour sur Junon, et je n'embrasserai, je le crains, qu'un nuage. Ah! berger, j'ai aspiré à une étoile, mes désirs se sont élevés au-dessus de ma condition, et mes pensées au-dessus de mes destins. Paysan, j'ai osé contempler une princesse, dont le rang est trop élevé pour se mésallier à de si infimes amours.

— Allons, chasseur, fit Ganimède, reprends courage. L'amour plonge aussi bas qu'il plane haut. Cupido vise aux guenilles aussi bien qu'aux manteaux. Le regard d'une femme n'est pas attaché à l'aigrette des dignités. Rassure-toi : jamais faible cœur ne conquit belle dame. Mais où est Rosalinde, à présent ? à la cour ?

— Hélas! non, elle vit je ne sais où, et c'est là ma douleur ; bannie par Thorismond, et c'est là mon enfer. Car si je pouvais trouver sa personne sacrée et porter devant le tribunal de sa pitié la plainte de ma passion, je ne sais quel espoir me dit qu'elle m'honorerait de quelque faveur, et cela suffirait à compenser toutes mes misères passées.

— J'ai beaucoup ouï parler des charmes de ta maîtresse, et je sais, chasseur, que tu peux la décrire parfaitement, ayant étudié toutes ses grâces d'un œil si curieux. Fais-moi donc la faveur de me dépeindre ses perfections.

— Volontiers, dit Rosader.

Et sur ce, il tira un papier de son sein où il lut ceci :

    Semblable à la clarté de la plus haute sphère
    Où brille toute splendeur impériale,
    Est la couleur de sa chevelure,
    Dénouée ou tressée.
        Hé ! ho ! belle Rosalinde !

    Ses yeux sont des saphirs enchâssés dans la neige,
    Éblouissant le ciel pour peu qu'ils s'entr'ouvrent ;
    Les dieux ont peur dès qu'ils brillent,
    Et moi, je tremble, rien que d'y penser.
        Hé ! ho ! que n'est-elle à moi !

    Sa joue est comme la nuée rougissante
    Qui embellit la face d'Aurore,
    Ou comme le suaire d'argent empourpré
    Qui pare la face souriante de Phébus.
        Hé ! ho ! belle Rosalinde !

    Ses lèvres sont comme deux boutons de rose,
    Qu'avoisine une bordure de lis,
    Et dans lesquels elle recèle un parfum
    Capable de séduire une déité.
        Hé ! oh ! puisse-t-elle être à moi !

    Son cou est comme une tour majestueuse
    Où Amour lui-même s'est emprisonné
    Pour surprendre à toute heure un regard
    De ses yeux divins et sacrés.
        Hé ! ho ! belle Rosalinde !

    Ses seins sont des centres de délices,
    Ses seins sont des globes de forme céleste,
    Que la nature couvre d'une rosée de lumière,
    Pour en rassasier l'idéal.
        Hé ! ho ! puisse-t-elle être à moi !

> Ne vous étonnez pas, nymphes, si je déplore
> L'absence de la belle Rosalinde,
> Puisqu'aucune belle n'est aussi belle
> Ni aussi divine par ses vertus.
> Hé ! ho ! belle Rosalinde !
> Hé ! ho ! mon cœur ! Plût à Dieu qu'elle fût à moi
> *Periit, quia deperibat.*

— Ma foi, s'écria Ganimède, ou le chasseur est un peintre magique, ou Rosalinde dépasse toute merveille. Je rougis, quand j'entends dire que les femmes peuvent être si excellentes, de voir les pages si imparfaits.

— Ah ! observa Rosader, puisque tu ne peux être l'essence de la perfection, contente-toi d'en avoir un reflet; c'est une excellence suffisante de ressembler à l'excellence de la nature.

— Il vous a répondu, Ganimède, dit Aliéna. C'est assez pour les pages de servir les belles dames, sans être beaux eux-mêmes.

— Oh ! madame, répartit Ganimède, taisez-vous, car vous êtes partial. Qui ne sait que toutes les femmes désirent attacher la souveraineté à leurs jupes et garder la beauté pour être seules ? Bah ! si les pages s'habillaient comme elles, peut-être seraient-ils aussi agréables, ou du moins aussi avenants. Mais, dis-moi, chasseur, n'as-tu pas écrit d'autres poëmes en l'honneur de ta maîtresse ?

— Oui, gentil berger, mais je ne les ai pas sur moi; demain, au lever du jour, si vos troupeaux restent dans ces pâtis, je vous les apporterai ici.

Sur ce, souhaitant un cordial bonsoir à Ganimède et à Aliéna, il retourna à sa grotte. Les deux amies parquèrent leurs troupeaux et rentrèrent à la chaumière de Coridon. Aliéna dit qu'il était temps d'aller au lit. Coridon jura que c'était vrai, car la grande ourse s'était levée au nord. Sur quoi tous, ayant pris congé, allèrent se reposer, tous, excepté la pauvre Rosalinde, qui, pleine de sa passion, ne put trouver le calme. Le soleil ne fut pas plus tôt sorti du lit d'Aurore, qu'Aliéna fut éveillée par Ganimède, qui, agitée toute la nuit, déclara qu'il était l'heure d'aller déparquer les troupeaux. Sur ce, Aliéna passa son jupon et se leva; dès qu'elle fut prête et qu'elles eurent déjeuné, vite elles revinrent au champ avec leurs sacs et leurs bouteilles. A peine furent-elles près des parcs qu'elles aperçurent le triste veneur qui se promenait mélancoliquement.

— Chasseur, s'écria Ganimède en s'approchant de lui, je vous rappellerai votre promesse : voici le moment de nous faire connaître ces poëmes que vous aviez, disiez-vous, laissés dans votre grotte.

— Je les ai sur moi, fit Rosader; asseyons-nous, et alors vous apprendrez quelle fureur poétique l'amour inspire à un homme. Sur ce, tous s'assirent sur un banc de gazon ombragé de figuiers, et Rosader, poussant un profond soupir, lut cette élégie :

  Si je tourne mes regards vers le ciel,
  Amour blesse mes yeux de ses flèches.
  Si je considère le gazon,
  Amour m'apparaît dans chaque fleur.
  Si je cherche l'ombre pour éviter ma peine,
  Je le retrouve à l'ombre.
  Si par un détour je gagne un bosquet caché,
  Je rencontre encore cet amour sacré.
  Si je me baigne dans un ruisseau,
  Je l'entends chanter au bord.
  Si je médite seul,
  Il sera confident de ma tristesse.
  Si je m'afflige, il pleure avec moi,
  Et veut être partout où je suis.
  Quand je parle de Rosalinde,
  Le dieu s'effarouche et devient tendre,
  Et semble brûler des mêmes flammes
  Et du même amour que moi.
  Suave Rosalinde, aie pitié,

> Car je suis plus fidèle que l'amour.
> Lui, s'il réussit, s'enfuira vite,
> Mais moi je vivrai et mourrai de ton amour.

— Comment trouvez-vous cette élégie, fit Rosader?

— Ma foi, dit Ganimède, le style m'en plaît, mais non la passion; car j'admire l'un et je plains l'autre, en ce sens que tu poursuis un nuage et que tu aimes sans retour ni succès.

— Ce n'est pas la faute de son insensibilité, mais de ma mauvaise fortune qui, pour mon malheur, prolonge son absence; car si elle se doutait de mon amour, elle ne me laisserait pas languir ainsi. Les femmes vraiment nobles estiment plus le dévouement que l'opulence, la fidélité étant l'objet auquel vise leur tendresse. Mais laissons là ces digressions, et écoutez ces dernières strophes, alors vous connaîtrez toute ma poésie.

Et sur ce, il soupira ainsi :

> D'un parfait amour je puis seul me vanter,
> Puisqu'aucun soupçon ne peut atteindre mon dévouement.
> Car elle est la beauté unique,
> Que j'ai pour sainte adorée.
> Ainsi, pour la fidélité, je suis sans rival,
> Et pour la beauté elle est incomparable.
>
> Que le tendre Pétrarque rature l'éloge de Laure
> Et que Tasse cesse de chanter son affection,
> Puisque ma foi a résisté à toutes les épreuves
> Et qu'elle est la belle qu'admirent tous les hommes.
> Ma poésie, comme ma foi, consacre sa beauté.
> Ainsi je vis par l'amour, et l'amour vit à jamais par moi.

— Je suis au bout de mes poëmes, dit Rosader, mais non pour cela au terme de mes douleurs; ainsi je ressemble à celui qui, dans la profondeur de sa détresse, ne trouve que l'écho pour lui répondre.

Ganimède, ayant pitié de Rosader et croyant le tirer de

son amoureuse mélancolie, observa qu'il était temps de déjeuner. « Ainsi, chasseur, si tu veux accepter le menu que contiennent nos grossiers bissacs, notre cordialité suppléera aux délicatesses que nous ne pouvons t'offrir. » Aliéna renouvela l'invitation et pria Rosader d'être son hôte. Il les remercia cordialement, et, s'étant assis près d'elles, partagea les humbles provisions que leur allouait l'existence champêtre. Le repas fini, Rosader, après leur avoir rendu grâces, allait se retirer, quand Ganimède, qui avait peine à le laisser disparaître de sa présence, l'interpella ainsi :

— Voyons, chasseur, si tu n'as rien de mieux à faire, puisque tu es si profondément épris, montre-moi comment tu sais prier d'amour : je représenterai Rosalinde, et tu resteras ce que tu es, Rosader. Imaginons une églogue érotique, où Rosalinde serait présente et où tu lui ferais la cour ; et tandis que nous chanterons, Aliéna nous accompagnera de ses pipeaux en jouant une mélodie. « J'y consens, » fit Rosader. Et quant à Aliéna, pour montrer sa bonne volonté, elle prit une flûte et l'emboucha. Sur ce, l'amoureux chasseur commença ainsi :

AMOUREUSE ÉGLOGUE ENTRE ROSALINDE ET ROSADER.

ROSADER.

— Je te supplie, nymphe, par toutes les paroles persuasives, — par toutes les larmes, les sons, les murmures que connaissent les amants, — par tout ce que nous suggère la pensée ou la langue hésitante ! — J'intercède pour mes souffrances en les dévoilant. — Charmante Rosalinde, mon amour (oui, Dieu le veuille, mon amour !) Ma vie (oui, Dieu le veuille, ma vie !) aie pitié de moi ! — Tes lèvres sont douces et humbles comme la colombe, — et la pitié doit toujours être avec la beauté. — Regarde mes yeux rouges de larmes douloureuses, — d'où tombe la pluie d'une vraie détresse, — mon visage si pâle et pourtant si jeune. — Je ne puis être soulagé que par l'amour ou par la mort. — Oh ! qu'une orageuse rigueur n'assombrisse pas ton front, — que l'amour a choisi pour trône à sa clémence. — L'arbre le plus élevé ploie sous le souffle de Borée. — Le fer se plie à la chaleur sous le marteau, — Oh ! Rosalinde, sois indulgente, — car Rosalinde seule est belle.

ROSALINDE.

— Les amants libertins arment leurs supplications traîtresses de larmes, — de vœux, de serments, de tendres regards, de pluies d'or; — mais quand leur affection est mise à l'épreuve, — un cœur crédule est trahi par leurs subtils faux-fuyants ! — Ainsi l'oreille complaisante aspire l'amorce empoisonnée; — ainsi le cœur se nourrit de maux éternels; — ainsi la pensée même se rassasie de déceptions; — ainsi les yeux se laissent aveugler par des charmes subtils. — Les regards passionnés, les soupirs qui se déchaînent si douloureusement, — la rosée de pleurs que verse une duplicité profondément hypocrite, — ne seront jamais que des moyens impuissants — contre une beauté qui s'attache à la sagesse et à la sincérité. — Oh ! Rosader, sois donc sage, — car Rosalinde se refuse à une folle pitié !

ROSADER.

— Je te supplie, Rosalinde, par ces doux regards — qui éclipsent le soleil dans sa splendeur, l'aurore dans sa clarté, — par ces joues si douces où s'embusque l'amour — pour baiser les roses de l'année printanière. — Je t'invoque, Rosalinde, par des plaintes déchirantes — que ne simulent ni trahison ni trompeuse hypocrisie, — mais que provoque une douleur inexprimable ! — Douce nymphe, sois indulgente, et favorise-moi d'un sourire. — Puissent, à ce prix, les cieux préserver des aliments funestes — tes troupeaux à jamais prospères ! Puisse, à ce prix, l'été prodiguer — les trésors de sa splendide opulence — pour engraisser tes moutons, citoyens de la prairie ! — Oh ! cesse d'armer de dédains ton front adorable. — L'oiseau a son bec, le lion a sa queue, — mais l'amant n'a que des soupirs et d'amères lamentations — pour assaillir l'idéale forteresse du sentiment. — Oh ! Rosalinde, sois indulgente, car Rosalinde seule est belle.

ROSALINDE.

— La flamme rend malléable l'acier le plus dur.

ROSADER.

— Et Rosalinde, ma bien-aimée, elle qui est plus douce que l'agneau, — ne laisserait pas enflammer son tendre cœur par des soupirs !

ROSALINDE.

— Si les amants étaient sincères, les femmes les croiraient plus souvent.

ROSADER.

— Sincérité, respect et honneur guident mon amour.

ROSALINDE.

— Je voudrais bien m'y fier, mais je n'ose m'y risquer.

ROSADER.

— Oh ! pitié, douce nymphe ! — Mets-moi seulement à l'épreuve !

ROSALINDE.

— Je voudrais résister, mais je ne sais pas pourquoi.

ROSADER.

— Oh ! Rosalinde, sois indulgente, car les temps changeront : — ton visage ne sera pas toujours ce qu'il est maintenant, — tes années peuvent lui aliéner la beauté. — Ah! cède à temps, douce nymphe, et aie pitié de moi.

ROSALINDE.

— Oh! Rosalinde, tu dois avoir pitié, — car Rosader est jeune et beau.

ROSADER.

— Conquête plus belle qu'un royaume ou qu'une couronne !

ROSALINDE.

— Oh! la bonne foi est trahie, si Rosader me trompe.

ROSADER.

— Puissent les cieux conspirer ma chute, — et le ciel et la terre me rejeter comme abject, — puissent les chagrins tomber à flots sur ma retraite maudite, — et une horreur indestructible couver dans mon sein, — puisse la beauté m'accabler à jamais de sombres regards — et le désespoir profond me poursuivre sans relâche, — avant que Rosalinde m'ait convaincu de déloyauté, — avant que Rosalinde m'accuse de froideur.

ROSALINDE.

— Aussi Rosalinde veut-elle t'accorder son amour ; — aussi Rosalinde veut-elle t'avoir toujours en gré.

ROSADER.

— Que ce triomphe me rende plus radieux que l'amante de Tithon [1] ! — Puisque Rosalinde cède à Rosader, — que mon visage bannisse tout air chagrin — et s'épanouisse dans les joies de l'affection ! — Et disons que Rosalinde est la bonté unique, — comme Rosalinde est l'unique beauté !

— Eh bien, chasseur, s'écria Ganimède quand cette tendre églogue fut achevée, ne vous ai-je pas bien donné la réplique? N'ai-je pas joué admirablement la femme? N'ai-je pas montré autant de répulsion à céder que de complaisance à désirer? N'ai-je pas témoigné une défiance égale à l'hypocrisie des hommes? Et, pour réparer tout le mal, ne me suis-je pas empressé de conclure par une douce union d'amour? Est-ce que Rosalinde n'a pas satisfait son Rosader?

— En vérité, répondit gaiement Rosader, en secouant la tête et en croissant les bras, Rosader a sa Rosalinde, mais comme Ixion a eu sa Junon : croyant posséder une déesse, il n'embrasse qu'un nuage. En ces jouissances

[1] L'Aurore.

imaginaires, je ressemble aux oiseaux qui se nourrissaient des grappes peintes par Zeuxis ; ils devinrent si maigres à ne becqueter que des ombres qu'ils furent bien aises, comme le coq d'Ésope, d'attraper un grain de mil. De même, si je ne me nourris que de ces visions amoureuses, Vénus, au bout d'un an, me trouvera un bien malingre galant. Néanmoins j'espère que ce simulacre d'affection cache une conclusion de réelles amours.

— Et sur ce, dit Aliéna, je jouerai le rôle de prêtre ; à partir de ce jour, Ganimède t'appellera son époux, et tu appelleras Ganimède ta femme, et ainsi nous aurons un mariage.

— J'y consens, dit Rosader en riant.

— J'y consens, dit Ganimède, aussi pourpre qu'une rose.

Et ainsi, le sourire aux lèvres, la rougeur au front, ils conclurent ce mariage fictif qui plus tard devint un mariage en réalité, Rosader se doutant peu qu'il avait prié et obtenu sa Rosalinde. Aliéna déclara que ce mariage ne valait pas un fétu, si l'on ne faisait quelque chère, et que le marché n'était pas bon s'il n'était pas scellé le verre en main ; conséquemment elle pria Ganimède de servir toutes les provisions qu'il avait, et de tirer sa bouteille ; elle conjura le chasseur, qui s'était si bien marié en imagination, de se figurer que ces provisions étaient le plus somptueux banquet, et de boire une chope de vin à sa Rosalinde ; ce que Rosader fit, et ils passèrent la journée en agréable causerie. Enfin Aliéna, ayant fait remarquer que le soleil baissait et était prêt à se coucher, on termina le banquet par un toast final. Cela fait, tous trois se levèrent :

— Ma foi, chasseur, s'écria Aliéna, bien qu'il y ait eu mariage, il faut pour cette nuit que j'emmène avec moi l'épousée, et demain, si nous nous retrouvons, je promets de vous la restituer aussi parfaitement vierge qu'en ce moment.

— J'y consens, dit Rosader ; il doit me suffire de rêver d'amour la nuit, puisque, le jour, je suis assez fou pour radoter d'amour. A demain donc. Allez à vos parcs, je vais à ma grotte.

Et sur ce, ils se séparèrent. A peine le chasseur était-il parti, qu'Aliéna et Ganimède allèrent parquer leurs troupeaux, et, ayant pris leurs houlettes, leurs bissacs et leurs bouteilles, elles retournèrent chez elles. Tout en devisant, elles aperçurent le vieux Coridon qui venait clopin clopant leur annoncer que le souper était prêt. Cette nouvelle hâta leur retour au logis, où nous les laisserons jusqu'au lendemain pour revenir à Saladin.

Pendant ce temps, le pauvre Saladin, banni de Bordeaux et de la cour de France par Thorismond, errait par monts et par vaux dans la forêt des Ardennes, croyant parvenir jusqu'à Lyon, et de là, à travers l'Allemagne, se rendre en Italie. Mais, la forêt étant pleine de défilés, lui-même ne connaissant pas bien le pays, il perdit son chemin et arriva dans le bois, non loin du lieu où étaient Gérismond et son frère Rosader. Épuisé de fatigue, il découvrit, au fond d'un hallier, une petite grotte où il s'affaissa dans le plus profond sommeil. Comme il était ainsi couché, un lion affamé passa sur la lisière du fourré, cherchant sa proie : ayant aperçu Saladin, il mit la patte sur lui, mais, voyant qu'il ne bougeait pas, il la retira, car le lion a horreur de se nourrir de cadavres ; mais, désirant trouver sa pâture, il se mit à l'affût pour voir s'il remuerait. Tandis que Saladin dormait ainsi en pleine sécurité, la fortune voulut que Rosader, poursuivant à travers ce hallier un cerf qu'il avait légèrement blessé, arrivât en grande hâte, son épieu à la main. Il aperçut l'homme endormi et le lion tout près de lui : tandis qu'il s'arrêtait étonné devant ce spectacle, il fut pris d'un brusque saignement de nez, ce qui lui fit conjecturer qu'il y avait là quelqu'un de ses amis; s'étant approché, il reconnut son frère Saladin, et, tout perplexe à la vue d'un événement si inattendu, il se mit à réfléchir en lui-même : « Tu vois Saladin, se dit-il, ton ennemi, l'ouvrier de tes infortunes et l'auteur de ton exil, tu le vois, Rosader, livré à la merci d'un lion impitoyable par les dieux mêmes qui ont voulu manifester leur justice, en châtiant ses rigueurs et en vengeant tes injures. Désormais tu peux retourner à Bordeaux, rentrer dans ton patrimoine et prendre possession de son héritage : tu peux triompher dans tes amours et décorer de guirlandes l'autel de ton bonheur. Ce lion, en terminant la vie de ce misérable, va t'élever de la détresse à la félicité suprême. » Sur ce, rejetant son épieu sur ses épaules, il se remit en marche. Mais à peine avait-il fait deux ou trois pas qu'un nouveau sentiment le frappa au cœur : « Ah! Rosader, vas-tu déshonorer ton sang, en mentant à la nature d'un gentilhomme? Qu'importe que Saladin t'ait molesté et t'ait fait vivre, exilé, dans une forêt? Ta nature sera-t-elle assez cruelle, ton éducation assez perverse, ta pensée assez sauvage, pour permettre une si épouvantable vengeance? Non, Rosader, ne ruine pas une existence, pour gagner un monde de trésors. En le sauvant tu sauves un frère; en risquant ta vie pour lui, tu gagnes un ami, et tu te réconcilies un ennemi. »

Tout à coup, Saladin fit un mouvement et le lion se dressa. Aussitôt Rosader chargea l'animal avec son épieu et le blessa grièvement du premier coup. Le lion, se sentant mortellement blessé, bondit sur Rosader et, avec sa griffe, lui étreignit la poitrine si violemment, qu'il faillit s'évanouir; mais comme c'était un homme très-énergique, il se remit bien vite et tua le lion après un court combat. La bête en expirant rugit si fort que Saladin s'éveilla en sursaut, stupéfait de voir un animal si monstrueux étendu mort et un si charmant gentilhomme blessé à ses côtés. Ne reconnaissant pas son frère sous le nouveau costume : « Messire, lui dit-il, qui que tu sois, je vois que tu as redressé ma destinée par ton courage, et sauvé ma vie au sacrifice de la tienne. Cet acte m'attache à toi désormais par le plus humble dévouement. » Et poussant un profond soupir, il ajouta : « Sache que je suis fils de sire Jehan de Bordeaux. Saladin est mon nom. Hélas ! j'ai hérité des possessions de mon père, mais non de ses vertus. En mourant, il avait confié à ma charge mes deux frères. J'ai envoyé le puîné à l'Université, pensant qu'il devait lui suffire de se morfondre sur des livres, tandis que je vivrais sur ses revenus. Quant au plus jeune qui était la joie de mon père, quant au jeune Rosader (et en prononçant ce nom, Saladin fondit en larmes), après l'avoir élevé chez moi comme un esclave, je l'ai chassé de Bordeaux, et il vit on ne sait où, le pauvre gentilhomme, sans doute dans une détresse profonde. Les dieux, ne pouvant laisser impunie une pareille impiété, ont voulu que le roi me cherchât querelle, dans l'espoir de s'emparer de mes terres, et m'exilât de France, pour toujours. Acccablé de remords, pour pénitence de mes folies passées, je vais ainsi en pèlerinage à la recherche de mon frère, afin de me réconcilier avec lui en toute humilité ; et ensuite je me rendrai en Terre sainte, pour finir mes jours dans une vieillesse aussi vertueuse que ma jeunesse a été pleine de coupables vanités. »

En apprenant la résolution de Saladin, Rosader fut pris de pitié pour ses douleurs : « Saladin, s'écriait-il, sache donc que tu as enfin retrouvé ton frère, aussi désolé de ta détresse que tu es accablé de sa misère. » Saladin, levant les yeux et considérant sa physionomie, reconnut en effet Rosader. Des explications pathétiques eurent lieu entre les deux frères, l'un implorant son pardon, l'autre amnistiant et oubliant toutes les injures passées. Dès qu'ils se furent embrassés, Rosader conduisit son aîné à la retraite de Gérismond et le présenta au roi, lui racontant tout ce qui s'était passé entr'eux. Le roi, heureux de leur réconciliation, promit à Saladin toutes les faveurs que la pauvreté de son empire permettrait de lui conférer. Puis, avec un profond soupir, il lui demanda s'il avait des nouvelles d'Alinda ou de sa fille Rosalinde. « Aucune, sire, dit Saladin ; depuis leur départ, on n'a pas entendu parler d'elles. » — « Cruelle fortune, s'écria le roi, qui, pour doubler les misères du père, s'acharne contre la fille ! » Sur ce, accablé de douleurs, il se retira dans sa grotte, laissant les deux frères ensemble.

Aussitôt Rosader conduisit chez lui Saladin : pendant deux ou trois jours, il se promena avec son frère pour lui montrer les beautés des environs.

De son côté, Ganimède, ayant toujours son amour au cœur, ne pouvant trouver de repos, s'impatientait de la cruelle absence de Rosader : car les amants comptent toutes les minutes, et tiennent les heures pour des jours et les jours pour des mois, jusqu'à ce qu'ils puissent rassasier leurs yeux par la vue de l'objet aimé. Dans cette perplexité vivait la pauvre Ganimède, quand un jour, assise près d'Aliéna, toute rêveuse, elle leva les yeux et vit venir Rosader avec son épieu sur les épaules. A cette vue, elle changea de couleur, et dit à Aliéna : « Voyez donc, madame, voici notre joyeux chasseur ! » Dès que Rosader fut à portée de parole, Aliéna l'interpella :

— Eh bien, gentil chasseur, quel vent vous a donc tenu éloigné d'ici? Si nouvellement marié, vous n'avez donc pas plus de souci de votre Rosalinde? Est-ce là cette passion que vous peigniez dans vos sonnets et dans vos rondeaux?

— Vous vous trompez, madame, répliqua Rosader. En m'absentant, je n'ai fait que répondre au procédé peu gracieux par lequel vous avez enlevé la mariée à son époux. Pourtant, si je vous ai offensé par cette disparition de trois jours, je demande humblement votre pardon, et vous ne pouvez le refuser quand la faute est avouée avec un si amical repentir. La vérité est que mon frère aîné est banni de Bordeaux et que je l'ai rencontré par hasard dans la forêt.

Et Rosader raconta tout ce qui s'était passé entre les deux frères.

Or, il y avait dans cette forêt des bandits qui vivaient de brigandage et qui, par crainte de la prévôté, se cachaient dans des cavernes au fond des halliers. Ayant ouï parler de la beauté d'Aliéna, ces misérables avaient résolu de l'enlever, pour en faire présent au roi, espérant par un tel cadeau obtenir leurs grâces du roi qui était un grand paillard. Tandis qu'Aliéna et Ganimède étaient en grave conversation, ils s'élancèrent sur Aliéna et sur son page, qui appelèrent Rosader à leurs secours. Résolu à mourir pour la défense de ses amis, Rosader asséna aux assaillants des coups assez vigoureux pour prouver à leurs carcasses qu'il n'était pas lâche. Mais il ne put résister longtemps au nombre, n'ayant personne pour le soutenir, et il finit par être repoussé, et même grièvement blessé. Aliéna et Ganimède auraient été enlevées, si un heureux hasard n'avait amené de ce côté Saladin qui fondit sur la bande, son épieu à la main, et étonna les misérables par la vigueur de ses coups. Rosader, voyant son frère se comporter si vaillamment, revint à la charge avec une telle violence que plusieurs des bandits furent tués et le reste s'enfuit, laissant

Aliéna et Ganimède en la possession des vainqueurs.

Tandis que Ganimède pansait la blessure du veneur, Aliéna, revenue de sa frayeur, regarda le galant champion qui leur avait si intrépidement porté secours ; prise pour lui d'une vive sympathie, elle commença à admirer complaisamment tous ses dehors et à louer en elle-même sa personne et sa vaillance. Enfin reprenant ses esprits : — Gentil sire, lui dit-elle, pour rançon de notre salut, il faut que vous vous contentiez d'accepter l'affectueux remerciement d'une pauvre bergère qui promet de ne jamais être ingrate.

— Jolie bergère, répondit Saladin, je regarde votre affectueux remerciement comme la plus précieuse récompense.

Comme il parlait ainsi, Ganimède le considéra attentivement et s'écria : — Vraiment, Rosader, ce gentilhomme vous ressemble beaucoup par les traits du visage.

— Cela n'a rien d'étonnant, gentil pâtre, c'est mon frère aîné.

— Votre frère, répartit Aliéna, cette parenté ne le rend que plus agréable, et je me reconnais d'autant plus volontiers sa débitrice, après le service signalé qu'il m'a rendu. S'il veut bien me faire cet honneur, je l'appellerai mon serviteur et il m'appellera sa maîtresse.

— Avec plaisir, chère maîtresse, dit Saladin, et, si jamais je néglige de vous appeler ainsi, c'est que je me serai oublié moi-même.

Sur ce, Rosader, soutenu par son frère, s'en retourna à sa cabane. De leur côté, Ganimède et Aliéna rentrèrent chez elles après avoir parqué leurs brebis. Là elles soupèrent avec le vieux Coridon qui, le repas fini, leur raconta longuement comme quoi Montanus ne pouvait obtenir aucune faveur de Phébé et restait toujours le plus désespéré des amoureux transis.

— Je voudrais voir cette Phébé, dit Aliéna. Est-elle donc si jolie qu'elle ne croie aucun berger digne de sa beauté, ou si acariâtre que ni amour ni dévouement ne puisse la satisfaire, ou si prude qu'elle veuille être toujours priée, ou si follement vaniteuse qu'elle oublie qu'il faut faire une large récolte pour obtenir un peu de blé !

— Je ne saurais distinguer entre des qualités si subtiles, répondit Coridon. Mais ce dont je suis sûr, c'est que, si toutes les filles étaient de son sentiment, le monde tomberait dans l'extravagance ; il y aurait quantité de galanterie et peu d'épousailles, beaucoup de mots et peu de dévouement, beaucoup de folie et pas de foi.

A cette grave remarque de Coridon, si solennellement débitée, Aliéna sourit, et, comme il se faisait tard, elle et son page allèrent se coucher. Aussitôt que Phébus eut quitté le lit de son Aurore, Aliéna se leva et réveilla Ganimède ; puis toutes deux s'en allèrent aux champs. Après avoir déparqué leurs troupeaux, elles s'assirent sous un olivier ; et tandis qu'elles rêvaient à leurs amours, elles aperçurent Coridon qui accourait vers elles essoufflé.

— Quelle est donc la nouvelle, dit Aliéna, qui vous fait venir avec tant de hâte ?

— Oh! madame, répondit Coridon, vous avez longtemps désiré voir Phébé, la jolie bergère dont Montanus est épris. Eh bien, si vous voulez, vous et Ganimède, aller jusqu'au bouquet d'arbres là-bas, vous verrez Montanus et elle assis près d'une fontaine, lui, la courtisant en madrigaux champêtres, elle, aussi insensible que si elle n'avait pour l'amour que du dédain.

Cette nouvelle fut tellement agréable aux deux amoureuses, qu'aussitôt elles se levèrent et partirent avec Coridon. Dès qu'elles approchèrent du taillis, elles aperçurent, assise sur le gazon, Phébé, la plus jolie bergère de toutes les Ardennes, vêtue d'une jupe d'écarlate, d'une mantille verte, et couronnée d'une guirlande de roses, sous laquelle brillaient deux yeux qui auraient pu enflammer un plus grand personnage que Montanus. En extase devant cette nymphe ravissante, était assis le berger ; la tête dans sa main et son coude sur son genou, il murmurait ainsi contre l'injustice de l'Amour :

> Hélas ! Tyran, plein de rigueur,
> Modère un peu ta violence :
> Que te sert si grande dépense ?
> C'est trop de flammes pour un cœur.
> Épargnes-en une étincelle,
> Puis fais ton effort d'émouvoir
> La fière qui ne veut point voir
> En quel feu je brûle pour elle.
> Exécute, Amour, ce dessein,
> Et rabaisse un peu son audace :
> Son cœur ne doit être de glace,
> Bien qu'elle ait de neige le sein [1].

Montanus termina ces stances par une volée de soupirs et par un torrent de larmes qui auraient pu émouvoir toute autre que Phébé : — Ah ! Phébé, s'écria-t-il enfin, de quoi donc es-tu faite, que tu n'as pas pitié de ma souffrance? Suis-je un objet si odieux ou si vil, que tu ne puisses m'accorder un gracieux regard ? Tout dévoué au service de Phébé, ne recueillerai-je aucune récompense de ma fidélité ? Si le temps peut prouver ma constance, voilà deux fois sept hivers que j'aime la belle Phébé. Si les signes extérieurs peuvent révéler les affections intérieures, les sillons creusés sur ma face peuvent révéler les souffrances de mon cœur. Les larmes du désespoir ont ridé mes joues. Et Phébé est seule insensible à mes plaintes. Pourquoi? Parce que je suis Monta-

---

[1] Ces vers, que ne désavouerait pas un poëte de la Pléïade, sont en français dans le texte original.

nus et qu'elle est Phébé : je suis un misérable pâtre, et elle est la plus admirable des belles. Charmante Phébé, si je pouvais t'appeler tendre Phébé, j'en serais bien heureux, ce bonheur ne me fût-il permis que pour une minute! Sinon, ah! si Phébé ne peut aimer, qu'elle mette fin à mon désespoir par une tempête de dédains! En mourant, j'aurai du moins l'indéniable privilége de dire que je suis mort pour la cruelle Phébé.

— Importun berger, répliqua sèchement Phébé en fronçant le sourcil, tes passions sont-elles à ce point violentes que tu ne puisses les comprimer patiemment? Es-tu enchaîné à une affection si exigeante que Phébé seule puisse les satisfaire? Allons, monsieur, si vous ne pouvez faire votre marché ailleurs, rentrez chez vous : mes raisins sont trop hauts pour que vous puissiez y atteindre. Si je te parle ainsi, Montanus, ce n'est pas que je te méprise, c'est que je hais l'amour ; je tiens plus à honneur de triompher de la passion que de la fortune. Quand tu serais aussi beau que Pâris, aussi hardi qu'Hector, aussi constant que Troylus, aussi tendre que Léandre, Phébé ne pourrait t'aimer : et, si tu me poursuivais avec Phébus, je te fuirais avec Daphné!

Ganimède, ayant entendu toutes les plaintes de Montanus, ne put supporter la cruauté de Phébé, et, s'élançant du fourré, s'écria : « Et moi, si vous me fuyiez, donzelle, je vous changerais comme Daphné en laurier, afin de fouler dédaigneusement vos rameaux sous mes pieds. »

A cette apostrophe soudaine, Phébé fut toute ébahie, surtout quand elle vit la beauté du berger Ganimède ; elle allait s'enfuir, toute rougissante, quand Ganimède lui prit la main et poursuivit : « Eh quoi, bergère, si belle et si cruelle? Prends garde qu'à force de dédaigner l'amour, tu ne sois accablée par l'amour, et que, comme

Narcisse, tu n'éprouves une passion sans espoir. Parce que tu es belle, ne sois pas si difficile. S'il n'est rien d'aussi charmant que la beauté, il n'est rien non plus d'aussi fragile : elle est aussi éphémère que l'ombre qui tombe d'un ciel nébuleux. Aime donc quand tu es jeune, de peur que tu ne sois dédaignée en vieillissant. On ne saurait rattraper ni la beauté ni le temps. Si tu aimes, donne la préférence à Montanus ; car, si sa passion est ardente, ses mérites sont grands. »

Pendant tout ce temps, Phébé était restée en extase devant Ganimède, s'imaginant voir l'ombre d'Adonis échappée de l'Élysée sous la forme d'un pâtre ; enfin elle répondit doucement : « Je ne puis nier, monsieur, que j'aie ouï parler de l'amour, bien que jamais je ne l'aie ressenti, ni que j'aie lu maintes descriptions de la déesse Vénus, bien que je ne l'aie jamais vue qu'en peinture... Et peut-être, monsieur, ajouta-t-elle en rougissant, ma vue est-elle plus prodigue aujourd'hui que jamais. » A ces mots elle s'interrompit, comme si quelque grande émotion la troublait. En vain Aliéna lui demanda d'achever ; Phébé, la face couverte des nuances du vermillon, se rassit en soupirant. Sur ce, Aliéna et Ganimède, voyant la bergère dans une si étrange humeur, la laissèrent avec son Montanus, en lui souhaitant amicalement de devenir plus docile à l'Amour, de peur qu'en représailles Vénus ne la soumît à quelque rude châtiment. Phébé s'en retourna chez son père, embrasée par une ardente flamme. L'image des perfections de Ganimède avait laissé dans l'esprit de la pauvre bergère une impression de plaisir mêlée à une intolérable souffrance, et elle souhaitait de mourir plutôt que de vivre dans cette amoureuse angoisse. Le trouble de son esprit agissant sur la santé de son corps, elle tomba malade, et si malade qu'on désespérait presque de la sauver.

La nouvelle de sa maladie se répandit bien vite par toute la forêt. Montanus accourut, comme un fou, pour visiter Phébé : assis, les larmes aux yeux, près de son lit, il lui demanda la cause de sa maladie. Phébé garda le silence, puis bientôt pria Montanus de se retirer un moment, sans pour cela quitter la maison, — voulant voir, disait-elle, si elle ne pourrait pas dérober un instant de sommeil. Montanus ne fut pas plutôt sorti de la chambre, que, s'élançant vers son écritoire, elle prit une plume et de l'encre, et écrivit une lettre ainsi conçue :

« Beau berger,

« Quoique jusqu'ici mes yeux aient été de diamant pour résister à l'amour, il m'a suffi de voir ton visage, pour qu'ils aient cédé à l'amour. Ta beauté a asservi Phébé au point qu'elle reste à ta merci, pouvant être, à ton gré, ou la plus fortunée des femmes ou la plus misérable des vierges. Ne mesure pas, Ganimède, mon amour à ma richesse, ni ma passion à mon rang ; mais crois que mon âme est aussi tendre que ton visage est gracieux. Si tu m'as jugée trop cruelle à cause de mon aversion pour Montanus, dis-toi que j'y ai été forcée par le sort ; si tu me juges trop tendre pour t'avoir aimé si légèrement au premier regard, dis-toi que j'y ai été obligée par une irrésistible destinée. Si donc il est vrai, Ganimède, que l'amour pénètre par les yeux, se réfugie dans le cœur et ne veut s'en laisser chasser par aucun remède ni par aucune raison, aie pitié de moi, comme d'une malade qui ne peut recevoir la guérison que de ta douce main. Réduite au désespoir, si je ne suis soulagée par toi, je dois m'attendre ou à vivre heureuse de ta faveur ou à mourir misérable de ton refus.

« Celle qui doit être à toi ou ne pas être,

« Phébé. »

Cette lettre terminée, elle appela Montanus et le pria de la porter à Ganimède. Bien que le pauvre Montanus se doutât de la passion qui la tourmentait, pourtant, voulant prouver à sa maîtresse son entier dévouement, il dissimula la chose et se fit le messager volontaire de son propre martyre. Ayant pris la lettre, il se rendit le lendemain de bon matin dans la plaine où Aliéna faisait paître ses troupeaux, et y trouva Ganimède qui, assis sous un grenadier, déplorait le douloureux accident qui tenait son Rosader éloigné d'elle. Montanus le salua en lui remettant la lettre qui, dit-il, lui était envoyée par Phébé. Quand Ganimède eut lu et relu la lettre, il se prit à sourire, et regardant Montanus :

— Dis-moi, je te prie, berger, es-tu amoureux de Phébé?

— Oh! mon damoiseau, répondit Montanus, si je n'étais pas si profondément épris de Phébé, mes troupeaux seraient plus gras, et leur maître plus tranquille; car ce sont mes chagrins qui font la maigreur de mes brebis.

— Hélas! pauvre pâtre, ta passion est-elle si extrême, ta tendresse si obstinée qu'aucune raison n'en puisse humilier l'orgueil?

— Rien ne pourra me faire oublier Phébé, tant que Montanus s'oubliera lui-même.

— Allons, Montanus, considère combien ta tendresse est désespérée, et tu reconnaîtras la profondeur de ta propre folie. Je te le déclare, en faisant la cour à Phébé, tu hurles à la lune avec les loups de Syrie. Pour preuve, lis cette lettre.

Montanus prit la lettre et la lut, changeant de couleur à chaque ligne, et terminant chaque phrase par une période de soupirs.

— Eh bien, lui dit Ganimède, reconnais-tu que ton grand dévouement est bien faiblement récompensé? Cesse donc d'avaler avidement cette potion que tu sais être un poison; cesse de ramper devant celle qui ne se soucie pas de toi. Ah! Montanus, il y a bien des femmes aussi jolies que Phébé, mais plus aimables qu'elle. Crois-moi, les faveurs sont le combustible de l'amour; puisque tu ne peux en obtenir, laisse la flamme s'évanouir en fumée.

— Inutiles conseils! reprit Montanus; la raison n'apporte aucun remède à celui que la passion rend si obstiné. Quoique Phébé aime Ganimède, Montanus n'honorera jamais d'autre que Phébé.

— Mais, dit Ganimède, que puis-je faire pour t'être agréable? Veux-tu que je dédaigne Phébé, comme elle te dédaigne?

— Ah! répondit Montanus, ce serait renouveler mes chagrins et doubler mes souffrances : car la vue de sa douleur serait mon arrêt de mort. Hélas! Ganimède, quoique je dépérisse dans ma passion, ne la laisse pas succomber dans ses désirs. Puisqu'elle t'aime si chèrement, ne la tue pas de tes dédains. Sois le mignon de cette incomparable : elle a assez de beauté pour te plaire et assez de troupeaux pour t'enrichir. Tu ne peux rien désirer de plus que ce que tu obtiendras en la possédant, car elle est belle, vertueuse et riche, — trois stimulants puissants à rendre l'amour joyeux. Il me suffira de la voir contente et de rassasier mes regards de son bonheur. Si elle se marie, quoique ce soit pour moi un martyre, je le supporterai patiemment pourvu qu'elle soit satisfaite, et je bénirai mon étoile en voyant ses désirs exaucés.

Montanus prononça ces paroles avec une contenance si assurée qu'Aliéna et Ganimède furent stupéfaites de sa résignation : pleines de pitié pour ses souffrances, elles cherchèrent par quel habile moyen elles pourraient obtenir pour Montanus la faveur de Phébé.

— Montanus, s'écria enfin Ganimède, puisque Phébé est dans une telle détresse, je craindrais d'être accusé de cruauté en n'allant pas saluer une si belle créature : j'irai donc avec toi voir Phébé pour l'entendre répéter de vive voix ce qu'elle m'a déclaré par écrit, et alors je prononcerai mon arrêt, au gré de ma sympathie... Je passerai par chez nous, et j'enverrai Coridon tenir compagnie à Aliéna.

Montanus parut charmé de cette détermination, et tous deux se dirigèrent vers la demeure de Phébé. Dès qu'ils furent près de la chaumière, Montanus courut en avant pour annoncer à Phébé que Ganimède était à la porte. A ce nom de Ganimède, Phébé se souleva sur son lit, comme à demi ranimée, et l'incarnat de la vie reparut sur ses joues flétries. Ganimède entra, puis, s'asseyant à côté de son lit, la questionna sur sa maladie et lui demanda où elle souffrait.

— Beau Ganimède, répondit Phébé, l'impérieux amour a allumé un tel feu dans mon âme que, pour donner passage à la flamme, il me faut franchir les bornes de la modestie. Ne me blâme donc pas si je suis trop franche et trop effrontée, car c'est ta beauté, c'est la connaissance de tes vertus qui m'a mise en ce délire; laissez-moi donc dire en un mot ce qui peut être développé en un volume : Phébé aime Ganimède.

Sur ce, elle laissa retomber sa tête et fondit en larmes.

— Phébé, répliqua Ganimède, n'arrose pas ainsi tes tristes plaintes, car j'ai pitié de tes plaintes. Si Ganimède peut te guérir, ne doute pas de ton rétablissement. Pourtant laisse-moi dire, sans t'offenser, que je serais désolé de contrarier Montanus en ses amours, l'ayant vu si content et si loyal. Tout en plaignant ton martyre, je ne puis t'accorder le mariage; car, si belle que je te trouve, tu n'as pas encore enchaîné mon regard. Je suis pour toi sans dédain, comme sans passion, indifférent jusqu'à ce que le temps et l'amour aient fixé mes sentiments. Ainsi, Phébé, n'essaie pas de comprimer ta tendresse, mais tâche d'éteindre le souvenir de Ganimède dans l'amour de Montanus. Tâche de me haïr à mesure que je chercherai à t'apprécier, et sans cesse aie présent à l'esprit le dévouement de Montanus : car, si tu peux trouver un amant plus riche, tu n'en trouveras pas un plus loyal.

— Eh quoi, balbutia Phébé en sanglotant, n'obtiendrai-je de Ganimède d'autre remède que l'incertitude, d'autre espoir qu'un hasard douteux? Les dieux ont pesé ma destinée à leur juste balance, puisque, cruelle pour Montanus, j'ai trouvé Ganimède aussi inexorable pour moi-même.

— Je suis bien aise, dit Ganimède, que vous voyiez vos propres fautes, en mesurant à votre propre passion les souffrances de Montanus.

— C'est vrai, répliqua Phébé, et je me repens si profondément de ma dureté pour le berger que, si je pouvais cesser d'adorer Ganimède, je voudrais aimer Montanus.

— Quoi! si je pouvais par la raison persuader à Phébé de ne plus aimer Ganimède, elle consentirait à prendre en goût Montanus?

— Du jour où la raison, dit Phébé, éteindra l'amour que j'ai pour toi, je consens à le prendre en gré, à cette condition que, si la raison ne peut détruire mon amour comme étant sans raison, Ganimède consente à épouser Phébé.

— C'est convenu, jolie bergère, dit Ganimède; et, pour te nourrir des douceurs de l'espérance, voici ma résolution : je n'épouserai jamais une femme, si ce n'est toi.

Sur ce, Ganimède prit congé de Phébé et partit, laissant la bergère satisfaite et Montanus enchanté. En arrivant dans la prairie, elle aperçut Rosader et Saladin assis à l'ombre avec Aliéna; et la vue de son amoureux fut un tel cordial pour son cœur qu'elle bondit sur la pelouse, pleine de joie. Coridon, qui était avec eux, aperçut Ganimède, se leva aussitôt et courut à sa rencontre en criant : Eh! l'ami! une noce! une noce! notre maîtresse se marie dimanche!

Ganimède, si gaiement accueilli par le pauvre paysan, salua la compagnie et surtout Rosader à qui il déclara qu'il était charmé de le voir si bien rétabli de ses blessures.

— A peine suis-je sorti, dit Rosader, que me voilà invité à un mariage qui doit être célébré dimanche prochain entre mon frère et Aliéna. Je vois bien que, là où règne l'amour, les délais sont fastidieux et qu'une courte déclaration est tout ce qu'il faut, quand les parties sont d'accord.

— C'est vrai, dit Ganimède, mais quel heureux jour ce serait, si Rosader pouvait, ce jour-là même, être marié à Rosalinde !

— Ah ! bon Ganimède, ne renouvelle pas mes douleurs en nommant Rosalinde, car le souvenir de ses perfections est le sceau de mon malheur.

— Bah ! s'écria Ganimède, aie bon courage, mon cher : j'ai un ami qui est profondément expérimenté en nécromancie et en magie ; tout ce que l'art peut accomplir sera fait en ta faveur. Je lui ferai évoquer Rosalinde, qu'elle soit cachée en France ou dans quelque pays limitrophe.

Aliéna sourit en voyant la moue que faisait Rosader, persuadé que Ganimède s'était moqué de lui. La journée se passa en causerie, et tous se séparèrent au coucher du soleil. Aliéna prépara, pour le jour des noces, le banquet le plus solennel et la plus belle toilette que permît l'existence pastorale, et fit d'autant plus de frais que Rosader avait promis d'amener Gérismond à la fête. Ganimède, ayant l'intention de se faire reconnaître à son père, s'était fait une robe tout enguirlandée et une jupe du plus beau taffetas, si bien qu'elle ressemblait à quelque nymphe céleste, revêtue d'un costume champêtre.

Enfin le dimanche arriva. A peine l'écuyer de Phébus avait paru dans les cieux pour annoncer à son maître que ses chevaux étaient attelés à son radieux coche, et déjà

Coridon, couvert de ses habits de fête, avait décoré de fleurs toute la maison, si bien qu'elle ressemblait plutôt à quelque bosquet favori de Flore qu'à une chaumière de campagne. Phébé était arrivée avec toutes les filles de la forêt, pour parer la mariée de la manière la plus avantageuse; mais, quelque zèle qu'elle mît à orner Aliéna, elle ne perdait pas de vue Ganimède qui, comme un joli page, suppléait sa maîtresse et veillait à ce que tout fût prêt pour l'arrivée du marié. Saladin, en costume de veneur, arriva de bonne heure, accompagné de Gérismond et de son frère Rosader. Les nouveaux venus furent reçus solennellement par Aliéna. Gérismond vanta hautement l'heureux choix de Saladin, qui possédait une bergère dont les grâces extérieures annonçaient tant de qualités. Il accepta des mains de Coridon une belle mesure de cidre, et but à la santé d'Aliéna et de ses jolies compagnes. Aliéna fit raison au roi et but à Rosader. Tandis qu'ils buvaient ainsi, tous prêts à partir pour l'église, arriva Montanus, tout de jaune habillé, pour signifier qu'il était délaissé : sur sa tête était posée une guirlande de saule, sa bouteille pendait à son côté en signe de désespoir, et à sa houlette étaient attachés deux sonnets, testaments de ses amours et de ses malheurs. Les bergers, dès qu'ils l'aperçurent, lui rendirent tous les honneurs possibles, le tenant pour la fleur des bergers de l'Ardenne; car on n'avait jamais vu un plus beau garçon depuis ce mauvais sujet qui faisait paître les brebis de l'Ida. Gérismond demanda qui il était. Sur quoi Rosader raconta l'amour de Montanus pour Phébé, sa grande fidélité envers cette cruelle, et comment par représailles les dieux avaient rendu cette mijaurée amoureuse du jeune Ganimède. Après ce récit, le roi désira voir Phébé qui, amenée devant Gérismond par Rosader, colora la beauté de son visage d'une nuance de vermillon si charmante

que le roi fut ébloui de la pureté de ses grâces. Gérismond lui demanda pourquoi elle récompensait si pauvrement l'amour de Montanus, voyant ses mérites si grands et ses passions si vives.

— Sire, répondit Phébé, l'amour vole sur les ailes du destin, et ce que décrètent les astres est un infaillible arrêt. Je connais toutes les qualités de Montanus, je les loue, je les admire, mais je n'aime pas sa personne, parce que le sort en a décidé autrement. Vénus m'en a punie par une peine égale à la sienne. Car je suis éprise d'un pâtre, aussi impitoyable pour moi que je suis cruelle pour Montanus, aussi obstiné dans ses dédains que je suis acharnée dans mes désirs ; et, ajouta-t-elle, c'est le page d'Aliéna, le jeune Ganimède.

Gérismond, désirant poursuivre jusqu'au bout son enquête sur toutes ces amours, appela Ganimède qui approcha, en rougissant. Le roi remarqua cette physionomie, dont les traits lui rappelèrent le visage de sa Rosalinde, et poussa un profond soupir. Rosader, qui était plus que familier avec Gérismond, lui demanda pourquoi il soupirait si douloureusement.

— Rosader, répondit le roi, c'est que les traits de Ganimède me rappellent Rosalinde.

A ce nom, Rosader soupira si profondément qu'il semblait que son cœur allait éclater.

— Et comment se fait-il, ajouta Gérismond, que tu me répondes par un tel soupir?

— Pardon, sire, c'est que Rosalinde est la seule femme que j'aime.

— Ah ! reprit Gérismond, je te la donnerais bien volontiers en mariage aujourd'hui même, à condition qu'elle fût ici.

A ces mots, Aliéna détourna la tête et sourit à Ganimède qui eut grand'peine à garder contenance, mais qui cependant parvint à dissimuler son secret. Gérismond, pour chasser sa mélancolie, demanda à Ganimède par quelle raison il ne répondait pas à l'amour de Phébé, voyant qu'elle était aussi belle que la coquette qui causa la ruine de Troie.

— Si je cédais la belle Phébé, répondit doucement Rosalinde, je ferais au pauvre Montanus l'injure grande de lui ravir en un moment ce que, pendant bien des mois, il s'est efforcé de conquérir. Pourtant j'ai promis à la belle bergère de n'épouser jamais d'autre femme qu'elle, mais à condition que, si je pouvais par la raison éteindre son amour pour moi, elle s'engageât à ne pas agréer un autre que Montanus.

— Et je m'en tiens à cette convention, dit Phébé, car mon amour a tellement dépassé les bornes de la raison qu'il est inaccessible à la voix de la raison.

— J'en appelle au jugement de Gérismond, dit Ganimède.

— Et je m'en réfère à son arrêt, dit Phébé.

— Les hasards de ma destinée, dit Montanus, sont suspendus à l'issue de cette lutte : si Ganimède triomphe, Montanus assiste au couronnement idéal de ses amours; si Phébé gagne, je suis en réalité le plus misérable des amants.

— Nous assisterons à ces débats, dit Gérismond, et ensuite nous irons à l'église. Ainsi, Ganimède, faites-nous connaître vos arguments.

— Permettez-moi de m'absenter un peu, dit Ganimède, et je vous en présenterai un que je tiens en réserve.

Ganimède se retira et revêtit ses habillements de femme; sa robe couverte de guirlandes et sa jupe du plus riche taffetas lui allaient si bien qu'elle ressemblait à Diane triomphante. Sur sa tête elle portait une couronne de roses, avec tant de grâce qu'on eût dit Flore épanouie dans tout l'éclat de ses fleurs. Ainsi parée, Rosalinde entra et se jeta aux pieds de son père; les larmes aux yeux, elle implora sa bénédiction et lui raconta toutes ses aventures, comment elle avait été bannie par Thorismond et comment depuis lors elle avait constamment vécu déguisée dane ce pays.

Gérismond, reconnaissant sa fille, se leva de son siége et lui sauta au cou, exprimant toutes les émotions de sa joie par d'humides sanglots, transporté en une telle extase de bonheur qu'il ne pouvait dire un mot! Je laisse ceux qui ont l'expérience de l'amour juger de la stupéfaction et du ravissement de Rosader, voyant devant lui cette Rosalinde qu'il avait si longtemps et si profondément aimée. Enfin Gérismond, ayant repris possession de ses esprits, parla à sa fille dans les termes les plus paternels et lui demanda, après maintes autres questions, ce qui s'était passé entre elle et Rosader.

— Tant de choses, sire, répondit Rosalinde, qu'il ne reste plus que le consentement de Votre Grâce pour conclure le mariage.

— Eh bien donc, dit Gérismond, prends-la, Rosader : elle est à toi. Que cette journée solennise tes noces, ainsi que celles de ton frère !

Rosader, satisfait au delà de toute mesure, remercia humblement le roi et embrassa sa Rosalinde qui, se tournant vers Phébé, lui demanda si elle lui avait donné une raison suffisante pour comprimer la violence de son amour.

— Oui, dit Phébé, une raison si éloquente que, pour peu que vous y consentiez, vous, madame, et Aliéna, Montanus et moi nous ferons aujourd'hui le troisième couple de mariés.

A peine eut-elle prononcé cette parole que Montanus arracha sa guirlande de saule et jeta au feu ses sonnets, se montrant aussi jovial que Pâris quand il obtint l'amour d'Hélène. Sur ce, Gérismond et les autres se prirent à rire et décidèrent que Montanus et Phébé célébreraient leurs noces en même temps que les deux frères. Aliéna, voyant que Saladin restait absorbé, le réveilla de sa réserve en lui disant :

— Qu'as-tu donc, mon Saladin? Tu es tout morne! Quoi! Mon cher, de la mélancolie un jour de noces! Peut-être ce qui t'afflige, c'est de songer à la haute fortune de ton frère et à la bassesse d'une affection qui t'a fait choisir une si humble bergère. Console-toi, l'ami! Car, en ce jour, tu seras marié à la fille d'un roi. Sache, en effet, Saladin, que je ne suis pas Aliéna, mais Alinda, la fille de ton mortel ennemi Thorismond.

A ces mots toute la compagnie fut stupéfaite, surtout Gérismond qui s'étant levé, prit Aliéna dans ses bras et dit à Rosalinde : — Est-ce là cette belle Alinda, fameuse par tant de vertus, qui a quitté la cour de son père pour vivre avec toi dans l'exil?

— Elle-même, dit Rosalinde.

— Eh bien, dit Gérismond en se tournant vers Saladin, sois gai, beau veneur, car ta fortune est grande et tes désirs sont augustes : tu possèdes une princesse aussi fameuse qu'incomparable par ses perfections.

— Elle a conquis par sa beauté, répondit Saladin, un humble serviteur, aussi plein de dévouement qu'elle est pleine de grâce.

Tandis que chacun restait ébahi de ces joyeux événements, Coridon arriva en gambadant annoncer que le prêtre était à l'église et attendait la compagnie. Sur ce, Gérismond ouvrit la marche, les autres suivirent, et les mariages furent célébrés solennellement, à la grande admiration des pâtres de l'Ardenne. Aussitôt que le prêtre eut fini, tous s'en retournèrent à la demeure d'Aliéna, où

Coridon avait tout préparé. Les tables dressées, le dîner fut servi; Gérismond, Rosader, Saladin et Montanus installèrent les mariées et furent ce jour-là leurs serviteurs. Le repas était simple et tel que le permettaient les ressources du pays; mais les convives suppléèrent aux lacunes du menu par une bonne causerie et par les récits variés de leurs amours et de leurs aventures. Vers le milieu du dîner, pour égayer la fête, Coridon arriva avec une bande nombreuse et joua une farce dans laquelle il chanta cette chanson plaisante :

    Une fille des champs accorte et gente,
        Hey! ho! la gente fille!
    Était assise sur l'herbe tendre
        Et disait avec larmes : Nul ne me viendra donc fleurer ?
    Un vert galant, un pâtre enjôleur,
        Hey! ho! un galant pâtre!
    Qui dans ses amours était fort ardent,
        D'un air souriant vint tout droit à elle.

    Quant la coquette aperçut,
        Hey! ho! quand elle aperçut
    Le moyen de se faire épouser,
        Elle sourit doucement comme une gente belle.
    Le pâtre, voyant son oblique œillade,
        Hey! ho! l'oblique œillade!
    Passa son bras autour de sa taille.
        Eh! belle fille, comment allez-vous?

    L'amie des champs dit : Bien, morguienne!
        Hey! ho! bien, morguienne!
    Mais j'ai une démangeaison,
        Une démangeaison qui me fait pleurer.
    Hélas! dit-il, d'où vient ton mal?
        Hey! ho! d'où vient ton mal?
    D'une plaie, dit-elle, irrémédiable :
        Je crains de mourir fille.

    Si c'est là tout, dit le berger,
        Hey! ho! dit le berger,
    On t'épousera, mignonne,
        Pour guérir ta maladie.

Là-dessus, ils s'embrassèrent avec maints serments,
    Hey! ho! avec maints serments,
Et devant le dieu Pan engagèrent leur foi,
    Et à l'église vite allèrent.
Que Dieu envoie à toute jolie fille,
    Hey! ho! toute jolie fille!
Qui craint de mourir de cet ennui-là,
    Un aussi bon ami pour la guérir!

Coridon ayant ainsi égayé les convives, comme l'hilarité était à son comble, on vint dire à Saladin et à Rosader qu'un certain Fernandin, leur frère, était arrivé et désirait leur parler. Gérismond, entendant cette nouvelle, demanda qui c'était. « Sire, répondit Rosader, c'est notre second frère, qui est étudiant à Paris, mais je ne sais quelle occurrence l'a obligé à venir nous chercher. » Sur ce, Saladin alla au-devant de son frère qu'il reçut avec une entière courtoisie, et Rosader lui fit un accueil non moins amical : le nouveau venu fut introduit par ses deux frères dans le parloir où tous étaient à table. Fernandin, qui connaissait les bonnes manières aussi bien que les problèmes de la philosophie, — aussi bien élevé qu'il était lettré, — salua toute la compagnie. Mais dès qu'il aperçut Gérismond, se jetant à ses genoux, il lui rendit l'hommage dû à son âge et prononça ces paroles :

— Très-puissant prince, quoique le jour des noces de mes frères soit un jour de gaîté, le moment réclame d'autres occupations : élancez-vous donc de ce banquet friand aux instruments de combat. Et vous, fils de sir Jehan de Bordeaux, arrachez-vous à vos amours pour courir aux armes : au lieu de vos bien-aimées, étreignez vos lances, et que ce jour vous trouve aussi vaillants que, jusqu'ici, vous avez été passionnés. Sache en effet, Gérismond, que sur la lisière de cette forêt, les douze pairs de France sont rangés en bataille pour revendiquer tes droits; Thorismond, entouré d'une bande de renégats désespérés, est prêt à les attaquer. Les armées sont sur le point d'en venir aux mains : montre-toi donc dans la mêlée pour encourager tes sujets. Et vous Saladin, Rosader, à cheval! Montrez-vous aussi hardis soldats que vous avez été tendres amants : vous démontrerez ainsi, pour le bien de votre patrie, que les vertus de votre père ont laissé leurs empreintes dans vos âmes, et vous prouverez que vous êtes les dignes fils d'un si noble parent.

A cette alarme donnée par Fernandin, Gérismond se leva de table, et Saladin et Rosader coururent aux armes. « Venez avec moi, dit Gérismond, j'ai des chevaux et des armures pour nous tous; et une fois en selle, montrons que nous portons la vengeance et l'honneur à la pointe de nos glaives. » Ainsi ils laissèrent les mariées pleines de douleur; Aliéna, plus émue que les autres, demanda à Gérismond d'être indulgent pour son père. Le roi, à qui sa grande hâte ne laissait pas le temps de répondre, courut à sa caverne où il remit à Saladin et à Rosader un cheval et une armure. Royalement armé, il prit lui-même les devants; à peine avaient-ils chevauché deux lieues, qu'ils aperçurent les deux armées aux prises dans une vallée. Gérismond, reconnaissant l'aile où combattaient les pairs, s'y jeta en criant *Saint-Denis!* et chargea l'ennemi de manière à montrer quel prix il attachait à la couronne. Quand les pairs virent que leur roi légitime était présent, leur ardeur redoubla. Saladin et Rosader firent de tels exploits que nul n'osait leur faire obstacle ni soutenir la furie de leurs armes. Bref, les pairs furent vainqueurs, l'armée de Thorismond fut mise en déroute, et lui-même périt dans la bataille. Les pairs alors se réunirent et, ayant salué leur roi, le conduisirent solennellement à Paris, où il fut reçu avec grande joie par tous les citoyens. Dès que tout fut tranquille, et qu'il eut repris possession de la couronne, il envoya chercher Alinda et Rosalinde : Alinda était désolée de la mort de son père, mais elle supporta cette douleur avec d'autant plus de patience qu'elle avait la joie de voir son Saladin sauvé. Dès qu'ils furent arrivées à Paris, Gérismond donna aux pairs et aux seigneurs de ses États une fête royale qui dura trente jours. Ayant convoqué un parlement, du consentement de ses nobles, il créa Rosader héritier présomptif de la couronne, il restitua à Saladin toutes les terres de son père et lui donna le duché de Nemours, il fit de Fernandin son principal secrétaire, et, afin que l'événement fût en tout point joyeux, il fit Montanus seigneur de la forêt des Ardennes, Adam Spencer capitaine des gardes du roi et Coridon intendant des troupeaux d'Alinda.

Dans ce récit doré, légué par Euphuès, vous pouvez voir, messieurs, que ceux qui mettent en oubli les préceptes donnés par leur père encourent un grand préjudice; que toute animosité contraire à la nature est une tache à l'éducation en même temps qu'une atteinte au bonheur; que la vertu ne se mesure pas à la naissance, mais à la conduite; que les frères cadets, quoique inférieurs en âge, peuvent être supérieurs en qualités; que la concorde est la plus douce des conclusions, et que l'amour fraternel est plus fort que les événements. Si vous retirez quelque fruit de cette histoire, parlez bien d'Euphuès qui l'a écrite et de moi qui vous l'ai rapportée.

Th. Lodge.

FIN DE L'APPENDICE.

TABLE

DU TOME HUITIÈME

	Pages.
Introduction.	7
LES DEUX GENTILSHOMMES DE VÉRONE.	65
LE MARCHAND DE VENISE.	171
COMME IL VOUS PLAIRA.	281
NOTES.	397

APPENDICE :

RÉCIT DE FÉLISMÈNE, extrait de la *Diane* de Montemayor, traduit de l'espagnol par N. Colin. 411

LES AVENTURES DE GIANETTO, nouvelle extraite du *Pecorone* de Ser Giovanni Fiorentino, et traduite de l'italien par F.-V. Hugo. 426

ROSALINDE, nouvelle de Thomas Lodge, traduite de l'anglais par F.-V. Hugo. 449

www.ingramcontent.com/pod-product-compliance
Lightning Source LLC
Chambersburg PA
CBHW071723230426
43670CB00008B/1099